Benjamin von Stuckrad-Barres *Panikherz*

LITERARISCHES LEBEN HEUTE

Herausgegeben von Kai Bremer, Christian Dawidowski und Olav Krämer

BAND 10

Kai Bremer / Lisa Czolbe / Jasmin Plewka (Hrsg.)

Benjamin von Stuckrad-Barres *Panikherz*

Text – Poetik – Inszenierung

PETER LANG
Berlin - Bruxelles - Chennai - Lausanne - New York - Oxford

Bibliografische Information der Deutschen Nationalbibliothek
Die Deutsche Nationalbibliothek verzeichnet diese Publikation in der Deutschen Nationalbibliografie; detaillierte bibliografische Daten sind im Internet über http://dnb.d-nb.de abrufbar.

Umschlagabbildung:
© Kai Bremer

Dieser Band wurde mit freundlicher Unterstützung der Universität Osnabrück publiziert.

ISSN 1868-954X
ISBN 978-3-631-90017-8 (Print)
E-ISBN 978-3-631-90018-5 (E-PDF)
E-ISBN 978-3-631-90019-2 (EPUB)
DOI 10.3726/b21212

Verlegt durch:

Peter Lang GmbH, Berlin, Deutschland

info@peterlang.com http://www.peterlang.com/

Inhaltsverzeichnis

Kai Bremer, Lisa Czolbe, Jasmin Plewka

Einleitung

> Als wir über die Bahnbrücke gingen,
> sah ich wieder die gelben Leuchtbuchstaben:
> „Die eigene GESCHICHTE".[1]

2016 legte Benjamin von Stuckrad-Barre eine facettenreiche Auseinandersetzung mit seiner eigenen Biographie vor, indem er aus seinem Leben ein Stück Gegenwartsliteratur generierte: *Panikherz*. Der Text verzeichnete nicht nur große Verkaufserfolge, sein Erscheinen wurde als bemerkenswertes literarisches Comeback wahrgenommen, weil er eine komplexe Vorgeschichte hatte: Stuckrad-Barre war in den 1990er und frühen 2000er Jahren eine zentrale Gestalt der deutschen Popliteratur. Neben seinem Erfolgsroman *Soloalbum* (1998) trat er als Essayist, Kolumnist und Kritiker für Zeitschriften und Zeitungen in Erscheinung, dessen Artikel später gesammelt in verschiedenen Buchpublikationen erschienen. Zunehmend in Verruf geriet Stuckrad-Barre, der bis dahin ein populärer Talkshowgast war und selbst als Fernseh- und Radiomoderator wirkte, durch seine Drogen- und Alkoholprobleme sowie durch Essstörungen, die auf unterschiedliche Weise publik wurden. *Panikherz* erzählt von all dem: Der Text präsentiert einen ‚Remix' aus Höhenflügen und tiefen Abstürzen, die der autodiegetische Erzähler aus der Retrospektive schildert, kommentiert und reflektiert. Neben den Suchterkrankungen und rauschhaften Erfahrungen im Fokus steht dabei die Popkultur: Vor allem Udo Lindenberg und seiner Musik ist *Panikherz* gewidmet, fungiert diese für das erzählende Ich doch als Eintrittskarte in die schillernde Popwelt, in der Lindenberg selbst zugleich zum Freund, Wegbegleiter und Retter wird. Aber auch anderen Figuren aus der Kultur- und Medienbranche, die reale Vorbilder haben, wird ein großer Stellenwert im Leben des autodiegetischen Erzählers und für *Panikherz* eingeräumt: Wiederholte Begegnungen mit Größen

---

1 Benjamin von Stuckrad-Barre: Panikherz. 2. Aufl. Köln 2019, S. 165. Zitate aus diesem Text werden künftig nach dieser Ausgabe unter Angabe des Sigels sowie der Seitenzahl in Klammern im Fließtext nachgewiesen.

wie Bret Easton Ellis, Thomas Gottschalk oder Helmut Dietl prägen den Lebensweg des Ich und Zitate von Jörg Fauser oder Lindenberg fungieren als Intertexte, die Einfluss auf die literarische Gestalt des autobiographischen Romans nehmen. Die Verschränkung von Fakt und Fiktion kennzeichnet den Text außerdem insgesamt: Das Verhältnis von ‚Dichtung und Wahrheit', also das klassische Spannungsverhältnis autobiographischen Schreibens schlechthin, wird beständig aufgeworfen, und dass zwischen ihnen permanent artifiziell changiert wird, reflektiert der Text seinerseits an markanten Stellen. Das geschieht beispielsweise, indem auf die Installation „die eigene GESCHICHTE" von Barbara Schmidt Heins verwiesen wird, die auf der Rückseite der Hamburger Kunsthalle angebracht und während der Einfahrt in den Hamburger Hauptbahnhof zu sehen ist. Sie hat das Titelbild für das vorliegende Buch abgegeben.

Die Inszenierung des Selbst spielt jedoch nicht nur in *Panikherz* eine Rolle, der empirische Autor Stuckrad-Barre setzt sich und seinen Text auf verschiedene Weise in Szene und damit die ‚eigene Geschichte' fort, die der autobiographische Roman erzählt. Seine peritextuelle Gestaltung sowie das mediale Spektrum, in das *Panikherz* eingebettet ist, zeugen von einer ausdifferenzierten Medienstrategie, die vielfältig auf Resonanz gestoßen ist und durch andere Künstler verstärkt wurde: So inszenierte Stuckrad-Barre seine Lesungen aufwendig und begleitete sie umfassend über seinen Instagram-Account; er machte sie außerdem zu Ereignissen, die die Grenze zwischen konventionellen Schriftstellerlesungen und Popkonzerten bewusst unterliefen, wenn er etwa Lindenberg oder Clueso auftreten ließ. Ebenfalls zu Events wurden die Theaterinszenierungen von *Panikherz*, die an verschiedenen renommierten Häusern stattfanden und die Stuckrad-Barre selbst, teilweise auch Lindenberg, durch seinen Besuch als Bühne nutzte, indem er seine Anwesenheit mittels Instagram dokumentierte. Damit stellte der Autor unter Beweis, wie er Formen medialer und popkultureller Inszenierung für die Vermarktung seines literarischen Selbstentwurfes strategisch zu nutzen weiß.

Angesichts der dadurch entstandenen Popularität von *Panikherz* verwundert es nicht, dass es bereits kurz nach dessen Erscheinen Gegenstand literaturwissenschaftlicher Untersuchungen wurde. Diskutiert wurde bisher die Einordnung von *Panikherz* als Roman und/oder Autobiographie sowie in andere (literarische) Genres.[2] Es fand zudem eine Auseinandersetzung mit *Panikherz* im Kontext popliterarischer Verfahren sowie mit seiner Intermedialität und -textualität statt.[3] Daneben thematisieren alle Untersuchungen die Sucht des autodiegetischen Erzählers und es liegen Einzelstudien zu Spuren der Romantik[4], Reinheit und Unreinheit[5] sowie zu sprachlichen Strategien der Beschreibung von (Krisen-)Schauplätzen[6] in *Panikherz* vor. Die Beiträge konzentrieren sich dabei auf den literarischen Text; Studien zu Inszenierungen des autobiographischen Romans in verschiedenen Medien und in unterschiedlichen Formaten existieren kaum.[7] Grundlegend und in seiner Vielschichtigkeit ist *Panikherz* daher bisher nicht untersucht, was durch den vorliegenden Sammelband geleistet werden soll. Im Mittelpunkt stehen dabei sowohl die

---

2 Vgl. Kai Bremer: Einverleibung als pop-literarisches Prinzip. Zum Erzählverfahren von Benjamin von Stuckrad-Barres *Panikherz* und seiner theatralen Realisierung (Reese, Rüping), in: Yvonne Al-Taie, Marta Famula (Hg.): Unverfügbares Verinnerlichen. Figuren der Einverleibung zwischen Eucharistie und Anthropologie. Leiden, Boston 2020, S. 297-321; Immanuel Nover: Schwarzbrot mit Goudakäse. Reinheit und Unreinheit in Benjamin von Stuckrad-Barres *Panikherz* (2016), in: Iris Meinen, Nils Lehnert (Hg.): Öffnung – Schließung – Übertritte. Körperbilder in der deutschsprachigen Gegenwartsliteratur. Bielefeld 2021, S. 175-190. Zu *Panikherz* im Kontext protestantischer Bekenntnisliteratur vgl. Michael Multhammer: Der frühneuzeitliche Popliterat. Benjamin von Stuckrad-Barres Bekenntnis, in: Merkur 70/H. 12 (2016), S. 67-71.

3 Vgl. Sascha Seiler: Schreiben als intermediales Verfahren. Popmusik als Bedeutungsträger, in: Carsten Gansel, Burkhard Meyer-Sickendieck (Hg.): Stile der Popliteratur. München 2018, S. 63-82. Siehe dazu auch Bremer (Anm. 2); Nover (Anm. 2); Dirk von Petersdorff: „Im Zweifel für den Zweifel". Romantische Weltdeutung in der Gegenwartsliteratur (Herrndorf, Stuckrad-Barre) und in der Popmusik (Tocotronic), in: ders., Frieder von Ammon (Hg.): Lyrik/ Lyrics. Songtexte als Gegenstand der Literaturwissenschaft. Göttingen 2019, S. 371-389.

4 Vgl. Petersdorff (Anm. 3).

5 Vgl. Nover (Anm. 2).

6 Michael Szurawitzki: Schauplätze der Krise. Linguistische Überlegungen zu Benjamin von Stuckrad-Barres *Panikherz*, in: Acta Germanica 45 (2017), S. 158-169.

7 Zu *Panikherz* auf der Theaterbühne vgl. Bremer (Anm. 2). Die Analyse eines Kapitels aus *Panikherz* auf der Live-CD *Die Frankfurtnacht* (2017) leistet Jano Sobottka: „Menschen waren Material". Benjamin von Stuckrad-Barres *Panikherz* als Livelesung, in: Klaus Schenk, Ingold Zeisberger (Hg.): Literarisches Hören. Geschichte, Vermittlung, Praxis. Kiel 2019, S. 124-140.

Untersuchung der textuellen und poetologischen Dimension von *Panikherz* als auch die Analyse des autobiographischen Romans in seiner literarischen, medialen und sozialen Komplexität. Der Band konzentriert sich also auf drei inhaltliche Schwerpunkte: Text – Poetik – Inszenierung.

Die Kategorie ‚Text' eröffnet ein Beitrag von Till Huber und Immanuel Nover: Sie legen dar, wie Sucht, Depression und Essstörung in *Panikherz* mittels pop-literarischer Verfahren realisiert werden. Ausgelotet wird außerdem das Verhältnis von empirischem Autor und autodiegetischem Erzähler, von Authentizität und Literarizität. Die psychischen Erkrankungen des Ich sind auch von Bedeutung für die (De-)Konstruktion des literarischen Selbst, wie Ricarda Julia Vodermair in ihrem Beitrag zeigt, der die Entstehung des Selbst durch Text und Stil analysiert. Aufgegriffen werden die Verfehlungen des Ich überdies von Lisa Czolbe, die die Adaption der biblisch-christlichen Tradition in *Panikherz* untersucht. Dabei findet im Kern eine Auseinandersetzung mit der Referenz auf das Gleichnis vom verlorenen Sohn und mit der damit verbundenen Negation von Errettung statt. Ebenfalls ausgehend von der Beobachtung der Todesnähe des Erzählers beleuchtet Anke Christensen die L.A.-Episoden im Hinblick auf das Sterben, Altern und Überleben. In diesem Zusammenhang nimmt sie die Darstellung Kaliforniens und hier besonders des Chateau Marmonts in den Blick.

Auf die Erschließung der textuellen Dimension von *Panikherz* folgt die der poetologischen, die mit einem Beitrag von Manuel Bauer beginnt: Er untersucht den autobiographischen Roman im Hinblick auf literarische Einflüsse. Explizite Referenzen auf Schriftsteller-Vorbilder und Lektüren werden dabei ebenso berücksichtigt wie Zitate und intertextuelle Verweise, aus denen der autodiegetische Erzähler seine ‚eigene Geschichte' konstruiert. Ergänzend stellt Jill Thielsen die Bezugnahmen auf Lieder Lindenbergs in den Mittelpunkt. Untersucht und hinsichtlich der Etablierung des Paradigmas der Heteronomie befragt werden dabei die Bedeutung der Lindenberg-Songtexte für den autodiegetischen Erzähler sowie ihre Verwendung und Wiederholung im Text. Erika Thomalla wiederum setzt *Panikherz* zur Popliteratur der 1990er Jahre ins Verhältnis und zeigt auf, inwiefern Darstellungs- und Schreibweisen aus *Soloalbum* in Stuckrad-Barres autobiographischem Roman verändert oder beibehalten werden. Sie kontextualisiert den Vergleich mit den Bedingungen (v. a. Vermarktung, Literaturbetrieb), unter denen beide Texte jeweils entstanden sind und rezipiert wurden. Auch Michael Multhammer berücksichtigt Konditionen der Textgenese: Er analysiert die Verhandlung von Popularität in *Panikherz* und legt am Beispiel des autobiographischen Romans dar, wie sich das Schreiben und das Werk unter den Bedingungen von Popularität verändern. Christian Dawidowski stellt *Panikherz* in den Kontext von Bekenntnisliteratur und untersucht die Inszenierung und Dekonstruktion der Gattung unter Berücksichtigung der Leerstellen – vor allem der Abwesenheit von (sexueller) Lust –, die *Panikherz* erzeugt.

Der Schwerpunkt des dritten und letzten Teils des Bandes liegt schließlich auf Selbst- und Textinszenierungsstrategien Stuckrad-Barres, die zunächst Anton Bröll untersucht: Er beschäftigt sich mit der Bedeutung des peritextuellen Autorenfotos und analysiert seine Funktionen in *Panikherz* sowie sein Verhältnis zur textuellen Dimension und zum empirischen Autor. Kai Bremer betrachtet *Panikherz* auf der Bühne, indem er sich zwei Theaterinszenierungen (Berliner Ensemble, Thalia Theater Hamburg) widmet. Dabei findet eine Beurteilung der Aufführungen und ihrer Herausforderungen vor dem Hintergrund der Destabilisation von Gattungen (Autobiographie, Roman) statt, die Stuckrad-Barres Text eigen ist. Jasmin Plewka erweitert die Untersuchung von *Panikherz* auf der Bühne: Sie analysiert die Autorinszenierung Stuckrad-Barres im Hinblick auf die performative Dimension seiner Lesung auf dem Kreuzfahrtschiff ‚Rockliner 4'. Befragt werden in diesem Zusammenhang auch die (Vermarktungs-)Strategien und Absichten des Autors. Diese untersucht überdies Alexandra Schütte, allerdings in Bezug auf Social Media: Sie nimmt die Interferenz zwischen Vermarktung und Inszenierung vor dem Hintergrund der Werk- und Selbstdarstellung Stuckrad-Barres auf Instagram in den Blick. Mit diesem Beitrag schließt das Vorhaben einer differenzierten und mehrdimensionalen Erschließung der ‚eigenen Geschichte', die *Panikherz* und seine verschiedenartigen Inszenierungen erzählen.

Der vorliegende Sammelband baut auf einer Tagung auf, die im Juli 2022 am Institut für Germanistik an der Universität Osnabrück veranstaltet wurde. Weitere Aufsätze wurden im Anschluss eingeworben. Wir sind allen Beitragenden für die sehr zuverlässige Zusammenarbeit dankbar, die das Erscheinen dieses Buches sichergestellt hat. Außerdem danken wir der Universität Osnabrück für die finanzielle Unterstützung der vorliegenden Publikation. Schließlich und besonders danken wir Alexandra Schütte für ihre wie immer außerordentlich gute redaktionelle Unterstützung.

Osnabrück, 30.04.2023

Text

Till Huber, Immanuel Nover

Pop-Inszenierungen von psychischer Krankheit in Benjamin von Stuckrad-Barres *Panikherz*

Abstract: In the present article, the authors examine how the representation of illness is literarily realized in Benjamin von Stuckrad-Barre's *Panikherz*. The autodiegetic narrator's affliction is an at times life-threatening bundle of illnesses consisting of alcoholism/drug abuse, anorexia, bulimia, depression, and obsessive-compulsive disorder. *Panikherz* is read as a narrative in which primarily media/pop personae interact with each other. The first-person narrator in particular is an autofictional persona. The pop-cultural way in which the text is constructed clearly differs from the usual 'memoirs' which emphasize the unity of author and character and claim to communicate 'authentic' and valid information about an illness. Stuckrad-Barre's pathography exhibits numerous shifts from the realm of the 'authentic' to the realm of irony- and pop-affine speech. Nevertheless, the pop persona Stuckrad-Barre writes about a real – for instance, via paratexts – observable disease. The article focuses on a combination of 'serious' or even existential subjects on the one hand, and autofictional pop procedures on the other hand, which at first sight seem to contradict each other. It is demonstrated that the precarious processes of illness and healing in *Panikherz* are explicitly linked to pop-literary features (e. g. archiving, intertextuality, pop references, pastiche).

Keywords: addiction, anorexia, autofiction, bulimia, disease, pop

1. Auf dem Weg zur Neuen Ernsthaftigkeit?

Auf die Hochkonjunktur der Pop-Literatur in den 1990er Jahren folgte um 2000 eine Phase, in der im Feuilleton verstärkt über deren Ende reflektiert wurde.[1] Ein gängiges Vorher-Nachher-Narrativ wird 2003 in einem *taz*-Artikel wiedergegeben:

---

1 Vgl. hierzu Innokentij Kreknin: Von Pop zu Post-Pop. Camp als Subversion in den Romanen Joachim Bessings, in: Haimo Stiemer, Dominic Büker, Esteban Sanchino Martinez (Hg.): Social Turn? Das Soziale in der gegenwärtigen Literatur(-wissenschaft). Weilerswist 2017, S. 51-78; Eckhard Schumacher: Das

> Die Popliteratur feierte [in den 1990er Jahren] die Oberflächen: den Geschmack, den Lifestyle, den Trend, das Triviale, die Show. PopautorInnen konstatierten entspannt die Grenzauflösung zwischen Kunst und Geld. Klaglos, fröhlich und vollkommen undramatisch unterzogen sie das Oberflächliche ihren mikroskopischen Blicken. Machten sichtbar, wie eine Kultur ohne Tiefgang von nahem aussieht.[2]

Nach dem Boom der Popliteratur habe es „in letzter Zeit einen ordentlichen Backlash gegeben: Die Popliteratur liegt im Gefolge des 11.9., [sic] einer neuen Ernsthaftigkeit und der aktuellen wirtschaflichen [sic] Depression erschöpft danieder"[3]. Eine Fährte für diese ‚neue Ernsthaftigkeit' wurde von der Produktionsseite aus selbst gelegt, so gab Christian Kracht 1999 die Anthologie *Mesopotamia* mit dem vermeintlich programmatischen Untertitel *Ernste Geschichten am Ende des Jahrtausends* heraus. Der Band enthält ein Foto des Herausgebers, auf dem er vor einem düsteren Himmel mit einer Kalaschnikow posiert. Der ‚Ernst' manifestiert sich so auch auf der Bildebene, zudem ist auf dem Buchrücken ein Zitat aus einem Song von Jarvis Cockers Band Pulp aufgeführt, das sich als Beleg für den ‚Backlash' lesen lässt: „Irony is over. Bye Bye."[4]

Die Rede von der Wende zum Ernsthaften unter den bisher ironieaffinen Pop-Autor:innen wurde auch durch Krachts Roman *1979* genährt, der 2001 erschien und damit direkt in dem nun notwendigen ‚neuen Ernst' situiert wurde, den die auch im *taz*-Artikel anklingenden Anschläge vom 11. September 2001 notwendig gemacht hätten. Krachts Text, in dem sich der autodiegetische Ich-Erzähler scheinbar immer mehr von der westlichen Popkultur entfernt, war mit der Diskussion des nicht-ironisch fundierten Ostens als dem ‚Anderen' des westlichen wie dekadenten Pop bestens

---

Ende der Popliteratur. Eine Fortsetzungsgeschichte (Teil 2), in: Olaf Grabienski, Till Huber, Jan-Noël Thon (Hg.): Poetik der Oberfläche. Die deutschsprachige Popliteratur der 1990er Jahre. Berlin usw. 2011, S. 53-70.

2 Christiane Zschirnt: Strukturell immer offen. Popliteratur ist tot, nun liegt sie auf den literaturwissenschaftlichen Seziertischen: Der Fachbereich Germanistik der Uni Heidelberg widmete in diesem Jahr seine Poetikdozentur der Popliteratur, in: die tageszeitung (16.06.2003), S. 16.

3 Ebd.

4 Christian Kracht (Hg.): Mesopotamia. Ernste Geschichten am Ende des Jahrtausends. Stuttgart 1999. Das Zitat stammt aus dem Pulp-Song *The Day after the Revolution*.

kompatibel – zumindest, wenn bei der Lektüre etliche Verkürzungen in Kauf genommen wurden.[5]

Im Fall von Kracht erscheint es plausibel, die besagte Themenwahl als ästhetizistische Pose, mithin als Ausweitung der Ironie und damit als produktive Fortschreibung des literarischen Pop zu betrachten. Die Absage an die Ironie erfolgt nämlich nicht nur in Form eines Zitats und damit einer Öffnung des Pop-Archivs – mit Pulp wird auf eine Band verwiesen, die in den Texten von Kracht und Stuckrad-Barre eine bedeutende Rolle spielt –, das Zitat macht zudem selbst seinen ironischen Gehalt deutlich: In der letzten Zeile – ‚Bye Bye.' – „lugt" die gerade eben verabschiedete Ironie „schon wieder um die Ecke"[6], wie Moritz Baßler bereits 2002 zeigt.[7] Mit den Mitteln der Ironie wird verdeutlicht, dass diese eben nicht ‚over' ist – aber möglicherweise neu gefasst wird. Die Pop-Ironie, die dem Postulat eines authentischen Ichs, das sich in den Texten manifestiert, eine produktive Feier des Unauthentischen entgegensetzt, bleibt also als Modus des Schreibens weiterhin bestimmend. Für Pop-Musik als dem Leitmedium der Popkultur bilde dies laut Diedrich Diederichsen ohnehin eine Grundvoraussetzung: „Es ist konstitutiv für alle Pop-Musik, dass in keinem performativen Moment klar sein darf, ob eine Rolle oder eine reale Person spricht. Dies ist eine entscheidende Spielregel."[8]

Zu ironieresistenteren Verbindungen von ‚Ernsthaftigkeit' und Pop sollte es später tatsächlich noch kommen, doch erscheinen diese in den

---

5 Bereits ein Blick auf das Ende von *1979* macht deutlich, dass das Ziel der Reise des Erzählers nur aus einer sehr speziellen Warte als Erfüllung verstanden werden kann: Der Text endet im totalitären Umerziehungslager, in dem der Erzähler fast verhungert und zudem extremen und willkürlichen Strafmechanismen unterliegt. Der Text kann somit kaum als Gegenerzählung zu Pop verstanden werden – und das nicht nur, weil er selbst viel zu sehr Pop ist, sondern vor allem, da das Ende im Lager kaum als allgemein zu begrüßender Ausweg aus der Ironie zu verstehen ist. Vgl. u. a. Immanuel Nover: Referenzbegehren. Sprache und Gewalt bei Bret Easton Ellis und Christian Kracht. Köln usw. 2012.

6 Moritz Baßler: Der deutsche Pop-Roman. Die neuen Archivisten. München 2002, S. 132.

7 Vgl. hierzu Immanuel Nover: Skandalisierung und Autorinszenierung als poetologisches Verfahren, in: Matthias N. Lorenz, Christine Riniker (Hg.): Christian Kracht revisited. Irritationen und Rezeptionen. Berlin 2018, S. 121-138.

8 Diedrich Diederichsen: Über Pop-Musik. Köln 2014, S. XXIV.

2000er und 2010er Jahren nur allmählich auf der Bildfläche. Im Kontext der (Auto-)Pathographie lassen sich die ‚unauthentischen' Verfahren noch gut in Krachts Erzähltext *Das Tagebuch der Entsagungen. Ein Besuch in der Buchinger Klinik* (2006) als Nachtrag zum Pop der 90er Jahre beobachten. Es handelt sich um einen wichtigen Prätext, der viele Jahre vor der Veröffentlichung von *Panikherz* (2016) ebenfalls Krankheit popästhetisch inszeniert.[9] Das *Tagebuch* dokumentiert eine Woche, in der sich die Hauptfigur und Erzählinstanz nach eigenen Aussagen zwecks Alkohol- und Zigarettenentzug in die Buchinger-Klinik am Bodensee begibt. Der ernste Hintergrund des Klinikaufenthalts wird allerdings vielfach als uneigentlich markiert: Statt seine Krise zum Thema zu machen, reflektiert der Ich-Erzähler die Inneneinrichtung und das Essensangebot der Klinik und verstößt durch Konsum des Markenprodukts Hanuta gegen den Fastenplan.[10] Auch die Blutdruckwerte und das Gewicht der Hauptfigur, eine mit „Schal, Parka, Tweedjackett, Converse"[11] bekleidete Kracht-Persona, sind Thema der Erzählung. Diese sind allerdings zu keinem Zeitpunkt problematisch, auch wird mit Ausnahme einer zufällig entdeckten Schilddrüsenüberfunktion keine ärztlich abgesicherte Diagnose gestellt.[12] Die Gewichtsabnahme durch die in der Klinik absolvierte Fastenkur wird so pop-spezifisch wie redundant kommentiert: „Jeden Tag fast ein Pfund

---

9 Hinsichtlich der Ästhetik der Anorexie im Pop-Kontext kann auch Krachts *1979* als fiktionaler Prätext von *Panikherz* gelesen werden. So äußert sich der im Arbeitslager abgemagerte Ich-Erzähler euphorisch über das Herausstehen seiner Rippen und Hüftknochen, „wie ich es schon immer gewollt hatte" (Christian Kracht: 1979. Köln 2001, S. 166). In *Panikherz* zeigt der Erzähler bei einer Anprobe in einem Bekleidungsgeschäft seine Rippen, „und die standen toll raus in jener Zeit […], die Hüftknochen ja sowieso" (Benjamin von Stuckrad-Barre: Panikherz. Köln 2016, S. 226. Zitate aus diesem Text werden künftig nach dieser Ausgabe unter Angabe des Sigels ‚PH' sowie der Seitenzahl in Klammern im Fließtext nachgewiesen.). In beiden Fällen wird die krankhafte Abmagerung positiv bewertet.

10 Christian Kracht: Das Tagebuch der Entsagungen. Ein Besuch in der Buchinger Klinik, in: ders.: New Wave. Ein Kompendium 1999-2006. Köln 2006, S. 45-57, hier S. 46.

11 Ebd.

12 Ebd., S. 48.

leichter. Das sind vier Quarterpounder/Cheese am Tag weniger."[13] Ferner unterminieren die ständigen Bezüge zu Thomas Manns *Zauberberg* und zu Krachts eigenem Roman *Faserland*, der auch am Bodensee spielt, die durch den Untertitel und die Datierungen suggerierte Faktualität des Textes, der eben nicht oder nicht nur als authentisches Memoir zu lesen ist. Die Eindringlichkeit eines Kracht-Statements im *Zeit Magazin* erweckt wiederum den Eindruck der Inkonsistenz zwischen Erzähltext und Aussagen des Autors: „‚Hätte ich so weitergemacht', sagt er [Kracht, Anm. IN, TH], ‚wäre ich in drei Jahren tot gewesen.' Er spricht vom Trinken. Vor einem Jahr habe er damit aufgehört. Seitdem lebt er von Wasser und Zigaretten."[14] Die Reibungen zwischen der unauthentischen, der fiktionalen Erzählung und dem authentischen Krankheitsbericht führen zu einer Unentscheidbarkeit und verweisen somit direkt auf die elementaren Verfahren des Pop, die Diederichsen herausgestellt hat. Die existenzielle Krise, in der sich die Kracht-Persona (nicht) befindet, wird als ästhetizistische Pose in Form eines Krankenberichts in Anführungszeichen verhandelt, dem sich im Gegensatz zum Memoir keine zuverlässige Auskunft oder gar ‚engagierte' Botschaft zur Krankheit entnehmen lässt. Die Markennamen, real existierenden Orte und Oberflächenbeschreibungen situieren den Text im Pop, zudem zieht die ausbleibende Veränderung nach der Therapie[15] eine Verbindung zu den fiktionalen Texten Krachts, in denen sich die Absage an eine Entwicklung der Figuren ebenfalls ausmachen lässt.

2. Die kranke Pop-Persona

Im Gegensatz zu Krachts Texten wurde andernorts eine Wende zum Ernsthaften und damit – zumindest auf den ersten Blick – eine Abkehr von popliterarischen Verfahren vollzogen, die sich nur schwer ironisch lesen lässt, also auf Ironiesignale verzichtet, um Authentizität zu suggerieren: Benjamin von Stuckrad-Barre trat 2004 in Herlinde Koelbls Dokumentarfilm

---

13 Ebd., S. 55.

14 Wolfgang Büscher: Gleich kracht's, in: Zeit Magazin 41 (01.10.2008), S. 34-37, hier S. 36.

15 „Es funktioniert einfach nicht, das Nachher-Foto" (Kracht (Anm. 10), S. 56).

Rausch und Ruhm als drogensüchtiger Autor in der Krise auf. In einer Ankündigung der ARD heißt es:

> Hinter der lauten Person des Schriftstellers versteckte er seine große Verletzlichkeit, der Supererfolg verstärkte eigene Probleme. Er durchlebte eine Krise, die zu einem Absturz führte und ihn zu einem kurzzeitigen Rückzug zwang. Er versucht, nach dem Chaos sein Leben zu ordnen.[16]

Baßler sieht hier einen *point of departure*: Spätestens seit dem Film stehe „der ‚coole' Pop-Gestus nicht mehr nur mit dem Bewusstsein der eigenen Relativität im Konflikt, sondern mit existenziellen Problemen: des Überlebens und Alterns im Pop."[17] Allerdings bemerkt Gerrit Vorjans auch hier die popkulturelle Vermitteltheit: Die Drogenbeichte sei „nicht etwa zufällig oder beiläufig, sondern im Zuge einer groß angelegten PR-Kampagne"[18] vonstatten gegangen. Zudem macht Vorjans darauf aufmerksam, dass die Thematisierung des Drogenkonsums schon im Veröffentlichungszeitraum von *Soloalbum* zu den „Praktiken seiner Selbstinszenierung als Pop-Literat und Rockstar des deutschen Literaturbetriebs"[19] gezählt habe. Die Drogenthematik werde „dezidiert in einem popkulturellen Kontext"[20] verortet, wenn Stuckrad-Barre auf die Anfrage eines Journalisten zum Drogenkonsum der Hauptfigur von *Soloalbum* mit einem Jarvis Cocker-Zitat antwortet („I did experiments with substances / but all it did was make me ill"[21]) und so mit Pop-Mitteln gegen Authentizität interveniert. An dieser Antwort auf die Frage nach dem Drogenkonsum des Autors wird der

16 URL: https://programm.ard.de/TV/one/rausch-und-ruhm---popliterat-benjamin-von-stuckrad-barre/eid_287225773376875 (letzter Zugriff am 03.02.2023).

17 Moritz Baßler: Art. Benjamin v. Stuckrad-Barre: Soloalbum (1998), in: Moritz Baßler, Eckhard Schumacher (Hg.): Handbuch Literatur & Pop. Berlin usw. 2019, S. 524-537, hier S. 533.

18 Gerrit Vorjans: Tu Schlechtes und rede darüber. Das Drogengeständnis als Selbstinszenierungspraktik bei Benjamin von Stuckrad-Barre, in: Sabine Kyora (Hg.): Subjektform Autor. Autorschaftsinszenierungen als Praktiken der Subjektivierung. Bielefeld 2014, S. 343-352, hier S. 343.

19 Ebd., S. 344.

20 Ebd., S. 345.

21 Das Zitat stammt aus dem Song *Glory Days* (1998) von Pulp. Die Korrespondenz ist im Anhang von *Soloalbum* abgedruckt: Benjamin von Stuckrad-Barre: Soloalbum [1998]. 8. Aufl. Köln. 1999, S. 248f.

Modus des Schreibens deutlich: In einer ersten, der Authentizität verpflichteten Lesart wird der Zitatcharakter ignoriert. Stuckrad-Barre verweist auf die Folgen seines Konsums – und diese werden durch diverse Interviews, Instagram-Posts und natürlich durch *Panikherz* auch bestätigt.[22] In einer zweiten Lesart, die den Zitatcharakter fokussiert, wird nicht nur Stuckrad-Barres Verortung im Pop-Kosmos deutlich, sondern es erfolgt zugleich eine Öffnung und Verunklarung der Auskunft zu den Krankheitsfolgen seines Konsums: Durch das Zitat wird die Aussage aus dem Bereich des authentischen Sprechens im Sinne eines Memoirs in den Bereich des ironie- und pop-affinen Sprechens verschoben, das nun eben keine authentische Position mehr kommuniziert.[23] Dennoch, und dies scheint der springende Punkt für den Modus des Schreibens zu sein, schreibt die Pop-Persona Stuckrad-Barre über eine wirkliche, also tatsächlich – etwa über Paratexte – zu beobachtende Krankheit. Im Folgenden soll eine sich auf den ersten Blick widersprechende Kombination von ‚ernsthaften' oder gar existenziellen Sujets einerseits und autofiktionalen[24] Pop-Verfahren andererseits in den Blick genommen werden. Zu untersuchen wäre somit, wie diese realisiert werden kann – möglicherweise, so die Hypothese, als Verbindung von ‚Authentizitäts'-Effekt und pop-semiotischer Vorgehensweise.

Beim sich herausbildenden Fokus auf ‚ernste' Themen in der Gegenwartsliteratur seit 2000 werden im Gegensatz zu *Panikherz* oftmals andere

---

22 Vgl. zur Selbstinszenierung auf Instagram auch den Beitrag von Alexandra Schütte im vorliegenden Buch.

23 So bemerkt auch Kai Bremer, *Panikherz* arbeite „permanent gegen die klare Zuordnung als Roman oder als Autobiographie", und dies geschehe „mithilfe von Verfahren, die in der Pop-Literatur üblich sind" (Kai Bremer im vorliegenden Buch, S. 264f.).

24 „Autofiktion – das heißt: sich nicht mehr an der Grenze abarbeiten müssen, die vermeintlich zwischen fiktionaler und autobiographischer Darstellung besteht. Wir wissen, dass es die Sprache ist, die unsere Wirklichkeit konstituiert. Aus diesem Wissen resultiert die Lizenz, (s)ein Leben (oder auch nur Teile daraus) zum Roman zu machen und – bei Bedarf – das Bild eines Lebens daraus zu gewinnen" (Martina Wagner-Egelhaaf: Autofiktion oder: Autobiographie nach der Autobiographie. Goethe – Barthes – Özdamar, in: Ulrich Breuer, Beatrice Sandberg (Hg.): Autobiographisches Schreiben in der deutschsprachigen Gegenwartsliteratur. Bd. 1: Grenzen der Identität und Fiktionalität. München 2006, S. 353-368, hier S. 368.).

Verfahren als Pop für ‚authentische' Krankheitserzählungen gewählt. Dies gilt für eine Vielzahl von Autopathographien, die sich im Veröffentlichungskontext von *Panikherz* finden lassen. Die deutsche Gegenwartsliteratur der 2010er Jahre bietet ein breites Spektrum an Krankheitsbeschreibungen, thematisiert werden u. a. Angststörung,[25] Autoimmunerkrankung,[26] bipolare Störung,[27] Demenz,[28] Depression,[29] Krebs[30] und Schlaganfall[31]. Auch psychische Krankheiten werden nun im Modus des Pop verhandelt, wie im Fall von Thomas Melles *Die Welt im Rücken* (2016) und Benjamin Maacks *Wenn das noch geht, kann es nicht so schlimm sein* (2020). In diesen Autopathographien dient Pop als Referenzsystem, so werden in *Die Welt im Rücken* über 100 Namen aus der Literatur-, Pop-, Film- und Theaterszene genannt. Der Text ist in einer Pop-Welt situiert, die sich auf den Ich-Erzähler bald pathogen, bald therapeutisch auswirkt.[32] Dies wurde allerdings von der Literaturkritik, die eher die Authentizität der Texte hervorhebt, größtenteils übersehen. So spricht Sandra Kegel in einer Rezension zu *Die Welt im Rücken* von einem „eindringliche[n] Dokument", das „aus der Binnenperspektive heraus […] seltene Einblicke in die subjektive Wahrnehmung einer bipolaren Identität"[33] gewährt. Die zahlreichen

25 Sarah Kuttner: Mängelexemplar. Frankfurt/Main 2009.

26 David Wagner: Leben. Reinbek bei Hamburg 2013.

27 Thomas Melle: Die Welt im Rücken. Reinbek bei Hamburg 2016.

28 Arno Geiger: Der alte König in seinem Exil. München 2011.

29 Isabelle Lehn: Frühlingserwachen. Frankfurt/Main 2019; Eva Lohmann: Acht Wochen verrückt. München 2011; Benjamin Maack: Wenn das noch geht, kann es nicht so schlimm sein. Berlin 2020; Terézia Mora: Das Ungeheuer. München 2013; Jana Seelig: Minusgefühle. München 2015; Heinz Strunk: Fleisch ist mein Gemüse. Reinbek bei Hamburg 2004; Katrin Weßling: Drüberleben. München 2012.

30 Wolfgang Herrndorf: Arbeit und Struktur. Berlin 2013; Christoph Schlingensief: So schön wie hier kanns im Himmel gar nicht sein. Köln 2009.

31 Peter Kurzeck: Mein wildes Herz [2 Audio-CDs]. Berlin 2011; Joachim Meyerhoff: Hamster im hinteren Stromgebiet. Köln 2020.

32 Vgl. hierzu Till Huber: „Aus der Depression heraus erzählen". Autofiktionales Schreiben in Benjamin Maacks *Wenn das noch geht, kann es nicht so schlimm sein* und Thomas Melles *Die Welt im Rücken*, in: Till Huber, Immanuel Nover (Hg.): Ästhetik des Depressiven. Berlin usw. 2023, S. 197-221.

33 Sandra Kegel: Zwischenzeitlich geheilt. Existenzielle Fragen: Der Schriftsteller Thomas Melle erzählt in *Die Welt im Rücken* von seiner manisch-depressiven

'hypomanisch' dargebotenen Pop-Bezüge werden in der Rezension nur am Rande erwähnt. Auch der Autor spricht sich in einem poetologischen Text für eine 'wahrhaftige' Darstellung der Krankheit aus, die aber gerade nicht durch ein ausschließlich der Authentizität verpflichtetes Verfahren geleistet, sondern durch eine Integration des unauthentischen wie fiktionalen Erzählens erreicht werden kann: „[D]ie Unverständlichkeit meines Stoffes [...] pushte mich hin zu einem enormen Verständlichkeitswillen, zu einer anderen Wahrhaftigkeit, die die Fiktion und die Lüge sogar zulässt."[34]

Panikherz stellt sich hinsichtlich der *histoire* und hinsichtlich des *discours* in ein zweifaches Verhältnis: zum einen auf der Ebene des *discours* zu den skizzierten Pop-Texten und Pop-Verfahren, zum anderen auf der Ebene der *histoire* zu den Krankheitserzählungen, die in den 2010er Jahren populär werden. Die letztere Konjunktur der Autopathographien hat gezeigt, dass Authentizität goutiert wird, d. h. die Autor:innen von Autopathographien können sich – mit wenigen Ausnahmen[35] – sicher sein, mit ihren Werken auf eine wohlwollende Rezeption zu treffen, beim Lesepublikum wie auch in der Literaturkritik. Für manche professionelle Rezipient:innen verbietet sich auf Grundlage einer Gleichsetzung von Figur und Person gar eine negative Bewertung. Eine Kritik sei unzulässig, da die leidende Person – ein Autor-Ich – damit angegriffen werde. So bemerkt der *SZ*-Kritiker Andrian Kreye: „[W]ie alle Bücher über schwere Krankheiten und Traumata würde man auch 'Panikherz' gerne der objektiven Bewertung entziehen, weil sich da doch jemand traut, seine schwächsten Momente zu beschreiben."[36] Von literaturwissenschaftlicher Seite heißt es ähnlich:

Erkrankung, in: Frankfurter Allgemeine Zeitung (01.09.2016), Literaturbeilage, S. 10.

34 Thomas Melle: Der gerade Satz. Antrittsrede als Stadtschreiber von Bergen 2017/2018, S. 1-10, hier S. 7. URL: https://frankfurt.de/themen/kultur/literatur/stadtschreiber-von-bergen-enkheim/zeltreden/stadtschreiberfest-2017 (letzter Zugriff am 06.02.2023).

35 „Lasst uns mit eurem Krebs, eurem Schlaganfall, eurer Leberzirrhose, eurer Schweinegrippe in Ruhe. Erzählt von dem, was zählt, und nicht von Tumormarkern. Erzählt vom Leben. Das Ende kennen wir schon" (Richard Kämmerlings: Der Schleier über den letzten Dingen, in: Frankfurter Allgemeine Zeitung [13.08.2009], S. 27).

36 Andrian Kreye: Trockengebiete [Rezension zu *Panikherz*], in: Süddeutsche Zeitung (10.03.2016), S. 14.

> Indem das Autor-Ich heutiger Autopathographien – durch die bekannte Differenz zwischen realem und implizitem Autor gerade genügend getarnt, um auch Intimstes preiszugeben – mit seiner ‚eigenen' Stimme über sich und seine erschütternde Krankheit spricht, erscheint eine kritische Haltung gegenüber den Texten nicht nur schwer begründbar, sondern auch moralisch unzulässig.[37]

Die an dieser Stelle vom Feuilleton und von der Wissenschaft ins Feld geführten Argumente gegen die kritische Auseinandersetzung mit den autopathographischen Texten sind moralisch und nicht wissenschaftlich fundiert. Der skizzierte, nicht unproblematische Blick auf die Figur oder Persona, die sich in *Panikherz* artikuliert, stellt aber die Frage nach deren spezifischer Konstruktion in den Raum. Offensichtlich ist die (Erzähler-)Figur Stuckrad-Barre in dem Text weder eine rein fiktionale noch eine mit dem Autor identische ‚reale' Figur. Baßler spricht im Fall von etwa Stuckrad-Barre, Nina Hagen, Heiner Müller oder Charlotte Roche von „Medien-Personae", die „eine spezifische Diskurskonstellation, eine Systemstelle im medialen Feld [codieren]", sie ließen sich „nicht mehr [als] Instanz hinter (beziehungsweise zeitlich: vor) dem Text begreifen, sondern [werden] selber lesbar als Text"[38]. Zu neueren autofiktionalen Texten bemerkt Baßler, es spanne sich

> inzwischen ein weites Spektrum auf zwischen autofiktionalen Projekten im Bewusstseinshorizont von Postmoderne und Pop (wie z. B. *Subito*, *Panikherz* oder *Eurotrash*) auf der einen und sogenannten Memoirs (Büchern wie *Die weiße Massai*, *Educated* oder *Unorthodox*) auf der anderen Seite. In irgendeiner Zone dieses Kontinuums geht das Bewusstsein dafür – nicht aber das Faktum selbst – verloren, dass es sich bei den autofiktional erzählten Subjekten um Personae handelt, deren Authentizität ein Verfahrenseffekt, eine Funktion des gelungenen Erzählens selbst ist. Man könnte auch sagen: An irgendeinem Punkt dieses Kontinuums wird das Angebot (produktionsseitig) und/oder das Bedürfnis (rezeptionsseitig), das Erzählte durch die ‚natürliche' Person der Autorin als authentisch zu beglaubigen, so übermächtig, dass die mythische Struktur des populären Realismus zu greifen beginnt. Im Vordergrund steht dann nicht mehr die gelungene

---

37 Johanna Zeisberg: Zwischen Rettung und Unrettbarkeit. Biochemische Ich-Irritationen in Autopathographien der Gegenwart, in: Zeitschrift für Germanistik 28/H. 3 (2018), S. 502-518, hier S. 515.

38 Moritz Baßler: Mythos Intention. Zur Naturalisierung von Textbefunden, in: Matthias Schaffrick, Marcus Willand (Hg.): Theorien und Praktiken der Autorschaft. Berlin usw. 2014, S. 151-168, hier S. 165.

> literarische Persona, von der aus sich die Welt erschließt, sondern die ‚authentische Stimme' einer Person, die bereits vor ihrer Vertextung ist, was sie ist (A=A), und das jetzt nur noch erzählen muss.[39]

Mit Bezug auf die skizzierten Überlegungen von Baßler soll im Folgenden *Panikherz* als Narrativ gelesen werden, in dem vor allem Pop-Personae miteinander agieren. Damit würde sich der Text bereits auf der Ebene der Verfahren deutlich von den gängigen Memoirs unterscheiden, die im Regelfall gerade auf die Einheit von Autor:in und Figur abheben, da nur so ‚authentische' wie valide Informationen über die ‚reale' Erkrankung zu kommunizieren sind. Die Figur bzw. der Erzähler Stuckrad-Barre in *Panikherz* ist, so unsere These, konträr konstruiert und kann als Pop-Persona und als Verfahrenseffekt verstanden werden – und genau dieser Konstruktionscharakter lässt sich auch an den anderen Figuren beobachten, wie etwa die Begegnung der Hauptfigur mit der von ihm bewunderten Courtney Love im Hotel Chateau Marmont zeigt. Die Stuckrad-Barre-Persona trifft die Sängerin als eine Pop-Persona, die zuvor als Darstellerin auf einem Poster der Band Hole eingeführt wurde (vgl. PH, S. 142f.), welches nun als Vorlage für das ‚reale' Treffen fungiert („Irgendwie sieht sie so anders aus", PH, S. 143).

3. Manifestationen der Krankheit

Für die autofiktionale Konstitution der kranken Pop-Persona in *Panikherz* bedarf es der Darstellung einer tatsächlich existierenden Krankheit, die – literarisch verarbeitet – in ein Spannungsverhältnis mit der erkrankten Person Stuckrad-Barre tritt. Die Analyse setzt somit bei den Krankheitsmanifestationen im Text an. Schon als Kind zeigt die Stuckrad-Barre-Persona Symptome einer Zwangsstörung:

> Zu Hause ging ich dem Rest der Familie zunehmend auf die Nerven. Irgendwas schien mit mir nicht zu stimmen, ich empfand Regeln und Anordnungen als eher unverbindliche Vorschläge […]. Außerdem zählte ich immerzu Treppenstufen, Gehwegplatten, Buchstaben, ALLES – und wenn sich die Summe durch 8 teilen ließ, war ich glücklich, durch 4 teilbar war auch noch gut, durch 2 hinnehmbar,

39 Moritz Baßler: Populärer Realismus. Vom International Style gegenwärtigen Erzählens. München 2022, S. 274.

> ungerade Zahlen aber ganz schlecht, und Primzahlen zwangen mich, eine Treppenstufe zu überspringen oder die letzten Stufen mehrfach hoch- und runterzutrippeln, bis sich die gegangene Gesamtstufenzahl durch 8 teilen ließ. Bin gleich da, muss nur noch schnell ein paar Straßenlaternen mit der rechten Hand berühren oder Buchstabenanzahlquersummen checken von Straßenschildern und Zeitungsüberschriften. Haferflocken zählen und durch 8 teilen! (PH, S. 28)

In der psychosomatischen Fachliteratur werden „Züge von Perfektionismus und z. T. ausgeprägte Zwangssymptome“ als „prämorbide Symptomatik“[40] genannt, die bei etwa 20% der an Anorexia nervosa erkrankten Menschen auftritt. Als ‚Fallgeschichte‘ – der Begriff ist hier im doppelten Wortsinn zu verstehen – wirkt *Panikherz* insofern nicht ungewöhnlich und entfaltet sich im Einklang mit dem aktuellen Stand medizinisch-psychologischen Wissens. Hier teilt Stuckrad-Barres Text durchaus die Eigenschaften eines Gebrauchstextes und ließe sich wie ein Ratgeber lesen, der das innere Erleben einer an Zwangs- bzw. Essstörung erkrankten Person vermittelt.

Die oben dargestellte Form der Zwangsstörung wird in der ICD-10 unter dem Abschnitt „Zwangshandlungen“ bzw. „Zwangsrituale“ (F.42.1) folgendermaßen beschrieben:

> Die meisten Zwangshandlungen beziehen sich auf Reinlichkeit (besonders Händewaschen), wiederholte Kontrollen, die garantieren, dass sich eine möglicherweise gefährliche Situation nicht entwickeln kann oder übertriebene Ordnung und Sauberkeit. Diesem Verhalten liegt die Furcht vor einer Gefahr zugrunde, die den Patienten bedroht oder von ihm ausgeht; das Ritual ist ein wirkungsloser oder symbolischer Versuch, diese Gefahr abzuwenden.[41]

Demnach sind Zwangsrituale als Reaktion auf furchteinflößende Gedanken zu verstehen. Im Sinne eines Abwehrmechanismus werden sie aus freudianischer Sicht als „Verschiebung des Affekts auf die vom ursprünglichen

---

40 Wolfgang Herzog, Beate Wild, Hans-Christoph Friederich: Art. Anorexia nervosa, in: Karl Köhle et al. (Hg.): Uexküll. Psychosomatische Medizin. Theoretische Modelle und klinische Praxis. 8. Aufl. München 2017, S. 629-638, hier S. 632.

41 URL: https://www.dimdi.de/static/de/klassifikationen/icd/icd-10-gm/kode-suche/htmlgm2009/block-f40-f48.htm (letzter Abruf am 03.02.2023).

Konflikt mehr oder weniger entfernten Vorstellungen“[42] beschrieben. Für die literarische Darstellung von Zwangsstörungen sei es interessant, so Sabine Kyora, dass diese „in psychodynamischen Ansätzen auch durch den Konflikt zwischen Fremdbestimmung und Selbstbestimmung“ erklärt werden können und als „soziale Anpassungsleistung“ an der „Grenze zwischen subjektiven Wünschen und sozialen Normen angesiedelt“[43] seien.

Was die genannten Aspekte der Gefahrenabwehr, der Affektverschiebung und der sozialen Anpassungsleistung angeht, scheint sich die Darstellung von Zwangsstörungen in *Panikherz* ebenfalls konform zum gängigen Wissen über die Krankheit zu vollziehen, wie ein Blick auf den *discours* zeigt: Die Beschreibung der Zwangsrituale steht am Ende eines Kapitels (‚Schneller Junge‘), das vom musikalischen Interesse der Stuckrad-Barre-Persona als Kind erzählt: „Schlagzeug hätte ich gerne gespielt, doch war meine Meinung bei der Wahl des Instruments nicht gefragt“ (PH, S. 24). Ein von der Mutter forciertes „Gegenprogramm“ (PH, S. 24) zum erwachenden Interesse der Hauptfigur für Popmusik besteht in einer „MUSIKALISCHEN FRÜHERZIEHUNG“ (PH, S. 24), die an den Bedürfnissen des Kindes vorbeigeht. Die Wahl des Musikunterrichts basiert vielmehr auf dem Dünkel der bildungsbürgerlich und konsumkritisch eingestellten Eltern („Bei uns zu Hause lief immer nur Klassik, niemals Popmusik, ständig diese fordernde, runterziehende Klassik, dazu ernste Gespräche“, PH, S. 19). Das ‚Gegenprogramm‘ kann plausibel mit den Zwangsritualen verknüpft werden, auch wenn explizit kein Kausalzusammenhang erwähnt wird. Demnach wird durch die Zwangsrituale ein negatives Gefühl (z. B. Aggression) gegenüber den Eltern abgewehrt. Zudem wird in dem besagten Kapitel wiederholt erwähnt, dass es „immer mal wieder vorkam“ (PH, S. 25), dass die Mutter der Hauptfigur vergaß, das Kind vom Unterricht abzuholen. Diese Vernachlässigung kombiniert mit einer großen Bestimmtheit der Mutter in Sachen ‚Gegenprogramm‘ (die Rede ist von der „musikpädagogisch eher unnachgiebigen Mutter“, PH, S. 24) wird als Auslöser

42 Jean Laplanche, Jean-Bertrand Pontalis: Art. Zwangsneurose [1967], in: dies. (Hg.): Das Vokabular der Psychoanalyse. Zweiter Band. Frankfurt/Main 1982, S. 645f., hier S. 645.

43 Sabine Kyora: Art. Zwang, in: Bettina von Jagow, Floran Steger (Hg.): Literatur und Medizin. Ein Lexikon. Göttingen 2005, Sp. 868-872, hier Sp. 869f.

der negativen Gefühle, die sich im Zwangsritual äußern, suggeriert. In der psychosomatischen Fachliteratur wird das „Ringen um Autonomie vor dem Hintergrund früherer Erfahrungen von erlebter mangelnder Verlässlichkeit und daraus folgender Hilf- und Wunschlosigkeit“[44] zudem als psychodynamischer Faktor in der Entstehung von Magersucht genannt. Die Abnahme der Bedürftigkeit hin zu einer ‚Wunschlosigkeit‘ lässt sich ebenfalls im Text beobachten: Zunächst kommt es dem Erzähler so vor, als würde er, auf die Mutter wartend, „netto etwa ein Jahr lang“ (PH, S. 25) im Musikschultreppenhaus verbringen. Später hält er sich, während seine Mutter auf dem Wochenmarkt einkauft, in einem Musikalienhandel auf, der auch Schallplatten von Udo Lindenberg feilbietet. Er kommt zu dem Schluss: „Wenn meine Mutter mich im Musikhaus Vajen mal vergaß, fiel mir das, anders als unter der Musikschulpinnwand, gar nicht auf, ich hoffte sogar darauf“ (PH, S. 28). Die Bedürftigkeit des Kindes gegenüber der Mutter wird offenbar in die Sphäre des Pop und des Konsums verlagert. Entsprechend bezeichnet der Ich-Erzähler Lindenbergs Werk als seine „Zuflucht“ (PH, S. 28).

Immer wieder zeigt sich die popkulturelle Einbettung im Diskurs des autodiegetischen Erzählers, wenn konflikthafte familiäre Situationen beschrieben werden:

> Noch heute hängen überm Klavier im Haus meiner Eltern gerahmte Fotos, die uns als Kinder mit unserem jeweiligen Instrument zeigen, und man sieht gleich, meine beiden mittleren Geschwister sind hochkonzentriert, die Haltung ist vorbildlich, klingt bestimmt gut – der Älteste aber pustet kreuzunglücklich in eine Posaune, und der Jüngste, also ich, hält seine Geige eher senkrecht als waagerecht, als stehe er an der Straße und halte den Daumen raus, damit ein Auto anhält und ihn mitnimmt, egal wohin, Hauptsache ganz weit weg. Udo sang mir den mit dieser Geste verbundenen Sehnsuchtsfloh ins Ohr. (PH, S. 25)

Auf diese Passage folgen die Eingangsverse aus Lindenbergs *Daumen im Wind* (1972), die im vierten Vers abweichend zur Aufnahme zitiert werden:

> Nun steh ich wieder an der Autobahn
> Und halt den Daumen in den Wind

44 Herzog, Wild, Friederich (Anm. 40), S. 633.

Es wurde Zeit, mal wieder loszufahren
Ich weiß noch nicht, wohin es geht (PH, S. 25)[45]

In Verbindung mit dem Zitat imaginiert der Ich-Erzähler die Abwendung vom Elternhaus, während das lyrische Ich im Lindenberg-Song eine auf Verlässlichkeit fußende Liebesbeziehung beendet („sie sagte: ‚Schmeiß den Schlafsack weg / und bleib bei mir / ich biete dir ein festes Bett dafür'“[46]) und sich selbst als beziehungsunfähig darstellt („Mit mir ist das leider nicht zu machen“[47]). Die Pop-Zitate lassen sich somit sinnvoll auf die autobiographischen Passagen in *Panikherz* beziehen und liefern ergänzende Bedeutungspotentiale – u. a. erhält die Abkehr vom Elternhaus in der Parallelisierung mit *Daumen im Wind* eine ‚ödipale' Konnotation. Darüber hinaus steht die Tatsache, dass die negativen Gefühle gegenüber den Eltern nicht recht zur Sprache kommen in einem Gegensatz zu den ostentativen Pop-Bezügen. Es lässt sich also gut nachweisen, dass Pop-Bezüge in *Panikherz* die Funktion erfüllen, bestimmte ‚unangenehme' Bereiche indirekt zu kommentieren, indem sie sowohl ergänzende Aspekte zur Psychopathologie der Hauptfigur liefern als auch einen Ausweg aus dem authentischen Sprechen bieten.

Auch in der Darstellung der Essstörung finden sich neue Synthesen aus Autofiktion, authentischer Krankheitsdarstellung und Pop. In der Biographie der Stuckrad-Barre-Persona kehrt der Zwang im Erwachsenenalter zurück und wird nun strikt auf den Körper bezogen. Der Text bietet mit der männlichen Figur eine interessante Gender-Perspektive auf die erzählten Essstörungen, die sonst oft mittels weiblich gelesener Figuren erzählt werden.[48] Im Text wird dies auch vom Erzähler reflektiert, wenn es heißt,

---

45 Recte: „Nun steh' ich wieder an der Autobahn / und halt' den Daumen in den Wind / Es wurde Zeit, mal wieder loszufahren / ich hoff', es hält bald einer an“ (zitiert nach: Benjamin von Stuckrad-Barre, Moritz von Uslar (Hg.): Am Trallafitti-Tresen. Das Werk von Udo Lindenberg in seinen Texten. Hamburg 2008, S. 93).

46 Ebd.

47 Ebd.

48 Realweltlich sind ca. 90% der an Magersucht und Bulimie Erkrankten weiblich, vgl. Herzog, Wild, Friederich (Anm. 40), S. 631; Jörn von Wietersheim: Art. Bulimia nervosa, in: Karl Köhle et al. (Hg.): Uexküll. Psychosomatische Medizin. Theoretische Modelle und klinische Praxis. 8. Aufl. München 2017, S. 639-650, hier S. 643.

dass die Krankheit kein „Männlichkeitsausweis“ (PH, S. 229) sei und er eine „Mädchenkrankheit“ (PH, S. 244) habe. Die Körperschemastörung – der eigene Körper wird nicht adäquat wahrgenommen – manifestiert sich mit Blick auf die mediale Repräsentation, wie bei der Vorbereitung auf ein Foto-Shooting deutlich wird:

> Ständig konfrontiert mit dem eigenen Bild in der Öffentlichkeit, was ich ja forcierte, wollte ich ab jetzt immer dünner werden. […] Auf den Umschlagfotos der beiden neuen Bücher jedenfalls müsste ich viel dünner, also viel besser aussehen. Fotovorbereitend aß ich fast gar nichts mehr, ging jeden Tag joggen, wochenlang nur Sauerkraut aus der Dose, der Beginn einer magersüchtigen Phase, ich wurde immer dünner – fühlte mich aber weiterhin und mehr denn je viel zu dick. Als die Fotos gemacht waren, aß ich anderntags beim Hotelfrühstück so viele Nutellabrötchen, bis mir ganz schwindelig war. Meine Essstörung manifestierte sich. Das Kotzen hatte ich noch nicht entdeckt. (PH, S. 201f.)

Ausgehend von der medialen Spiegelung des eigenen Körpers, der als ungenügend empfunden wird und subjektiv nicht dem gesellschaftlichen Ideal des schlanken Körpers entspricht, werden Mechanismen entwickelt, um die Kontrolle über den eigenen Körper und das eigene Bild wiederzugewinnen. Der Idealzustand soll durch exzessiven Sport und durch eine rigorose Kontrolle der zugeführten Nahrung erreicht werden; freilich ist das Ideal trotz der extremen Gewichtsabnahme weder temporär noch auf Dauer zu erreichen. Das im letzten Satz des Zitats bereits angedeutete „Kotzen“ (PH, S. 202) – die Magersucht entwickelt sich in Richtung Bulimie – erscheint in der skizzierten Logik nur folgerichtig: Der Input der Nahrung wird zeitlich an den direkten Output gekoppelt; dem Körper wird somit die Nahrung entzogen, ohne dass auf eben diese verzichtet werden muss oder die konsumierten Kalorien durch sportliche Betätigung ‚unschädlich‘ gemacht werden müssen. In Abgrenzung zu den „Anorektischen“ reflektiert der sich inzwischen als bulimisch identifizierende Ich-Erzähler das „Geheimnis des Kotzens“: „Genuss ohne Reue! Und anders als in Frauenzeitschriftenpropaganda, bestand für uns der GENUSS keineswegs aus bewusstem Wahrnehmen irgendwelcher Aromen […], unser Genuss wurde in Kubikmetern pro Minute gemessen: rein damit, wieder raus damit“ (PH, S. 245). Die zirkuläre Struktur aus Input und Output wird nicht nur zum bestimmenden Moment im Leben des Erzählers, sondern beeinträchtigt die physische und psychische Gesundheit zunehmend:

> Von morgens bis abends, jeden Tag derselbe Ablauf: Entsagung, Kontrollverlust, Fressanfall, Kotzen, Erschöpfung – und wieder von vorn. Der körperliche Verfall ging schnell. Ich nahm immer weiter ab, fühlte mich mehr denn je viel zu dick. Weil ich aber praktisch überhaupt keine Nahrung mehr länger als zehn Minuten bei mir behielt, fehlte dem Körper alles, was er so braucht, ich wurde sehr schwach, zittrig, lag meistens zusammengekrümmt irgendwo in der noch immer dunklen neuen Wohnung. (PH, S. 240)

So wie der Ich-Erzähler seinem Körper keine Nährstoffe zuführt, fehlt es auch in seiner neuen Wohnung zunächst an lebensnotwendigen Dingen: „Zurück in Berlin, fiel mir auf, dass in meiner Wohnung Lampen fehlten und ein Bett, also zog ich ins Hotel" (PH, S. 239). Der Entzug der Nahrung zeigt zwar ‚Erfolge', das Ideal des schlanken Körpers bleibt aber auch in Zeiten der Bulimie unerreichbar, nicht zuletzt, da die „Selbstwahrnehmung", so der Erzähler wenig später, „grotesk verschoben" (PH, S. 227) ist. Das Leben konzentriert sich nun auf den Input-Output-Zirkel; in Embryonalhaltung verbleibt der Erzähler in seiner Wohnung: „Ich aß alles durcheinander, groteske Mengen, direkt aus der Einkaufstüte, und den Müll direkt wieder rein in die Tüte" (PH, S. 223). Der Erzähler perfektioniert seine bulimischen Techniken – „ich hatte die Tricks schnell drauf" (PH, S. 223) –; er trinkt viel, nimmt Nahrungsmittel wie Eis zu sich, die einfach zu erbrechen sind, und kauft stets in unterschiedlichen Läden, „damit der Verkäufer nicht dachte, ich wolle all diese ungesunden Sachen alleine essen" (PH, S. 224). Die Reflexion des imaginierten verachtungsvollen Blicks des Verkäufers zeigt wiederum die Bedeutung der Blicke der ‚Anderen' für das eigene Bild und die damit einhergehende paranoide Befindlichkeit auf. Zudem wird deutlich, dass die Krankheit nicht ausgestellt, sondern vielmehr verheimlicht wird: Magersucht ist intrinsisch motiviert, die Betroffenen wollen nicht für ihr Hungern bewundert werden.[49] Im Text werden die Techniken der Entleerung beschrieben; das „Leben in einer Diktatur, ganz der Sucht und ihren herrischen Gesetzen unterworfen" (PH, S. 224) wird weder idealisiert noch beschönigt. Die nach der Galle hochgewürgten zu einem „Geleeklumpen verschmolzenen"

---

49 Vgl. Bettina Krüger: Art. Anorexie, in: Bettina von Jagow, Floran Steger (Hg.): Literatur und Medizin. Ein Lexikon. Göttingen 2005, Sp. 64-67, hier Sp. 65.

(PH, S. 224) Gummibärchen fungieren nicht nur als „Beginnsignatur" (PH, S. 224), zeigen also, dass der Magen nun komplett entleert wurde, sondern stellen durch die explizite Schilderung auch den Modus aus, mit dem Krankheit erzählt wird: Bulimie wird detailliert wie ekelhaft vermittelt.[50] Der Text scheint hier zur ‚echten' Pathographie, zur Darstellung des Elends ohne Pop-Elemente zu tendieren und sich somit in die Nähe der Krankheits-Memoirs zu stellen.[51]

Genau dieser Eindruck wird jedoch wenig später unterlaufen, der Modus wird von Memoir auf Pop gestellt und die Gravität des Textes wird unterminiert:

> Ich hatte sogar einen Kotzsoundtrack. Die Badezimmerfenster zum Innenhof waren sehr dünn, man bekam ziemlich viel voneinander mit, hörte jedes Wort und jedes Wertstofftonnendeckelgeklapper, also stellte ich einen CD-Player auf die Waschmaschine, damit es schön laut war und niemand mich kotzen hörte, auch ich selbst wollte das nicht so genau hören. In Dauerschleife ließ ich während eines jeden solchen Fress-und-Kotz-Anfalls irrsinnig laut ein Lied von den Stereo MCs alles, alles übertönen: ‚Deep Down & Dirty'. Also schon auch inhaltlich sehr durchdacht alles. Und nach der Erlösung, wenn ich gekrümmt und wimmernd, aber befreit dalag und einfach zur Beruhigung noch ein paarmal die Spülung betätigte, Kopf im Klo, die Spritzer kühlten so schön, wechselte ich rasch die Musik, jetzt musste es ein beruhigendes, ein zartes Lied sein (allerdings auch sehr laut abgespielt), meistens ‚Watching the Wheels' von John Lennon. Das hatte ich schon als Kind gern gehört. Und jetzt, schien mir, verstand ich auch endlich, was Lennon meinte mit dem zum Schluss dreimal wiederholten Satz ‚I just had to let it go'. War nicht sogar Lennon auch essgestört gewesen? Elvis Presley (Erdnussbuttersandwiches mit Banane) und Elton John (Kokain und Häagen Dazs) ja auch. Brüder im Geiste. (PH, 225f.)

Durch das Referenzsystem Pop – der Ich-Erzähler identifiziert sich mit ‚essgestörten' Stars Lennon, Presley und John – und die ironisch grundierten

50 Zum Essens-Ekel vgl. auch Stuckrad-Barres ursprünglich in der *Welt am Sonntag* erschienene Reportage *Gastronomie*, in der er als Hospitant bei Fisch-Gosch in List auf Sylt arbeitet und hinter die Kulissen der Systemgastronomie schaut (Benjamin von Stuckrad-Barre: Gastronomie [2001], in: ders.: Deutsches Theater. München 2003, S. 81-89).

51 Zu den Körperbildern und den Körperöffnungen sowie dem Ekel vor den körperlichen Ausscheidungen vgl. Iris Meinen, Nils Lehnert (Hg.): Öffnung. Schließung. Übertritte. Körperbilder in der deutschsprachigen Gegenwartsliteratur. Bielefeld 2021.

Verfahren, die die Authentizität des Memoirs konterkarieren, wird nicht nur ein komisches Element eingespeist, das bei der oben skizzierten bulimischen Entleerung nicht dominant war, sondern es wird durch die Verweise auf Pop-Songs und Pop-Bands eine weitere Bedeutungsebene aufgemacht: Der Titel *Deep Down & Dirty* von den Stereo MCs fasst die Befindlichkeit des Protagonisten pointiert zusammen. Der ‚Soundtrack' begleitet den Ich-Erzähler vom impulsiven, spannungsreichen Verschlingen (Stereo MCs) zur ‚Erlösung', die vom ‚zarten Lied' Lennons untermalt wird. Die Ironie der bilanzierenden Ex-Post-Perspektive sorgt zum einen für eine Distanzierungsbewegung, markiert aber zugleich – und gerade in diesem vermeintlichen Gegensatz zeigt sich das Potenzial der innovativen Form des Textes – den Tiefpunkt, der im wahrsten Sinne des Wortes eben ‚Deep Down & Dirty' ist.

Die popliterarischen Verfahren leisten somit etwas, das die Memoirs in dieser Form nicht leisten können. Dabei kommt es teilweise auch in umgekehrter Richtung zu einem Moduswechsel: Nachdem der Ich-Erzähler in Los Angeles zufällig Courtney Love trifft und mit ihr spricht, fährt er „mit klopfendem Herzen" (PH, S. 145) auf dem Fahrrad ins Kino, um sich einen Dokumentarfilm über Kurt Cobain anzusehen. Plötzlich überlegt er sich, „wie wohltuend, zumindest aber wirklich erfrischend es jetzt wäre, wenn plötzlich die Tür eines parkenden Autos sich öffnete, ich nicht mehr bremsen könnte und dagegenknallte, über die Tür flöge und mal testen, ob der Helm was nützt" (PH, S. 145). Dieser Gedanke wird von der Phantasie geleitet, dass „all die Probleme und Problemchen sich in der Sekunde des Aufpralls neu organisieren würden" (PH, S. 145). Im Moment des Aufpralls wären damit auch die zuvor noch so präsenten Pop-Bezüge ‚gelöscht', allerdings wird die Ernsthaftigkeit dieses auto-aggressiven Gedankenspiels sogleich popspezifisch mit Comic-Bezügen relativiert: „Dieser Smash, durchaus als Comic-Explosion von mir gedacht, ‚Paff!' – und dann alles neu, alles auf null" (PH, S. 145).

4. Pop als ätiologischer Faktor

Die Schilderung des Drogenkonsums und die Selbstdiagnose, ‚Deep Down & Dirty' zu sein, dienen dem Ich-Erzähler dazu, andere (kranke) Pop-Personae ins Spiel zu bringen und den Glam-Faktor des Drogenkonsums sowie die Ästhetik der Selbstzerstörung auszugestalten. So bemerkt er: „Wie unglaublich gut Cobain aussah, als es ihm so unglaublich schlecht ging!" (PH, S. 146).[52] Der Ich-Erzähler identifiziert sich erneut mit den Pop-Personae, wie auch die Darstellung einer Therapiesitzung zeigt. Hier wird der „Persönlichkeitsdefekt" (PH, S. 229) im ironisch-intertextuellen Modus erzählt: „Kindheit? Ja, hatte ich, natürlich. Über mein Steve-Martin-Zitat ‚I was born a poor black child' lachte sie nicht" (PH, S. 230). Im Aufeinandertreffen von Pop-Persona und ‚normaler' Person scheitert der Pop-Modus, die Therapeutin lacht nicht, „[a]lso erzählte ich meine Kindheit" (PH, S. 230). Der Erzähler bekommt ein Antidepressivum, nachdem er dann doch seine authentisch fundierte Kindheitserzählung vorgetragen hat. Der Absatz endet allerdings wiederum mit der produktiven Kopplung der beiden Modi: „[I]ch gehe ja jetzt zur Therapie und das Antidepressivum wird es bringen, nun bitte GEDANKENSTOPP, Entgrenzung, ‚Deep Down & Dirty'" (PH, S. 230).

Der exzessiv auf Pop rekurrierende Ich-Erzähler kann es offenbar nicht lassen. Es wäre abschließend zu überprüfen, inwiefern Pop ätiologisch als pathogener Faktor in Betracht gezogen werden kann. Auffällig ist, dass der Alkoholkonsum Lindenbergs als ästhetische Exzentrik verstanden wird, die eng mit der Produktion von Kunst sowie der Einnahme einer spezifischen Rolle verbunden wird:

> Das war (und ist!) ja auch gerade der Witz bei Udo, dass er grundsätzlich betrunken klang und klingt, das ist ja das Schöne an seiner Sprache, seinen Texten. Ich dachte damals, Udo SPIELT den Betrunkenen, damit wir was zu lachen haben. Vielleicht stimmt beides? Er war betrunken und kokettierte damit.
> Udos Werk und Udos Auftritte empfand ich von Beginn an als Werbung für den Rausch als solchen, Rausch als Spaß und Selbstzweck, Rausch aber auch als Protest, als Haltung. Als Art, durchs Leben zu taumeln und nur sehr ausgewählt die permanenten Ernsthaftigkeitsangebote der Umwelt anzunehmen. (PH, S. 63)

52 Eine ähnliche Ästhetik des Drogenkonsums und der Selbstzerstörung macht der Erzähler in dem Film *Trainspotting* aus: „Buch und Film waren wirklich Werbung dafür, unbedingt noch mal eine Weile lang drogenabhängig zu sein, später mal. Wie phantastisch die alle aussahen und lustig sie es hatten, als sie völlig hinüber waren" (PH, S. 167).

Sowohl das ‚Werk' als auch die Performance Lindenbergs inszenieren den Rausch weniger als Verfall, denn als ‚Spaß und Selbstzweck', zugleich aber auch als Ausdruck und Katalysator eines alternativen Lebensmodells, das sich gegen die spießbürgerliche Welt stellt und sich deren ‚Ernsthaftigkeitsangeboten' verweigert.

Die alternative Lebensform, die sich in der Figur Lindenberg manifestiert, regt auch den Erzähler zu einer Absage an die bürgerliche Welt an.[53] Die Aufladung dieses Lebensmodells – prägend ist eine von Marius Müller-Westernhagen gespielte Figur in der Verfilmung des Jörg-Fauser-Romans *Der Schneemann* – ist intertextuell und vor allem ästhetisch bedingt:

> Im Ramschladen fand ich eine Video-Kassette mit der Verfilmung des Fauser-Romans ‚Der Schneemann', in der Marius Müller-Westernhagen den Held spielt und so unfassbar gut aussieht in seinem weißen Leinenanzug. Ich träumte, später, als erwachsener Mann dann, mitzumischen in den Bars und Hinterzimmern, allein an Bahnhöfen rumzustehen, mit weißem Leinenanzug, einem Aktenkoffer voller Probleme und Zigarette im Anschlag. Irgendwann auch mal als drogenabhängiger Schreiber in einem Billighotel ABSTEIGEN, mit der Miete im Rückstand, voll auf Irgendwas, von dem Zeug, das Fauser da in Istanbul nahm, hatte ich noch nie gehört – und wie ein Bekloppter schreiben. (PH, S. 95)

In den beiden zitierten Textstellen werden Drogenkonsum, Krankheit/Selbstzerstörung und popliterarische (und damit uneigentliche) Verfahren gekoppelt: Aus dieser Kopplung ergibt sich für den Erzähler die stilbildende Figur des ‚drogenabhängigen Schreibers', mit der die literarhistorisch bekannte Kombination von Verfall/Krankheit und Genialität/Produktivität variierend wieder aufgenommen wird. Das *Panikherz* vorangestellte Motto aus Fausers Erzählung *Kant* (1987) deutet die intertextuellen und popliterarischen Verfahren im Zeichen des Verfalls bereits an: „Die längsten Reisen fangen an, wenn es auf den Straßen dunkel wird."

Die in *Panikherz* erzählten Reisen – und das meint sowohl die tatsächlichen Reisen als auch die oftmals mit dem Autobiographischen bzw. dem Autofiktionalen verknüpfte ‚Lebensreise' – werden durch Texte gespeist;

---

53 „Und, weiß Ihr Sohn denn schon, was er nach dem Abitur macht, Zivildienst, Studienplatz, Numerus clausus? Ja, er hat da so was angedeutet: weißer Anzug, Malta, Musik, drogenfiebrig in die Tasten kloppen. Ah ja, nee, das ist doch auch 'ne Möglichkeit" (PH, S. 95).

die intertextuellen Verfahren sorgen dafür, dass die Reisen und Orte Ergebnisse von Textverfahren sind und nicht als ‚authentisch' zu verstehen sind. Dies gilt auch für „[d]ie bunte Glitzerstadt" (PH, S. 133) Hamburg. Über den ersten Reeperbahn-Besuch des Ich-Erzählers heißt es: „[S]ofort und für immer verliebte ich mich in diesen begehbaren Udo-Song" (PH, S. 134). Er nimmt die Realität ästhetizistisch ausgehend von einer Pop-Vorlage wahr („da hinten die Wurstbude Lucullus, in der Manfred Krug als ‚Tatort'-Kommissar so manche Wurst gegessen hat", PH, S. 134). Die als (Pop-)Zitate erlebten Orte führen zu einer durch Literatur inspirierten und definierten Stimmung: „Die Reeperbahn versetzte mich direkt in Fauser-Stimmung" (PH, S. 135). Die Fauser-Stimmung verweist zum einen auf den im Zitat oben bereits angedeuteten Reiz der Selbstzerstörung, koppelt diesen zum anderen aber mit der extravaganten Ästhetik des weißen Anzugs, der ja eigentlich für absolute Reinheit steht. Der Reiz des Verfalls wird also einmal mehr in Szene gesetzt: „Am schönsten war die Reeperbahn, wenn die Nacht sich dem folgenden Tag ergab [...], wenn wirklich nur noch die Profis und Fertigen unterwegs waren" (PH, S. 135). Aus dieser spezifischen Ästhetik des Verfalls und des Glamours ergibt sich auch die ästhetizistische Haltung zum Drogenkonsum, die sich im ersten Kokain-Konsum manifestiert: „Das Zubereitungsbrimborium, dieser ja aus Filmen, Büchern und Liedern wohlbekannte RITUS machte mir sofort Spaß, [...] die Aufregung, die Heimlichkeit, die Ungewissheit – alles toll" (PH, S. 153). Entsprechend sind die „Requisiten" der Nachwuchs-Kokser „mit Bedacht gewählt" – „die Hülle der Oasis-CD ‚Definitely Maybe', meine EC-Karte von der Hamburger Sparkasse, eine meiner VISITENKARTEN. ‚Redakteur' stand auf der Visitenkarte, darüber das berühmte Schreibschrift-Logo Rolling Stone" (PH, S. 153). Unterfüttert wird das Erlebnis natürlich mit Pop-Musik: „Von drinnen die unwiderstehliche Abfahrtshymne von Oasis" (PH, S. 154), die nicht nur im Song-Text den Kokainkonsum thematisiert, sondern zugleich als ‚Abfahrtshymne' den Konsum des Erzählers intertextuell auflädt und mit einem zusätzlichen Glam-Faktor versieht.

Der erzählte wie erlebte Verfall kann in *Panikherz* als produktives ästhetisches Moment verstanden werden, das die Textproduktion befeuert. Dem Verfall wird allerdings auch ein Moment der Rettung entgegengesetzt. In der Pop-Persona Lindenberg manifestieren sich sowohl Momente des Verfalls – man denke nur an die skizzierten Auftritte des offensichtlich betrunkenen Lindenberg – als auch der Rettung.[54] Neben Lindenberg werden in dem Text eine Vielzahl an Pop-Personae genannt, deren Texte und/ oder Leben im Kontext des Verfalls diskutiert werden, wie etwa die alternden Popstars Damon Albarn, Bret Easton Ellis, Thomas Gottschalk und insbesondere Courtney Love: „[I]n früheren Bildern ein verlottertes, sexy Drogenwrack, ist sie heute eine geisterhafte, komplett operierte, formal jünger als damals aussehende Figur, ein anderer Mensch. Sie wirkt nicht ganz da. Die Seele irgendwie nicht mitgeliftet" (PH, S. 146). Auch hier werden der Verfall und der Drogenkonsum als ästhetisch reizvoll beschrieben.

Das Buch endet mit einer Arztkonsultation, die erzählten Exzesse und Krankheiten scheinen nun also mit der professionellen Hilfe der Medizin in ein stabiles Gleichgewicht überführt zu werden.[55] Die für den Erzähler in medizinischer Hinsicht als Retter agierende Pop-Persona Lindenberg hat bereits frühzeitig einen Arzt empfohlen; dieser sei ein „echtes Naturtalent, auch Schamane und so, die heiligen Geister, ne?" (PH, S. 349f.). Der für den Rausch und Alkoholmissbrauch stehende Lindenberg weist in *Panikherz* somit den Ausweg aus der drogen- und krankheitsbedingten Selbstzerstörung. Er reflektiert den „Schleuderkurs" (PH, S. 350) als notwendig für den Künstler: „[M]uss man ja machen ab und zu in unserem Job, ne, wir müssen ja runter in den Keller und nach Erkenntnis tauchen im Whiskyfass und so, aber man muss natürlich auch überleben" (PH, S. 350). Einmal mehr werden also die künstlerische Produktivität mit dem Exzess und der Selbstgefährdung gekoppelt.

Doch nicht nur in der Persona Lindenberg manifestiert sich die Ambivalenz. Sowohl die Figur des Arztes, der als „Schamane" bereits die Sphäre der evidenzbasierten Medizin um die Sphäre der „heiligen

54 Zur Darstellung Lindenbergs als Retter vgl. den Beitrag von Lisa Czolbe im vorliegenden Buch.

55 Zu diesen Überlegungen vgl. auch Immanuel Nover: Schwarzbrot mit Goudakäse. Reinheit und Unreinheit in Benjamin von Stuckrad-Barres *Panikherz* (2016), in: Iris Meinen, Nils Lehnert (Hg.): Öffnung. Schließung. Übertritte. Körperbilder in der deutschsprachigen Gegenwartsliteratur. Bielefeld 2021, S. 175-190.

Geister“ ergänzt, als auch das *pharmakon* erweisen sich als ambivalent: Die „orangefarbene[n] Pillenröhrchen“ (PH, S. 564) erinnern den Erzähler an den Konsum der illegalen Drogen; auch der Arzt bestätigt die Gemeinsamkeit von Medizin und Droge: „Na ja, durchaus ähnliche Wirkung, auch der Wirkstoff, Dexedrine, das schon. Es sei wie immer, alles eine Frage der Dosierung“ (PH S. 564). Nicht die chemische Zusammensetzung des konsumierten Stoffes, sondern allein die Dosierung, die ja, im Gegensatz zum Wirkstoff, variabel und damit für den Missbrauch offen ist, entscheidet folglich über die Zuordnung.[56]

Das prekäre Gleichgewicht, das am Ende von *Panikherz* aufscheint, beruht nicht nur auf der – richtigen – Dosierung der Tabletten im „Glücksröhrchen“ (PH, S. 564), vielmehr lässt sich dieses auch im letzten Satz des Textes wiederfinden: „Man muss aufpassen“ (PH, S. 564).[57] Die Pop-Persona Stuckrad-Barre bleibt also gefährdet.

Zugleich ist der letzte Satz „als intertexueller Verweis“[58] zu verstehen, der direkt in den Pop-Kosmos führt.[59] In Stuckrad-Barres Debüt *Soloalbum* lautet der vorletzte Satz schließlich: „Man weiß es nicht“[60]. Durch diesen wird zum einen eine Offenheit am Textende angelegt und zum anderen in Kombination mit dem letzten Satz in *Soloalbum* – „‚Definitely Maybe‘, das ist der beste LP-Titel aller Zeiten“[61] – durch den Verweis auf die Platte von Oasis die direkte Linie zu Pop und zur Pop-Musik angelegt.[62] Am Ende von *Panikherz* werden folglich die

56 „Zwischen Tabletten und Drogen zu unterscheiden, ist substanzanalytisch kleinlich – aber natürlich ist es ein anderer LIFESTYLE. Auf Rezept junkt es sich irgendwie abgefederter, da fehlt doch Entscheidendes: Abenteuer im Schummerlicht, Komplizenschaft, Spionfilmtricks. Stattdessen Apotheke oder Schnapsladen, das ist ja dann doch etwas zu profan“ (PH, S. 279).

57 Zur Deutung des Satzes ‚Man muss aufpassen‘ vgl. auch den Beitrag von Czolbe in vorliegendem Buch.

58 Bremer (Anm. 23), S. 256.

59 Vgl. Nover (Anm. 55), S. 187f.

60 Stuckrad-Barre (Anm. 21), S. 245.

61 Ebd.

62 Vgl. auch Bremer (Anm. 23), S. 256f.: „Ähnlich wie *Soloalbum* erzeugt *Panikherz* am Ende […] Offenheit und Mehrdeutigkeit, die dem dominierenden,

erzählten prekären Krankheits- und Heilungsprozesse nochmals explizit mit den pop-literarischen Verfahren des Zitierens und Archivierens verbunden.

vordergründig realen Stil entgegensteht und dadurch die Literarizität beider Bestseller betont".

Ricarda Julia Vodermair

Panikherz-Selbst. Literarische Selbstkonstruktion in Benjamin von Stuckrad-Barres *Panikherz*[1]

Abstract: In autobiographical texts such as *Panikherz*, the subjective perspective and the conception of the self by the writer's self take on a central position. What distinguishes a self and what it is based on has been and is discussed in detail in the field of philosophy. However, this must be distinguished from a literary self-concept that exists only in the moment of the work and through the work. The literary self therefore corresponds to a textual product or an effect of style and is at the same time embedded in contexts in which aspects and incidents are thematized with which it is connected in terms of content. The construction of the literary self-concept takes place in *Panikherz* by means of the representation of childhood experiences and associated behaviors, the identification with persons of the environment, especially Udo Lindenberg, and the reflection of the external perception brought to the author from the outside, often resulting in a contradiction to the self-perception. The destruction of the literary self-concept, on the other hand, is closely related to the eating disorder and drug use. Furthermore, on a linguistic level, a close connection of the depicted experiences with syntax, grammar and diction can be shown. In contrast, the self-dramatization of the author (e. g. in social networks) is to be distinguished from this, insofar as it has an extra-textual dimension and intentionality.

Keywords: autobiography, literary self- concept, self-dramatization, self-perception

1. Vorbemerkung

In autobiographischen Texten wie Benjamin von Stuckrad-Barres *Panikherz* nehmen die subjektive Perspektive und die Auffassung über das Selbst durch das Selbst des Schreibenden eine zentrale Stellung ein. Der vorliegende Beitrag untersucht die Konstruktion bzw. Destruktion des literarischen Selbstkonzepts in *Panikherz*, wobei das literarische Selbst

1 Der vorliegende Beitrag beruht auf der Dissertation: Virtuelle Autobiographien. Konstruktion und Inszenierung in Weblogs und Social Media. Bielefeld 2022.

als textuelles Produkt bzw. Effekt von Stil begriffen wird. Voraussetzung hierfür ist einerseits eine Definition des Terminus ‚Autobiographie' sowie eine Erläuterung der dem Beitrag zugrundeliegenden Verwendungsweise. Andererseits gilt es, das literarische Selbstkonzept von einem philosophischen Selbstkonzept abzugrenzen. Zentral ist hierbei, dass das literarische Selbstkonzept lediglich im Moment des Werks und durch das Werk besteht. Hieraus resultiert ebenso eine Differenz zu Formen der Selbstdarstellung, wie sie beispielsweise in Interview-Situationen stattfindet.

2. Autobiographie

Ein wesentliches Merkmal von Autobiographie als literarischer Gegenstand ist die Schwierigkeit einer einheitlichen Definition und damit einhergehend einer präzisen Gattungsabgrenzung. So bemerkt Georg Misch etwa in *Begriff und Ursprung der Autobiographie*, dass sich „[d]iese Literaturgattung […] einer Definition noch hartnäckiger als die gebräuchlichsten Formen der Dichtung“[2] entzieht. Mit der Theorie des autobiographischen Pakts entwickelt Philippe Lejeune dennoch einen Versuch der Vereinheitlichung:

> Vor allem habe dieser Pakt die dreifache Namensidentität von Autor, Erzähler und Held im Titel und im Eingangsabschnitt sicherzustellen; denn diese Identität sei die unerlässliche Konstitution der nichtfiktiven Gattung Autobiographie, bei allen anderen Bedingungen (wie Sprachform, Gegenstand, Situation des Autors, Position des Erzählers) seien Übergänge zu den Nachbargattungen möglich […].[3]

Wenngleich der Ansatz durchaus Kritik ausgesetzt ist, kann dennoch als wesentliches und prominentestes Strukturmerkmal der Autobiographie, so Martina Wagner-Egelhaaf, „das der behaupteten Identität von Erzähler und Hauptfigur, von erzählendem und erzählten Ich […]“[4] festgehalten werden. Neben dieser primären Problematik ist es überdies fraglich, inwiefern eine solche Definition überhaupt einem Erkenntnisgewinn in Bezug auf autobiographische Texte zuträglich wäre. Produktiver erscheint es,

---

2 Georg Misch: Begriff und Ursprung der Autobiographie, in: Günter Niggl (Hg.): Die Autobiographie. Darmstadt 1989, S. 38.

3 Günter Niggl (Hg.): Die Autobiographie. Darmstadt 1989, S. 11.

4 Martina Wagner-Egelhaaf: Autobiographie. Stuttgart 2000, S. 8.

den Fokus auf das das ‚Selbst-' bzw. Das ‚auto-' des Biographischen zu legen. Beispielsweise führt Roy Pascal in *Die Autobiographie als Kunstform* die Sichtbarmachung des Selbst durch die Autobiographie an, insofern „Ereignisse [...] berichtet [werden], nicht nur weil sie geschehen sind, sondern weil sie zur Bildung des Selbst beigetragen haben: sie werden zu symbolischen Ausdrücken für das Sichtbarwerden des Selbst."[5]

Ergänzend kann das Argument Jean Starobinskis angeführt werden, dass jede Autobiographie immer auch eine Selbstinterpretation sei, wobei „[d]er Stil [...] das Merkmal der Beziehung zwischen dem Schreiber und seiner eigenen Vergangenheit [ist], während er zugleich das zukunftsgerichtete Vorhaben enthüllt, sich auf besondere Weise dem anderen zu zeigen"[6].

Eine zentrale Funktion komme somit der Autoreferenzialität autobiographischer Werke zu, indem „der Stil der expliziten Autoreferenz der Erzählung selbst den impliziten, autoreferentiellen Wert einer besonderen Aussageart hinzufügt"[7]. Mit dem autoreferenziellen Wert werde dann immer auf das aktuelle Ich verwiesen.[8] Hieraus lässt sich folgern, dass der Stil autobiographischer Texte nicht nur ästhetisch-literarisch zu fassen ist, sondern vielmehr als Manifestation des Selbst im Text begriffen werden muss. Dieser Prozess wird von Aglaja Frodl als Etablierung des Selbst als Faktum in autobiographischen Texten bezeichnet. Wird das autobiographische Selbst demnach als textuelles Produkt interpretiert, so sei das ‚Wie' der textuellen Struktur entscheidend.[9] Das Selbst des Textes sei durch den Autobiographen nicht a priori gegeben, sondern „ergibt sich erst in der Interaktion von Text und Leser über das Medium des Stils. Es ist keine absolut verifizierbare Entität, sondern wird vielmehr als Interpretationsakt durch den Leser hergestellt."[10]

---

5 Roy Pascal: Die Autobiographie als Kunstform, in: Günter Niggl (Hg.): Die Autobiographie. Darmstadt 1989, S. 148f.

6 Jean Starobinski: Der Stil der Autobiographie, in: Anja Tippner (Hg.): Texte zur Theorie der Biographie und Autobiographie. Stuttgart 2016, S. 123.

7 Ebd., S. 122.

8 Vgl. ebd., S. 123.

9 Aglaja Frodl: Das Selbst im Stil. Die Autobiographien von Muriel Spark und Doris Lessing. Münster 2004, S. 71.

10 Ebd., S. 87.

Dieser Ansatz liegt auch der in diesem Beitrag zu leistenden Untersuchung von *Panikherz* zugrunde, um das Selbst als textuelle Struktur bzw. Effekt von Stil behandeln zu können. Im Gegensatz zum literarischen Selbstkonzept im Werk kommen der Selbstinszenierung eines Autors eine außertextuelle Dimension sowie Intentionalität zu. Es handelt sich demnach um eine bewusst eingesetzte Strategie zur Erzeugung spezifischer Effekte nach außen hin, wofür insbesondere, so Carolin John-Wenndorf, Lesungen,[11] öffentliche Geständnisse, Film- und Fernsehauftritte geeignet sind.[12] Als bezeichnend für das 21. Jahrhundert konstatiert sie weiterhin, dass „[n]icht die Intellektualität, so will es scheinen, sondern das Pathologische, das aus somatischen und seelischen Beschwerlichkeiten erwächst, [...] unter den Dichtern verbreitet [ist]"[13]. Dies trifft sicherlich auch auf Stuckrad-Barre bzw. *Panikherz* zu, allerdings gerade nicht im Sinne einer Selbstdarstellung, sondern in Form der aufgezeigten literarischen Verarbeitung. Wie sich der Autor außerhalb seines autobiographischen Textes begreift, kann einerseits anhand von Interviews untersucht werden. So bezeichnet Gerrit Bartels etwa Stuckrad-Barre als „Entertainer, Ideenproduzent, Journalist, irgendwie auch Schriftsteller, aber vor allem: eine mediale Figur."[14] Bemerkenswert an dieser Aussage ist die Divergenz zwischen Eigen- und Fremdwahrnehmung, d. h. eine Divergenz, die so auch in *Panikherz* immer wieder thematisiert wird. So merkt Stuckrad-Barre selbst v. a. in Bezug auf soziale Medien an:[15] „Außerdem bin ich psychisch zu labil für derartigen Daueraustausch, ich würde das auch als Kunstform zu ernst nehmen."[16] Über das Schreiben, den Stil im Werk als Ausdruck des Erlebten, reflektiert er hingegen: „Und solche Erfahrungen muss man aber literarisch formen,

11 Zu *Panikherz*-Lesungen vgl. grundlegend den Beitrag von Jasmin Plewka in vorliegendem Band.
12 Vgl. Carolin John-Wenndorf: Über die Selbstinszenierung von Schriftstellern. Bielefeld 2014, S. 232ff.
13 Ebd., S. 452.
14 Gerrit Bartels: Nightlife bis zum bitteren Ende – Koma, in: Deutschlandfunk Kultur vom 08.03.2016.
15 Vgl. dazu grundlegend den Beitrag von Alexandra Schütte in vorliegendem Buch.
16 Annabelle Seubert, Paul Wrusch: Stuckrad-Barre über sich und sein Leben: Der Tag hängt in der Mitte durch, in: taz vom 29.11.2016.

muss einen Ton, eine Erzählhaltung und eine Geschichte finden, über die sich das Erlebte darstellen lässt."[17]

3. Selbstkonzept

Notwendig für die Untersuchung des literarischen Selbstkonzept in *Panikherz* ist einerseits eine Betrachtung, in welchen Kontexten Aussagen über das Selbst getroffen werden und mit welchen Aspekten und Begebenheiten diese inhaltlich in Verbindung stehen. Andererseits wird die These erhoben, dass ein literarisches Selbstkonzept lediglich im Moment des Werks und durch das Werk vorhanden ist – es wäre somit möglich, dass derselbe Autor in zwei unterschiedlichen Texten zwei verschiedene Selbstkonzepte etabliert. Daher weist ein literarisches Selbstkonzept auch keine außertextuelle Dimension auf. Hierin besteht eine klare Abgrenzung zu philosophischen Selbstkonzepten. Der Beitrag stützt sich im Folgenden insbesondere auf die Positionen von David Hume und Thomas Metzinger, um ausgehend von Konzeptionen, die ein Selbst entsprechend einer Einheit ablehnen, auf Leistungen und Funktionen des Autobiographischen zu verweisen.

Hume spricht sich bereits in *Ein Traktat über die menschliche Natur* gegen ein Selbst als Substanz aus, zu der es einen privilegierten Zugang gebe. Das Selbst sei nicht greifbar, sodass lediglich die Perzeptionen beobachtet werden könnten:

> Ich meines Teils kann, wenn ich mir das, was ich als ‚mich' bezeichne, so unmittelbar als irgend möglich vergegenwärtige, nicht umhin, jedesmal über die eine oder die andere Perzeption zu stolpern, die Perzeption der Wärme oder der Kälte, des Lichts oder Schattens, der Liebe oder des Hasses, der Lust oder Unlust. Niemals treffe ich mich ohne eine Perzeption an und niemals kann ich etwas anderes beobachten als eine Perzeption.[18]

Demzufolge seien ‚Selbste' nichts, „als ein Bündel oder ein Zusammen verschiedener Perzeptionen, die einander mit unbegreiflicher Schnelligkeit folgen und beständig in Fluß und Bewegung sind"[19]. Metzinger argumentiert

17 Olaf Neumann: Überleben ist auch gut, in: Frankfurter Neue Presse vom 16.11.2018.

18 David Hume: Ein Traktat über die menschliche Natur. Bd.1: Über den Verstand. Hamburg 1989, S. 326f.

19 Ebd., S. 327.

explizit sowohl gegen das Haben als auch das Sein eines Selbst. Insofern lediglich ein Selbstmodell bestehe, „[existieren] Einzeldinge und Substanzen wie ‚Selbste' [...] nicht"[20]. Auch sei das Selbst keine spezielle Gattung, die man in sich tragen könnte, d. h. kein „ontologisch autonomer, transtemporal stabiler und fundamentaler Baustein der Wirklichkeit, der seine Existenz aus eigener Kraft aufrechterhalten kann"[21]. Infolgedessen handle es sich um einen dynamischen Vorgang, bei dem der Mensch als sozial situiertes System begriffen werden müsse.[22] Der dynamische Inhalt

> des phänomenalen Selbstmodells ist somit der Inhalt dessen, was wir in der Vergangenheit als ‚das' bewusste Selbst bezeichnet haben: Meine aktuellen Körperempfindungen, mein gegenwärtiger emotionaler Zustand und alle Inhalte meiner phänomenal erlebten Kognition, [...] welche den repräsentationalen Inhalt meines phänomenalen Selbstmodells [bilden].[23]

Beide dargelegten Positionen bilden den Bezugspunkt des vorliegenden Textes, insofern sie der Vorstellung des Selbst als einheitliche, isolierte Substanz widersprechen und stattdessen einen fragmentarischen Charakter annehmen. In diesem Kontext kommen dem autobiographischen Schreiben als Methode bzw. der Autobiographie als Form für die Konstruktion des literarischen Selbstkonzepts gleichermaßen formal-strukturelle wie auch ästhetisch-literarische Leistungen und Funktionen zu. Durch die Autobiographie als Form wird dem Autor ermöglicht, sich selbst als fragmentarisch zu begreifen. Sie fungiert in diesem Zusammenhang entsprechend eines literarischen Spiegels, wobei es Spiegeln im Allgemeinen zukommt, „als symbolische Werkzeuge im Kontext der Selbsterkenntnis, der Selbstreflexion und des Selbstverständnisses"[24] zu wirken. Wenngleich diese immer wieder auch literarische Motive darstellen, soll die Autobiographie hingegen im Sinne eines äußeren, ‚physikalischen' Spiegels

20 Thomas Metzinger: Selbst, Selbstmodell und Subjekt, in: Achim Stephan, Sven Walter (Hg.): Handbuch Kognitionswissenschaft. Stuttgart 2013, S. 423.

21 Thomas Metzinger: Das Selbst, in: Markus Schrenk (Hg.): Handbuch Metaphysik. Stuttgart 2016, S. 178.

22 Ebd., S. 180f.

23 Metzinger (Anm. 20), S. 424.

24 Wolfgang Prinz: Selbst im Spiegel. Die soziale Konstruktion von Subjektivität. Berlin 2013, S. 91.

behandelt werden, wobei der Begriff des physikalischen Spiegels stark erweitert werden muss. Er dient als Abgrenzung vom symbolischen bzw. motivischen Spiegel und betont Materialität. Insbesondere ermöglichen es äußere, materielle Spiegel einer Person, sich selbst von außen aus der Dritten-Person-Perspektive heraus zu betrachten. Im erweiterten Sinne leistet dies also auch die Autobiographie. Weiterhin entsteht durch das autobiographische Schreiben eine Wechselwirkung zwischen Text und Autor. Norbert Meuter bemerkt hierzu, dass der eigenen Identität in autobiographischen Texten mittels einer expliziten Thematisierung eine neue Gestalt gegeben werden könne.[25]

In *Panikherz* wird die eigene Fragmentiertheit, wenn auch indirekt, immer wieder thematisiert, etwa durch Gefühle der Unzugehörigkeit und Andersartigkeit oder der Selbstentfremdung. Neben der inhaltlichen und motivischen Thematisierung zeugen diskontinuierliche Formen des Erzählens, beispielsweise durch ‚Ich-man-Wechsel', von dieser Fragmentiertheit. Wie die Einheit eines menschlichen Lebens in ihren Strukturen der Einheit einer erzählten Geschichte entspricht,[26] so entspricht invers die Einheit bzw., im Falle der Fragmentiertheit, die Nicht-Einheit der erzählten Geschichte in Bezug auf das literarische Selbst den Strukturen der Nicht-Einheit des menschlichen Lebens. Wie zuvor angeführt, kann angenommen werden, dass ein Autor in zwei verschiedenen Werken auch zwei unterschiedliche literarische Selbstkonzepte konstruieren könnte; die Fragmentiertheit ließe sich dann nicht nur intratextuell, sondern darüber hinaus intertextuell aufzeigen. Es kann somit argumentiert werden, dass die Autobiographie eine spezifische Form der Selbsterkenntnis ermöglicht und zugleich Subjektivität erzeugt, d. h. das Subjekt erlangt Selbsterkenntnis durch sich selbst in einem Medium, wobei das Medium an sich entsprechend des Spiegels neutral, d. h. ohne Einfluss auf das Subjekt, verbleibt. Demnach wird das Subjekt durch die Autobiographie im Spiegel mit seiner Eigenwahrnehmung konfrontiert. Zudem erzeugen die Autobiographie als Form bzw. das autobiographische Schreiben als Methode jeweils

25 Vgl. Norbert Meuter: Narrative Identität. Das Problem personaler Identität im Anschluß an Ernst Tugendhat, Niklas Luhmann und Paul Ricoeur. Stuttgart 1995, S. 247.

26 Vgl. ebd., S. 245.

Reziprozität entsprechend bidirektionaler Interaktionen. So entspricht etwa das literarische Selbstkonzept einem mittels Stiles erzeugten, textuellen Produkt. Dieses bewirkt eine bidirektionale Interaktion zwischen Text und Leser, insofern die Selbstkonstruktion ein dynamisches Konzept darstellt und der Text dem Leser die Grenzen seiner Interpretationsmöglichkeit vorgibt.[27] Andererseits entsteht eine bidirektionale Interaktion zwischen Werk und Autor, da letzterer sich durch das Schreiben selbst als fragmentarisch begreifen kann.

4. Konstruktion und Destruktion des literarischen Selbstkonzepts

In *Panikherz* wird das literarische Selbst im Wesentlichen durch die Darstellung von Kindheitserlebnissen und damit einhergehender Verhaltensweisen, durch ein Zugehörigkeitsgefühl, die Identifikation mit Personen des Umfelds von Stuckrad-Barre sowie konträr hierzu durch die Abgrenzung von anderen konstruiert. Die Destruktion des Selbst hingegen steht mit der Essstörung und dem Drogenkonsum des Autors in Verbindung. Ferner wird die Fremdwahrnehmung immer wieder thematisiert, reflektiert und mit dem eigenen Erleben abgeglichen, wobei sich häufig ein Widerspruch zwischen Eigen- und Fremdwahrnehmung aufmacht.

Schon in der Kindheit stellt sich das Gefühl der Andersartigkeit ein, wenn beispielsweise der eigene Name als Kontradiktion aufgefasst oder aber thematisiert wird, wie das eigene Verhalten den elterlichen Erwartungen zuwiderläuft:

> Mein Vater war Pastor, ich war das jüngste von vier Kindern, Benjamin, letztes Kind, aber hebräisch auch: Sohn der Freude. Zu solcher gab ich familiär in dieser Zeit keinen Anlass […]. [D]er Älteste und ich waren die Sorgenkinder, dauernd unerwidert verliebt, und statt wie die anderen beiden wohlklingend Klavier und Geige zu üben, hörten wir immer nur laute Popmusik.[28]

---

27 Vgl. Nadine Jessica Schmidt: Konstruktionen literarischer Authentizität in autobiographischen Texten. Göttingen 2014, S. 94f.

28 Benjamin von Stuckrad-Barre: Panikherz. Köln 2016, S. 16. Zitate aus diesem Text werden künftig nach dieser Ausgabe unter Angabe des Sigels ‚PH' sowie der Seitenzahl in Klammern im Fließtext nachgewiesen.

Dem Selbst wird dabei nicht nur eine Andersartigkeit, sondern ebenso Rebellion zugeschrieben; Ausdruck findet beides in der Gegenüberstellung zweier Musikformen, d. h. die Konstruktion des Selbst erfolgt durch die Projektion des inneren Erlebens in einen objektiv wahrnehmbaren Bereich und erfährt gleichzeitig stellvertretend und indirekt eine normative Dimension über die analoge Bewertung des objektiven Bereichs. Das Verhalten während der Kindheit, das des erinnerten Ichs, unterliegt im Werk einer Reflexion des, auf einer zuerst zeitlich späteren Ebene, erinnernden Ichs: „Empfundener Mangel an Aufmerksamkeit, im Sinne von Beachtung, war schon immer mein Grundmotor gewesen, das bietet sich an als jüngstes von vier Kindern, da muss man sich was einfallen lassen, um überhaupt gehört zu werden“ (PH, S. 474).

Für das autobiographische Schreiben mit einer Differenz zwischen dem erinnernden und erinnerten Ich merkt Günter Waldmann an, dass „erinnerndes und erinnertes Ich nicht nur verschiedene Rollen des seine Autobiographie schreibenden Ich [bedeuten]“[29]. Vielmehr könne diese Ich-Spaltung auch substanziell verstanden werden.[30] In Bezug auf *Panikherz* sind sowohl die verschiedenen zeitlich bedingten Rollen als auch die substanzielle Spaltung zutreffend, wobei gerade letztere bedeutsam wird, wenn das Selbst nicht mehr konstruiert, sondern durch Drogen und Essstörung destruiert wird. Weiterhin wird das Selbst der Kindheit als etwas Undurchsichtiges, Nicht-Begreifbares und Zwanghaftes dargestellt:

> Irgendetwas schien mit mir nicht zu stimmen, ich empfand Regeln und Anordnungen als eher unverbindliche Vorschläge, dauernd wurde ich irgendwelcher Lügen überführt. Außerdem zählte ich immerzu Treppenstufen, Gehwegplatten, Buchstaben, ALLES – und wenn sich die Summe durch 8 teilen ließ, war ich glücklich, durch 4 teilbar war auch noch gut, durch 2 hinnehmbar, ungerade Zahlen waren jedoch ganz schlecht, und Primzahlen zwangen mich, eine Treppenstufe zu überspringen oder die letzte Stufe mehrfach hoch- und runterzutippeln, bis sich die Gesamtstufenzahl durch 8 teilen ließ. (PH, S. 28)

---

29 Günter Waldmann: Autobiografisches als literarisches Schreiben. Kritische Theorie, moderne Erzählformen und -modelle, literarische Möglichkeiten eigenen autobiografischen Schreibens. Baltmannsweiler 2000, S. 85.

30 Vgl. ebd., S. 90.

Es wirkt, als würde dem Selbst Autonomie ab-, und diese einer nicht näher bezeichneten Entität zugesprochen werden. Das Selbst ist dieser Entität ausgeliefert, indem das eigene Wohlergehen von deren Regeln abhängig gemacht wird; eine Funktion, die im Verlauf des Lebens von Essstörung und Drogen übernommen wird: „Was sollte das eigentlich? Was wollte ich fertig machen, außer mich selbst? Von Wollen konnte schon lang keine Rede mehr sein; alles war Müssen, Zwang, ich war drogenabhängig“ (PH, S. 435). Die Konstruktion des Selbst über den Mechanismus der Identifikation erfolgt teils durch tatsächlich existierende Personen, teilweise jedoch auch über die reine Imagination eines Idealbildes, das erreicht werden soll, und simultan ein gesellschaftliches Anti-Ideal darstellt:

> Ich träumte, später als erwachsener Mann dann, mitzumischen in den Bars und Hinterzimmern, allein an Bahnhöfen rumzustehen, mit weißem Leinenanzug, einem Aktenkoffer voller Probleme und Zigaretten im Anschlag. Irgendwann auch mal als drogenabhängiger Schreiber in einem Billighotel ABSTEIGEN, mit der Miete im Rückstand, voll auf irgendwas, mit dem Zeug, das Fauser da in Istanbul nahm, hatte ich noch nie gehört – und wie ein Bekloppter zu schreiben. (PH, S. 95)

Das primäre Anti-Ideal erzeugt insofern einen hohen Grad der Faszination als Erstrebenswertes, als die Vorstellung davon an die Idee des zwar drogenabhängigen und damit aus der Gesellschaft herausfallenden Wahnsinnigen gekoppelt wird, welchem dabei jedoch der Aspekt des Genies und der Kreativität, d. h. des Besonderen, inhärent ist. Dem eigenen, bestehenden Selbst hingegen wird an keiner Stelle das Attribut des Genialen zugeschrieben. Vielmehr wird es über Selbstabwertung konstruiert:

> Mir, um mal zur Abwechslung von mir zu sprechen, mir hatte ein paar Tage zuvor am Pool jemand gesagt, ich sei ein Held seiner Jugend, müsse er mal sagen, tolle Bücher. Und statt mich einfach zu freuen und weiterzuschwimmen, antwortete ich viel zu ehrlich, völlig unangemessen intim, das sei wahnsinnig nett, aber natürlich auch ambivalent, denn unser beider Jugend sei ja unstrittig vorüber und mein letztes Buch fünf Jahre her. (PH, S. 431f.)

Eine tatsächlich existierende Person entsprechend des Idealbilds stellt Udo Lindenberg dar, ein langjähriger Freund von Stuckrad-Barre: „Udo im Trenchcoat, mit Hut, an einer Straßenecke, lässig an der Zigarette ziehend: jahrelang, ach, bis heute, eigentlich mein Idealbild einer gelungenen männlichen Existenz. Wie der da steht! Mit diesem Typen ist zu rechnen. Der hat was vor“ (PH, S. 26).

Auch in diesem Kontext handelt es sich um die Identifikation und das Streben nach dem gesellschaftlich ‚Anderen'; die Interjektion ‚ach' betont, dass dies auch für das erinnernde, den Text verfassende Ich gilt. Das Idealbild erhält somit durch die Imagination dessen, was das Selbst sein soll, Kontinuität. Andererseits wird das Gefühl der Unzugehörigkeit im Sinne eines Nichthineinpassens thematisiert:

> Beim Rolling Stone war alles so alt gewesen, wie ich nie werden wollte, hier nun war alles so jung, wie ich niemals gewesen war. Ich fühlte mich ein bisschen unpassend – das allerdings war mir ein vertrautes Gefühl, so war es immer, so würde es wahrscheinlich immer sein: krumm und schief ins Leben gestellt. (PH, S. 164)

Bezeichnend ist hierbei, dass, wenngleich konjunktivisch, eine Aussage des erinnernden Ich über das erwägenswerte Empfinden in der Zukunft geäußert wird, wodurch neben dem Idealbild auch der Unzugehörigkeit eine nicht temporär bedingte Dimension zukommt. Expliziert wird dies an einer weiteren Stelle im Werk:

> Aber vielleicht fand ich es auch einfach chic, etwas Besonderes zu sein, anders als alle anderen; das war ja, und zwar komplett negativ, sowieso mein Grundgefühl gewesen, VON KLEIN AUF, und keineswegs irgendwas Besonderes in größenwahnsinniger, „auserwählt"-Bedeutung, sondern vielmehr: übrig geblieben, unpassend, ausgemustert, Rest vom Fest. (PH, S. 401)

Kontinuität wird zudem am Konkretum der Musik festgemacht. Dieser wird ebenso zugeschrieben, das Gefühl von Lebendigkeit, und damit eine Wahrnehmung des Selbst durch eine Perzeption, initiieren zu können: „Wie zeitlos diese Musik ist, für mich zumindest, denn sie ist das natürlich nicht, aber sie bewirkt bei mir ein Gefühl von Kontinuität, sie versetzt mich noch immer in helle Aufregung, und folglich bin ich noch nicht tot, und das ist doch eine gute Nachricht" (PH, S. 146).

Für die Destruktion des Selbst ist besonders der Wechsel der Erzählperspektive bezeichnend: Anstelle des Personalpronomens ‚Ich' wird das Indefinitpronomen ‚man' verwendet. Der Gebrauch der dritten Person dient zur Darstellung der Selbstentfremdung in literarischer Form.[31] Der seine

31 Vgl. Bernd Neumann: Von Augustinus zu Facebook. Zur Geschichte und Theorie der Autobiographie. Würzburg 2013, S. 121.

Autobiographie Schreibende, so die These Waldmanns, setze sich dabei als einen Anderen,

> von dem er nicht als von sich, sondern [...] einem Fremden spricht. Es liegt also eine entschiedene Verfremdung des Ich vor, mit der der Schreibende sich zu einem Anderen objektiviert und sich in Distanz dazu setzt.[32]

Analog zur Differenz zwischen erinnertem und erinnerndem Ich kann es sich auch in diesem Kontext damit um zwei verschiedene Ichs handeln. Die Aufspaltung des Ich wird in *Panikherz* anhand von Erlebnissen thematisiert, bei denen es zu einem vollkommenen Kontrollverlust kommt. Formalisiert wird jener durch ineinander übergehende Ich-man-Wechsel:

> Dergestalt vorgeschwemmt konnte man essen, was man wollte, Eis ging natürlich besonders gut, das kam fast elegant wieder raus und sogar noch kühl, wenn man sich beeilte (und man beeilte sich immer, man musste schneller sein als das eigene Bewusstsein- und das war man, man war unzurechnungsfähig, juristisch betrachtet). Ich aß alles durcheinander, groteske Mengen, direkt aus der Einkaufstüte, und den Müll direkt wieder rein in die Tüte, hinterher mussten alle Spuren und Beweise beseitigt werden; die Idee: Ich isst ein anderer. (PH, S. 223)

Der Satz ‚Ich ist ein anderer' des französischen Schriftstellers Arthur Rimbaud wird hier von Stuckrad-Barre nicht nur übernommen, sondern, wenngleich ironisiert, in Bezug auf das eigene Erleben bzw. Nicht-Erleben umgeformt bei gleichzeitiger Distanzierung zum eigenen Handeln. In solchen Zuständen wird das Selbst zu etwas Fremdartigen bestimmt, als ein Anteil, der jeglicher Rationalität und jeglichem Bewusstsein zuwiderläuft: „Solche Attacken mehrfach pro Tag, das ist eine Art Vollzeitbeschäftigung, man hat wirklich die ganze Zeit zu tun. Wenn es losging, wenn ich also merkte, aha, ich ziehe mir Schuhe an, jetzt geht dieser Ich wohl dann gleich raus, lief alles automatisch" (PH, S. 224).

Der Ich-man-Wechsel wird durch einen Ich-ich-Wechsel ergänzt, wobei das eine Ich das reflektierende darstellt, während das andere Ich, dem ein Demonstrativpronomen vorangestellt wird, den Automatismus repräsentiert. Das innere Erleben wird dadurch nicht nur inhaltlich aufgezeigt, sondern überdies sprachlich formalisiert. Die Destruktion des Selbst führt schließlich so weit, bis das Selbst hinter die Sucht zurücktritt. Das Selbst

32 Waldmann (Anm. 29), S. 76.

in den verhandelten Erlebnissen wird durch eine nüchterne, sachliche Beschreibung eines Stereotyps ersetzt:

> Der wirklich Süchtige hat das lange hinter sich. Was anderen Feier ist, ist ihm Normalität, formal feiert er durch, nur empfindet er dieses Suchtgeschufte keineswegs als Feier, es ist eine vollkommen autistische Veranstaltung. Zwar ergibt es sich, dass passager andere dabei sind, aber mit einer Sucht ist man immer ganz allein, egal, zu wievielt man ihr gerade nachkommt. Die echte Sucht ist ein ganz nach innen gerichteter Irrsinn. (PH, S. 292)

Das unpersönliche ‚man' bleibt der letzte Bezugspunkt, durch den das Geschehen mit dem Ich in Verbindung gesetzt wird. Auf sprachlicher Ebene lässt sich somit aufzeigen, dass der Stil umso mehr mit Mitteln des Unpersönlichen, Nüchternen und Allgemeinen arbeitet, je weiter die erlebte Selbstentfremdung voranschreitet. Eine weitere Dynamik der Selbstkonstruktion besteht in einem Abgleich der Eigen- und Fremdwahrnehmung, wobei sich Divergenzen zwischen Außen und Innen auftun:

> Ständig konfrontiert mit dem eignen Bild in der Öffentlichkeit, was ich ja forcierte, wollte ich ab jetzt immer dünner werden. Das Selbstbild, das öffentliche Bild, nun geriet alles ein bisschen durcheinander. Auf den Umschlagfotos der beiden neuen Bücher jedenfalls müsste ich viel dünner, also besser aussehen. Fotovorbereitend aß ich fast gar nichts mehr, ging jeden Tag joggen, wochenlang nur Sauerkraut aus der Dose, der Beginn einer magersüchtigen Phase, ich wurde immer dünner – fühlte mich aber weiterhin mehr denn je als zu dick. (PH, S. 202)

Bezeichnend ist, dass an dieser Stelle die Ich-Form beibehalten wird, obwohl Fremd- und Eigenwahrnehmung auseinanderklaffen, was explizit reflektiert wird. Dadurch manifestiert sich im Gegensatz zur Selbstentfremdung eine Ambivalenz innerhalb des Selbst. Antithetisch verlaufen Fremd- und Eigenwahrnehmung auch dann, wenn andere Personen den berauschten vom nüchternen Zustand unterscheiden glauben zu können:

> Es war seltsam, andere Menschen hatten mich, wenn ich komplett zugedröhnt gewesen war, oft als angenehmen Gesprächspartner empfunden, „endlich mal ein bisschen ruhiger, nicht so hektisch wie sonst" – und nun, da ich nüchtern und wieder so hektisch und hypermotorisch unterwegs war, wie ich eventuell tatsächlich BIN, da schauten mich viele an und glaubten mir nicht, dass ich nüchtern war: „Ja, genau, du bist clean, haha. Du hast doch bestimmt was genommen, so aufgekratzt wie du bist". (PH, S. 364)

Verstärkt wird die erlebte Diskrepanz dadurch, dass bei der eigenen Reflexion das Tempus vom Präteritum ins Präsens wechselt. Die Aussage bekommt hierdurch einen allgemeingültigeren Charakter, d. h. die dem Selbst zugeschriebenen Attribute gelten nicht nur temporär oder situativ. Die Uneinheitlichkeit des Selbst wird insbesondere im Kontext einer möglichen Selbstkonfrontation, initiiert durch ein Zusammentreffen mit Personen aus der eigenen Vergangenheit, herausgestellt:

> Ich merkte, ich würde dem nicht standhalten können. Die Aussicht, all diesen Leuten wiederzubegegnen und damit natürlich vor allem auch mir selbst, dem, der ich war, dem, der ich hatte sein wollen – das machte mich dermaßen nervös, ich würde da nicht hinfahren können. Auf gar keinen Fall. Ich schaffe es ja nervlich nicht mal, „auf" Facebook zu sein, ist das doch Klassentreffen in Permanenz. (PH, S. 128)

Unterschieden wird somit zwischen einem Selbst der Vergangenheit und dem jetzigen Selbst; diesbezüglich besteht jedoch keine klare Trennung, vielmehr wird eine hypothetische Konfrontation beider als beängstigend dargestellt. Es handelt sich demnach um verschiedene Anteile dessen, was die vermeintliche Einheit ‚Selbst' konstituiert. Jene Aufspaltung in Anteile wird vor allem auch sprachlich – und visualisiert – an einer weiteren Stelle im Werk betont:

> Und weil ich immer froh bin über zerstreuende Aufträge der sinnlosesten Art, so sie überschaubar sind, als Blitzableiter meiner Hyperaktivität, bekomme ich SELBST es kaum mit, da veranstalte ich schon ein Riesenkörpertheater unter Einbeziehung mehrerer Statisten und Requisiten, zerre aus dem Gebüsch den meterlangen Teleskopkescher, mit dem sonst Blätter aus dem Pool gefischt werden, ein idealer Zitronenpflücker, und natürlich muss es die Zitrone ganz oben sein, keine der simpel mit ausgestrecktem Arm pflückbaren, nein, wenn schon, dann die unerreichbare ganz oben. (PH, S. 557)

Das ‚Ich' und das ‚Selbst' treten hier als zwei verschiedene Entitäten auf, wobei das Selbst, vor allem auch durch die Verwendung von Versalien kenntlich gemacht, die Entität zu sein scheint, hinter die das bewusste ‚Ich' zurücktritt. Die angedeutete Hyperaktivität wird insofern strukturell formalisiert als der Satzbau immer wieder durch Einschübe unterbrochen und durch zahlreiche Nebensätze unübersichtlich lang gestaltet wird.

Dargestelltes Erlebnis, Syntax, Grammatik und auch Diktion stehen in *Panikherz* somit in einer engen Verbindung zueinander bzw. bedingen sich gegenseitig, womit und wodurch das literarische Selbstkonzept konstruiert und destruiert wird.

Lisa Czolbe

„Wenn ein verlorener Sohn zerzaust [...] nach Hause kommt“ – Biblisch-christliche Tradition in Benjamin von Stuckrad-Barres *Panikherz*

Abstract: The article starts with the observation of a multitude of references in Benjamin von Stuckrad-Barre's *Panikherz* to the biblical-Christian tradition and poses the question of their form and function. The focus is on the analysis of references to Christian beliefs, symbols, and biblical texts, especially the parable of the prodigal son. The paper shows that the references primarily serve to interpret characters from the media and music industries as well as existential experiences within the horizon of the Christian religion. At the same time, a distancing from the Christian religion takes place through the reference: The citation of Bible verses, the use of Christian imagery and the adaptation of Christian material is done by means of ironic-cynical refraction or by questioning the Christian message of salvation. The way *Panikherz* deals with the biblical-Christian tradition therefore points to the end of the novel: Here, the finality of reconciliation with the Christian-socialized family is questioned. It also calls into question the permanent healing of the autodiegetic narrator, who suffers from depression, eating disorders, and addictions to the present.

Keywords: bible, christian, parable, prodigal son, religion

„Die längsten Reisen fangen an, wenn es auf den Straßen dunkel wird“[1] – dieses Zitat aus Jörg Fausers *Kant* stellt Benjamin von Stuckrad-Barre *Panikherz* vorweg. Es formuliert die Überschrift zu einem Text, der eine eindeutige Klassifizierung als Autobiographie oder Roman verbietet und seine Leser mit auf eine Reise nimmt, deren Beginn das provinzielle

1 Benjamin von Stuckrad-Barre: Panikherz. 2. Aufl. Köln 2019. Zitate aus diesem Text werden künftig nach dieser Ausgabe unter Angabe des Sigels ‚PH‘ sowie der Seitenzahl in Klammern im Fließtext nachgewiesen.

Rotenburg (Wümme) markiert:[2] Hier wächst das Ich mit drei Geschwistern als Sohn eines evangelischen Pfarrers und einer Kirchenchorleiterin auf, von deren ökologisch bewusstem Lebensstil es sich als Heranwachsender ebenso distanziert wie von der elterlichen Religion. Hingezogen fühlt es sich stattdessen zu der Welt der später verachteten „Spießereltern" (PH, S. 17), in der – so die Annahme des jugendlichen Ich – Markenkleidung, Medienkonsum und Popmusik zuhause sind.[3] Obgleich letztere schließlich zur wichtigsten Sozialisationsinstanz des Heranwachsenden avanciert, kann auch der Einfluss der christlichen Religion auf das Ich nicht negiert werden: Zum einen zeugen Aktivitäten wie Kirchenbesuche, Krippenspiel und Kinderchor von der religiösen Sozialisation des Ich (vgl. PH, S. 17); zum anderen weist das autodiegetisch erzählte *Panikherz* selbst eine Vielzahl von Referenzen auf Bibeltexte und christliche Überzeugungen auf, wie im Rahmen dieses Beitrages dargelegt werden soll.

Ziel ist es zu analysieren, welche Formen und Funktionen die Bezugnahmen auf die biblisch-christliche Tradition haben. Dem Beitrag liegt dabei die These zugrunde, dass das Ich Figuren der Medien- und Musikbranche sowie existenzielle Erfahrungen im Horizont der christlichen Religion deutet, von der es sich durch die Referenz auf Bibeltexte und christliche Überzeugungen zugleich entfernt: Die direkte Zitation von Bibelversen, die Adaption biblischer Stoffe sowie Rückgriffe auf christliche Bildsprache und Inhalte nämlich erfolgt wiederholt mittels ironisch-zynischer Brechung oder durch das Infragestellen der christlichen Heilsbotschaft. Damit wird Distanz zur elterlichen Religion und nicht zuletzt auch zur Herkunftsfamilie hergestellt. Die Referenz und Umdeutung von Inhalten

---

2 Die Gattungsfrage ist bereits diskutiert worden. Vgl. dazu Kai Bremer im vorliegenden Buch; Michael Multhammer: Der frühneuzeitliche Popliterat. Benjamin von Stuckrad-Barres Bekenntnis, in: Merkur 70/H. 12 (2016), S. 67-71. Während Kai Bremer das Verhältnis von Autobiographie und Roman untersucht, liest Michael Multhammer *Panikherz* im Kontext der protestantischen Bekenntnisliteratur.

3 Zum Verhältnis des Ich zu den ‚Spießern' vgl. Immanuel Nover: Schwarzbrot mit Goudakäse. Reinheit und Unreinheit in Benjamin von Stuckrad-Barres *Panikherz* (2016), in: Iris Meinen, Nils Lehnert (Hg.): Öffnung – Schließung – Übertritte. Körperbilder in der deutschsprachigen Gegenwartsliteratur. Bielefeld 2021, S. 175-190, hier S. 182f.

des Christentums geschieht dabei bewusst, ist aber von der subjektiven Wahrnehmung des Ich auf die Religion der Eltern geprägt.

Die Diskussion der Bezugnahmen auf die biblisch-christliche Tradition findet im Folgenden mittels literaturwissenschaftlicher Textanalyse und -interpretation statt. Dabei konzentriert dieser Beitrag sich in einem ersten Schritt auf *Panikherz*-Referenzen auf konkrete christliche Glaubensinhalte, Symbole und Bibelverse. Dazu erfolgt vor allem eine Auseinandersetzung mit zu Gottheiten stilisierten Figuren sowie der Funktion von Udo Lindenbergs Liedern in und für den autobiographischen Roman. Der Betrachtung der *Panikherz*-Popwelt im Spiegel der biblisch-christlichen Tradition schließt sich in einem zweiten Schritt eine Beschäftigung mit der Bezugnahme von *Panikherz* auf das Gleichnis vom verlorenen Sohn an (vgl. Lk 15,11-32 LU17).[4] Diese ist in literaturkritischen sowie -wissenschaftlichen Beiträgen zwar wiederholt herausgestellt, nicht aber näher betrachtet worden.[5] Um zu zeigen, wie *Panikherz* die Parabel auf ganz eigene Weise adaptiert, um zwei wesentliche Episoden aus dem Leben des Ich zu deuten und die Gewissheit der Rettung zu verneinen, soll eine Auseinandersetzung mit inhaltlichen Überschneidungen und Differenzen zwischen autobiographischem Roman und Bibeltext stattfinden, ohne *Panikherz* dabei hinsichtlich

4 Evangelische Kirche in Deutschland (Hg.): Die Bibel. Nach Martin Luthers Übersetzung. Revidiert 2017. Stuttgart 2017. Zitate aus der Bibel werden künftig nach dieser Ausgabe unter Angabe der Bibelstelle in Klammern im Fließtext nachgewiesen.

5 Vgl. Bremer (Anm. 2); Ulrich Gutmair: Urlaub vom Ich, in: Texte zur Kunst, 11.05.2016, online unter: https://www.textezurkunst.de/articles/urlaub-vom-ich/ [18.05.2022]; Jörg Herrmann: Udos Evangelium und das Ende der Ironie. Religionshermeneutische Notizen zu Benjamin von Stuckrad-Barres autobiographischem Buch *Panikherz*, in: Tà katoptrizómena, 2016, online unter: https://www.theomag.de/102/jh32.htm [19.05.2022]; Florian Illies: Der verlorene Sohn. Worin liegt die Größe von Benjamin von Stuckrad-Barres Roman *Panikherz*?, in: Zeit Online, 17.03.2016, online unter: https://www.zeit.de/2016/13/panikherz-benjamin-von-stuckrad-barre-roman?utm_referrer=https%3A%2F%2Fwww.google.com%2F [18.05.2022]; Multhammer (Anm. 2), S. 69; Dirk von Petersdorff: Im Zweifel für den Zweifel. Romantische Weltdeutung in der Gegenwartsliteratur (Herrndorf, Stuckrad-Barre) und in der Popmusik (Tocotronic), in: ders., Frieder von Ammnon (Hg.): Lyrik/ Lyrics. Songtexte als Gegenstand der Literaturwissenschaft. Göttingen 2019, S. 371-389.

seiner Form als Gleichnis zu interpretieren.[6] Verglichen werden stattdessen im Wesentlichen Handlung, Figurenkonstellation und die Pointe beider Texte. Im Rahmen eines kurzen Ausblicks soll angesichts der Ergebnisse dieses Beitrages schließlich die Frage nach der Notwendigkeit vergleichender Studien im Kontext von Religion und Pop aufgeworfen werden.

1. Popwelt im Spiegel der biblisch-christlichen Tradition

Wie bereits in der Hinführung angedeutet, bewegt sich das Ich in *Panikherz* als Heranwachsender zwischen zwei kontrastiv gestalteten Welten: dem ökologisch bewussten Pastorenhaushalt und der lauten Popwelt. Beide scheinen einander zunächst auszuschließen: Nachhaltigkeit, soziales Bewusstsein und Religiosität auf der einen Seite (Pastorenhaushalt) stehen hedonistisch-freiheitlichen Werten auf der anderen (Popwelt) gegenüber. Tatsächlich aber wird die Popwelt, die das Ich herbeisehnt und in die es spätestens als Mitarbeiter des Magazins *Nightlife* (später *KoMa*) aktiv eintritt, unter Bezugnahme auf christliche Überzeugungen, die in der elterlichen Welt zuhause sind, strukturiert und gedeutet. Dies gilt zunächst im Hinblick auf die Figuren, die in *Panikherz* zum Inventar der Popwelt gehören: Verschiedene Akteure aus der Medien- und Musikbranche fungieren für das Ich als „persönliche […] Götter" (PH, S. 385).[7] ‚Persönlich' ist dabei in einem doppelten Wortsinn gemeint: Zum einen wird damit schlicht ausgesagt, dass es die individuellen Gottheiten des Ich und keiner anderen Person sind; zum anderen bedeutet ‚persönlich', dass es sich um Götter handelt, die nicht als abstrakte Kraft, sondern als Personen gedacht

---

6 Die Referenz auf das Gleichnis vom verlorenen Sohn beschränkt sich in *Panikherz* auf den biblischen Stoff. Den autobiographischen Roman als Gleichnis zu lesen, ist m. E. nicht angemessen, da er sich von den Charakteristika des Genres (vgl. Kurt Erlemann: Gleichnisse (NT), in: WiBiLex, online unter: https://www.bibelwissenschaft.de/stichwort/48932/ [23.11.2022]) unterscheidet: *Panikherz* ist z. B. weder auf die Erzählung des Wesentlichen beschränkt noch wird chronologisch erzählt; es fehlen auch die Verschränkung von Sach- und Bildebene sowie das Erzählen auf eine Pointe hin.

7 Das Ich glaubt also – im Unterschied zum monotheistischen Christentum – nicht an einen, sondern an mehrere Götter.

sind.[8] Diese Vorstellung wiederum entlehnt das Ich dem christlichen Glauben, der Gott als Person denkt, ebenso wie den Gedanken der Nachfolge Christi: Das Ich verehrt seine Götter nämlich nicht nur, es eifert auch einem Leben in der Nachfolge seiner Idole nach, die es damit wie Jesus Christus zu Orientierung bietenden Identifikations- und Leitfiguren stilisiert. So ist für den Heranwachsenden beispielsweise Christoph, der Geschäftsführer des *Nightlife*, eine Gottheit (vgl. PH, S. 85), deren Lebensstil es nachzuahmen trachtet: „Christoph führte das Leben, von dem ich träumte" (PH, S. 88). Mit der Unterstützung und unter Rückgriff auf das Netzwerk seines Idols gelingt es dem Ich schließlich, Christophs Lebensstil zu adaptieren: Das Ich wird selbst zum Rezensenten von Platten und Büchern, klebt Plakate, wirkt mit beim ‚Göttinger Literaturherbst', besucht kostenfrei Konzerte und veranstaltet selbst eines (vgl. PH, S. 88-92, 98-100, 113f.).

Damit hat das Ich schließlich unmittelbaren Zugang zu der bunten Medien- und Musiklandschaft, einer heiligen Welt, in der wiederum neue Götter regieren. So bezeichnet es Rio Reiser, Bret Easton Ellis und Harald Schmidt als Götter (vgl. PH, S. 103, 385, 491), hängt Konzertplakate als „Heiligenbilder" (PH, S. 41) an seine Wände und stilisiert Nirvana-Sänger Kurt Cobain zum Sohn Gottes: „Kurt Cobain war Jesus Christus, sein Selbstmord hatte etwas Märtyrerhaftes, Cobain war vor unser aller Augen [...] für uns emporgestiegen, hatte das Leid der Welt auf seine schmalen Schultern genommen, das musste zu viel sein, er ist daran zerbrochen" (PH, S. 112f., vgl. auch PH, S. 390). Indem hier die Formulierung ‚das Leid der Welt auf seine [...] Schultern nehmen' verwendet wird, referiert die Beschreibung wiederum implizit die christliche Vorstellung von Christus als Stellvertreter, der im Namen der Menschheit einen Sühnetod stirbt.[9]

---

8 Zum Personsein Gottes vgl. Michael Beintker, Martin Heimbucher (Hg.): Mit Gott reden – von Gott reden. Das Personsein des dreieinen Gottes. Ein Votum des Theologischen Ausschusses der Union Evangelischer Kirchen (UEK) in der EKD. 2. Aufl. Neuenkirchen-Vlyn 2011. Während die christlichen Religionen Gott allerdings lediglich personal denken, Gott also z. B. Merkmale zugewiesen werden, die sonst Personen kennzeichnen (reden, handeln, lieben usw.), bezeichnet ‚Gott' in *Panikherz* jeweils eine konkrete Person.

9 Zum Begriff der Stellvertretung in diesem Kontext vgl. Christof Gestrich, Till Hüttenberger: Stellvertretung V. Kirchengeschichtlich und systematisch-theologisch, in: Gerhard Müller (Hg.): Theologische Realenzyklopädie. Bd. 32.

Diese Todesdeutung fungiert für das Ich zunächst als Horizont, einem unbegreiflichen Ereignis – dem Freitod Cobains – einen Sinn zuzuschreiben. Dieser wird in der zitierten Aussage aber gleichzeitig negiert: Anders als auf Jesu Tod folgt auf den Suizid des Nirvana-Frontmannes nicht die Auferstehung,[10] die die Kreuzigung des Gottessohnes zu einem Heilsereignis macht, im Gegenteil: Cobains Tod ist nicht nur selbst gewählt, sondern auch endgültig, denn der Sänger ist unter dem ‚Leid der Welt [...] zerbrochen.'[11] Die Referenz auf die christliche Deutung des Todes Christi dient also zugleich als Mittel der Distanzierung, da die Heils- und Erlösungsbotschaft in Bezug auf Cobain gerade infrage gestellt wird.

Gleichwohl verneint das Ich die Möglichkeit der Errettung und Versöhnung nicht ganz, es verortet sie stattdessen in einer anderen Figur: Lindenberg.[12] Diese ist im Unterschied zu den anderen Gottheiten nämlich nicht ausschließlich als Irdische gedacht, sondern als Figur, die zwischen Dies- und Jenseits changiert:

> Udo hingegen kam mir [...] vor wie eine Märchenfigur, um ihn herum nur Nebel, er aber klar erkennbar, Hut, Sonnenbrille, Gehrock, mir angenehmer Schlendergang, auf und durch seine Art leuchtend [...]. Ich war gespannt, was als nächstes

---

Berlin usw. 2001, S. 145-153, hier S. 145; Jörg Frey: Die Deutung des Todes Jesu als Stellvertretung. Neutestamentliche Perspektiven, in: Christine Janowski, Bernd Janowski, Hans Lichtenberger (Hg.): Stellvertretung. Theologische, philosophische, kulturelle Aspekte. Interdisziplinäres Symposion Tübingen 2004. Bd. 1. Neuenkirchen-Vlyn 2006, S. 87-121. Zum Terminus Sühne vgl. Christof Gestrich: Sühne V. Kirchengeschichtlich und systematisch-theologisch, in: Gerhard Müller (Hg.): Theologische Realenzyklopädie. Bd. 32. Berlin usw. 2001, S. 348-355.

10 Dass das Ich Kurt Cobain namentlich erwähnt, zeigt, dass der Tote in der Welt des autodiegetischen Erzählers trotzdem weiterlebt, also zumindest im Sinne eines Erinnerns aufersteht.

11 In der Bibel und in der Theologie existieren unterschiedliche Deutungen von Tod und Auferstehung Jesu Christi, unter denen die Interpretation als Heilsereignis eine ist. Vgl. z. B. Jörg Frey, Jens Schröter (Hg.): Deutungen des Todes Jesu im Neuen Testament. 2. Aufl. Tübingen 2012; Rat der Evangelischen Kirche Deutschland (Hg.): Für uns gestorben. Die Bedeutung von Leiden und Sterben Jesu Christi. Ein Grundlagentext des Rates der Evangelischen Kirche Deutschland (EKD). Gütersloh 2015.

12 Vgl. Petersdorff (Anm. 5), S. 375, 377f. Zur Rettung des Ich durch Udo Lindenberg vgl. außerdem den zweiten Teil dieses Beitrags.

passieren würde. Würde er jetzt mit dem Finger schnippen und dann kamen alle Menschen herein, mit denen ich mich aktuell auszusöhnen hatte? (PH, S. 345, 348)

Um den Sonderstatus Lindenbergs zu unterstreichen, greift der autodiegetische Erzähler bei der Beschreibung des Panikrockers auf Heiligensymbolik und das christliche Jesusbild zurück: Lindenberg wird als eine mit menschlichen Attributen ausgestattete (‚Hut, Sonnenbrille, Gehrock'), aber aus sich heraus leuchtende und mit einem Nimbus umgebene transzendente Gestalt dargestellt,[13] die über Fähigkeiten zu verfügen scheint (Konjunktiv), die über das Menschenmögliche hinausgehen. Damit wird Lindenberg heiliggesprochen, vielleicht sogar eine Identifikation Lindenbergs mit Christus nahegelegt, gilt dieser im Christentum doch – so die Formel des Konzils von Chalzedon (451 n. Chr.) – als wahrer Mensch und wahrer Gott,[14] der im Johannisevangelium außerdem über sich selbst sagt: „Ich bin das Licht der Welt. Wer mir nachfolgt, der wird nicht wandeln in der Finsternis, sondern wird das Licht des Lebens haben" (Joh 8,12 LU17, vgl. Joh 9,5 LU17).[15]

---

13 Zur Beschreibung der Figur Lindenberg greift das Ich auf Licht-Dunkel-Metaphorik zurück. Zu ihrer Bedeutung in *Panikherz* vgl. auch den zweiten Teil dieses Beitrags.

14 Die Formulierung von Chalzedon beinhaltet die Zwei-Naturen-Lehre: Beide Naturen (menschliche, göttliche) existieren in einer Person unvermischt und ungetrennt, sodass das Wesen Jesu Christi sowohl dem göttlichen Wesen des Vaters als auch dem menschlichen Wesen des Menschen gleicht (vgl. Aloys Grillmeier: Die theologische und sprachliche Vorbereitung der christologischen Formel von Chalkedon, in: ders., Heinrich Bacht (Hg.): Das Konzil von Chalkedon. Geschichte und Gegenwart. Bd. 1: Der Glaube von Chalkedon. 5. Aufl. Würzburg 1979, S. 5-202, hier S. 5f.). Zu den Hintergründen der Formel vgl. ebd., S. 5-202.

15 Zu Lindenberg gehört auch der Panikdoktor. Dieser ist ebenfalls eine „mystische" (PH, S. 326) Figur, die Anteil an der Heilung des Ich hat und deshalb zu seinem Zufluchtsort wird (vgl. PH, S. 351f., 378f., 472f.). Sie wird daher wie Lindenberg religiös aufgeladen, wie folgende Äußerung des Panikdoktors beispielhaft demonstriert: „Du [das Ich, Anm. LC] bist in Not, ich kann dir deine Not nicht abnehmen, aber ich werde dir helfen" (PH, S. 326, vgl. auch PH, S. 327).

Die Analogiebildung erlaubt es dem Ich, die Bedeutung Lindenbergs und seiner Musik in Bezug auf den eigenen Lebensweg zu unterstreichen: In der „Rangordnung“ (PH, S. 385) der Gottheiten, die ansonsten durchaus variabel ist, steht Lindenberg nämlich nicht nur vor Cobain, sondern an erster Stelle. Dass dem Panikrocker daher eine besondere Rolle zuteilwird, demonstriert auch die Bedeutung der Songtexte Lindenbergs für und in *Panikherz*:[16] Verse aus seinen Liedern formulieren zum einen die Überschriften einzelner Kapitel des autobiographischen Romans und bedingen damit die Gliederung des Textes (vgl. PH, Inhaltsverzeichnis). Strukturstiftend sind einzelne Liedzitate zum anderen insofern, als sie für das erzählende Ich als Losungen fungieren, die seinem Alltag sowie konkreten Situationen eine Richtung geben. Die Songtexte Lindenbergs formulieren nämlich Leitsentenzen, die das Ich durch den Tag (oder: die Nacht) begleiten und „werden so zu säkularisierten Psalmen, vielleicht sogar zum Evangelium“[17] stilisiert. Lindenbergs Lieder beinhalten nämlich eine frohe Botschaft, die der Sänger selbst schließlich auf die Formel „Keine Panik“ (PH, S. 325, vgl. auch PH, S. 62, 71, 349) bringt. Für das Ich avanciert sie nicht nur zur Erklärung von Welt (vgl. PH, S. 235), sondern – analog zu der Bedeutung, die die Heilsbotschaft für Christen hat – auch zur Quelle von Hoffnung und Kraft, wenn das Leben sich als finstere Irrfahrt, als Odyssee erweist:[18] „Udo nämlich hatte einen Trotzdem-Trumpf, bei aller Weltmalaise überstrahlte eines doch alles, und das war die Liebe“ (PH, S. 36).

---

16 Vgl. dazu grundlegend den Beitrag von Jill Thielsen in diesem Buch.

17 Vgl. Multhammer (Anm. 2), S. 69; vgl. auch Hermann (Anm. 5).

18 Mit dem Begriff ‚Odyssee‘ charakterisiert das Ich die Reise, die *Panikherz* erzählt, selbst als hindernis- und abenteuerreiche Fahrt. Dabei verweist ‚Odyssee‘ weniger auf das Epos als das Lindenberg-Album *Odyssee*, aus dem der autodiegetische Erzähler einen gleichnamigen Song zitiert: „*Wir sind auf Odyssee, Odyssee / Und keiner weiß, wohin die Reise geht*“ (PH, S. 371, Hervorh. i.O.). Der Liedvers fungiert gemeinsam mit dem Motto von *Panikherz* – der eingangs zitierte Satz von Jörg Fauser – als Kommentar zur Biographie des Ich, die es als planlose Reise ohne Ziel begriffen wissen möchte. Es ahmt damit Lindenberg nach, der – nach Aussage des Ich – seine Lebensgeschichte ebenfalls als Odyssee versteht (vgl. PH, S. 71).

Damit erklärt das Ich Lindenberg gleichzeitig zum Gott der Liebe. Dieses Gottesvorstellung ist dem Christentum entlehnt und in der Bibel grundgelegt. So heißt es im ersten Brief des Johannes: „Gott ist Liebe" (1 Joh 4,16b LU17).[19] Den Zusammenhang zwischen dem christlichen Glauben an einen bedingungslos liebenden Gott und Lindenberg macht das Ich allerdings nicht explizit, im Gegenteil: Es stellt sein Lindenberg-Bild der eigenen Vorstellung von einem ewig mahnenden und monierenden Gott des Christentums entgegen.[20] Dieses Gottesbild speist sich daraus, wie das Ich die christliche Religion und dazugehörige Überzeugungen wahrnimmt. So lauscht es als Heranwachsender den Bibelversen des Pastorenvaters und stellt fest:

> Diese Losungen zogen einen wirklich ziemlich runter morgens. Der Herr aber sagt; ihr aber, die ihr; Jesus aber sprach; und ob ich schon wanderte im finsteren Tal – immer düster, immer beladen, immer erst mal „Aber"! Was ist das denn für eine HALTUNG? Ganz selten nur steht ja bei den Korinthern, in den Römerbriefen oder in der Bergpredigt: Have fun, take it easy, enjoy, go with the flow. (PH, S. 51)

---

19 Zur Deutung von Gottes Wesen als die Liebe vgl. Wilfried Härle: Dogmatik. 6. Aufl. Berlin usw. 2022, S. 238-249; Hansjürgen Verweyen: Ist Gott die Liebe? Spurensuche in Bibel und Tradition. Regensburg 2014.

20 Das Ich deutet Lindenberg-Reisen darüber hinaus als „das Gegenboot zur Arche-Noah. Alle, die anderswo durchs Raster fallen, sind hier an Board" (PH, S. 322). Die ‚Arche-Noah' verweist dabei auf die biblische Sintflut-Erzählung (vgl. Gen 6,5-9,17 LU17), in der Gott das Chaos auf die Erde zurückkehren lässt, um den Menschen – mit Ausnahme Noahs und seiner Familie – zu zerstören, da dieser die göttliche Schöpfung durch gewaltsames Handeln bedroht. Diese Vorstellung eines Gottes, der sich von dem in Sünde lebenden Menschen nicht nur abwendet, sondern diesen auch vernichtet, ruft das Ich auf, wenn es Lindenbergs Zug als ‚Gegenboot zur Arche-Noah' begreift: Während nämlich auf der biblischen Arche nur solche Menschen Rettung erfahren, die ein integres Leben führen, bietet die Lindenberg-Arche allen Außenseitern Zuflucht. Dass die biblische Sintflut-Erzählung nicht mit der Zerstörung des Menschen, sondern mit der Erneuerung des Bundes durch Gott endet, der dem Menschen damit die „ewigen Zusage […] [erteilt], Leben zu erhalten, aus der der Mensch durch sein Handeln nicht herausfallen kann" (Kathrin Gies: Noah, in: WiBiLex, online unter: https://www.bibelwissenschaft.de/stichwort/29356/ [03.06.2022]), bleibt in *Panikherz* daher unberücksichtigt. Stattdessen entwirft das Ich die Vorstellung eines strafenden Gottes des Christentums, dem es einen eigenen Gott der Liebe entgegenstellt.

Hier wird deutlich: Das Ich vermutet hinter der Religion des evangelisch-lutherischen Elternhauses einen Gott, der als mahnende Instanz auftritt und keinen Zuspruch, sondern Warnungen vor dem Leben formuliert. Unterstrichen wird diese Vorstellung vom biblisch-christlichen Gott, wenn das Ich den Kirchturm als beobachtende und drohende Gestalt deutet, die auch über den Erwachsenen noch Wache hält: „Jetzt sah ich beim Kotzen den Kirchturm […] so mahnend" (PH, S. 267). Wenn das Ich Lindenberg also als liebenden Gott in Szene setzt und die Losungen des Vaters durch Liedverse des Panikrockers ersetzt, geschieht dies in Abgrenzung zum Gott und zum Glauben des Elternhauses, obwohl das Ich biblisch-christliche Überzeugungen de facto adaptiert und in die eigene Deutung der Popwelt integriert.[21]

Dass der autodiegetische Erzähler um Distanz zur christlichen Religion bemüht ist, wird auch deutlich, weil *Panikherz* auf biblisch-christliche Elemente durchaus ironisch, teilweise gar spöttisch Bezug nimmt: So bezeichnet das Ich die Gucci-Reklame am Sunset Boulevard beispielsweise als „Bethlehemstern des Chateau Marmont" (PH, S. 67), verbringt das Fest Jesu Geburt mit Dealer und Happy Meal (vgl. PH, S. 259) und verlässt die Besichtigung des Kölner Doms, um eine Lindenberg-Platte mit dem sprechenden Titel *Sündenknall* zu erwerben (vgl. PH, S. 34f.). Vor allem aber werden Drogensucht und Essstörung häufig mit Referenz auf Bibelverse sowie Symbole und Vokabeln der christlichen Religion inszeniert: Durch das Läuten der Kirchenglocken, das das heranwachsende Ich in der Dienstwohnung seines Vaters wiederholt vernimmt, versteht es früh, was ihm „später bei der Dosierung von Schlafmitteln, Alkohol und anderen Drogen

21 Dass das Ich sich von der Religion des Elternhauses distanziert, indem es Haltungen und Vorstellungen de facto übernimmt, zeigt auch folgende Textstelle: „Er [Lindenberg, Anm. LC] machte sich auf dieser Platte große Sorgen um die Zukunft: Computer, Umweltzerstörung, künstliche Befruchtung, der gläserne Bürger, Schurkenkapitalismus. Das kannte ich alles zwar von zu Hause, da HÖRTE ich praktisch die lila Halstücher, Merchandising-Hit vom Kirchentag in Hannover, doch wenn Udo all diese Großprobleme besang, war das was anderes, wenn Udo empört war, war ich es auch" (PH, S. 36). Ironischerweise üben die Liedverse Lindenbergs Kritik an gesellschaftlichen Phänomenen, die auch die Kirche und das Elternhaus des Ich kritisieren; das Ich eignet sich die Haltung aber erst in der Nachfolge Lindenbergs an.

wiederbegegnen sollte: Dauergabe führt zum Gewöhnungseffekt“ (PH, S. 20). Die Beschaffung von Drogen stilisiert das der Sucht verfallene Ich daher zur „heilige[n] Mission“ (PH, S. 104) und die Einnahme von Rauschmitteln erfährt durch die Verwendung der Einsetzungsworte des Abendmahls (vgl. Mt 26,26-29 LU17; Mk 14,22-25 LU17; Lk 22,17-20 LU17) eine Rahmung: „Ethanol: für dich vergossen. Methylendioxy-N-Methylamphetamin: für dich gebrochen“ (PH, S. 377). Das Erbrechen selbst setzt das an Bulimie erkrankte Ich mit „Erlösung“ (PH, S. 225) gleich, um sich schließlich zwecks Gewichtsreduktion in ein Fastenkloster zu begeben, was seiner Essstörung ironischerweise Vorschub leistet (vgl. PH, S. 269).[22]

2. *Panikherz* und das Gleichnis vom verlorenen Sohn

Wie *Panikherz* von Drogensucht und Bulimie erzählt, bedingt nicht nur die Distanznahme von der christlichen Religion. Innerhalb der Diegese stehen die psychischen Erkrankungen[23] auch in Zusammenhang mit der Entfremdung des Ich von dem zum Gott stilisierten Lindenberg sowie von der Herkunftsfamilie. Um die Erfahrung von Ab- und Rückkehr – das Ich findet nämlich zu beiden (zumindest vorläufig) wieder zurück – ins Bild zu setzen, nimmt *Panikherz* Bezug auf das Gleichnis vom verlorenen Sohn (vgl. Lk 15,11-32 LU17). Wie der autobiographische Roman die Parabel

---

22 Ein weiteres Beispiel ist die doppelte Bedeutung, die das Ich der Handwaschung zuweist: Auf der Beerdigung des Großvaters folgt der ältere Bruder des Ich ihm auf das WC, um es beim Konsumieren der Drogensucht zu überführen. Um der Konfrontation zu entgehen, tut das Ich so, „als würde ich mir nur die Hände waschen“ (PH, S. 358). Das Händewaschen soll dabei in christlicher Tradition die (angebliche) Unschuld des Ich demonstrieren: Wie Priester in der Heiligen Messe (begleitet von Ps 51,4 LU17) und Pontius Pilatus nach dem Beschluss der Hinrichtung Jesu (vgl. Mt 27,24 LU17) vollzieht das Ich die Reinigung der Hände, um dem Bruder zu signalisieren, dass er frei von Sünde und Schuld ist, angeblich also nicht vorhatte zu konsumieren. Gleichzeitig aber fungiert die Handwaschung als Eingeständnis des Drogenkonsums: „Der Trick ist, sich viel zu lange die Hände zu waschen – das wird weltweit verstanden als Drogenhandelsanbahnung“ (PH, S. 167). Die Handwaschung ist in *Panikherz* daher mit doppelter Bedeutung belegt.

23 Vgl. dazu grundlegend den Beitrag von Till Huber und Immanuel Nover im vorliegenden Buch.

in diesem Kontext adaptiert und umdeutet, demonstriert ein Vergleich beider Texte.[24] Das biblische Gleichnis selbst ist dabei schnell erzählt: Ein Vater hat zwei Söhne, die er jeweils mit ihrem Erbteil ausstattet. Während der Ältere seinem Vater treu bleibt und den Hof bestellt, verprasst der Jüngere sein Vermögen in der Ferne durch einen verschwenderischen Lebensstil. Als er Hunger leidet, kehrt er schließlich reumütig und mit der Bitte um Arbeit als Tagelöhner zum Vater zurück, der seinen Sohn in bedingungsloser Liebe aufnimmt. Statt Vorwürfe zu formulieren, veranstaltet der Vater anlässlich der Rückkehr seines Jüngsten sogar ein Fest. Das Gleichnis schließt mit einer Einladung an den älteren Sohn, der über die Feierlichkeiten nicht erfreut ist, hat sein Bruder sich in der Vergangenheit doch gegen die Familie gestellt und durch ein sündhaftes Leben das Erbe seines Vaters verschwendet. Die Geschichte, die *Panikherz* erzählt, ist – zumindest im Hinblick auf die Grundstruktur der Handlung – ähnlich. Gemeinsamkeiten und Unterschiede zwischen Parabel und *Panikherz* aber werden vor allem bei einer Betrachtung der Textstellen offensichtlich, die dezidiert auf das Gleichnis referieren.

Die Bezugnahme auf die Parabel findet dabei zum ersten Mal im Lindenberg-Kontext statt: Das Ich kehrt nach einem Aufenthalt in einem irischen Künstlerhaus nach Berlin zurück und verbringt dort die vom Kokain begleiteten Nächte am Telefon mit seinem Freund Louie, der in einem Club Platten auflegt. Die lokale Distanz zwischen den beiden Freunden überwinden Lieder von Lindenberg (vgl. PH, S. 316). Berauscht von Drogen und „Udo-Exzess" (PH, S. 316) wählt das Ich schließlich

---

24 Das Gleichnis vom verlorenen Sohn ist auch in einer Vielzahl anderer literarischer Texte adaptiert worden. Vgl. dazu exemplarisch: Werner Brettschneider: Die Parabel vom verlorenen Sohn. Das biblische Gleichnis in der Entwicklung der europäischen Literatur. Berlin 1978; Reinhard Diethmar: Zur Rezeption der biblischen Parabel vom verlorenen Sohn in der modernen Dichtung, in: Ulrich H. J. Körtner (Hg.): Poetologische Theologie. Zur ästhetischen Theorie christlicher Sprach- und Lebensformen. Ein Werkstattbericht. Ludwigsfelde 1999, S. 325-273; Karin Schöpflin: Die Bibel in der Weltliteratur. Tübingen 2011, S. 301-306; Manfred Siebald: Der verlorene Sohn in der amerikanischen Literatur. Heidelberg 2003; Peter Tschuggnall: Gleichnis-Variationen, in: Heinrich Schmidinger (Hg.): Die Bibel in der deutschsprachigen Literatur des 20. Jahrhunderts. Bd. 2: Personen und Figuren. Mainz 1999, S. 525-540, hier S. 535-538.

Lindenbergs Nummer, nachdem er den Musiker in der Vergangenheit nicht nur lange ignoriert (vgl. PH, S. 233), sondern im Rahmen einer Platten-Rezension auch zerrissen hat: „Alt, müde, besoffen, so in etwa meine Argumentation" (PH, S. 89). Im Telefonat mit Lindenberg versichert das Ich seinem Idol nun, ihm nach einer langen Zeit der Abtrünnigkeit wieder verfallen zu sein, woraufhin Lindenberg es zu sich in ein Berliner Hotel einlädt. Die Rückkehr zum Helden seiner Kindheit und Jugend beschreibt das Ich wie folgt:

> Udo hätte nun alles Recht gehabt, meine Wiederannäherung abzuweisen, [...] aber Udo ist ein Peace-Bruder. Und auch das kann man, wie so vieles, von ihm lernen. [...] Wie recht er einst hatte mit dieser archaischen Formulierung, ich hätte mich gegen die Familie gestellt, wusste er selbst wohl gar nicht [...]. Und diese Panikfamilie nahm mich jetzt offenarmig auf, als deutlich wurde, dass ich es ernst meinte und Reue zeigte, dass ich ein Riesenfan war [...]. Toll war, dass ich in meinem desolaten Zustand überall sonst rausgeflogen, gar nicht erst reingekommen oder direkt eingewiesen worden wäre, hier aber gar nicht weiter auffiel [...]. Udo erfasste die Lage, meine Lage, sofort und schloss Frieden mit mir. [...] Er liebt die Menschen. Das tut er wirklich. Ich war so dermaßen im Arsch, aber jetzt hielt ich mich am Tresen fest und stand da mit Udo – und endlich war die Angst weg. Die Angst vor allem. Ich war plötzlich zu Hause. (PH, S. 318f.)

Die Beschreibung der Rückkehr weist zunächst Übereinstimmungen mit der biblischen Erzählung vom verlorenen Sohn auf: Das Ich, der Sohn, findet den Weg zurück zu Lindenberg, der in *Panikherz* – das ist bereits dargelegt worden – zur Figur des bedingungslos liebenden Gottvaters (‚er liebte die Menschen') stilisiert wird. Unterstrichen wird die damit aufgerufene Vater-Sohn-Konstellation durch die Verwendung des Begriffes ‚Panikfamilie'. Zu dieser kehrt das Ich wie der Gleichnis-Sohn motiviert von ‚Reue' zurück, die es mit einem Bekenntnis zu Lindenberg und seiner Musik beglaubigt. Dieser wiederum hält die Umkehr des Ich nicht nur für wahr, er macht dem Ich – wie der Vater im lukanischen Gleichnis – überdies keine Vorhaltungen, sondern nimmt es trotz seiner physischen und psychischen Verfassung herzlich (‚offenarmig') auf. Er lädt das Ich sodann auf eine Feier im „Sonderzug nach Magdeburg" (PH, S. 317) ein, die es, obgleich Lindenberg das Fest nicht anlässlich seiner Rückkehr veranstaltet, als Homecoming-Event erlebt. Auch um den Allgemeinzustand des Ich kümmert sich Lindenberg wie der Vater im Gleichnis, der den Hunger seines Sohnes stillt: Der Sänger nämlich führt das Ich zum Panikdoktor, der es mit einer gelben Flüssigkeit versorgt und seinen körperlichen Verfall damit zumindest unterbricht.[25] Dem Panikdoktor wird das Ich dabei schließlich als „verlorener Sohn des Hauses" (PH, S. 326) vorgestellt, womit der biblische Text beim Namen genannt wird, auf den der autodiegetische Erzähler mit seiner Geschichte Bezug nimmt.

Gleichzeitig unterscheidet sich die *Panikherz*-Adaption nicht unwesentlich von ihrer Vorlage. Das gilt zum einen im Hinblick auf die erzählerische Gestaltung: ‚Vater' Lindenberg kommt weder zu Wort noch wird die Heimkehr des Ich aus der Perspektive des Sängers erzählt. Anders als im Gleichnis, in dem das Familienoberhaupt seine Sicht auf die Rückkehr des Sohnes wortreich darlegt, liegt der Fokus in *Panikherz* stattdessen auf der Wahrnehmung des Verlorenen, der Lindenberg im Horizont des Bibeltextes zur Vaterfigur stilisiert. Die Reaktion des Vaters und das Erstaunen über dieselbe stehen damit zwar in beiden Texten im Vordergrund, in *Panikherz* wird beides aber nicht unmittelbar dargestellt, sondern durch das Ich nur konstruiert. Die Referenz auf das Gleichnis dient im Rahmen des autobiographischen Romans daher dazu, die Erfahrung der Ab- und Rückkehr zu Lindenberg zu deuten, ohne dass das Geschehen sich so ereignet haben muss.[26] Neben erzählerischen gibt es auch inhaltliche Unterschiede zwischen lukanischem Gleichnis und *Panikherz*. Über weniger gewichtige Differenzen wie z. B. das Fehlen eines älteren Bruders[27] hinaus manifestiert sich die wesentliche Abweichung von der Parabel im Ausgang der Geschichte: Während das Gleichnis mit der Rettung des Verlorenen

---

25 Im Gleichnis häufen sich Begriffe aus dem Wortfeld ‚Essen': „Hungersnot", „Bauch zu füllen", „fraßen", „Brot", „Hunger", „essen" (Lk 15,14.16f.23 LU17). Der Hunger des Verlorenen nämlich wird bei einem Festmahl durch den Vater gestillt. In *Panikherz* ist ‚Essen' insofern von Bedeutung, als das Ich an einer Essstörung leidet. Hunger bringt das Ich durch die Einnahme von Drogen unter Kontrolle, deren Konsum wiederum einen stetigen ‚Hunger' nach Rauschmitteln bedingt. Diesen ‚Hunger' stillt der Panikdoktor durch die Eingabe der gelben Flüssigkeit.

26 Dies spricht für die Literarizität des autobiographisch angelegten Textes, die auch Bremer betont (vgl. Bremer (Anm. 2)).

27 Das Fehlen des Älteren ist an dieser Stelle nicht von Bedeutung, weil das Erstaunen über die Reaktion des Vaters in *Panikherz* in den Heimgekehrten selbst hineinverlegt wird.

endet, erzählt *Panikherz* von erneuten Verfehlungen des Ich: Bei Lindenberg und in seiner Musik hat das Ich zwar ein „geistiges Zuhause" (PH, S. 345, vgl. auch PH, S. 528) gefunden, es setzt seine Irrfahrt aber fort. Der Schwerpunkt des autobiographischen Romans liegt daher nicht – wie in der Parabel – auf der Umkehr des Sohnes und seiner liebenden Wiederaufnahme in die Familie durch den Vater, sondern auf den Verfehlungen des Ich, das nach seiner Rückkehr zu Lindenberg erneut durch Europa irrt: So reist es in Begleitung von Drogensucht, Depression und Essstörung über Berlin, Göttingen, Paderborn, Zürich, Italien und London nach Hamburg. Dort bilanziert der autodiegetische Erzähler seine Wanderschaft schließlich vernichtend: „Der Held meiner Autobiographie ist gerade 31 geworden, ist pleite, drogenabhängig, wohnt – ohne das bezahlen zu können – im Hamburger Hotel Prem, das bald geschlossen wird, zum Frühstück gibt es Herzrasen, Angstattacken und fünf Beutelchen Speed" (PH, S. 432). Eine positive Veränderung der Situation kann auch Lindenberg, den das Ich im Hotel Atlantic aufsucht, nicht erwirken (vgl. PH, S. 436-439). Die Botschaft von Errettung und Freude, die dem lukanischen Gleichnis innewohnt, teilt *Panikherz* also zunächst nicht.

Die Möglichkeit von Heilung wird erst in der Aussöhnung des Ich mit seiner Herkunftsfamilie zumindest angedeutet. Die Erzählung dieses Ereignisses erfolgt ebenfalls unter Bezugnahme auf das Gleichnis vom verlorenen Sohn, das damit zum zweiten Mal als Intertext fungiert:

> Ich hörte Stimmen, aber das war ich schon gewohnt, [...] ich dachte mir also nicht viel, als ich eine Stimme hörte, die der meines großen Bruders ziemlich ähnelte. Und plötzlich stand er vor mir, hinter ihm die hanseatisch-resche Hoteldirektorin, die ja schon mal die Rechnung hatte vorbereiten wollen. Mein Bruder machte es ganz unpathetisch. Er sagte, ich könne jetzt, wenn ich das wolle, einfach mit ihm mitkommen. Zur Hoteldirektorin sagte er einen Satz, der mich so rührte und mir schon wieder Tränen in die Augen trieb, diesmal nicht nur Tränen des Selbstmitleids [...], sondern Tränen der Erlösung. Ich wusste plötzlich wieder, wo ich herkomme und wo ich, wenn gar nichts mehr ginge und niemand mehr mich aushielte, immer würde hinkönnen: nach Hause, zu meiner Familie. Und wenn ich das, wie jetzt, nicht schaffte, würde meine Familie mich sogar abholen, wie sehr ich mich auch versteckte, sie würden mich finden und da rausholen. Der Satz meines Bruders lautete: Schicken Sie die Rechnung bitte an unsere Eltern, die werden das bezahlen, mein Vater ist Pastor, und ich selbst bin auch Pastor. (PH, S. 440f.)

Die hier beschriebene Situation bezeichnet das Ich schließlich als „Kindergottesdienstperformance von ‚Der verlorene Sohn'" (PH, S. 441) und nimmt damit – wenn auch zynisch – explizit Bezug auf den Bibeltext.[28] Sinn ergibt die Referenz vor allem vor dem Hintergrund der Geschichte, die *Panikherz* erzählt: Nach dem Abitur verlässt das Ich sein Elternhaus und zieht von Hamburg aus durch verschiedene Großstädte. Dort ist es dem Nachtleben verfallen, konsumiert Kokain, Zigaretten und Alkohol, entwickelt eine Essstörung und verschwendet das bildungsbürgerliche Erbe der Eltern.[29] Als es bankrott und auf dem Höhepunkt seiner Drogenkarriere angekommen ist, erweist sich die Herkunftsfamilie, die der Jüngste durch seinen Lebensstil verraten hat, als sicherer Zufluchtsort.

Auf die Gemeinsamkeit des Plots aber beschränken sich bereits die Parallelen zwischen Gleichnis und autobiographischem Roman; ansonsten zeugt die Bibeltextadaption vor allem von Unterschieden: Nicht das Ich kehrt zu seiner Familie zurück, diese sucht stattdessen das Ich auf und stellt ihm die Möglichkeit der Rückkehr in Aussicht.[30] Es ist überdies nicht

---

28 Darüber hinaus verortet das Ich die Situation zeitlich: „Es begab sich aber zu der Zeit, dass es sich offenbar um einen Sonntagmorgen handelte" (PH, S. 441). Der erste Teil des Satzes zitiert dabei Lk 2,1 LU17: „Es begab sich aber zu der Zeit." *Panikherz* nimmt bei der Beschreibung der Heimkehr des Ich also gleich zwei Mal Bezug auf die Bibel.

29 ‚Erbe' ist hier in einem übertragenen Sinn gemeint: Der Begriff bezieht sich auf die Erziehung, die das Ich genossen hat, sowie auf Werte und Voraussetzungen, mit denen das Ich ein erwachsenes Leben begonnen hat. Die Verschwendung des Erbes wird durch das Ich selbst nicht nur erkannt, es gesteht die eigenen Verfehlungen auch ein, indem es weniger den Eltern als sich selbst die Schuld am körperlichen und seelischen Verfall zuschreibt: Ich „konnte mich nun, da ich hörte, zu welchen Gräueltaten manche Eltern imstande sind, schon wieder schämen: Meine Eltern haben mich immer so ERNST GENOMMEN. Die haben dauernd KLASSIK gehört und BÜCHER gelesen und mich mit in Ausstellungen GESCHLEPPT und wollten immerzu mit mir REDEN. Ja, wow, hart. Unglaublich, dass du noch lebst, Depp" (PH, S. 425).

30 Jörg Herrmann weist in einer Rezension zu *Panikherz* darauf hin, dass das Wiedergefunden-Werden des Ich durch seine Brüder auf das Gleichnis vom verlorenen Schaf (Lk 18,12-14 LU17; Mt 18,10-14 LU17) verweist (vgl. Herrmann (Anm. 5)).

der Vater, der das Ich in Empfang nimmt, sondern der älteste Bruder,[31] der es dem Ich überlässt, seiner Einladung nach Hause Folge zu leisten, nachdem andere Versuche, den Jüngeren in die Familie zurückzuführen, gescheitert sind (vgl. PH, S. 387f., 433-435). Die Anordnung der Figuren und ihre Funktion sind also andere als im Gleichnis vom verlorenen Sohn. Vor allem in Bezug auf die Vaterfigur findet eine Anpassung des Bibeltextes statt, die sich nicht in der Besetzung der Rolle durch den Ältesten erschöpft: Während der Vater in der Parabel einer der drei Hauptakteure ist und die Rückkehr des Verlorenen wortreich verkündet, kommt der Vater des autodiegetischen Erzählers in *Panikherz* insgesamt gar nicht zu Wort und bleibt eine schemenhaft umrissene Figur, die das Ich vor allem als Gegenbild zu sich selbst begreift (vgl. PH, S. 430).[32] Die Versöhnung

---

31 Das Ich pflegt zu seinem ältesten Bruder (Pastor) im Unterschied zu seinen anderen Geschwistern eine besondere Beziehung. Während seine Schwester in *Panikherz* – wie andere Frauenfiguren – lediglich erwähnt wird (vgl. hierzu Christian Dawidowski in vorliegendem Buch), ist zwar auch der ältere Bruder (Arzt) an der Rückkehr des Ich zur Familie maßgeblich beteiligt, insofern er dem ‚Verlorenen' Unterkunft bietet (vgl. PH, S. 444-447). Eine enge Bindung besteht aber vor allem zwischen dem Ich und seinem Pastoren-Bruder. Die beiden verbinden im Wesentlichen drei Dinge: 1. Als Heranwachsende sind beide Außenseiter in der eigenen Familie. Im Gegensatz zu ihren Geschwistern gelten sie als „Sorgenkinder" (PH, S. 16): „Dauernd unerwidert verliebt, und statt wie die anderen beiden wohlklingend Klavier und Geige zu üben, hörten wir immer nur laut Popmusik" (PH, S. 16); 2. Beide leben – zumindest temporär – in Hamburg. Der älteste Bruder stiftet dabei die Hamburg-Sehnsucht des Ich: Die Hansestadt avanciert zum „gelobte[n] Land" (PH, S. 22), als der Zivildienst leistende Bruder das jugendliche Ich mit Pop-Platten aus der Stadt versorgt; 3. Die Geschwister eint die Liebe zur Musik Lindenbergs. Der Ältere initiiert dabei die Lindenbergverehrung des Jüngeren, indem jener diesem nicht nur die erste Platte schenkt, sondern auch einen gemeinsamen Konzertbesuch organisiert (vgl. PH, S. 20, 60). Multhammer bezeichnet die Musik des Panikrockers daher treffend als die „letzte [...] gemeinsame Basis mit der Familie" (Multhammer (Anm. 2), S. 69), was wiederum die Bedeutung Lindenbergs unterstreicht.

32 Der Vater ist bei der Heimkehr des Ich allerdings in der Äußerung des ältesten Bruders („Schicken Sie die Rechnung bitte an unsere Eltern, die werden das bezahlen, mein Vater ist Pastor", PH, S. 441) und im Bild des blauen Volvos, in dem das Ich zur Beerdigung der Großmutter gefahren wird, anwesend. Den Zusammenhang zwischen Auto und Vater stellt das Ich dabei selbst her: „Am Ende würden immer ältere Freunde mit beruhigender Stimme mich mit blauen

von Vater und Sohn bildet – anders als im Evangelium – überdies nicht das Zentrum der Geschichte. Sie wird lediglich angedeutet und geht nicht vom Vater, sondern vom Sohn aus: Als dieser am Grab seiner Großmutter steht, legt er den „Arm um ihn [den Vater, Anm. LC], und spürte so eine tiefe, [...] [ihn; den Sohn, Anm. LC] erschütternde Verbundenheit, auch eine Verpflichtung, jetzt dann doch mal rasch erwachsen zu werden" (PH, S. 451). Das Ende von *Panikherz* gibt schließlich Auskunft darüber, dass das Ich diesen ambitionierten Vorsatz auch umsetzt, sodass zumindest kurzzeitig der Eindruck entsteht, als ob „eine Heilung der tieferen Ursachen seiner Exzesse"[33] stattfindet: Das Ich nämlich sieht „den Jungen verschwinden, den ich hinter mir gelassen habe" (PH, S. 564).[34]

Gleichzeitig bleibt das Ende des autobiographischen Romans offen, allerdings in anderer Weise als das Gleichnis: Während hier die Reaktion des Älteren auf die Einladung des Vaters zu den Feierlichkeiten, die anlässlich der Rückkehr des Jüngeren veranstaltet werden, nicht referiert wird, die Rettung des Verlorenen aber erneut Bestätigung findet (vgl. Lk 15, 31f LU17), stellt das Ende von *Panikherz* gerade infrage, ob die im Bild des Jungen angedeutete Rettung dauerhaft Bestand hat.[35] Zweifel an ihrer

Volvos (dem Auto, das auch mein Vater fährt) aus den Höllen rausholen" (PH, S. 380). Tatsächlich kommt das Auto in *Panikherz* im Kontext von vorläufiger Rettung wiederholt vor (vgl. PH, S. 157, 215, 380, 451).

33 Kai Bremer: Einverleibung als pop-literarisches Prinzip. Zum Erzählverfahren von Benjamin von Stuckrad-Barres *Panikherz* und seiner theatralen Realisierung (Reese, Rüping), in: Yvonne Al-Taie, Marta Famula (Hg.): Unverfügbares Verinnerlichen. Figuren der Einverleibung zwischen Eucharistie und Anthropologie. Leiden, Boston 2020, S. 297-321, hier S. 305.

34 Die Vaterrolle wird in *Panikherz* neben Lindenberg in Teilen dem älteren Bruder des Ich zugewiesen. Dieser ist – anders als Lindenberg – aber nicht Gottvater, sondern ein elterlicher Vater: Das Ich kommt nicht nur im Kinderzimmer im Haus des Frankfurter Arztes unter, dieser verwaltet auch die Finanzen des Ich. Dabei findet eine Zuteilung von „Taschengeld" (PH, S. 444) statt, sodass das Ich zu dem Schluss kommt: Sein älterer Bruder ist erwachsen geworden, während es selbst ein erwachsenes Leben aufgegeben hat (vgl. PH, S. 455). Das Ich stilisiert sich damit selbst zum Kind, das nach seiner Heimkehr kurzzeitig abhängig von einer anderen Person ist.

35 Zur Todesnähe des Ich in den Los Angeles-Episoden von *Panikherz* vgl. grundlegend den Beitrag von Anke Christensen in diesem Buch.

Endgültigkeit artikuliert der Text dabei in mehrfacher Hinsicht: Er übernimmt vom lukanischen Gleichnis erstens das Motiv des Verlierens und Findens, wobei letzteres jeweils mit der Erfahrung der Heimkehr (‚nach Hause') verbunden ist. Anders als in der Parabel weiß das Ich zwar um sein Zuhause – „Hamburg, Atlantic, Udo" (PH, S. 345) einerseits, „meine […] Familie" (PH, S. 440) andererseits –,[36] es befindet sich zuletzt aber allein an einem fremden Ort, dem Hotel Chateau Marmont in Los Angeles. Die Differenz zwischen Hotel und Zuhause wird dabei explizit hervorgehoben:[37] „Handtücher auf den Boden werfen = frische Handtücher. Das ist natürlich Zuhause anders" (PH, S. 489); „ich war jetzt auch schon ganz schön lange weg von zu Hause" (PH, S. 522). Der Wiedergefundene ist im Gegensatz zum Heimgekehrten im Gleichnis daher erneut ausgezogen. Er ist damit ein zweites Mal den Versuchungen der Fremde ausgesetzt, die am Beispiel eines Nachmittages in Gesellschaft kokainberauschter Männer auch eindrücklich geschildert werden (vgl. PH, S. 479-484).

---

36 Der Begriff ‚Zuhause' wird in *Panikherz* sowohl für Orte als auch für Figuren verwendet. Zum einen bezeichnet ‚Zuhause' das Hotel Atlantic in Hamburg, in dem Lindenberg lebt: „Kordelgeländer, blauer Teppich, Drehtür – zu Hause" (PH, S. 537); „Atlantic, dann ist das der einzige Ort in Deutschland, an dem ich ein ortsgebundenes Heimatgefühl empfinde" (PH, S. 536). Auch Hamburg selbst ist dem Ich ein ‚Zuhause' (vgl. PH, S. 134, 344). Zum anderen aber sind Lindenberg und seine Musik sowie die Familie des Ich sein ‚Zuhause' (vgl. PH, S. 305, 322, 441, 528).

37 Hotels in *Panikherz* insgesamt sind „höchst ambivalente Räume. Zunächst und in erster Linie sind sie Orte des Rückzugs, der Diskretion. Sie können zu Orten der Heilung werden. […] Aber eben weil Hotels Rückzug und Diskretion versprechen, Anonymität und Privatheit bieten, können sie in *Panikherz* zugleich Orte des Exzesses sein" (Bremer (Anm. 2), S. 252, Hervorh. i.O.). Das Chateau Marmont im Speziellen ist der Ort, an dem das Ich seinen bisherigen Werdegang und Wandel reflektiert, um mit der von Exzess geprägten Vergangenheit abzuschließen. Kein anderer als Pop-Gott Lindenberg bringt das Ich dabei nach Los Angeles, damit dieses „Rettung" (PH, S. 70) erfahren kann. Tatsächlich räumt das Ich ein: „Jedenfalls geht es mir hier viel besser als in Berlin" (PH, S. 70). Gleichzeitig ist es im Chateau Marmont „aktuell wieder so essgestört" (PH, S. 522) und – davon zeugt das Romanende – der ständigen Möglichkeit des Rückfalls in die Drogensucht ausgesetzt. Vgl. dazu und zum Chateau Marmont grundlegend den Beitrag von Christensen in diesem Buch.

Obgleich es dem Ich in Los Angeles stets gelingt, Drogen und Alkohol zu entsagen, endet *Panikherz* zweitens mit einer Warnung. Der letzte Satz des autobiographischen Romans lautet: „Man muss aufpassen" (PH, S. 564).[38] Hinter dieser Aussage steht dabei weniger die Warnung vor einer durch Unterkühlung verursachten Erkältung als die vor einem Rückfall des Drogenabhängigen: Dieser ist, um den Erfolg seiner Therapie nicht zu gefährden, nämlich auf Medikamente angewiesen, die ihn bei Fehldosierung paradoxerweise in die Sucht zurückführen können (vgl. PH, S. 564).[39] Unterstrichen wird die Möglichkeit eines Rückfalls schließlich, indem der letzte Satz in den Kontext der Aussage „im Winter wird es ja früh dunkel" (PH, S. 564) gestellt wird. Das Wort ‚dunkel' verweist hier auf die Nacht, die mit ihren verschwommenen Lichtern und dem Reiz rauschhafter Erfahrungen weiterhin eine große Anziehungskraft auf das

---

38 Bremer hat zu Recht auf die intertextuelle Dimension des letzten Satzes hingewiesen: Er verweist auf Benjamin von Stuckrad-Barres *Soloalbum* („Man weiß es nicht", Benjamin von Struckrad-Barre: Soloalbum. Roman. 8. Aufl. Köln 2010, S. 245). In beiden Texten evoziere der Satz ein offenes Ende und lade die Leser zur Textdeutung ein. Neben der Lesart von *Panikherz* als Autobiographie werde damit seine Rezeption als Roman plausibel (vgl. Bremer (Anm. 2)). Überdies wird die Formulierung ‚man muss aufpassen' in *Panikherz* selbst an anderer Stelle bereits verwendet. Als das heranwachsende Ich an einer Kirchenmauer den Schriftzug ‚Geburt, Schule, Arbeit, Tod' entdeckt, ermahnt es sich selbst: „Alles klar, da musste man aufpassen. Diesem Verlauf muss man sich entgegenstemmen. Zwischen Schule und Tod musste noch was anderes kommen als Arbeit" (PH, S. 55). Damit formuliert es zu Beginn der Erzählung das Programm derselben: Der autodiegetische Erzähler schildert im Folgenden Exzess-Ereignisse, die zwischen Abitur und dem mit dem ‚Toten im Pool' (siehe unten) angedeuteten Tod des Ich stattfinden. Der Text endet schließlich mit der Wiederholung der Warnung, die nun aber als Mahnung vor dem Rückfall in den Exzess fungiert. ‚Man muss aufpassen' rahmt *Panikherz* daher, wobei aber eine Verschiebung der Bedeutung des Satzes stattfindet.

39 Immanuel Nover formuliert dazu treffend: „Die Dosierung entscheidet […] über die Klassifikation der Substanz als Medikament oder Droge. Eine intendierte oder versehentliche Fehldosierung würde das prekäre Gleichgewicht direkt wieder kippen und den ruinösen Drogenrausch evozieren. In der Zweideutigkeit der Substanz – Medikament/ Droge – manifestieren sich […] die Mehrdeutigkeiten des Textes: Autobiografie/ Roman, Heilung/ Rückfall etc." (Nover (Anm. 3), S. 188).

Ich ausübt. Gleichzeitig aber verheißt die Nacht Finsternis und damit eine Abkehr vom Licht: Sie führt das Ich nämlich potenziell in Versuchung und damit ebenfalls zurück in die lebensbedrohliche Abhängigkeit (vgl. PH, S. 478f.).[40] Solange das Ich – wie am Ende der Erzählung – nicht Zuhause ist, ist es daher stets der Gefahr ausgesetzt, den Dämonen der Nacht zu erliegen und wieder zum Verlorenen zu werden, weshalb es sich mit einem Liedvers von Niels Frevert wiederholt selbst ermahnt: „Du musst zu Hause sein, wenn es dunkel wird“ (PH, S. 172, 310, 322). Mit dem Verweis auf die Dunkelheit steht am Ende von *Panikherz* also infrage, ob die ‚längste Reise‘ durch die Dunkelheit, die das zu Beginn dieses Beitrags zitierte Motto des Textes ankündigt, fortgesetzt wird.[41]

Dass die Rettung des autodiegetischen Erzählers auch nach Jahren der Abstinenz, die es unter Bezugnahme auf das Christentum als „mönchisches Leben“ (PH, S. 479) beschreibt, noch nicht besiegelt ist, demonstriert nicht zuletzt auch der drittletzte Satz von *Panikherz*: „Der Tote im Pool erzählt seine Geschichte“ (PH, S. 564).[42] Auf die Deutungsoffenheit dieser Aussage ist in der Forschung bereits hingewiesen worden: Der ‚Tote‘ kann zum einen die Erzählung selbst ins Bild setzen, zum anderen aber auch Erzähler sein, der zu dem Ich in einem nicht eindeutigen Verhältnis steht.[43] Wird der drittletzte Satz von *Panikherz* gemeinsam mit dem Verschwinden des Kindes (siehe oben) und der Mahnung (siehe oben) gelesen, kann eine Verhältnisbestimmung versucht werden: Im Gegensatz zum ‚Jungen‘, der das Vergangenheits-Ich verkörpert, kann der ‚Tote‘ als ein mögliches Ich der Zukunft identifiziert werden, das der autodiegetische Erzähler imaginiert.

---

40 Vgl. dazu auch die Berliner Wohnung des Ich. Hier herrscht mangels Lichtquellen stets Dunkelheit; ein Zustand, der unmittelbar mit Essstörung und Drogensucht in Zusammenhang gebracht wird (vgl. PH, S. 239, 241f.).

41 Die Licht-Dunkel-Metaphorik in *Panikherz* hat ebenfalls Wurzeln in der Bibel: Licht wird im Alten Testament in Bezug auf den Menschen als Metapher für Leben und Errettung eingesetzt; Dunkelheit hingegen steht in Verbindung mit der Rede von Leid und Tod (vgl. Alexa Wilke: Licht/ Dunkelheit (AT), in: WiBiLex, online unter: https://www.bibelwissenschaft.de/stichwort/24979/ [22.06.2022]).

42 Zur Deutung des ‚Toten im Pool‘ vgl. in diesem Buch die Beiträge von Manuel Bauer, Christensen, Dawidowski.

43 Vgl. Bremer (Anm. 2).

Das Bild des ‚Toten im Pool' fungiert dann – gemeinsam mit dem Satz ‚man muss aufpassen' – als Warnung vor der allgegenwärtigen Möglichkeit eines Rückfalls und seinen Konsequenzen. Dass der Tod eine mögliche Folge des Drogenkonsums ist, wird in *Panikherz* nämlich wiederholt betont. So klärt der Panik-Doktor das Ich, während er es mit einer gelben Flüssigkeit versorgt, beispielsweise wie folgt auf: „Nur müsse ich wissen, dass […] ich jederzeit sterben könne, Infarkt zum Beispiel, das ginge ganz schnell" (PH, S. 351, vgl. auch PH, S. 463f.). Wird der ‚Tote' daher als mögliches Zukunfts-Ich verstanden, das bei erneuter Drogenabhängigkeit real werden kann, stellt *Panikherz* damit erneut die Pointe des Gleichnisses infrage: Das Motiv des Verlierens und Findens ist in der Parabel nämlich eng mit der basalen Erfahrung von Leben und Tod verknüpft. So lautet der letzte Satz bei Lukas: „Denn dieser mein Sohn war tot und ist wieder lebendig geworden; er war verloren und ist gefunden worden" (Lk 15,24 LU17; vgl. LK 15,32 LU17). Die Parabel endet also mit der Aussage, dass ein Toter – einer, der sich von Gott abgewandt hat – durch sein Bekenntnis zum Gottvater wieder lebendig geworden, also gerettet ist. In *Panikherz* arbeitet das Ich zwar an seiner „Wiederbelebung" (PH, S. 450), der Text aber schließt mit der Botschaft, dass ein Heimgekehrter nicht nur wieder ausgezogen, sondern stets der Gefahr zu sterben ausgesetzt ist. Die Rettung des Ich ist also keine endgültige, sondern eine vorläufige.[44] Die zweite *Panikherz*-Adaption des Gleichnisses unterscheidet sich daher von seiner Vorlage im Wesentlichen im Hinblick auf die Pointe. Die christliche Heilsbotschaft macht der Text sich nicht zu eigen: Zwar deutet der autodiegetische Erzähler die Erfahrung der Familienzusammenführung im Horizont der Parabel und stilisiert die Heimkehr zum entscheidenden Wendepunkt in seinem Leben, ob Freude und Heil von Dauer sind, aber wird infrage gestellt.

Die *Panikherz*-Gleichnis-Adaption zeigt daher exemplarisch, wie der Text insgesamt mit der biblisch-christlichen Tradition verfährt: Stoffe und Zitate aus der Bibel sowie christliche Dogmen werden erkennbar in den

44 Der Charakter der Vorläufigkeit wird unterstrichen, weil das Ich in Bezug auf Lindenberg und seine Herkunftsfamilie zwar Reue zeigt, eine Aussöhnung mit anderen Figuren aber nicht stattfindet, obgleich das Ich ihre Notwendigkeit andeutet (vgl. PH, S. 345).

autobiographischen Roman integriert, um Lebensereignissen und Figuren in deren Horizont zu deuten. Dabei werden aber biblische und christliche Überzeugungen nicht schlicht übernommen, sondern es findet ein produktiver Umgang mit ihnen statt, der – wie die Parabeladaption zeigt – in der Artikulation von Zweifeln an der elterlichen Religion und ihrer Heilsbotschaft mündet. Distanz wird auch hergestellt, indem ein zynischer Umgang mit oder eine Anpassung christlicher Vorstellungen an Annahmen des Ich über das Christentum erfolgt, wie der erste Teil des Beitrags zum Beispiel in Bezug auf die Gegenüberstellung von Lindenberg und dem Gott des Christentums veranschaulicht. Der Umgang mit biblisch-christlichen Traditionen in *Panikherz* spiegelt seinerseits daher die Botschaft, die das Ende des autobiographischen Romans formuliert: Die Versöhnung mit dem evangelisch-lutherischen Elternhaus hat einen vorläufigen Charakter, sodass eine Rückkehr zu einem Leben in Sünde stets möglich bleibt.

3. Religion und Pop? Ein Ausblick

Das Beispiel *Panikherz* zeigt, dass eine Betrachtung von Popliteratur im Hinblick auf Religion lohnenswert ist. Dies demonstriert darüber hinaus eine Publikation Markus Fausers, die die Texte Rolf Dieter Brinkmanns im Kontext von Religion untersucht. Wie darin dargelegt wird, weist Brinkmanns Werk ebenso wie *Panikherz* eine Vielzahl von Referenzen auf religiöse „Komplexe, Bilder und Motive“[45] auf. Im Vergleich zu Stuckrad-Barres autobiographischem Roman fallen dabei Gemeinsamkeiten hinsichtlich der Art und Weise auf, wie Religiöses eingebunden wird: So nutzen die Texte beider Autoren „christliche[s] Vokabular“[46] und weisen Referenzen auf Bibeltexte auf, die entweder – wie bei der Integration des Gleichnisstoffes in *Panikherz* – primär inhaltlicher Art sind oder die direkt oder in abgewandelter Form zitiert werden.[47] Brinkmanns Texte spielen außerdem mit religiös konnotierten Motiven („Vogel – Stille – Licht“[48]), was *Panikherz* zwar auch kennt (Licht-Dunkel-Metaphorik), hier aber

45 Markus Fauser: Rolf Dieter Brinkmann und die Religion. Göttingen 2022, S. 22.
46 Ebd., S. 25.
47 Vgl. ebd., S. 29f., 59f., 90, 149f., 178f.
48 Ebd., S. 201.

weniger häufig vorkommt. Bezugnahmen von Brinkmanns Texten auf die christliche Religion sind darüber hinaus – wie in *Panikherz* – „überwiegend ironisch“[49], sodass die auch bei Brinkmann schon in der Jugendzeit erlebte Distanz zum Christentum sichtbar wird. Gleichzeitig bemühen sowohl dieser als auch Stuckrad-Barre den Vergleich zwischen Jesus Christus und Figuren aus der Musikbranche, um die Faszination zu beschreiben, die von ihnen ausgeht.[50] Begegnungen mit Stars werden überdies als Kontakt mit dem Übermenschlichen beschrieben, das eine „magische Wirkung“[51] entfaltet. Das Religiöse erfährt bei Brinkmann und Stuckrad-Barre daher nicht nur Spott, es wird zur Beschreibung und Deutung von individuellen existenziellen und weltüberschreitenden Erfahrungen herangezogen. Selbstverständlich wäre es zu früh, aus diesem kurzen Vergleich Muster abzuleiten, wie Religion in Texte von Autoren eingebunden wird, die als Popliteraten gelten;[52] es soll hier angesichts der Gemeinsamkeiten zwischen Brinkmann und Stuckrad-Barre abschließend aber auf die Notwendigkeit weiterer Untersuchungen von popliterarischen Texten hinsichtlich Referenzen auf das Christentum hingewiesen werden, die Auskunft darüber geben können, ob es einen spezifisch popliterarischen Umgang mit der christlichen Tradition gibt.

---

49 Ebd.; vgl. auch S. 91f.

50 Ebd., S. 90-92. Fauser nimmt hier Bezug auf das Erzählgedicht *Graham Bonney und das komplizierte Gefühl.*

51 Ebd., S. 93. Fauser bezieht sich hier auf Brinkmanns Prosatext *Nachtrag zu dem Gedicht über Graham Bonney etc.*

52 Während dieser Beitrag sich auf einen Text Stuckrad-Barres bezieht und daher keine Aussagen über dessen Gesamtwerk treffen kann, bezieht Markus Fausers Studie sich auf verschiedene Texte Brinkmanns, die unterschiedlichen Textsorten angehören. Fauser untersucht außerdem das Erscheinen des Religiösen auf verschiedene Textebenen und in unterschiedlichen Gestalten; dieser Beitrag hingegen konzentriert sich auf Bezugnahmen von *Panikherz* auf die Bibel und christliche Inhalte. Es kann daher kein umfassender Vergleich erfolgen; dieser muss notwendig auf wenige Schlaglichter konzentriert bleiben.

Anke Christensen

„There are no second acts in American lives." Altern, Sterben und Überleben in Hollywood

Abstract: The present article focuses on the Hollywood episodes in *Panikherz*. The thesis of the essay is that the descriptions of the experiences and encounters in Los Angeles reflect the psychological state of the narrator Benjamin. It shows that the descriptions of Benjamin's experiences are closely linked to the theme of failure and aging, as demonstrated by his encounters with Bret Easton Ellis. The Chateau Marmont is also described as a timeless space by the narrator. It fits well into the action which addresses aging and dying. In addition to Chateau Marmont's insularity and proximity to death, its timelessness is emphasized: The narrator hopes for an improvement of his depression, and his stay is getting longer.

The impression that Benjamin will soon leave the USA is conveyed at no point. Thus, the narrator's exclamation, stating that he is never going to leave California again, proves to be less of an expression of happiness than a hint that he is trying to escape reality. He only finds happiness by escaping into the past, turning to nostalgia. The sun of California was not able to heal his depression: "Der Tote im Pool erzählt seine Geschichte." The intermedial reference to Billy Wilder's film *Sunset Boulevard* at the end of the novel may be the last, perhaps decisive, indication that the narrator of *Panikherz* is closer to death than life at the time of his narration.

Keywords: Bret Easton Ellis, Chateau Marmont, Hollywood, mental illness, Sunset Boulevard

„Neulich war ich mal wieder in Amerika" – der erste Vers aus Udo Lindenbergs Song *Jonny Controlletti* betitelt den Beginn des Romans *Panikherz* und leitet so die Ankunft des Erzählers Benjamin in den USA ein. Die dann folgenden Amerikaepisoden, die fast ausschließlich in Los Angeles spielen, bilden die Handlungsebene des Romans, von der aus der Erzähler sein bisheriges Leben rückblickend betrachtet. Der Wechsel zwischen der Adoleszenzgeschichte, der chronologisch präsentierten Biografie des autodiegetischen Erzählers, und den Beschreibungen seines USA-Aufenthaltes erfolgt nach dem Assoziationsprinzip: Erzählt Benjamin beispielsweise davon, wie er ein Courtney Love Plakat aus einem Büro der *taz* stielt, so springt die Handlung nach Los Angeles und der Erzähler schildert die Begegnung mit der Witwe Kurt Cobains.[1] Die Erlebnisse in Kalifornien und in Las Vegas nehmen zunächst nur einen geringen Stellenwert im Roman ein, erst im späteren Verlauf der Erzählung werden die Beschreibungen des USA-Aufenthaltes immer bedeutsamer und umfangreicher.[2] Dabei spiegeln die Schilderungen der Erlebnisse und Begegnungen in West Hollywood die psychische Verfasstheit des Erzählers wider, so die Prämisse der folgenden Überlegungen.

Der Grund für Benjamins langen Aufenthalt im Sunshine-State ist vermutlich eine schwere Depression, was allerdings nur an wenigen Textstellen des Romans deutlich wird. Beispielsweise erklärt die Figur Lindenberg metaphorisch, dass Benjamin in Kalifornien bleiben solle, „bis der Winter in" (PH, S. 70) ihm vorbei sei, und auch der Erzähler selbst spricht davon, dass er „in einem sehr dunklen, nichtendenwollenden seelischen Dauernovember gefangen" (PH, S. 70) sei bzw. sich in einem „sehr dunklen Winter" (PH, S. 489) befunden habe. Für Benjamin gilt es, eine Distanz zum vorherigen Leben als suchtkranker Autor aufzubauen, um eine schwere Lebenskrise zu überstehen.[3] Der Plan, unter der warmen Sonne Kaliforniens Kraft zu tanken und sich zu sammeln, scheint zunächst aufzugehen. So berichtet der Erzähler über sein Ankommen in den USA: „Etwas ist anders, seit ich hier bin, es ist alles leichter; mir scheint, die ganze Stadt ist so drauf wie Udo: locker, fröhlich, unernst, herzlich, freundlich – und ein bisschen drüber. Jedenfalls geht es mir hier viel besser als in Berlin" (PH, S. 70).

Doch die anfängliche Euphorie trügt: Auch der kalifornische *Way of Life* kann die Erkrankung des Erzählers nicht heilen, die Depression bleibt.

---

1 Benjamin von Stuckrad-Barre: Panikherz. 3. Aufl. Köln 2016, S. 142-144. Zitate aus diesem Text werden künftig nach dieser Ausgabe unter Angabe des Sigels ‚PH' sowie der Seitenzahl in Klammern im Fließtext nachgewiesen.

2 Zum Verhältnis der Gewichtung der beiden Zeitebenen vgl. Jano Sobottka: Menschen waren MATERIAL. Benjamin von Stuckrad-Barres *Panikherz* als Livelesung, in: Klaus Schenk, Ingold Zeisberger (Hg.): Literarisches Hören. Geschichte, Vermittlung, Praxis. Kiel 2019, S. 126f.

3 Siehe Kai Bremer im vorliegenden Buch.

Im Folgenden soll der USA-Aufenthalt von Benjamin genauer betrachtet werden, wobei es zunächst um Hollywood im Allgemeinen gehen soll und um die Menschen, die Benjamin dort trifft, bevor sich dem Chateau Marmont als Raum des Rückzugs zugewendet wird. Abschließend geht es um die Entwicklung Benjamins selbst, der – so die These des vorliegenden Beitrags – dem Tod näher ist als dem Leben.

1. Die Darstellung Hollywoods

Betrachtet man die Darstellung Kaliforniens, so ist zunächst augenfällig, was der Erzähler nicht berichtet. Spart dieser in der Erzählung der eigenen Biografie Beziehungen zu Frauen nahezu komplett aus, so fehlen in der Rahmenhandlung die Thematisierung von Amerikadiskursen der Gegenwart, Bezüge zum zeitgenössischen Bild der USA, Kaliforniens oder auch der ‚Traumfabrik Hollywood'. Man erfährt nichts von der Green und Digital Economy, die das Bild Kaliforniens heute prägen, auch Umweltprobleme oder die Veränderung der Filmindustrie durch Streaming Portale finden kaum Erwähnung. Einzig der häufige Verweis auf das durch Klimaanlagen erzeugte Frieren oder auch auf die übertriebene amerikanische Ausdrucksweise („awesome", PH, S. 99) kann als Darstellung der amerikanischen Lebensphilosophie gelten. In *Panikherz* erscheint Hollywood vor allem als ein Ort des Gestrigen, des Alterns und des Scheins, als Mythos längst vergangener Tage. Das lässt sich an vielen Textstellen belegen. So bezeichnet Benjamin West Hollywood als „das Charlottenburg von Los Angeles" (PH, S. 67) und verweist damit auf die Bürgerlichkeit eines Stadtteils, dessen große, den Diskurs prägende Zeit schon lange vorbei ist. Außerdem hält der Mythos Hollywood dem Realitätscheck nicht stand. Der „hyperlegendäre Hollywood Boulevard ist so betrachtet dann auch bloß: die Parallelstraße" (PH, S. 66), Filmkulissen sind vordergründig eben nur ein Teil eines Stadtbildes (vgl. PH, S. 66).

Zunehmend erscheint dem Erzähler die Freundlichkeit des Sunshine State, in dem scheinbar immer die Sonne scheint, als weniger berührend als zunächst gedacht, es stellt sich ein Gewöhnungseffekt ein: Die oft erwähnten Palmen am Straßenrand seien zwar „sowieso das Beste", vielleicht das Geheimnis der stets positiv eingestellten Menschen, nur, so fragt sich der Erzähler: „Ist diese palmische Daueraffirmation nicht auch sehr oberflächlich?" (PH, S. 182). Im weiteren Verlauf der Handlung gelangt er zu dem Fazit: „Niemand hat je behauptet, diese Welt sei echt" (PH, S. 556). Trotzdem möchte Benjamin genau in einer solchen Scheinwelt leben, denn die durch Oberflächlichkeit und „kleine Lüge[n]" (PH, S. 523) erzeugte positive Grundstimmung braucht er zum Überleben. Das Unechte wird als Prinzip Hollywoods ausgemacht und zugleich zur Überlebensstrategie erkoren.

Dazu passt, dass sich der Erzähler überwiegend mit Leuten trifft, die einmal Stars waren und eben keine mehr sind. Beispielsweise wird der Mythos des Rock 'n' Roll dadurch entzaubert, dass Love ihre Schulden im Chateau Marmont sukzessive zurückzahlt, und zwar 40.000 Dollar im Verlauf der Erzählung. Dass sich der Schuldenberg der Sängerin auf 35.000 Dollar reduziert (vgl. PH, S. 147, 300, 389, 499), kommentiert der Erzähler als „Schockmeldung" (PH, S. 499). Auch wenn diese Äußerung ironisch gemeint sein dürfte, wird mit der regelmäßigen Erwähnung des Schuldenabtrages doch eine Aussage getroffen: Das Lebensgefühl des Grunge als Gegenbewegung zum Mainstream ist der Bürgerlichkeit und Rechtschaffenheit gewichen.

Eine ähnliche Entzauberung des Rock 'n' Roll zeigt sich bei den Konzertbesuchen Benjamins. Der große Held des Erzählers, Noel Gallagher als ehemaliger Leadgitarrist und Songschreiber von Oasis, spielt vor seinen gealterten Fans, was Benjamin mit der Wiederholung „alt, alt, alt" (PH, S. 193) enttäuscht kritisiert. Entgegen anderer Künstler hat Oasis eben nicht seine Zeit überlebt, ist zu einer „Fata Morgana" (PH, S. 196) geworden. Die Erkenntnis des Erzählers nach dem Konzertbesuch lässt sich auf viele Episoden übertragen: „Aus ‚Be Here Now' wurde ‚Been There Then'. [...] Das nächste große Ereignis in unserem Leben wird unser Tod sein" (PH, S. 196f.), so Benjamin.[4] Diese Textstelle deutet bereits darauf hin, dass der Erzähler sein gegenwärtiges drogenfreies Leben als ereignisarm betrachtet

4 Zu „Be Here Now" als popkulturelles Zitat vgl. Eckhard Schumacher: Be Here Now – Zitathaftes Aufpfropfen im Pop-Diskurs, in: Uwe Wirth (Hg.): Impfen, Pfropfen, Transplantieren. Berlin 2011, S. 213-234. Insofern könnte man das Zitat auch so deuten, dass sich der Erzähler vom Popdiskurs verabschiedet oder – was besser zu anderen Textstellen von *Panikherz* passt – zumindest Oasis nicht mehr dazuzählt.

und einem solchen Leben wenig abgewinnen kann. Auch der Besuch des Konzerts von Brian Wilson, dem ehemaligen Songschreiber und auch Sänger der Beachboys, erweist sich als Reinfall. Der Erzähler dekonstruiert bereits im Vorfeld des Konzertbesuchs das Bild der vor allen in den 60er und 70er Jahren bekannten kalifornischen Band. Diese hat mehrere Lieder über das Surfen in Kalifornien geschrieben, u. a. auch den Welthit *Surfin' USA*, und trug zum kalifornischen Surfmythos bei. Das Bild, das die Band auf diese Weise von sich prägt, entspricht aber nicht der Wahrheit, wie der Erzähler zu berichten weiß: Weder waren die Bandmitglieder Surfer noch wurden sie von echten Surfern verehrt (vgl. PH, S. 525). Zur Dekonstruktion des Mythos der Beach Boys passt auch, dass Thomas Gottschalk, der Benjamin zu dem Konzert begleitet, anders als erwartet kein Fan der Gruppe ist (vgl. PH, S. 524). Bereits vorab werden somit viele Annahmen nicht erfüllt, so dass sich auch der Konzertbesuch folgerichtig als Enttäuschung erweist. Der Erzähler bezeichnet den Auftritt des sichtlich gealterten Songwriters Wilson schlicht als „absolut grauenhaft“ (PH, S. 527), da der greisenhafte Musiker kaum in der Lage ist, ein Popkonzert durchzuführen. Der Erzähler verlässt mit Gottschalk vorzeitig und enttäuscht die Veranstaltung.

Anhand der Konzertbesuche zeigt sich, dass das Altern und Scheitern seiner Helden den Erzähler deprimiert. Trotzdem hält er aber an ihnen fest, bleibt ein Fan. Zudem überträgt er den verlorenen Glanz der gealterten Pop- und Rockstars auf sich selbst: „Ist Wilsons Verfall nicht einfach die Spiegelung des meinen, eines jeden da im Publikum, und man singt und jubelt sich diesen Schmerz dann besser weg, so lang noch irgendwelche Vitalfunktionen messbar sind beim Musiker?“ (PH, S. 528). Der Verweis auf Schmerz und Verfall zeigt, dass der Erzähler keineswegs glücklich als erwachsenes, gealtertes Ich ist.

Zum Bild des Alterns und Scheiterns ehemaliger Stars passt auch der intermediale Filmbezug auf den „Tote[n] im Pool“ (PH, S. 564). Der Verweis am Schluss des Romans spielt auf Joe Gillis an, der als Toter in Billy Wilders Filmklassiker *Sunset Boulevard* seine Geschichte erzählt. Der Film kann als Satire auf Hollywood gelten und zeigt die große Distanz zwischen der Gegenwart und der Vergangenheit, sichtbar am gealterten Star.[5] Der letzte Satz des Stummfilmstars Norma Desmond lautet: „Ein Star ist zeitlos, oder nicht?“[6] Dieser Aussage widerspricht der Film aber, indem er genau die gescheiterten Karrieren der Stummfilmstars aufzeigt, die nicht wahrhaben wollen, dass ihre Zeit nicht wiederkommen wird. Die Art und Weise, wie beide Hauptfiguren – neben Desmond also auch der erfolglose Drehbuchautors Gillis – lebten, zeige letztlich, dass es durchaus ein Sterben vor dem Tod gebe, so die Deutung des Filmwissenschaftlers Horst Koll.[7] Der intermediale Bezug auf *Sunset Boulevard* als „Tragödie gescheiterter Stars“[8] entzaubert Hollywoods Mythos in ähnlicher Weise wie der Roman *Panikherz*. Denn auch in diesem werden vorwiegend die Menschen präsentiert, die in vergangener Zeit einmal Stars waren und deren Größe vom Erzähler dekonstruiert wird.

In diesem Kontext ist auch bedeutsam, dass der Erzähler seine beiden literarischen Vorbilder in Los Angeles trifft, und zwar Bret Easton Ellis und Nick Hornby.[9] Während die Treffen des mittlerweile gescheiterten Ellis großen Raum innerhalb der Amerikaepisoden erhalten, wird die Begegnung mit Hornby nur kurz dargestellt: „Das Publikum lacht, klatscht, gute Nacht“ (PH, S. 431). Exemplarisch am Aufeinandertreffen mit Hornby reflektiert Benjamin seine eigene Unsicherheit in Bezug auf Komplimente, die wie ein indirekter Vorwurf klingen (vgl. PH, S. 431f.). Der Schriftsteller Hornby selbst wird hingegen nicht umfassend beschrieben, es erfolgt auch keine Auseinandersetzung mit dem weiterhin anhaltenden Erfolg des britischen Schriftstellers. Im Gegensatz zu Ellis, Gallagher oder Wilson hat Hornby sich weiterentwickelt, schreibt keine Popliteratur mehr und

5 Vgl. Gerd Gemünden: A Foreign Affair. Billy Wilder's American Films. New York 2011, S. 79f.

6 Boulevard der Dämmerung (original: *Sunset Boulevard*), Billy Wilder, USA 1950, Paramount Picture, 01:39:03-01:39:08.

7 Vgl. Horst Peter Koll: Boulevard der Dämmerung, in: Thomas Koebner (Hg.): Filmklassiker. Bd. 2. 1947-1964. Stuttgart 1995, S. 89-95, hier S. 90.

8 Ebd., S. 95.

9 Vgl. Mathias Mertens: Robbery, assault, and battery. Christian Kracht, Benjamin v. Stuckrad-Barre und ihre mutmaßlichen Vorbilder Bret Easton Ellis und Nick Hornby, in: Heinz Ludwig Arnold (Hg.): Pop-Literatur. München 2003, S. 201-217.

erschließt sich dadurch ein neues Publikum. Die Aufmerksamkeit des Erzählers Benjamin richtet sich offenbar eher auf seine gealterten und gescheiterten Helden bzw. Vorbilder, die er vor dem Hintergrund des eigenen wahrgenommenen Scheiterns betrachtet. Der Erzähler dekonstruiert die gealterten Stars, hält aber trotzdem an ihnen fest. Das popkulturelle Zitat wird vom Erzähler als wichtiger erachtet als das Original, so erklärt Simon Hansen diese Beobachtung.[10]

Eine Ausnahme bildet hier nur das Blur-Konzert, welches der Erzähler gegen Ende des Romans besucht. Dieses erweist sich als derart wunderbar und ergreifend für Benjamin, dass er vor Glück weint. Das Gruppenerlebnis, das Einswerden mit der Menge, löst beim Erzähler ein großes Gefühl der Euphorie aus, ja es ist die einzige Textstelle der Amerikahandlung, in der der Erzähler, für den Moment von der Depression befreit, deutlich sagt, dass er glücklich ist: „Und wie ist es doch, manchmal, einfach nur wahnsinnig schön, auf der Welt zu sein“ (PH, S. 551). Doch der Zauber des Konzerts verfliegt schnell. Bereits auf dem Nachhauseweg wird Benjamin wieder mit seiner Suchtkrankheit konfrontiert und flieht ins Hotel (vgl. PH, S. 554). Pop ist für Benjamin eben kein Zukunftsversprechen mehr, was mit seinem Altern und Drogenentzug begründet werden kann.[11] Wenn Hansen darlegt, dass in Panikherz „Authentizität und Nüchternheit [...] zu den neuen Gradmessern im Leben erklärt“[12] werden, so muss diesbezüglich auch betont werden, dass die Hauptfigur kein Glück dabei empfindet: „Ach, das Prinzip Nacht, ich vermisse es schon sehr“ (PH, S. 533).

Im Kontext der vielen Begegnungen mit den Helden des Erzählers muss der Autor Ellis besonders hervorgehoben werden, denn die mehrfachen Treffen mit ihm werden ausführlich beschrieben.[13] Ellis wird zunächst als

---

10 Vgl. Simon Hansen: Altern im Pop. Benjamin von Stuckrad-Barres *Panikherz* (2016), in: Jutta Schloon et al. (Hg.): Alter & Ego. (Auto)fiktionale Altersfigurationen in deutschsprachiger und nordischer Literatur. München 2022, S. 125-136, hier S. 132.

11 Vgl. Moritz Baßler: Benjamin v. Stuckrad-Barre. *Soloalbum* (1998), in: Moritz Baßler, Eckhard Schumacher (Hg.): Handbuch Literatur & Pop. Berlin usw. 2019, S. 524-537, hier S. 534.

12 Hansen (Anm. 10), S. 136.

13 Zu *Panikherz*-Referenzen auf Bret Easton Ellis vgl. auch den Beitrag von Manuel Bauer in vorliegendem Buch.

ein Schriftsteller dargestellt, dessen großen Erfolge weit zurückliegen, der an seinen alten Ruhm nicht mehr anknüpfen kann und keine Romane mehr schreibt. Das Scheitern Ellis' macht der Erzähler auf der fiktiven Ebene unmissverständlich deutlich, obwohl Ellis sein Idol ist. Anstatt seinem Helden zu neuer Größe zu verhelfen, dekonstruiert er das Bild, welches er sich selbst von ihm gemacht hat: Ellis entspricht schon rein äußerlich nicht den Vorstellungen Benjamins. Beim ersten Zusammentreffen erklärt Ellis gleich, dass er „functional alcoholic" (PH, S. 205) sei und unterstreicht das durch beständigen Alkoholkonsum. Andere Drogen lehnt Ellis mittlerweile ab. Die ersten Treffen erweisen sich als wenig gewinnbringend für Benjamin. Obwohl Ellis für den Erzähler ein überaus bedeutsamer Autor und großes Vorbild ist, stellt er ihn als eher unsympathischen Menschen dar. Ellis wird als genauso oberflächlich und seelenlos beschrieben, wie die Figuren in seinen Büchern erscheinen. Ellis' Figuren haben „kein Innenleben, das man hätte darstellen können" und werden nach Ellis Leitsatz „Show, don't tell"[14] präsentiert, so Mertens. Ähnlich beschreibt Benjamin Ellis selbst, dessen Handeln und Sprechen weitaus angepasster und oberflächlich ist, als man es von dem Autor erwarten würde: Die Gespräche zu Serien enthalten wenig Tiefgang und langweilen Benjamin (vgl. PH, S. 206), der homosexuelle Ellis tritt als „Sugar Daddy" (PH, S. 206) seines viel jüngeren, ständig bekifften Freundes Todd auf, zudem macht Ellis Werbung für Matratzen (vgl. PH, S. 507) und ist Mitglied in einem Filmclub, um einen Dollar beim Kauf eines Kinotickets zu sparen (vgl. PH, S. 506). Solche Eigenschaften werden vom Erzähler nicht kommentiert, doch die Botschaft ist klar: Ellis verhält sich keineswegs so, wie man es von einem Starautor des Pop erwarten würde, ja, er präsentiert sich mitunter kleinbürgerlich und peinlich.

Zudem verhält sich Ellis wenig wertschätzend Benjamin gegenüber: Das sehr kostspielige, persönliche Geschenk des Erzählers an Ellis, eine Elvis Costello Fotografie, entlockt dem Amerikaner lediglich die Standardfloskel „awesome" (PH, S. 299), bei einem weiteren Treffen wird Benjamin von Ellis scheinbar nicht erkannt (vgl. PH, S. 210). Doch obwohl Benjamin Ellis wenig schmeichelhaft darstellt, verehrt er ihn weiterhin, ja, es

14 Mertens (Anm. 9), S. 205.

zeigen sich Aneignungen: So sucht Benjamin nach Gemeinsamkeiten, wie den Besuch des Trader Joe's gegenüber des Chateau Marmont (vgl. PH, S. 206), und er besucht eine Costello Lesung, nicht nur weil er ein Fan von ihm ist, sondern besonders weil Ellis es ist, wie der Erzähler glaubt: „Costello liebt er wirklich" (PH, S. 388). Während der Buchpräsentation ist der Erzähler so damit beschäftigt, die Veranstaltung auf sozialen Netzwerken zu kommentieren, dass er von der eigentlichen Lesung wenig mitbekommt. Auch die anschließende Songpräsentation bekommt er nur im Spiegel des Digitalen mit:

> Meine Telefonkrankheit chronifiziert sich, ich suche, während Costello da vorn singt, rasch den Liedtext; und warum dann nicht gleich auf YouTube anschauen? Verdammt, Costello SITZT doch da vorn, IN ECHT! Aber ich verstehe den Text nicht und muss ihn jetzt nachlesen, sofort. Und verstehe ihn noch immer nicht. (PH, S. 545)

Benjamin findet offensichtlich mehr Gefallen am Abbild und in der Auseinandersetzung mit dem Popdiskurs als am authentischen Erlebnis.[15] Auf solche Weise kann er auch Ellis weiterhin Bewunderung entgegenbringen, denn als Starautor der Popliteratur hat Ellis weiterhin Bestand. Es gehe um das große Werk und nicht um das Gesamtwerk (vgl. PH, S. 388), Ellis sei „ein Klassiker [...] ein unerlöster, trauriger, freundlicher Riese" (PH, S. 392). Zugleich lauert Benjamin auf Momente, wo die Person Ellis und der Mythos rund um den Autor von *American Psycho* eins werden. Solche Augenblicke, vom Erzähler „Ellis-Moment" oder „Ellis-Stimmung" (PH, S. 388) genannt, genießt dieser sichtlich und will die Differenz zwischen der Kunstfigur und der Realität nicht anerkennen.[16] Möglicherweise ist es eine solche entgegengebrachte Verehrung, die zu einer Entwicklung der Beziehung zwischen Ellis und seinem prominenten Fan führt: Ellis öffnet

---

15 Das zeigt sich auch anhand der Thematisierung des Filmklassikers *Psycho*, den der Erzähler selbst nicht kennt und glaubt, dass dieser im Original nicht an das Zitat der Populärkultur herankomme, was sich nach dem Ansehen des Filmes dann auch bestätigt (vgl. PH, S. 549). „Natürlich würde dieser 55 Jahre alte Film all der Aufladung, die er für mich durch popkulturelle Zitate hat, gar nicht standhalten können, wenn ich jetzt, nach all den Jahren im Zitatewald, doch noch das Original sehen würde" (PH, S. 492).

16 Vgl. Hansen (Anm. 10), S. 133.

sich, spricht über Niederlagen und macht so dem Erzähler Mut (vgl. PH, S. 387f.). Trotzdem interessiert sich Benjamin weiterhin mehr für das Bild, das er vom Autor konstruiert hat, als für den wirklichen Menschen.

Zusammenfassend betrachtet sind die meisten Hollywood-Episoden mit dem Thema Scheitern und Altern verknüpft. Unterschwellig wird dabei die Frage verhandelt, welche Zukunft sich den ehemaligen Stars bietet. Diese Frage beschäftigt den Erzähler innerhalb der Amerikahandlung immer wieder, der ja seine Karriere als erfolgreicher, aber eben auch suchtkranker Autor und Medienstar so nicht weiterführen kann. In *Panikherz* werden keine Zukunftsperspektiven Benjamins aufgezeigt, womöglich weil er sie nicht hat. Die Frage nach den Perspektiven der gealterten Stars greift er am Schluss des Romans mehrfach auf und bezieht sich dabei auf ein Zitat des US-amerikanischen Autors F. Scott Fitzgerald:[17]

> Auf der Rückbank neben mir lag der Roman „West of Sunset“ von Stewart O’Nan, eine literarische Mutmaßung über die tragischen letzten Jahre von F. Scott Fitzgerald in Hollywood. Und „West of Sunset“ BEGINNT mit DEM Fitzgerald-Zitat, und allmählich wurde mir alles ein bisschen zu sehr gedoppelt und allzu rückgekoppelt, da kann ich ja gleich wieder Drogen nehmen: „There are no second acts in American lives.“ (PH, S. 508)

Die Dopplung und Rückkopplung, von der der Erzähler spricht, meint nicht nur die permanente Auseinandersetzung mit seinen alten Helden und die mit ihnen verbundene Frage, ob sie eine neue Karriere oder eine neue Lebensphase beginnen können, denn das meint Fitzgerald mit ‚Akt‘. Mit der Dopplung ist auch die Übertragung, also die Rückkopplung des Fitzgeralds Zitates auf das eigene Leben gemeint: Weder hat Benjamin entschieden, wie seine Zukunft aussieht, noch ob er überhaupt eine hat. Im Folgenden greift er das Zitat immer wieder auf und überträgt es auf andere prominente Personen, wobei für den Rezipienten oder die Rezipientin deutlich wird, dass er die Frage nach einem zweiten Akt auch immer auf sich selbst bezieht. So sei das Comeback einer Band zumindest der dritte Akt, dies als zweiter Akt zu deklarieren, findet der Erzähler falsch, wie er am Beispiel von Don Henley deutlich macht (vgl. PH, S. 520f.). Allerdings

17 Zum F. Scott Fitzgerald-Zitat vgl. auch den Beitrag von Bauer in vorliegendem Buch.

sieht der Erzähler eine zweite Karriere als nicht bedeutsam an und blickt kritisch auf ehemalige Stars, die versuchen, neue Wege zu gehen: „Und wenn es den aber [gemeint ist der zweite Akt, Anm. AC], Fitzgerald folgend, gar nicht gibt? Worauf dann konzentrieren, auf den Tod? Und als Nächster schreibt dann Ellis ein Kinderbuch?“ (PH, S. 550). Wenn Baßler darlegt, dass in *Panikherz* die „Möglichkeiten eines würdevollen Alterns im oder nach Pop“[18] diskutiert werden, so kommt der Erzähler zu keinem ihn zufriedenstellenden Ergebnis, wie die rhetorische Frage nach Ellis als Kinderbuchautor verdeutlicht. Wie der Erzähler sich während des Blur-Konzertes weigert, eine Zuordnung der Band zu möglichen Karriereakten vorzunehmen (vgl. PH, S. 551), so verschweigt er die Antwort auf die eigentliche Frage, nämlich wie es um seine eigene Zukunft steht. Die negative Art und Weise, wie er sich der Thematik nähert, lässt erahnen, dass er keine ihn zufriedenstellende Möglichkeit für ein neues Leben sieht. „Weder bin ich gern, wo ich herkomme, noch, wohin ich fahre“ (PH, S. 555). Der intertextuelle Bezug auf Brechts Gedicht *Der Radwechsel*[19] zeigt seine pessimistische Weltsicht und auch die Schwere der Depression, unter der Benjamin immer noch leidet.

2. Chateau Marmont

In *Panikherz* dienen viele Hotels als Zufluchtsorte des Erzählers, allen voran natürlich das von Lindenberg bewohnte Hotel Atlantic in Hamburg. Doch nur die Beschreibungen des Chateau Marmont nehmen einen bemerkenswert großen Raum innerhalb der Handlung ein, denn kein anderes Hotel wird in diesem so ausführlich beschrieben. Das könnte damit begründet sein, dass der Erzähler den Aufenthalt in dem Luxushotel sichtlich genießt, während er vorher Annehmlichkeiten von Hotels wegen seiner Drogensucht nicht wahrnehmen konnte. Doch vor allem verweist ein derartiges Grand Hotel wie das Chateau Marmont auf den Pop-Diskurs und ist zudem eng mit dem Thema Altern und Sterben verbunden. Deshalb fügen sich die Erlebnisse im Hotel sowie die Beschreibungen des

18 Baßler (Anm. 11), S. 534.
19 Vgl. dazu auch Hansen (Anm. 10), S. 131.

Chateau Marmonts selbst passend in die Amerikaerzählung ein, wie die folgenden Überlegungen zeigen sollen.

Vom Leben in einem Luxushotel zu erzählen, schließt an eine literarische Tradition an. Autoren wie Joseph Roth oder Vladimir Nabokov verbrachten einen Großteil ihres Lebens in Hotelzimmern und auch Thomas Mann, Arthur Schnitzler oder auch Vicki Baum verbrachten auf Reisen viel Zeit in Hotels und verarbeiteten die Erlebnisse in Geschichten, die zu Weltliteratur wurden.[20] Das Grand Hotel ist im medialen Diskurs zu „einer feststehenden Imago geworden und zu einer Chiffre für das ersehnte glanzvolle und aufregende Leben“[21]. Indem in *Panikherz* ausgerechnet das Chateau Marmont Benjamin beherbergt, das er selbst als „Mythos“ (S. 64) bezeichnet, stellt er sich in einen auffallenden Kontext. Denn zum einen überschreitet die Exklusivität dieses Grand Hotels bei Weitem die anderer Luxushotels wie des Hamburger Atlantics. Zum anderen ist es in besonderer Weise mit Hollywood, dem Rock 'n' Roll und der Pop-Kultur verbunden, was an seinen prominenten Gästen und der Lage am Sunset Boulevard liegt. Auf die Berühmtheiten, die dort gastieren, verweist der Erzähler im Verlauf des Romans immer wieder, beispielsweise auf Lindsay Lohans Hausverbot im Chateau Marmont (vgl. PH, S. 147), auf Sofia Coppolas Filmprojekt zu *Somewhere* (vgl. PH, S. 499) oder auf den Stunt des Led Zeppelin Drummers, der mit dem Motorrad durch die Hotellobby fuhr (vgl. PH, S. 515). Indem Benjamin im Chateau Marmont lebt, stellt er sich in diesen Kontext, was als eine weitere Form der Aneignung angesehen werden kann. Wie die Übernahme des Kleidungsstils seiner Vorbilder (vgl. exemplarisch PH, S. 522)[22] oder die Aneignung von Ellis Leidenschaft für Costello (vgl. u. a. PH, S. 540-545) so übernimmt Benjamin Lindenbergs Lebensstil, in einem Hotel zu wohnen, nur entscheidet er sich anstelle des Hamburger Atlantic für das legendäre Luxushotel Chateau Marmont direkt am Sunset Boulevard.[23] Allerdings grenzt er sich auch von

---

20 Vgl. den Sammelband von Cordula Seger, Reinhard G. Wittmann (Hg.): Grand Hotel. Bühne der Literatur. München 2007.

21 Imke Wiebke Heuer: Nicht-Ort ‚Hotel‘ – Hochstapler im *Rausch der Verwandlung*, in: Miriam Kanne (Hg.): Provisorische und Transiträume. Raumerfahrung Nicht-Ort. Berlin 2013, S. 63-90.

22 Vgl. auch Hansen (Anm. 10), S. 130.

23 Zu einer solchen Form der Aneignung vgl. auch Hansen (Anm. 10), S. 130.

den prominenten Hotelgästen ab, denn er lebt im Bungalow des Gartens und eben nicht im Hotel, er ist dort Beobachter und bleibt letztlich vor allem eines, nämlich ein Fan.

Das Chateau Marmont wird vom Erzähler als zeitloser Raum beschrieben, der sich gut in die auch sonst das Altern Hollywoods thematisierende Handlung einfügt:

> Das Chateau Marmont verströmt den Zeitläuftesnobismus eines Achttausenders, ist eine märchenhaft verwitterte Burg, zu legendär und zu sehr immer-schon-da, um noch temporären Mode-Kursschwankungen unterworfen zu sein, die hat es allesamt überstanden, mehrfach, ist ein unausrottbarer Klassiker, wie Coca-Cola, Clubsandwich - und Udo. (PH, S. 65)

Zugleich ist das Hotel eng mit dem Thema Sterben verbunden: Der zeitlose Stil des Hotels wird mit dem Tod in Verbindung gebracht: „Hier könnte jetzt Cary Grant oder irgendein anderer Toter einchecken, nichts müsste umdekoriert werden“ (PH, S. 65). Mehrfach im Roman wird der Sightseeing-Bus erwähnt, der täglich vor dem Hotel anhält und dessen Lautsprecherdurchsagen berichten, dass John Belushi und Helmut Newton dort starben (vgl. exemplarisch PH, S. 465). Auch der Erzähler berichtet von den Toten, die ja immer mit dabei seien, „ganz besonders hier im Chateau Marmont“ (PH, S. 468). So mag das Hotel zwar als ein Ort der Distanz zum bisherigen Leben gelten,[24] aber der literarische Raum ist eben auch eng mit dem Thema Tod verknüpft. Die Verbindung von (Luxus-) Hotels und Tod ist dabei Teil eines Popdiskurses in Literatur und Film, spiegelt sich aber auch im Leben und Sterben wirklicher Persönlichkeiten wider, die im Hotel den Tod fanden, allen voran der sagenumwobene Tod von Nancy Spungen im New Yorker Chelsea Hotel. „The hotel as a place of modernity also offers the potential for a subsequent process of grief for a perceived loss, and thus nostalgia for a glorified past that is likewise linked to specific facets of the hotel environment.“[25] Die Beobachtung Ulrike Zitzlspergers kann in besonderer Weise für den literarischen Raum Chateau Marmont gelten, da in diesem Benjamin nostalgisch auf die Popkultur

24 Vgl. Bremer (Anm. 3).

25 Ulrike Zitzlsperger: Between modernity and nostalgia: The meaning of death in hotels, in: Forum for Modern Language Studies 55/H. 4 (2019), S. 466-478, hier S. 470.

der Vergangenheit zurückblickt und das Altwerden der Stars reflektiert, wie die vorherigen Ausführungen zeigen.

Innerhalb des Chateau Marmont kann der Garten des Luxushotels als besonderer Ort des Nostalgischen gelten, der derart zeitlos und abgeschieden dargestellt wird, dass er märchenhaft und unwirklich erscheint. Er wird als verwunschener Ort beschrieben (vgl. PH, S. 66, 307), meterhohe Pflanzen, die wie ein Dschungel wirken, rahmen den Garten ein, der so abgeschlossen wirkt. Einzig die Geräuschkulisse des Sunset Boulevards verweist auf die Welt außerhalb des Hotels: „Das draußen ist aber weit entfernt" (PH, S. 67). Im Rahmen der Abgeschlossenheit des Ortes wird auch dessen Zeitlosigkeit betont: Der Aufenthalt des Erzählers, der ja eine Besserung seiner Depression erhofft, wird immer länger. An keiner Stelle erhalten wir jemals den Eindruck, dass er bald die USA verlässt. Auch für das Hotelpersonal gehört Benjamin offenbar längst zum Inventar (vgl. PH, S. 73). Es ist metaphorisch von einem täglichen „Resetschalter" (S. PH, 489, 555) die Rede, in dem also jeder Tag im Hotel neu beginnt, ohne dass das vorher Geschehene darauf Einfluss nimmt. Am Pool stehe der Tag still, alles erscheine zeitenthoben (vgl. PH, S. 493). Zwei Mal im Roman erwähnt Benjamin, dass es im Hotel „keinerlei Hinweis auf die Gegenwart" (S. PH, 65, 491) gebe. Dies unterstützt den Eindruck, dass der Erzähler das Hotel nie mehr verlassen wird, was die Realitätsferne, das Geisterhafte, aber auch die Todesnähe des Hotels unterstreicht. Einzig von außen wird die fortschreitende Zeit der Handlung deutlich, und zwar zum einen durch das regelmäßige Abzahlen der Schulden Loves und zum anderen durch das Auswechseln des Gucci-Billboards, das alle drei Monate ein neues Motiv erhält (vgl. PH, S. 301). Nur so kann der Rezipient bzw. die Rezipientin errechnen, dass sich die Amerikahandlung über ein Jahr erstreckt.

3. Das Ich am Scheideweg

Wenn die Episoden zu Los Angeles mit seinen gealterten Stars oft das Konstruierte und Unauthentische betonten und der Erzähler zugleich deutlich macht, welche Faszination das auf ihn ausübt, so scheint die Begeisterung, die er gegenüber dem Chateau Marmont hegt, ebenso gelagert zu sein. Es sei ein „künstliches Paradies" (PH, S. 66) und der Erzähler erkennt, dass er dort ähnlich vor der Realität fliehen kann, wie es ihm zuvor Drogen ermöglicht haben (vgl. PH, S. 491). Wenn er kurz darauf verkündet: „Ich will hier nie mehr weg“ (vgl. PH, S. 498), so ist das keine Äußerung, die Lebensglück aufzeigt. Vielmehr kann das Zitat als Hinweis gelten, dass Benjamin seine Depression nicht lindern konnte und der Rückblick in die Vergangenheit eben keine Aufarbeitung ist, um die Gegenwart zu akzeptieren. Zitate wie „ich bleibe lieber unterm Zitronenbaum. Soll die Realität doch herkommen, wenn sie was will“ (PH, S. 500), sind Hinweise auf die Realitätsflucht Benjamins. Dazu passt auch der Verweis, in einer Festungsmauer zu wohnen (vgl. PH, S. 72), die eine Metapher für die schützende, die reale Außenwelt abschirmende Funktion des Chateau Marmont ist. Nur durch die Flucht in die Vergangenheit, die Hinwendung zur Nostalgie kann das Ich weiterleben, die Beschäftigung, ja, das Festhalten an der Vergangenheit sieht es als seine neue Identität an: „und bin also: ein Mann der Vergangenheit“ (PH, S. 515). Benjamin bezeichnet sich eben nicht als ein Mann mit Vergangenheit, der also gelernt hat, sein bisheriges Leben zu akzeptieren und zugleich seine Gegenwart als solche anzunehmen, sondern er bleibt in der Vergangenheit verhaftet, ist ‚ein Mann der Vergangenheit‘. Zugleich lässt sich das Zitat auch so deuten, dass der Erzähler sich als ein Autor ansieht, der den vergangenen und nicht den gegenwärtigen Diskurs bestimmt.

An anderer Stelle wird mit einem Aldi-Vergleich verdeutlicht, welch geringschätzendes Bild der Ich-Erzähler von sich selbst hat: „Und ich gehöre ja auch zu Aldi, das darf man ja bei allem Chateau und Scheiß-doch-drauf nicht vergessen“ (PH, S. 399). Benjamin empfindet keine rechte Freude am drogenfreien Leben, wie er ironisch deutlich macht: „‚Du hast so viel geschafft, das ist doch so toll, zehn Jahre nüchtern.‘ Jaaaaaaaaa. Supertoll. Time of my life“ (PH, S. 401). Er kann an seiner neuen Identität als cleaner, aber eben weiterhin offenbar unter Depressionen leidender Autor keinen Gefallen finden: „Man will sich doch entkommen, darum geht es doch“ (PH, S. 181). So stimmt er – anders als Lindenberg – dem Songtext „Es ist schon schwer genug, einfach nur ich zu sein“ (PH, S. 69) unbedingt zu. Das vom Erzähler konstruierte negative Selbstbild steht dabei in keinem Widerspruch zu seinem Aufenthalt in einem Luxushotel, sondern der Roman reiht sich in zahlreiche literarische Darstellungen ein, die von gescheiterten Individuen erzählen, die in einem Grand Hotel gastieren.

Verlorene Existenzen, Heimatlose, Identitätsspieler wie Diebe und Hochstapler, überhaupt Menschen in schweren Krisen finden in Romanen des 20. Jahrhunderts eine Heimat in exklusiven Hotels[26] und auch für *Panikherz* kann gelten, dass das Luxushotel ein Ort ist, der Ich-Identitäten in Zweifel zieht.

Der Erzähler findet nur über die Beschäftigung mit der Vergangenheit zu einem Ich, das er ertragen kann. Mehrere Textstellen offenbaren, dass er über die Beschäftigung mit bereits zurückliegender Popkultur Glück erfährt, beispielsweise beim Hören von Nirwana Songs (vgl. PH, S. 146) oder beim Ansehen alter Sendungen der Harald Schmidt Show (vgl. PH, S. 491). Zum anderen aber, und das ist das Bedenkliche, ist die Rückschau in die Vergangenheit eine Form des Eskapismus, die zeigt, wie schlecht es dem Erzähler in seiner gegenwärtigen Situation geht. Das wird gerade gegen Ende von *Panikherz* deutlich. Während Benjamin mit Gottschalk zurück zum Sunset Boulevard fährt, sieht er sein Unterwegssein als Zeichen, „noch nicht aufgegeben zu haben“ (PH, S. 530), ohne zu erklären, was die Aufgabe bedeuten würde. Diese Leerstelle kann vor dem Hintergrund der Kenntnis seiner Suchterkrankungen und Depression nur als Hinweis auf einen Rückfall oder gar Suizid gedeutet werden.

Dazu passt auch, dass der Erzähler in permanenter Gefahr schwebt, erneut suchtkrank zu werden, wie an vielen Stellen der Rahmenhandlung deutlich wird,[27] besonders zuletzt, als der amerikanische Arzt ihm Medikamente anbietet, die als Amphetamine eine hoch abhängig machende Gefahr in sich bergen (vgl. PH, S. 562-564). Zwar schafft es Benjamin im Verlauf der Handlung immer wieder, den Drogen zu entsagen. Am Schluss bleibt aber offen, ob er sich auf das Angebot des Arztes einlässt. Dass er die neuen Amphetamine, die der amerikanische Arzt ihm dagelassen hat, nicht

---

26 Vgl. Ulrike Vedder: Räume, Transfers, Begegnungen. Der Topos des Grand Hotel in der Literatur der Moderne, in: Anna Gajdis, Monika Mańczyk-Krygiel (Hg.): Der imaginierte Ort, der (un)bekannte Ort. Zur Darstellung des Raumes in der Literatur. Bern usw. 2016, S. 135-146, hier bes. 138f.

27 Vgl. exemplarisch PH, S. 182: „Wenn ich nicht bald zurück ins Hotel und zu meinem Kamillentee und meinen Schlafmitteln fahre, dann kenne ich das Ende vom Lied.“ Zur Gefahr des Rückfalls vgl. auch den Beitrag von Lisa Czolbe in vorliegendem Buch.

sofort wegwirft, zeigt, dass ein solcher Rückfall im Rahmen des Erzählten eine durchaus realistische Option ist. Dass das Ich sich hier an einem Scheideweg befindet, wird bereits am Titel des Kapitels deutlich: ‚Und er macht seinen Koffer auf'.

> Der Banddoktor sagt: „Das ist ja 'n Marathonlauf"
> und er macht seinen Koffer auf
> und er gibt uns die Sachen, die uns kräftig machen
> Denn unsere Show will jeder seh'n
> und deshalb muss sie weitergeh'n.[28]

Die Schlussstrophe aus Lindenbergs erstmals 1974 veröffentlichten Lied *Honky Tonky Show* bezieht sich auf das Leben des Rockmusikers auf Tour, lässt sich aber auch auf Benjamins Leben übertragen. Doch während der Banddoktor die Show der Musiker zu retten vermag, ist in der Realität des Romans das Angebot des Arztes eine gefährliche Möglichkeit, Kraft zu schöpfen, denn diese könnte in den Tod führen. Auch andere Textstellen wie die folgende signalisieren, dass jeder Tag zum Überlebenskampf wird.

> Früh am Morgen sagt die Sonne, wie immer hier: Nimm ruhig dein Antidepressivum, aber ich bin auf jeden Fall auch da, falls zu mich brauchst, keine Eile, bin den ganzen Tag hier, das ganze Jahr, immer. Wenn es in dir dunkel ist – komm doch raus. Wie in der „Truman Show": Guten Morgen... Oh, und falls wir uns nicht mehr sehen sollten, guten Tag, guten Abend und gute Nacht! Bis dann irgendwann ein Scheinwerfer vom Himmel fällt. (S. 512)

Die Sonne ist ähnlich wie die Filmkulisse in der Truman Show nur ein Konstrukt, das etwas suggeriert, was eigentlich nicht existiert. Die Wärme Kaliforniens kann eben nicht die Depression heilen, sondern allenfalls Linderung vorgaukeln. Ohne Medikamente geht es nicht, die Nacht als Symbol des alten, exzessiven Lebens lässt sich nur aushalten, wenn man sie dank Schlaftabletten nicht erlebt: „Noch immer ist die Nacht mein Feind, ich fürchte die Dunkelheit. Ich haue mir Schlaftabletten rein, meine Konzession ans Nachtleben – dann tut das Fernbleiben nicht so weh" (PH, S. 533).[29] Und so finden äußere und innere Handlungsebenen zueinander. Wenn oft der Rahmen einer Erzählung den Erzählkern relativiert, die

---

28 Songtext Honky Tonky Show in: https://www.udo-lindenberg.de/honky_tonky_show.57870.htm (letzter Zugriff 20.08.2022).

29 Vgl. auch PH, S. 400, 534.

Unzuverlässigkeit des Erzählers offenbart, so verhält es sich in *Panikherz* umgekehrt: Weil wir mittels der Rückblicke die Adoleszenz des Erzählers kennen, von seiner Drogen-, Magersucht und Depression wissen,[30] so müssen wir seine Gegenwart, die des erzählenden Ichs, anders deuten. Somit stimme ich Jano Sobotta nicht zu, der darlegt, dass die beiden Zeitebenen nur über die Leitmotive Lindenberg und das Fitzgerald-Zitat zusammenhängen: „Würden diese losen Verknüpfungen fehlen, könnten die Kapitel und Textteile der 2014er Ebene auch in einem der *Remix*-Bände von Stuckrad-Barre enthalten sein, in denen (Konzert-)Reportagen, humoristische Essays und Star-Portraits gesammelt werden."[31] Eine solche Deutung verkennt aber die Todesnähe, die den Erzähler in beiden Handlungsebenen begleitet. Sätze wie der Schlusssatz „Man muss aufpassen" (PH, S. 564) erlangen durch die Kenntnis der Biografie des Erzählers eine ganz andere Bedeutung. Der Erzähler warnt nicht nur vor einer Erkältung, sondern vor allem vor einem möglichen Rückfall in die Drogensucht und damit vor dem drohenden Tod. Die Todesnähe unterstützt auch der intermediale Verweis auf den Toten im Pool. Kai Bremer sieht in dem Satz „Der Tote im Pool erzählt seine Geschichte"[32] einen „Bruch mit der bisherigen auf Deutlichkeit und Unmissverständlichkeit setzenden Darstellungsweise"[33]. Diese Mehrdeutigkeit ist zumindest in der ihr enthaltenen Todessymbolik eindeutig: Denn der Tote im Pool kann als intermedialer Verweis auf Wilders preisgekrönten Film noir *Sunset Boulevard* gelten.[34] Dieser beginnt mit einem tatsächlich toten Autor, Gillis, der in einem Pool am Sunset Boulevard treibend rückblickend seine Geschichte erzählt. Der Drehbuchautor ist nach Hollywood gegangen, um ein erfolgreicher Autor zu werden, und hat seine Verbindung mit einem gescheiterten Hollywoodstar, seine Beschäftigung mit der Vergangenheit letztlich mit dem

30 Zu den psychischen Erkrankungen des Erzählers vgl. grundlegend den Beitrag von Till Huber und Immanuel Nover in vorliegendem Buch.

31 Sobottka (Anm. 2), S. 127.

32 Zur Deutung des ‚Toten im Pool' vgl. in vorliegendem Buch auch die Beiträge von Bauer, Czolbe, Christian Dawidowski.

33 Bremer (Anm. 3), S. 256.

34 In Bezug auf das Chateau Marmont gibt es einen weiteren Verweis auf den Film. So äußert der Erzähler über die Badezimmer des Luxushotels, dass diese „stummfilmzeitversifft" (PH, S. 65) wirkten.

Tod bezahlt. Dieser Filmbezug sollte herangezogen werden, wenn man den Schluss deutet. So spiegelt der Pool in *Sunset Boulevard* eben nicht den gewünschten Erfolg wider, sondern ist ein Symbol des Scheiterns.[35] So sagt der Tote im Pool am Anfang des Films: „Well, in the end he got himself a pool – only the price turned out a little high."[36] Im Folgenden erzählt Gillis die Geschichte seines Todes, als „voice-over narration"[37], aber eben als toter Erzähler. „Even though the story begins at sunrise, Sunset Boulevard denotes a road that literally leads to death."[38] Der intermediale Bezug zu Wilders Film könnte ein letzter, womöglich entscheidender Hinweis darauf sein, dass der Erzähler von *Panikherz* zum Zeitpunkt seines Erzählens dem Tod näher ist als dem Leben.

35 Vgl. Gemünden (Anm. 5), S. 86.
36 Boulevard der Dämmerung (Anm. 6), 0:02:31-0:02:41.
37 Vgl. Gemünden (Anm. 5), S. 97.
38 Ebd., S. 79.

Poetik

Manuel Bauer

Diesseits der Einflussangst. Konstruktionen literarischer Genealogie in Benjamin von Stuckrad-Barres *Panikherz*

Abstract: *Panikherz* is also a novel about the literary socialization of its author, his path to authorship and its recovery after years of crisis. This is closely connected to a commitment to a specific literary tradition and the construction of literary genealogies that are inextricably linked to the protagonist's development process. A closer look shows that especially those pretexts are taken up which tell of writing experiences, a development towards authorship or the overcoming of writing crises. The 'anxiety of influence' described by Harold Bloom does not apply here. In *Panikherz*, literary influences are not repressed or denied, but exposed. The claim to originality and creativity is replaced by a commitment to intertextuality and the depiction of a reception of admired authors accumulating 'symbolic capital' (Bourdieu), through whose influence the protagonist could become an author and in whom he reflects his return to authorship. The narrator stages himself as the sum of the influences, the continually mentioned 'own story' cannot be told without these influences.

The roles of two authors are particularly highlighted. Bret Easton Ellis himself appears as a literary figure and acts both as a role model and as a contrast figure for the narrator's way of writing, and he is also declared the founding father of a literature that marks a break with a committed post-war literature. The references to Jörg Fauser not only establish a work-political continuity, the narrator also designs himself as a character from Fauser's novels and, despite all his reverence, makes an implicit claim to surpass him. In addition, the influences of Charles Bukowski, Nick Hornby, F. Scott Fitzgerald and, somewhat surprisingly in this context, Johann Wolfgang Goethe are hinted at.

Keywords: anxiety of influence, authorship, Bret Easton Ellis, intertextuality, Johann Wolfgang Goethe, Jörg Fauser, pastiche

1. Präludium: Musik, Literatur und die ‚eigene Geschichte'

Benjamin von Stuckrad-Barre ist als „ein exzessiver Leser"[1] bekannt, und so ist wenig verwunderlich, dass *Panikherz* auch die Geschichte einer literarischen Sozialisation und darauf gründenden Konstruktionen literarischer Genealogie ist. Literarische Vorbilder werden in eine pop- und medienkulturelle Ahnengalerie (wie u. a. Udo Lindenberg, Harald Schmidt, Helmut Dietl) eingereiht. So wie Udo für den heranwachsender Erzähler „ein Weltenentdecker"[2] ist, sind es auch Autoren wie Jörg Fauser und Bret Easton Ellis. Über Musik führt der Erzähler aus, sie sei in der Zeit der Adoleszenz „eine weitreichende Ichentwurfssetzung" (PH, S. 76). Bekenntnisse zu literarischen Vorbildern, besonders aus einer retrospektiv-erinnernden Sicht des zum Autor gewordenen Protagonisten, lassen sich ebenfalls als eine solche ‚weitreichende Ichentwurfssetzung' verstehen, zumal der Erzähler einräumt, zuweilen – etwa im Falle Klaus Manns und anderer ‚Frühgestorbener' – zur ‚Überidentifikation' mit literarischen Vorbildern zu neigen (vgl. PH, S. 239).[3]

Der Versuch einer Fokussierung dezidiert ‚literarischer' Einflüsse weiß um seine systematische Unvollständigkeit, da er das keineswegs weniger wichtige Feld der Songtexte ausspart.[4] Dass die Ausklammerung von Songlyrik der Textlogik zuwiderläuft, geht schon daraus hervor, dass der

---

1 Martin Hielscher: Pop-Literatur in den Verlagen, in: Moritz Baßler, Eckhard Schumacher (Hg.): Handbuch Literatur & Pop. Berlin usw. 2019, S. 142-151, hier S. 151.

2 Benjamin von Stuckrad-Barre: Panikherz. 3. Aufl. Köln 2016, S. 22. Zitate aus diesem Text werden künftig nach dieser Ausgabe unter Angabe des Sigels ‚PH' sowie der Seitenzahl in Klammern im Fließtext nachgewiesen.

3 Hier lädt besonders der Aspekt „Künstler ohne Werk, das Leben war sein bestes Buch und so weiter" (PH, S. 239) zur Identifikation von Stuckrad-Barre mit diesem Klischee ein, da er ebenfalls in einigen Schaffensphasen eher als Medienfigur denn als Autor in Erscheinung getreten ist und sein genuin literarisches Werk vernachlässigte.

4 Darüber hinaus können in einem einzelnen Beitrag nicht in philologisch beflissener Manier sämtliche ‚Einflüsse' katalogisiert werden; dass *Panikherz* ein hochgradig intertextuell aufgeladener Text ist, muss nicht eigens evident gemacht werden.

Erzähler Lindenberg als „den wichtigsten deutschen Dichter der Nachkriegszeit" (PH, S. 344) bezeichnet. Noch deutlicher wird die für *Panikherz* integrale Melange von Songtext und Literatur an einem anderen Beispiel: An mehreren Stellen (vgl. PH, S. 290, 468, 499) zitiert der Erzähler den Blumfeld-Song *Der Wind* (2001), der seinerseits Hugo von Hofmannsthals *Ballade des äußeren Lebens* (1896) aufgreift,[5] sodass genuin literarische und popmusikalische Einflüsse in einem umfassenden Intertext verschmelzen.[6] Diese Überlagerung eines Hofmannsthal- und Blumfeld-Textes ist als Präludium für die folgenden Ausführungen relevant, da sie aufzeigt, dass Originalität kaum zu erreichen ist – und gar kein Ziel sein muss. Das Zitat impliziert zudem einen genealogischen Anspruch, da das eigene ‚äußere Leben' des Erzählers durch Blumfeld-Verse vorgeprägt ist, die ihrerseits auf den Schultern Hofmannsthals stehen. Die Berufung auf Blumfeld wiederum lässt ein für *Panikherz* noch zentraleres Zitat assoziieren: die Leuchtschrift „Die eigene GESCHICHTE" (u. a. PH, S. 107, 140f., 165, 284) an der Hamburger Kunsthalle, die auch deswegen so nachhaltig auf den Erzähler wirkt, weil er dadurch an Blumfelds Song *Eine eigene Geschichte* von 1994 erinnert wird,[7] in dem folgende Verse vorkommen:

---

5 Der von Blumfeld aufgegriffene (und teils variierte) Hofmannsthal-Vers lautet: „Und immer weht der Wind, und immer wieder" (Hugo von Hofmannsthal: Ballade des äußeren Lebens, in: ders.: Sämtliche Werke. Kritische Ausgabe. Bd. I. Gedichte 1. Hg. von Eugene Weber. Frankfurt/Main 1984, S. 44).

6 An anderer Stelle ironisiert Stuckrad-Barre diese Verschränkung, ohne ihr dadurch die weitreichende poetologische Bedeutung abzusprechen. „‚Und draußen weht der Wind und immer wieder', singt Distelmeyer darin, Hofmannsthal beleihend, wegen Bildungsauftrag, Goethe-Institut und mittelbar gewiss auch wegen Homer und John Lee Hooker, aber weiß man's?" (Benjamin von Stuckrad-Barre: Ich glaub, mir geht's nicht so gut, ich muss mich mal irgendwo hinlegen. Remix 3. Köln 2018, S. 141). Nun muss man weder zu Homer noch zu John Lee Hooker zurück, um mehr zu sehen als ‚Bildungsauftrag' und ‚Goethe-Institut'; nicht um bemühte Systemreferenz auf eine diffuse Vorstellung von ‚Hochkultur' geht es, sondern darum, dass die Grenze zwischen Pop und dieser Hochkultur längst brüchig ist und sich in den avancierten Spielarten des Pop ohnehin immer Anleihen finden, die keineswegs bloß populär sind.

7 Schon in einem *Eine eigene Geschichte* betitelten Interview mit Hellmuth Karasek beschreibt Stuckrad-Barre diesen Schriftzug und stellt die Verbindung zu Blumfeld her (vgl. Benjamin von Stuckrad-Barre: Festwertspeicher der Kontrollgesellschaft. Remix 2. Köln 2004, S. 480-485, hier S. 484f.); die leitmotivische

Eine eigene Geschichte
Aus reiner Gegenwart
Sammelt und stapelt sich
Von selbst herum um mich
Während ich durch die Gegend fahr.[8]

Die Formulierung des Anspruchs auf eine eigene Geschichte wird durch die Beziehung zu Blumfelds Songlyrik paradox, da ‚die eigene Geschichte' als ein mehrfach geschichtetes Zitat exponiert ist und sich zudem aus ‚reiner Gegenwart' ergibt, die sich ‚von selbst' um das Ich herum stapelt und deswegen so ‚eigen' gar nicht sein kann. Die ‚eigene Geschichte' ist eine aus (mindestens) zweiter Hand, so wie Popliteratur im Allgemeinen als „Literatur der zweiten Worte"[9], als zutiefst von Verweisen und Zitaten geprägte Literatur beschrieben wurde. Auch die eigene Geschichte ist als Zitat und Resultat einer sich um ein Ich herum stapelnden Gegenwart[10] erkennbar. Das gilt in analoger Weise für die Geschichte des eigenen Lesens und des sich daraus ergebenden Schreibens, das gleichsam als Resultat von sich um den Protagonisten herum stapelnden Büchern, mithin von literarischen Einflüssen beschriebenen wird.

2. Einflussangst und -affirmation

Um die Spezifik der Funktion von Einflüssen in *Panikherz* zu konturieren, ist es heuristisch sinnvoll, sie vom bekannten, theoriegeschichtlich aber bereits etwas angestaubten Modell der ‚Einflussangst' abzugrenzen.

‚eigene Geschichte' dient in *Panikherz* auch dazu, eine werkpolitische Kontinuität zu markieren.

8 Blumfeld: Eine eigene Geschichte, auf: L'état et moi. Big Cat 1994.

9 Moritz Baßler: Der deutsche Pop-Roman. Die neuen Archivisten. 2. Aufl. München 2005, S. 184; vgl. auch Moritz Baßler, Eckhard Schumacher: Einleitung, in: dies. (Hg.): Handbuch Literatur & Pop. Berlin usw. 2019, S. 1-28, hier S. 9: „Diese bewusst ausgestellte Relativität aller Setzungen, gerade auch dort, wo diese mit entschiedenem Distinktionsgestus vorgenommen werden, erzeugt […] die modalen Anführungszeichen, in denen Pop-Texte auf jeder Ebene zu lesen sind. Pop spricht keine ersten Worte."

10 Wobei das so zu verstehen ist, dass die historischen Ereignisse mit eigenen biographischen Erlebnissen verbunden werden, „und so wird aus dem historischen Datum eine persönliche Wegmarke" (Stuckrad-Barre (Anm. 6), S. 147).

Der amerikanische Literaturtheoretiker Harold Bloom geht von ‚intrapoetischen Beziehungen'[11] aus: Literaturgeschichte entstehe dadurch, dass „starke Dichter [...] einander fehllesen und so einen imaginativen Raum für sich selbst schaffen"[12]. Der starke Autor lese und verstehe seine Vorgänger auf eine Weise, die ihm selbst die Möglichkeit der Entfaltung biete. Zu dieser Aneignung gehörten allerdings auch „die ungeheuren Ängste des Verschuldetseins"[13]. Was dem Leser an einem Text Lust bereite, könne ihm, wenn er sich selbst als Autor begreife, zugleich Angst machen. Da er dazu verdammt sein könnte, „seine tiefsten Sehnsüchte durch die Wahrnehmung von *anderen Ichs* zu lernen", und da er von großen Texten „*von außen gefunden wird*", seine genuinen Fähigkeiten als Autor also von anderen Autoren erhalten haben könnte, sei er dem „Schrecken einer für immer bedrohten Autonomie"[14] ausgesetzt. Die Redeweise von der ‚Einflussangst' besagt, dass starke Autoren mit einer „Blindheit gegenüber ihren Vorläufern"[15] geschlagen seien, den Einfluss verleugneten und beständig symbolische Vatermorde begingen, um nicht als bloße Nachfahren, sondern als originale, eigenständige, innovative Autoren wahrgenommen werden zu können. Literarischer Einfluss äußere sich darin, dass „Dichter gegeneinander Krieg führen im Kampf um die Ewigkeit"[16]. Diese Grundkonstellation äußere sich in unterschiedlicher Weise. Stets aber habe sie zu tun mit textuellen Manifestationen der Angst vor der Übermacht des Einflusses und den Möglichkeiten, diese poetisch-genealogische Abhängigkeit zu verleugnen. Bloom beschreibt die Einflussangst als „die Furcht eines jeden Dichters, für ihn bleibe kein eigenes Werk zu schaffen"[17].

Stuckrad-Barres Entwurf der eigenen Autorschaft funktioniert anders. Er verbirgt seine Einflüsse keineswegs, er begegnet ihnen nicht mit Angst, sondern mit Affirmation. Ganz offen leitet er die eigene Entwicklung zum

11 Vgl. Harold Bloom: Einflußangst. Eine Theorie der Dichtung. Aus dem amerikanischen Englisch von Angelika Schweikhart. Basel usw. 1995, S. 9.

12 Ebd.

13 Ebd.

14 Ebd., S. 26f., Hervorh. i.O.

15 Ebd., S. 13.

16 Harold Bloom: Eine Topographie des Fehllesens. Aus dem Englischen von Isabella Mayr. Frankfurt/Main 1997, S. 11f.

17 Bloom (Anm. 11), S. 131.

literarischen Schaffen von literarischen Vorläufern ab. Dass er, um das Bloom-Zitat noch einmal aufzugreifen, „seine tiefsten Sehnsüchte durch die Wahrnehmung von *anderen Ichs*“ lernt und von früheren Texten „*von außen gefunden wird*“[18], stellt für ihn keine zu bekämpfende Angst dar, sondern wird genutzt, um die eigene Autorschaft als von diesen Einflüssen sich herschreibende zu konstruieren. Die Aufwertung des eigenen Schreibens vollzieht sich durch die Sichtbarmachung der Einflüsse und deren (teils nachahmende) Fortschreibung. *Panikherz* ist nicht von der Furcht gekennzeichnet, für den im Verlauf der Handlung zum Autor werdenden und durch das Schreiben dieses Textes zur Autorschaft zurückkehrenden Erzähler ‚bliebe kein eigenes Werk zu schaffen‘. Es geht darum, wie das eigene Werk – ‚die eigene Geschichte‘ – dadurch entstehen kann, dass es diese starken Einflüsse gab.

Im Folgenden wird die Inszenierung einiger besonders wichtiger Vorbilder skizziert, die auf die Faktur, die Motivik und die zentralen Themen von *Panikherz* erkennbaren Einfluss hatten und zu zentralen Figuren einer konstruierten literarischen Genealogie werden. Dass es sich bei diesen Einflüssen meist, wie Florian Illies in seiner Rezension schreibt, gewissermaßen um die „A-Seite seiner Autobiografie“[19] handelt, sei zugestanden. „Die Protagonisten der B-Seite sind ganz andere: Max Frisch, Gottfried Benn, Walter Kempowski, Rainald Goetz“, von denen der Autor „[n]ur für den Kenner sichtbar […] immer mal ein Zitat […] aufblitzen“ lasse; das Buch sei „nicht denkbar ohne diese vier Literaten“[20]. Inwiefern Illies mit diesem Befund recht hat, bliebe zu diskutieren. Die Aufarbeitung dieser parallelen, verdeckten literarischen Genealogie und die Auslotung der Funktion der jeweiligen Bezüge wäre im Rahmen eines eigenen Beitrags zu prüfen.

3. Die Entwicklung zum Leser

Der jugendliche Held in *Panikherz* wird keineswegs als begeisterter Leser auffällig. Es ist signifikant, dass der erste erzählte Kontakt mit

18 Ebd., S. 26, Hervorh. i.O.

19 Florian Illies: Der verlorene Sohn. Worin liegt die Größe von Benjamin von Stuckrad-Barres Roman *Panikherz*?, in: Die Zeit, 17.03.2016, S. 57.

20 Ebd.

Literatur – als im Deutschunterricht ein Gedicht besprochen wird – über Udo verläuft: „Es hieß ‚Sachliche Romanze' und war – nicht von Lindenberg, aber von dem kannte ich es" (PH, S. 42). Der Popsänger wird zum Literaturvermittler: „Mein Deutschlehrer hieß Udo" (PH, S. 46). Das ist über die konkrete Figuration hinaus von Bedeutung, da der Zugang zu Literatur in dieser Lesebiographie nicht von hochkulturellen Distinktionsgewinnen oder bildungsbeflissenen Absichten geprägt ist, sondern von Pop und durch Vermittlung. Erich Kästners neusachliches Gedicht begegnet dem Erzähler zunächst nicht im Original, sondern als Coverversion, die für ihn, wie noch unzählige andere, das eigentliche, das je eigene biographische Original ist.

Ansonsten vermag es der Schulunterricht nicht, den Protagonisten für Literatur einzunehmen (vgl. PH, S. 52f.). Auch der Anblick von „deckenhohen Bücherregalen" (PH, S. 59) im Arbeitszimmer des Vaters wirkt zwar faszinierend und lenkt den Blick immer wieder auf den Rücken von Arthur Millers Buch *Zeitkurven*,[21] doch das Verhältnis zu Büchern und zu Literatur bleibt äußerlich, distanziert. Theaterbesuche können das Interesse für literarische Gegenstände ebenfalls nicht entfachen. Von einer Aufführung von Friedrich Dürrenmatts *Der Besuch der alten Dame* bleibt vor allem der Kuss einer Mitschülerin in Erinnerung (vgl. PH, S. 83). Als Kunstwerk bleibt das Stück, das für das Paradigma einer didaktisch als wertvoll erachteten Literatur steht, wirkungslos. Literatur dient dem Jugendlichen allein als Mittel zur Selbststilisierung, wenn er in einem Caféhaus sitzt und einen Lebensentwurf imitiert, den er dereinst selbst pflegen will: mit Zigarette, Kaffee, englischsprachigen Tageszeitungen. Bei dieser Inszenierung darf „ein imageträchtiges, natürlich ungelesenes Buch (Camus-Tagebücher aus dem Antiquariat und ähnliche Accessoire-Geschosse)" (PH, S. 84) nicht

---

21 Bei *Zeitkurven* (1987), dem ersten namentlich erwähnten Buch in *Panikherz*, handelt es sich um eine literarische Autobiographie – Millers Text ist Vertreter der Gattung, auf deren architextuelle Folie auch *Panikherz* rekurriert. Die unscheinbare Platzierung dieses Buches indiziert, dass die Herleitung von Vorläufern nicht immer *expressis verbis* vollzogen wird, sondern ein Wissen um die Beschaffenheit der erwähnten Artefakte voraussetzt und die Lesenden ihrerseits zu Konstruktionen einer literarischen Genealogie ermutigt, aber nicht ausdrücklich auffordert.

fehlen. Dass Literatur der Erschaffung eines Images dienlich sein kann, hat der Protagonist verstanden. An den literarischen Gegenständen selbst aber ist er desinteressiert.[22]

Die Passion für Literatur und der dadurch begründete Weg zur Autorschaft beginnen mit Christoph, der ersten von zahlreichen Mentorfiguren. Der wenig animierende Leistungskurs Deutsch, den der Protagonist in der Schule belegt, wird von einem außerschulischen „Deutsch-Hochleistungskurs“ (PH, S. 93) abgelöst. Es kommt zum entscheidenden Initiationserlebnis in der literarischen Sozialisation des Protagonisten. Zunächst macht Christoph ihn mit der Musik von Elvis Costello bekannt; Literatur tritt als ein Supplement zur popmusikalischen Erziehung in Erscheinung: „Als ergänzende Lektüre gab er mir ‚Unter Null‘ von Bret Easton Ellis, benannt nach einem Lied auf der Costello-Platte (‚Less Than Zero‘)“ (PH, S. 93). Was als ‚ergänzende Lektüre‘ eingeführt wird, erweist sich als Wendepunkt in der gesamten kulturellen Sozialisation des Protagonisten:

> Ich schlug es gleich auf, man kriegt ein Buch, schlägt es auf, eine Höflichkeitsgeste, aber ich LAS wirklich die ersten Wörter – und dann war nichts mehr mit Höflichkeit. Ich setzte mich hin und hörte nicht auf zu lesen, und mir widerfuhr, was in Comics passiert, wenn jemand in eine Steckdose fasst. (PH, S. 93f.)

Der elektrifizierende erste Satz erhält intertextuelle Präsenz: „‚Auf den *freeways* in Los Angeles werden die Leute auch immer rücksichtloser‘, so begann ‚Unter Null‘, und für mich begann genau da die Gegenwart. Im Lesen, im Denken – und in meinem Leben. Jetzt hatte ich mich zugeschaltet“ (PH, S. 94, Hervorh. i.O.). Ein offeneres, emphatischeres Bekenntnis zu einem Einfluss, als es sich in dieser durch Literatur verursachten Zäsur artikuliert, ist kaum vorstellbar.

---

22 Vgl. Stuckrad-Barres frühen Text *Literaturkanon* (1997), in dem Bildungsbeflissenheit als wenig förderlich im kennenlernenden Umgang mit Literatur ausgestellt wird (vgl. Benjamin von Stuckrad-Barre: Remix. Texte 1996-1999. 3. Aufl. Köln 1999, S. 245-249). Stattdessen werden Verführung und Leidenschaft als zentrale Werte der Literaturvermittlung geschildert. Genau das illustriert die Lektüresozialisation in *Panikherz*.

4. Vorbild-, Kontrast- und Reflexionsfigur: Bret Easton Ellis[23]

„‚Zuviel Bret Easton Ellis gelesen'“[24] – diesen Vorwurf, mit dem seine Generation von Literaturschaffenden seitens der Literaturkritik bedacht werde, stellt Stuckrad-Barre in einem Text über Sibylle Berg von 1998 als wohlfeiles Klischee aus. In *Panikherz* bekennt sich der Erzähler ostentativ zu Ellis als literarischem Leitstern. Schon *Soloalbum* (1998) belegt die Wirkung, die der elektrisierende erste Satz von *Unter Null* (1985) auf Stuckrad-Barre ausübte: „Entweder ich achte jetzt, da ich mich selbst dem völligen Beklopptsein unaufhaltsam nähere, verstärkt darauf, oder es ist einfach so eine Tendenz und die Leute werden WIRKLICH immer verrückter.“[25] Diese Formulierung ist unverkennbar ein Nachhall der Feststellung, dass die Leute auf den Freeways von Los Angeles auch immer rücksichtloser werden. Durch das hervorgehobene ‚wirklich' ist dieser intertextuelle Bezug die Bestätigung einer weit über die LA-Freeways hinaus zu beobachtenden allgemeinen Tendenz. Der grundsätzliche Befund, von dem *Unter Null* seinen Ausgang nimmt, wird auch für die erzählte Welt in *Soloalbum* reklamiert.[26]

Panikherz bietet neben der ausdrücklichen Thematisierung des Autors Ellis und metatextuellen Ausführungen zu einigen seiner Romane auch zahlreiche (motivische und zitathafte) intertextuelle Anlehnungen an diese Texte. Die Ehrbezeugung erschöpft sich nicht darin, den Einfluss zu benennen. In *Panikherz* ist Ellis mehr als jeder andere literarische Vorläufer selbst eine literarische Figur. Außerdem ist der Text dadurch in erheblichem Maße eine Hommage an Ellis, dass die LA-Episoden häufig an die

---

23 Zu Bret Easton Ellis in *Panikherz* vgl. auch den Beitrag von Anke Christensen in vorliegendem Buch.

24 Stuckrad-Barre (Anm. 22), S. 184.

25 Benjamin von Stuckrad-Barre: Soloalbum. Roman. 6. Aufl. Köln 2008, S. 99.

26 In Variation tauchen Allusionen auf den Eingangssatz von *Unter Null* an zwei weiteren Stellen in *Soloalbum* auf: „Die Leute rufen einfach irgendwo an und machen alle verrückt“ (ebd., S. 121) und „Die Leute drehen wirklich durch“ (ebd., S. 153). Dass es in *Soloalbum* auch Rezeptionsspuren der anderen bis zu diesem Zeitpunkt publizierten Ellis-Romane (*The Rules of Attraction* (1987) und *American Psycho* (1991)) gibt, sei hier nur angedeutet.

hedonistische Grundhaltung, gepaart mit der Abgestumpftheit und mangelnden intellektuellen Tiefe der Figuren, sowie an die Oberflächlichkeit und Leere des Kalifornien-Mythos erinnern,[27] die in Ellis-Texten ausgestellt werden[28] – mit dem Unterschied, dass Ellis diese Wertungen nicht explizieren würde. Was Ellis ausführlich zeigt, wird von Stuckrad-Barre verknappt und ausdrücklich gesagt (vgl. u. a. PH, S. 179). Trotz unterschiedlicher Schreibweise betreibt *Panikherz* nicht allein konstative Konstruktionen einer literarischen Genealogie, sondern auch performative, da den zentralen Einflüssen in der inhaltlichen Ausrichtung des Textes ein Tribut erwiesen wird. Diverse LA-Episoden sind inhaltliche Ellis-Pastiches – besonders diejenigen, in denen Ellis und sein Freund Todd selbst auftreten, da an diesen mit großer Sympathie, wenn auch nicht ohne Spöttelei gezeichneten Figuren der dekadente Lifestyle und die ständige Langeweile aufgezeigt werden.

Unter einem Pastiche wird eine intertextuelle Schreibweise verstanden, „die den *Stil* eines einzelnen Autors oder eines einheitlich erscheinenden Korpus von Texten demonstrativ nachahmt“ und dabei den „Akt der Nachahmung“, anders als eine Fälschung, „offen deklariert“[29]. Obwohl ein Pastiche üblicherweise dominant als Nachahmung eines spezifischen Stils verstanden wird, lassen sich auch Nachahmungen, die sich vornehmlich auf inhaltliche und motivische Anleihen stützen, als Pastiche bezeichnen, sodass der Begriff „auch die Nachahmung des Inhalts und

---

27 Zur Darstellung Kaliforniens in *Panikherz* vgl. grundlegend den Beitrag von Christensen in vorliegendem Buch.

28 Auch Sascha Seiler betont in seiner – in anderen Aspekten eher unterkomplexen – Rezension, Stuckrad-Barre konstruiere in den LA-Passagen „eine Welt wie aus einem Roman von Bret Easton Ellis“, der Autor versuche sich gar „als Wiedergänger [des] von ihm geliebten amerikanischen Literaten“ (Sascha Seiler: Leider nur ein Vakuum. Benjamin von Stuckrad-Barre erzählt in *Panikherz* offenherzig sein Leben und vergisst darüber, ein kohärentes Buch zu schreiben, in: Literaturkritik.de Nr. 4, (April 2016), online unter: https://literaturkritik.de/id/21860 (Abruf: 16.12.2022)).

29 Jan Erik Antonsen: Pasticcio, Pastiche, in: Jan-Dirk Müller et al. (Hg.): Reallexikon der deutschen Literaturwissenschaft. Neubearbeitung des Reallexikons der deutschen Literaturgeschichte. Bd. III. P – Z. Berlin usw. 2007, S. 34-36, hier S. 34, Hervorh. i.O.

des ideologischen Standpunkts eines Textes umfaßt"[30]. Schon bei der ersten erzählten Begegnung mit Bret und Todd markiert der Erzähler den Pastiche-Charakter des eigenen Textes: „Und eigentlich ist alles wie in einer Geschichte des frühen Ellis" (PH, S. 205). Als der Erzähler später Todd zwei Schmerztabletten gibt, weil dieser sich „beim Gähnen den Kiefer ausgerenkt" hat, bemerkt er: „Auch schon wieder im Grunde eine Ellis-Hollywood-Figuren-Beschädigung" (PH, S. 397). Die Treffen mit Ellis werden erzählt, als seien sie nicht nur Episoden *mit* Ellis, sondern als stammten sie *von* ihm – was impliziert, dass der Erzähler selbst zu einer Ellis-Figur wird.[31]

Panikherz ist im Allgemeinen, ganz besonders aber in den Passagen, in denen es zu einer offenkundigen Nachahmung von Ellis-Motiven und -Figurenzeichnungen kommt, eine (in Gérard Genettes Worten) ‚bewundernde Anlehnung'[32] an Ellis, ohne eine Glorifizierung zu sein.[33] Konzise wird vermerkt, dass Ellis' Ausführungen von Floskeln keineswegs frei sind. Das führt dazu, dass der Protagonist sich bei dem Treffen mit dem bewunderten Autor teilweise schlichtweg langweilt (vgl. PH, S. 207). Indem Ellis zur Figur innerhalb der autofiktionalen Narration wird und der Erzähler

---

30 Ebd., S. 35. Ähnlich führt Gérard Genette im Rahmen seiner Transtextualitäts-Theorie aus, der Autor eines Pastiches ziele „auf einen bestimmten Stil und auf die in ihm enthaltenen inhaltlichen Motive ab" (Gérard Genette: Palimpseste. Die Literatur auf zweiter Stufe. Aus dem Französischen von Wolfram Bayer, Dieter Hornig. Frankfurt/Main 1993, S. 108). Vgl. ebd., S. 142: „Es ist [bei einem Pastiche, Anm. MB] keineswegs untersagt, auch den ‚Inhalt', d. h. das Thema der Vorlage, nachzuahmen".

31 Baßler und Drügh führen aus, dass Stuckrad-Barre das Poster der Billboard-Werbung für Elvis Costellos Album *This Years Model* (1978), das der Erzähler dem Costello-Fan Ellis schenkt, „für den Abspann von ‚Panikherz' auf dem Dach seines Chateau Marmont vor einer Gucci-Werbung nach[stellt]" (Moritz Baßler, Heinz Drügh: Das richtige Leben, in: POP. Kultur und Kritik 5/H. 2 (2016), S. 101-114, hier S. 105). Teilt man diese Beobachtung, dann wäre zu schließen, dass sich auch der (vom Erzähler ohnedies nie ganz trennscharf zu unterscheidende) Autor den vom ihm selbst bewundernd nachgeahmten Romanwelten von Ellis angleicht.

32 Vgl. Genette (Anm. 30), S. 131.

33 Auch Genette weist darauf hin, dass ein Pastiche nicht gänzlich der Kritik entbindet (vgl. ebd., S. 141).

das Auftreten der Figur wiederholt mit dem Mythos dieser überlebensgroßen Autor-Persona vergleicht, wird dieser Mythos partiell depotenziert. *Panikherz* ist auch eine Reflexion über den nicht-affirmativen Blick hinter eine verehrte Oberfläche. Aber gerade durch das Exponieren der teilweise exzentrischen Lifestylegewohnheiten des Vorbilds und dessen Hang zu Gemeinplätzen, aber auch durch die Benennung des eigenen Ennui und durch die Wiedergabe von Gesprächen, die eigentümlich undialogisch sind, da die Gesprächspartner sich kaum etwas zu sagen haben, wird der Text erst vollumfänglich zu einer Ellis-Würdigung und produktiven -Fortschreibung, da die Figur Ellis so inszeniert wird, wie der Autor Ellis selbst seine Figuren und ihre immer wieder scheiternden, an der puren Oberfläche zerschellenden Interaktionen inszeniert. *Panikherz* ist in einigen Passagen eine offene Nachahmung der typischen Ellis-Erzählweise. Anlässlich einer anderen Ellis-Episode führt der Erzähler aus, dass es so etwas wie „einen Ellis-Moment, eine Ellis-Stimmung" gebe, dass dieser Autor „einen Ton erfunden hat, der persiflierbar ist", was aber „doch ein Qualitätsmerkmal, ein erkennbarer, charakteristischer Ton" (PH, S. 388) sei. Noch die persiflierenden Aspekte sind als Ehrbezeugungen zu verstehen.

Die Ellis-Pastiches sollen den Einfluss nicht bewältigen, sie sollen ihn uneingeschränkt manifestieren. Sogar als Ellis selbst die Geschichte von der Überwindung von Mentoren erzählt – weil er selbst einmal vom bewunderten Costello persifliert wurde (vgl. PH, S. 385-387) – stimmt der Erzähler ihm nicht zu, sondern hält an der „Polytheismus-Rangordnung [s]einer persönlichen Götter" (PH, S. 385) fest, wie das gesamte Buch eine Preisung des persönlichen Pantheons ist. Selbst wenn temporär ein Gott gestürzt wird (wie Udo), dann arbeitet das Buch daran, ihm wieder seinen ihm zustehenden Altar zu errichten.[34] In einem Interview auf diese Anekdote mit Ellis und Costello angesprochen, äußert Stuckrad-Barre, er habe nicht vor, sich von seinen Idolen zu verabschieden: „Weil es sonst völlig sinnlos wäre, auf der Welt zu sein."[35] Der Bezug zu Idolen ist konstitutiv

34 Vgl. dazu grundlegend den Beitrag von Lisa Czolbe in vorliegendem Buch.

35 Lena Steeg: Der letzte Fan: Benjamin von Stuckrad-Barre im Interview. Benjamin von Stuckrad-Barre erzählt über seinen Roman *Panikherz*. https://www.stern.de/neon/feierabend/freizeit-der-fan-7175598.html (Abruf: 16.12.2022). Friedrich Küppersbusch, der selbst als eine von mehreren Vater-Figuren in *Panikherz*

und sinnstiftend. Gleichwohl werden bei der Kommentierung von Ellis' Poetik wiederholt Unterschiede zur eigenen Schreibweise benannt. So sei Ellis der „König" des „Erzählprinzip[s] des Vernebelns, Verschwindens und Unsichtbarwerdens", während der Erzähler dem „immer die Sichtbarmachung (und sei es meiner selbst) entgegensetzen" (PH, S. 209) wolle.[36] Derlei poetologische Exkurse führen zu einer irreduziblen Überlagerung von Kritik und literarischer Hommage. Das eigene literarische Schaffen wird in die Tradition des Vorläufers gestellt, um gleichermaßen den Vorläufer wie sich selbst aufzuwerten.

Ellis ist auch eine Reflexionsfigur für die eigenen Probleme mit Autorschaft und Schreiben. Es ist vor dem Hintergrund von Stuckrad-Barres Œuvre keineswegs nebensächlich, wenn der Erzähler mehrfach darauf abhebt, dass Ellis keine Romane mehr schreibt (vgl. u. a. PH, S. 207ff.).[37] Gleiches gilt für die floskelhafte Einschätzung späterer Ellis-Texte, namentlich der *Less Than Zero*-Fortsetzung *Imperial Bedrooms* (2010), die in dem verknappten Kommentar „früher war er gut, jaja" (PH, S. 545) mündet – eine Einschätzung, die der mit einem neuen Buch ringende Erzähler[38] für seine eigene literarische Produktion in Anschlag bringen muss. Dass

gewürdigt wird, weist in seiner Rezension auf einen psychologisch, aber auch hinsichtlich des Umgangs mit Einflüssen und Vorbildern bedeutsamen Punkt hin: „Wenn man selbst nichts zu sein glaubt, hält man sich an Leute, die doppelt so viel scheinen: Helden, Stars, lebende Gipfelkreuze auf dem Weg zum Starruhm." (Friedrich Küppersbusch: Stuck in the middle with you. Schön schlimm. Benjamin von Stuckrad-Barre findet in seinem sehr selbstbezogenen Buch *Panikherz* genaue Worte und zärtlichen Humor – selbst für das Wrack, das sich in seine Kotze windet, in: Der Spiegel am 12.03.2016. https://www.spiegel.de/kultur/literatur/panikherz-von-benjamin-von-stuckrad-barre-kritik-a-1081935.html (Abruf: 16.12.2022)). Gesuchter und ausgestellter Einfluss wird lesbar als Kompensation des Gefühls eigener Geringfügigkeit.

36 Das wiederum bleibt nicht bloßer poetologischer Exkurs, sondern findet seinen Niederschlag auf der Handlungsebene. Während Ellis kühl und ohne sichtbare Emotionen lächelnd mit seinem Handy filmt, stellt der Erzähler dem eine ganz handgreifliche Form der ‚Sichtbarmachung' entgegen: „Ich stelle mich direkt vor seine Kamera und ziehe mir das Hemd aus, einfach, damit was passiert – und sei es nur, dass Ellis sich freut" (PH, S. 209).

37 Dass Anfang 2023 mit *The Shards* ein neuer Ellis-Roman erscheinen würde, war in der Erzählgegenwart von *Panikherz* nicht abzusehen.

38 „Ich habe Angst, dass ich das Buch nicht hinkriege" (PH, S. 393).

Ellis sich zur Enttäuschung des Erzählers statt zu schreiben ausschließlich an neueren medialen Formen wie Podcasts oder Periscope versucht, impliziert auch, dass seine spezifische Schreibweise – die wie diejenige kaum eines anderen Autors für Gegenwartserfassung und -analyse steht – als nicht mehr zeitgemäß, mithin als überholt erscheinen muss, sodass Ellis als Romanautor nicht mehr die Gegenwartsrelevanz haben kann wie noch in den 1980er und -90er Jahren. Die nahegelegte Sichtweise auf den Autor Ellis deutet auf die Angst des Erzählers, ebenfalls als Autor nicht mehr die frühere Relevanz in seiner Kernkompetenz als ‚Gegenwartschronist'[39] erreichen zu können und keine literarische Legitimation mehr zu haben. Anders als frühverstorbene Helden wie Fauser, Mann oder F. Scott Fitzgerald steht Ellis, wie der Erzähler selbst, vor dem Problem, das eigene Altern mit der literarischen Relevanz und der bloßen Schreibfähigkeit zusammendenken zu müssen.

Less than zero wird vom Erzähler als „der Roman eines Frühvollendeten" (PH, S. 389) bezeichnet; das ließe sich auch über *Soloalbum* sagen. Er erblickt in Ellis eine Modellierung seiner eigenen Laufbahn und projiziert seine literarischen Selbstzweifel auf ihn – und in dieser Hinsicht ist *Panikherz* durch seine bloße Existenz ein Überbietungsversuch. Stuckrad-Barre legt einen umfangreichen literarischen Erzähltext vor, Ellis hingegen „verweigert sein Spätwerk" (PH, S. 540). In Ellis und dessen versiegender Autorschaft schildert der Erzähler seine eigenen Schwierigkeiten, die nobilitiert werden, wenn sie dem Größten unter den lebenden popliterarischen Gegenwartschronisten widerfahren, und deren Überwindung umso triumphaler gerät, wenn dadurch das gelingt, was das Vorbild verweigert.

Wie Stuckrad-Barre bei allen augenfälligen, insbesondere thematischen Unterschieden eine Verwandtschaft seiner eigenen Schreibweise und literarischen Produktion zu derjenigen von Ellis suggeriert, lässt sich ermessen, wenn der Erzähler Ellis als den „große[n] Angstverbreiter der

39 In dieser oder verwandten Formulierungen wird Stuckrad-Barre nicht nur vom Feuilleton häufig beschrieben, sondern auch im verlegerischen Peritext (der wiederum Pressestimmen zitiert) im Klappentext bzw. auf dem Rückumschlag inszeniert (bei *Remix 2* (Anm. 7) bspw. begegnen Vokabeln wie ‚Alltagsarchäologie' und ‚Gegenwartsstenographie', bei *Remix 3* (Anm. 6) wird das Zitat „Einen besseren Chronisten unserer Zeit gibt es nicht" aus *Die Zeit* verwendet).

amerikanischen Gegenwartsliteratur“ (PH, S. 303) charakterisiert. Genau hier liegt ein offenkundiger Unterschied. In Stuckrad-Barres Texten gibt es keine Gruppenvergewaltigungen von Minderjährigen, keine Snuff-Movies, keine ausgeweideten Leichen, keine enzyklopädische Erfassung von sexuellen und mörderischen Perversionen – er liest bei ‚Rock am Ring‘ im Comedy-Zelt (vgl. PH, S. 215),[40] Ellis’ Romane sind, bei aller enthaltenen Komik, vor allem für ihre Drastik, Grausamkeit und Verstörungsfähigkeit berüchtigt. Dazu, dass Ellis reale Ängste schildert und schürt (vgl. PH, S. 303), findet sich in Stuckrad-Barres Gesamtwerk schwerlich eine Entsprechung. Aber diese Unterschiede an den Textoberflächen werden so perspektiviert, dass sie auf ähnliche Grunddispositionen verweisen: „Ellis blickt seine Umwelt und die Gegenwart, UNSERE ZEIT, ja nur deshalb so kühl an, weil sie selbst sich ihm genau so zeigt, sie hat damit angefangen!, seine Textbrutalität ist Erwiderung, Notwehr und Aufklärung“ (PH, S. 303). Diese Fixierung auf die Gegenwärtigkeit und deren Abgründe ebenso wie auf die Härte der Texte als ‚Erwiderung, Notwehr und Aufklärung‘ lässt, abstrahiert von den konkreten Textbrutalitäten, eine fundamentale Ähnlichkeit aufscheinen. Bei Stuckrad-Barre werden keine Leute umgebracht, aber der oft beißend-ironische Spott, mit dem er Figurentypen, geschmackliche Ausrichtungen oder Gegenwartstendenzen bedenkt und beschreibt, lässt sich ebenfalls als ‚Erwiderung, Notwehr und Aufklärung‘ auffassen, als aggressiven Akt der Selbstverteidigung angesichts einer an Zumutungen nicht armen Gegenwart. Die Charakterisierung von Ellis’ ‚Textbrutalität‘ ist identifikatorisch; der literarische Vorläufer wird so geschildert, dass trotz augenfälliger Unterschiede doch eine grundlegende Geistesverwandtschaft auf einer tieferen, abstrakteren Ebene aufscheint.[41]

---

40 Eine Schilderung dieser Lesung bietet Stuckrad-Barres Text *Rockliteratur*, in: Remix 2 (Anm. 7), S. 161-171.

41 Eine ähnliche Geste liegt auch der Beschreibung des von Ellis’ verschobenem Tätigkeitsfeld enttäuschten Fantums zugrunde: „So wie man Bret Easton Ellis schütteln will, lass doch diesen Podcast-Blödsinn, schreib doch jetzt endlich wieder so ein Buch, das die Gegenwart erklärt und vernichtet, gib uns Weltverständnismunition, dazu warst du doch mal in der Lage!“ (PH, S. 510). Diese Fähigkeit, die Gegenwart zu erklären und zu vernichten, ist maßgeblich für Stuckrad-Barres eigenen literarischen Ruhm verantwortlich, und wie Ellis zeichnet sich Stuckrad-Barre seit den Nullerjahren durch eine weitreichende

Für die Bewunderung (und die selbsterklärte Nachfolgerschaft) ist das eigene Verständnis wichtiger als penible Werktreue oder philologische Akkuratesse.[42] Das illustriert die Episode, in der der Erzähler den für ihn und seine literarische Sozialisation so immens wichtigen ersten Satz von *Unter Null* erstmals im Original liest und feststellen muss, dass die deutsche Übersetzung „[v]ollkommen anders" (PH, S. 397) ist als der Satz im Amerikanischen lautet.[43] „[W]as da WIRKLICH steht", bedeute „wörtlich ungefähr: Die Leute HABEN ANGST, sich einzufädeln auf *freeways* in Los Angeles" (PH, S. 397f., Hervorh. i.O.). Wichtiger aber als die Frage, ob und inwiefern die Übersetzung den Textsinn verfälscht, ist die Fortsetzung der für *Panikherz* zentralen Reflexion über Original und Zitat, Cover und Nachahmung. Dass der Protagonist gar nicht vom ‚echten' Ellis so tief beeindruckt war, sondern von einer semantisch signifikant verschoben Übersetzung, verweist darauf, dass für die literarische Genealogie, die der Erzähler konstruiert, Fehllektüren, Projektionen, Verschiebungen und Verzerrungen legitim, wenn nicht gar unausweichlich sind. Das subjektive Rezeptionserlebnis ist bedeutsamer als die Würdigung von ursprünglichem Schöpfertum und Originalität. Wenn der Erzähler davon ausgeht, dass Ellis „Fehldeutungen, Falschübersetzungen und Missverständnisse [...] sogar sehr recht" (PH, S. 398) seien, wird in einer ambivalenten, den eigenen Zugriff gleichsam immunisierenden Geste zum einen die eigene Indienstnahme des Vorbilds samt aller narzisstischen Projektionen legitimiert und zum anderen just dieser Zugriff als Entsprechung der Autorintention dargestellt – ich lese Ellis falsch, also richtig, weil er genau das schließlich will.

Ellis wird sogar zum Initiator einer neuen Art von Literatur erklärt (als deren Vertreter sich unausgesprochen auch der nicht zuletzt durch die Ellis-Lektüre zum Schriftsteller gewordene *Panikherz*-Erzähler positioniert).

Verlagerung seiner Tätigkeiten in diverse Medien aus, sodass erneut eine identifikatorische, Tendenzen des eigenen Schaffens reflektierende Charakterisierung des Vorbilds vorliegt.

42 In diesem Zugriff kann eine Ähnlichkeit zu der von Bloom beschriebenen Notwendigkeit des ‚Fehllesens' literarischer Einflüsse gesehen werden (vgl. Bloom (Anm. 16); ders. (Anm. 11)).

43 Im amerikanischen Original lautet der (in *Panikherz* vollständig zitierte) Satz „People are afraid to merge on freeways in Los Angeles" (PH, S. 397).

Der Erzähler referiert die Einschätzung seines früheren Kollegen Arne, der darauf hinweist, dass in der Erzählgegenwart *Unter Null* sein 30. Jubiläum habe: „Ellis ist jetzt wiederzuentdecken. Wir verdanken ihm alles. Vorher war Böll“ (PH, S. 396). Kurz danach wird der Erzähler dieses Diktum übernehmen und dem im Auto wegfahrenden Ellis hinterherrufen: „Alles haben wir dir zu verdanken! Vorher war Böll!“ (PH, S. 399). Dass er es, wie er einräumt, „eher geflüstert als gerufen“ (PH, S. 399) hat, schmälert diese weitreichende literarische Wertung nicht – es ist durch die intimere Art des Flüstern eher eine Steigerung der Nachdrücklichkeit, zudem ähnelt die Szenerie wieder einem Ellis-Roman, in dem klare, vernehmliche und aufrichtige Sympathiebekundungen nicht zu erwarten wären. Entscheidend aber ist, dass das Bekenntnis zu Ellis zugleich ein – aus der Sicht der Popliteratur wenig überraschender – Bruch mit einer für die deutschsprachige Literaturgeschichte des 20. Jahrhunderts und das deutsche Selbstverständnis im Allgemeinen wichtigen Art der Literatur ist. Durch die Aussage ‚Vorher war Böll‘ wird Ellis zum Gründungsvater einer Literatur erklärt, die sich durch eine Andersartigkeit gegenüber einer politisch engagierten Nachkriegsliteratur auszeichnet, wie sie paradigmatisch von der Gruppe 47 vertreten wird.[44] Die Art der Literatur, die pars pro toto mit ‚Böll‘ bezeichnet wird, ist für den Erzähler bloßer historischer Bildungsballast, während Ellis und die Art der Literatur, für die dieser steht, einen Zugang zur eigenen Gegenwart ermöglichen. Nicht Nobelpreisehren und aufklärerisches politisches Bewusstsein sind relevant, sondern die Bedeutung für die ‚eigene Geschichte‘ und die Verbindung zu ‚reiner Gegenwart‘ – und obwohl Ellis, insbesondere dessen Debütroman *Unter Null*, selbst schon historische Gegenstände sind, vermögen sie es doch, anders als Böll und Konsorten, noch immer Tendenzen der Gegenwart zu erklären.

Dass ‚Vorher war Böll‘ eine polemische Zuspitzung ist, liegt dabei ebenso auf der Hand wie der Umstand, dass diese Formel nicht strikt

44 Diesen Gestus konnte Stuckrad-Barre von einem anderen Vorläufer übernehmen. Auch Jörg Fauser setzt sich in *Rohstoff* von der Gruppe 47 ab und sucht „neue Inhalte“, „neue Ausdrucksmöglichkeiten“ und „[e]ine neue Literatur“ (Jörg Fauser: Rohstoff. Roman. Mit einem Nachwort von Benjamin von Stuckrad-Barre und einem Gespräch mit Hanna Siehr. Jörg-Fauser-Edition II. Berlin 2004, S. 56).

historisch zu verstehen ist. Auch in der Lesebiographie des zum Autor werdenden Erzählers gab es vor Ellis keineswegs nur Böll – Ehrbekundungen für Autoren wie Robert Walser, Klaus Mann, Max Frisch, Rolf Dieter Brinkmann und nicht zuletzt die (noch näher zu beleuchtenden) Fitzgerald und Fauser machen klar, dass die relevante Literaturgeschichte nicht erst 1985 mit *Unter Null* anfängt. ‚Böll' ist kein historischer Index, sondern Symbol für eine bestimmte Literaturauffassung, die der Erzähler ablehnt und die einen möglichst schroffen Gegensatz zur von Ellis inaugurierten neueren Popliteratur abgeben soll.[45] ‚Vorher war Böll' wird zum poetologisch ebenso wie ideologisch zu lesenden Credo einer (auch in früheren Texten Stuckrad-Barres zu findenden[46]) Aufwertung von „Oberflächlichkeit" gegen solches politisches Sendungsbewusstsein und davon kaum zu unterscheidendem „Tiefgründigkeitszwang" (PH, S. 523) der Vorgängergeneration, insbesondere des eigenen Elternhauses. Die Konstruktion von Ellis als Leitstern dient auch dazu, sich in eine neue, selbstgewählte Genealogie einzuschreiben, das Bekenntnis zu einer Literatur ‚nach Böll'

45 Was mit der Chiffre ‚Böll' abgelehnt wird, veranschaulicht *Diskutieren mit Günter Grass*. In polemischer Weise lässt Stuckrad-Barre seine Distanz zu Literaten erkennen, die sich selbst als politische Missionare inszenieren, ihre „staatsmännischen Größenwahnvorstellungen" verkünden, als „Nationsgewissen" auftreten, sich mehr durch „notorisches Ein- und Mitmischen" auszeichnen als durch originelle literarische Produktivität und den Eindruck vermitteln, ohne das „Gemahne" des alles verstehenden und über höhere Einsichten verfügenden Literaten „werde alles ein schlimmes Ende nehmen" (Benjamin von Stuckrad-Barre: Auch Deutsche unter den Opfern. 2. Aufl. Köln 2010, S. 33f.). Dass Stuckrad-Barre nicht per se eine politische Grundierung literarischer Produktion und Selbstinszenierung ablehnt, wohl aber derlei selbstgewisses Großsprechertum, zeigt seine fortwährende, auch im Grass-Text ihren Niederschlag findende Verehrung für Walter Kempowski (siehe auch die sich mit Kempowski befassenden Texte in *Remix 2* (Anm. 7) und *Remix 3* (Anm. 6)).

46 In *Gagschreiber* (1999), einem Bericht über die Tätigkeit als Autor bei der Harald-Schmidt-Show, heißt es: „[O]berflächlich, rein äußerlich präsentiert sich die Gegenwart, und wir schauen dahinter, indem wir nicht verschwörerisch mutmaßen und kombinieren, sondern den Dingen ihre Oberfläche, ihr Image lassen. Alles ernst nehmen. Und damit nichts. Es geht um Wirklichkeit, nicht um Wahrheit" (Stuckrad-Barre (Anm. 22), S. 63). So gelesen, wird das Bekenntnis zur Oberfläche zum epistemisch-gegenwartsanalytischen Programm nobilitiert und die Dichotomie von Tiefgründigkeit und Oberflächlichkeit aufgehoben.

ist ein emanzipatorischer Akt, eine Befreiung von den christlich grundierten linksliberalen, vom heranwachsenden Protagonisten als Zwang empfundenen politischen Ansichten des Elternhauses. Ellis wird zu einem Teil eines ‚Familienromans' im Sinne Sigmund Freuds, der in *Der Familienroman der Neurotiker* (1909) beschreibt, wie sich das Kind eine alternative Abstammung zurechtlegt. *Panikherz* erzählt von der Konstruktion einer literarischen und popkulturellen Alternativ-Familie. Da Freud derlei genealogische Phantasien als „Dichtungen" und „Romanphantasien"[47] bezeichnet, ist eine Übertragung dieses Konzepts auf einen autofiktionalen Text wie *Panikherz* naheliegend. Die benannten literarischen Einflüsse, das macht das Beispiel Ellis besonders deutlich, sind Versuche, die eigene literarische Abstammung nicht nur zu verzeichnen, sondern in sich selbst aufwertender Weise zu kontrollieren. Die Grenze zur Phantasmagorie ist dabei, nimmt man Freud ernst, freilich fließend.

5. Zwischen Ehrerbietung und Überbietung: Jörg Fauser

Eine der wichtigsten Figuren dieses ‚Familienromans' ist Fauser. *Panikherz* beginnt mit einem Zitat aus Fausers Detektiv-Erzählung *Kant* (1987): „Die längsten Reisen fangen an, wenn es auf den Straßen dunkel wird" (PH, S. 5). Damit ist nicht nur das zentrale Thema des Buches präludiert – eine lange Reise durch die Nacht, sowohl durch das glitzernde Nachtleben als auch durch die metaphorische Dunkelheit der Krankheit –, es wird auch eine Kontinuität zu früheren Fauser-Bezügen hergestellt. Schon 1997 schreibt Stuckrad-Barre anlässlich Fausers zehntem Todestag eine Charakteristik, die eine von großer Kennerschaft und Sympathie geprägte Würdigung des früh verstorbenen Vorbilds und zugleich ein Entwurf des eigenen Bildes von Autorschaft ist. Stuckrad-Barre erblickt in dem „Gossenpoeten", der für „Rauschmittel jedweder Art"[48] empfänglich

47 Sigmund Freud: Der Familienroman der Neurotiker, in: ders.: Psychologische Schriften. Studienausgabe Bd. IV. Hg. von Alexander Mitscherlich et al. Frankfurt/Main 2000, S. 221-226, hier S. 225f. Auch in weniger theoretisierender und psychoanalytischer Hinsicht ist *Panikherz* ein ‚Familienroman' (Aufnahme in die Panik-Familie, Lossagung und reuevolle Rückkehr zur tatsächlichen, weit mehr als nur biologischen Familie als Rettung vor dem mutmaßlichen Drogentod).

48 Stuckrad-Barre (Anm. 22), S. 200f.

war, einen Wahlverwandten. Vordringlich aber nimmt der frühe Essay Fausers Ringen mit dem Beruf des Schriftstellers ernst. Wenn er über Fauser schreibt, es sei dessen „Dilemma“ gewesen, „schreiben zu wollen, weil er gebannt war von der Kraft seiner Vorbilder“[49], dann ist Stuckrad-Barres eigene literarische Entwicklung zu assoziieren. Retrospektiv ist die nachsichtig-wohlwollende Schilderung von Fausers früher Epigonalität als Apologie der eigenen Poetik lesbar, zumal sie sich ins Sentenzhafte mit Allgemeinheitsanspruch steigert: „Fausers Frühwerk ist weder eigenständig, woher auch, noch besonders clever kopiert, jeder Satz geprägt vom bemühten Versuchen, vom Nacheifern. Machen heißt zunächst immer nachmachen, die Kunst besteht dann im weitermachen, besser werden“[50]. Wenn der Erzähler in *Panikherz* über seine Anfänge beim *Rolling Stone* bemerkt: „Ich lernte endlich schreiben – indem ich es einfach dauernd tat“ (PH, S. 155), kann in diesem Bekenntnis zu einer pragmatischen Poetik ebenso ein Nachhall dieses Weiter- und Bessermachens gesehen werden wie ein implizites Bekenntnis zur Fauser-Nachfolge, dessen *Schneemann*-Roman (1981) im gleichen Absatz genannt wird.

Im Fauser-Essay von 1997 heißt es weiter: „Ernsthaft schreiben hieß für ihn auch, bedingungslos alle Fehler seiner Götter zu wiederholen – learning by dying, beinahe.“[51] Weit über das Schreiben hinaus den Lebenswandel und die damit verbundenen ‚Fehler‘ der Vorbilder zu wiederholen sollte für den einen nahezu tödlichen Lebensstil kultivierenden Autor Stuckrad-Barre in den Folgejahren zum wesentlichen Merkmal seines Schaffens und seiner Selbstinszenierung werden. In der Fauser-Charakteristik eines literarisch noch gar nicht in Erscheinung getretenen Journalisten finden sich grundlegende Züge des Selbstverständnisses des *Panikherz*-Protagonisten. Das gilt für die literarische Ausbeutung der eigenen gefährdeten Lebensweise, aber auch für die Hinwendung zur Welt, zur Gegenwart. Fauser habe sich nie dem „Klischee vom einsamen, eigenbrötlerischen Dichter“[52] fügen und stattdessen am Geschehen der Welt teilhaben wollen. Sein Nachfolger leitet daraus ein allgemeines literarisches Arbeitsprogramm

49 Ebd.
50 Ebd.
51 Ebd.
52 Ebd., S. 202.

ab: „Schreiben hat vernünftigerweise im Kämmerlein stattzufinden, aber drum herum ruft das Leben – und Fauser brüllte zurück."[53] Ohne diesem ‚rufenden Leben' zuzuhören, wäre das Schreiben des notorischen Gegenwartschronisten, Milieuerkunders und Weltverzeichners Stuckrad-Barre, dessen Texte ebenfalls ein solches ‚Zurückbrüllen' darstellen, schwerlich denkbar.

Fauser-Bezüge haben eine werkpolitische Bedeutung in Stuckrad-Barres Œuvre, indem sie wiederholte Positionierungen vornehmen und illustrieren, wie sich „Einzelwerk und Gesamtwerk [...] spiegelbildlich aufeinander beziehen läßt"[54]. Das zeigt ein Blick auf *Soloalbum*. Eines der Mottos, die dem Roman vorangestellt sind, ist ein Zitat aus Fausers aus dem Nachlass veröffentlichtem Gedicht *Solopoem*:

> und du bist nicht da
> und wenn du da wärst
> könnt ich das nicht
> schreiben[55]

Inhalt, Schreibsituation und Titel des Romans werden von Fausers *Solopoem* abgeleitet. Schon der erste literarische Text Stuckrad-Barres markiert seine Herkunft, sein Vorbild, seinen Einfluss, wodurch einem Vorläufer, der in den späten 1990er Jahren keineswegs als besonders angesagt und up to date angesehen wurde, Aufmerksamkeit gewidmet wird.[56] Zugleich

---

53 Ebd.

54 Steffen Martus: Werkpolitik. Zur Literaturgeschichte kritischer Kommunikation vom 17. bis ins 20. Jahrhundert mit Studien zu Klopstock, Tieck, Goethe und George. Berlin usw. 2007, S. 4. Diese werkpolitische Kontinuität der Vorbilder und Einflüsse ist umso bedeutungsvoller, als Stuckrad-Barre sich in anderen Aspekten, vornehmlich dem „gehässige[n] Drüberstehen", werkpolitisch von früheren Texten und Haltungen dezidiert abgrenzt: „Ich wollte so nicht mehr denken, schreiben und sein, nie wieder" (PH, S. 320).

55 Stuckrad-Barre (Anm. 25), S. 7. Diese Verse zitiert Stuckrad-Barre auch in seinem frühen Fauser-Essay, vgl. Stuckrad-Barre (Anm. 22), S. 202.

56 Wie weit die Verehrung für Fauser reicht, zeigen noch zwei andere Stellen in *Soloalbum*. Der Erzähler zitiert Fausers Liebesgedicht ausführlich in einem Brief an die vermisste Frau und macht es sich dadurch zu eigen (vgl. Stuckrad-Barre (Anm. 25), S. 130f.). Und schon kurz zuvor wird das nachgerade erotische Verhältnis zu diesem Vorbild exponiert: Im Urlaub an der Nordsee berichtet der Erzähler von allerlei Tätigkeiten, unter anderem heißt es: „Drumherum lese ich

geschieht diese Anlehnung mit einer Geste der eigenen Aufwertung durch eine dadurch behauptete Traditionslinie vom bewunderten Vorbild zur eigenen literarischen Produktion. Diese doppelte aufmerksamkeitsökonomische Geste ist für die Konstruktionen literarischer Genealogie in Stuckrad-Barres gesamtem Schaffen, auch in *Panikherz*, grundlegend: Im Spenden von Aufmerksamkeit und Ehrbezeugungen werden Vorläufer geehrt, durch die dezidierte Berufung auf diese Vorläufer aber auch das eigene Schreiben in einer Inszenierung von Traditionszugehörigkeit aufgewertet.

Auch der nach *Panikherz* veröffentlichte, dritte *Remix*-Band eröffnet mit einem Fauser-Motto: „Wenn das so ist, dachte ich, kannst du auch aufstehen."[57] Das wirkt zunächst eher belanglos. Dass aber (wie auch in *Panikherz*) der erste Satz eines Stuckrad-Barre-Buches den letzten Satz eines Fauser-Buches[58] reproduziert, signalisiert eine Fortsetzung. Zudem stellt dieses ‚Aufstehen' eine Art Überwindung des im Titel des Bandes geäußerten Bedürfnisses dar, sich „mal irgendwo hinlegen" zu müssen, und unterstreicht die geradezu lebensnotwendige Bedeutung Fausers für Stuckrad-Barre. Das in drei Büchern (*Soloalbum*, *Panikherz* und *Remix 3*) paratextuell bekundete Bekenntnis zu Fauser stellt eine Kontinuität dar und ist werkpolitisch als Klammer und als Konstante einer ungebrochenen Verehrung und Verpflichtung zu begreifen.

Im dritten *Remix*-Band ist auch das erstmals 2004 erschienene Nachwort zu einer Neuausgabe von Fausers *Rohstoff* (1984) enthalten.[59]

---

die 2001-Gesamtausgabe von Jörg Fauser und onaniere in den Dünen, das macht großen Spaß" (ebd., 128). Ein aufrichtigeres performatives ästhetisches Urteil ist kaum vorstellbar. Ohne die Kausalität von Lektüre und Masturbation eindeutig auszusprechen, wird die Verehrung des Vorläufer-Autors libidinös besetzt.

57 Stuckrad-Barre (Anm. 6), S. 5.

58 Fausers Roman *Rohstoff* endet mit den Worten „Wenn das so ist, dachte ich, kannst du auch auf stehn [sic]" (Fauser (Anm. 44), S. 290).

59 Vgl. Benjamin von Stuckrad-Barre: „Durst war ja auch nur ein Synonym für Leben." Nachwort, in: Jörg Fauser: Rohstoff. Roman. Mit einem Nachwort von Benjamin von Stuckrad-Barre und einem Gespräch mit Hanna Siehr. Jörg-Fauser-Edition II. Berlin 2004, S. 291-295 (wiederveröffentlicht unter dem Titel *Jörg Fauser* in *Remix 3* (Anm. 6); der Text ist nicht identisch mit dem Artikel gleichen Titels im ersten *Remix*-Band).

Rohstoff ist ein autobiographischer Drogenroman, der davon erzählt, wie der Held unter dem wiederholt thematisierten Einfluss anderer Autoren zum Schriftsteller wird – in dieser Paraphrase kann eine Blaupause für *Panikherz* gesehen werden. Tatsächlich legt Stuckrad-Barre in diesem Nachwort ein unverhohlenes Bekenntnis zum Einfluss ab. Vor allem Fausers Sujets übten eine Faszination aus – das „gute alte Miljö", „Fausers einsame Helden" und die „faszinierende Halbwelt, die er da skizzierte", „all die Gescheiterten"[60]. Vor diesem Hintergrund ist *Panikherz* selbst ein Fauser-Roman, der vom ‚Miljö', von der ‚faszinierenden Halbwelt' und allerlei ‚Gescheiterten' erzählt. Gerade der lebensweltliche Aspekt, die spezifischen Erfahrungen in und mit diesem Milieu, ist als Einfluss zu verstehen. Fausers Protagonist (und Alter Ego) Harry Gelb „verkörperte für mich als Antiheld einen Zielzustand"[61]. Der Autor Stuckrad-Barre wollte nicht nur wie der Autor Fauser *schreiben*, er wollte mehr noch so *sein*, so *leben* wie die Figuren des Vorbilds. Genau davon erzählt *Panikherz*. Mit der eigenen Drogengeschichte inszeniert sich der Erzähler als Fauser-Nachfahre, er lebt sein Leben so, als entstamme er einem Fauser-Roman.

Als der Protagonist von Christoph in die Welt der Literatur eingeführt wird, wird Fauser besonders hervorgehoben (vgl. PH, S. 94). An keiner anderen Stelle wird so deutlich, dass auch mit Literatur „eine weitreichende Ichentwurfssetzung" (PH, S. 76) verbunden sein kann, denn sofort entwirft sich der Protagonist als Fauser-Figur: „Später mal, am liebsten recht bald, müsste ich unbedingt allabendlich mit Trenchcoat im ROTLICHTVIERTEL rumtigern, immer auf der Flucht und in Schwierigkeiten" (PH, S. 94), und tatsächlich wird ihn später „[d]ie Reeperbahn [...] direkt in Fauser-Stimmung" (PH, S. 135) versetzen, außerdem wird er mehrfach davon erzählen, dass er sich im Bordell aufhält. Dabei geht es nicht etwa „vorrangig um Sex, [...] ich liebte einfach die Atmosphäre dort, das war ja die Jörg-Fauser-Welt: Rotlichtbude/innen/Nacht" (PH, S. 296).[62] Indem der Protagonist einen Fauser-Roman erlebt, wird *Panikherz*

60 Stuckrad-Barre (Anm. 6), S. 189.
61 Ebd., S. 190.
62 Darüber hinaus imaginiert der jugendliche Held seine Zukunft gemäß einer Überblendung von Bildern des neu entdeckten Autors, des Protagonisten von dessen Roman *Der Schneemann* und der Verfilmung (1984) mit Marius

zu einem inhaltlich-motivischen Fauser-Pastiche. Im *Rohstoff*-Nachwort führt Stuckrad-Barre aus, es sei „rührend, bitter und so überaus nachvollziehbar, wie Fauser [seinen Protagonisten] [...] immer wieder scheitern, neu anlaufen und alles probieren lässt“[63]. Die Ähnlichkeit dieser Beschreibung mit der Entwicklung des *Panikherz*-Protagonisten drängt sich auf, da auch dieser als Junkie immer wieder scheitert und neu anläuft – der gesamte Text ist, gerade vom einen Rückfall suggerierenden Ende her gelesen,[64] Protokoll eines perpetuierten Scheiterns und fortwährend neuer Anläufe. Die in *Rohstoff* beobachteten Aufbrüche und folgenden Rückschläge werden in *Panikherz* zum zelebrierten Strukturmodell der Entzugsgeschichte. Darüber hinaus kulminiert die Identifikation des *Panikherz*-Erzählers mit dem Protagonisten von *Rohstoff* im Wunsch, irgendwann nicht nur drogenabhängig in Billighotels abzusteigen, sondern auch „wie ein Bekloppter [zu] schreiben“ (PH, S. 95). Eigene Autorschaft und Textproduktion sind als direkte Folge des Fauser-Einflusses ausgewiesen.

Wenn Stuckrad-Barre schließlich bemerkt, *Rohstoff* sei „wohl der beste in deutscher Sprache verfasste Drogen-Roman“, denn „niemand hat es bislang wie Fauser verstanden, die Romantik wie das Urstumpfe daran zu Papier zu bringen“[65], dann wird sein eigener Drogenroman als Adaption von *Rohstoff* begreifbar – jenseits didaktisierender Unterweisungen ist *Panikherz* eine literarische Versuchsanordnung, die genau diese ‚Romantik‘, das Faszinosum des Drogenkonsums, ebenso einfängt wie das ‚Urstumpfe‘ des Junkie-Lebens, das auf die anfängliche Romantik folgt. Das Wort ‚bislang‘ in Stuckrad-Barres *Rohstoff*-Lob gewinnt retrospektiv eine neue Bedeutung, wenn man *Panikherz* nicht allein als Huldigung, sondern auch als Konkurrenz begreift – in der Ausführlichkeit der Schilderungen dieser Zustände ist *Panikherz* ein Versuch, den Vorläufer zu übertreffen. Dass das *Rohstoff*-Nachwort nach der Veröffentlichung von *Panikherz* noch einmal publiziert wird, ist nicht allein die Offenlegung eines Einflusses, es

---

Müller-Westernhagen („weißer Anzug, Malta, Musik, drogenfiebrig in die Tasten kloppen“, PH, S. 95).

63 Stuckrad-Barre (Anm. 6), S. 190.

64 Zum Ende von *Panikherz* vgl. in vorliegendem Buch grundlegend die Beiträge von Christensen, Czolbe.

65 Stuckrad-Barre (Anm. 6), S. 193.

signalisiert auch, dass die Lesenden diesen Vergleich selbst unternehmen und *Rohstoff* als nunmehr übertroffene Vorstufe von *Panikherz* begreifen sollen.

Fauser dient in der literarischen Sozialisation des *Panikherz*-Protagonisten augenscheinlich eher als außerliterarisches Handlungsmodell denn als nachzuahmende Schreibweise. Das ist aber nur ein scheinbarer Gegensatz, da bei autodiegetischem Erzählen Schreiben und Erleben nicht trennscharf zu unterscheiden sind. *Panikherz* ist ein (vor allem inhaltlich-motivisches) Fauser-Pastiche; literarischer Einfluss wird nicht allein verbalisiert, er wird auch performativ umgesetzt, wodurch die Abhängigkeit vom Vorläufer noch eklatanter hervortritt.

6. Die Entwicklung zum Autor und der ‚zweite Akt'

Ein leitendes Motiv in der Berufung auf Vorläufer – zuweilen subtiler, als die explizite Nennung der verehrten Autoren es vermuten ließe – ist die Spiegelung der eigenen Entwicklung zum Schriftsteller im Allgemeinen und des Schreibens von *Panikherz* im Besonderen. Das wird beispielhaft ersichtlich, wenn der Erzähler unmittelbar nach dem Erweckungserlebnis durch *Unter Null* einen Namen nennt, der bereits für den Protagonisten von *Soloalbum* große Bedeutung hatte[66] und dem nun abermals eine gewichtige Rolle für die Leserbiographie des Helden zugeschrieben wird: „Zu Christophs Startpakt gehörte auch ‚Der Mann mit der Ledertasche' von Charles Bukowski. Zusammen mit Ellis reichte das, um mich wieder zum Leser zu machen" (PH, S. 94). Bukowski, „Held und Stimme" (PH, S. 531) solcher Menschen, die es nicht geschafft haben, sich einen Platz auf der hellen Seite des Lebens zu sichern, führt den Protagonisten zu Fauser und steht selbst für ähnliche inhaltliche Aspekte, für das Kaputte, das Abseitige, für ein bestimmtes Milieu. Nicht minder wichtig an der so prominent platzierten Erwähnung von Bukowskis Roman *Der Mann mit der Ledertasche* (1971) ist eine Verbindung, die sich ergibt, wenn man dessen Ende beachtet. Nach allerlei alkoholischen Eskapaden und Abstürzen bemerkt der Erzähler lakonisch: „Am nächsten Morgen war die Nacht

66 Vgl. Stuckrad-Barre (Anm. 25), S. 154.

vorbei, und ich war noch am Leben. / Vielleicht schreibe ich einen Roman, dachte ich. / Und dann schrieb ich ihn."[67]

Die Nacht ist überwunden und überlebt, das ist in einer Bukowski-Welt keine Kleinigkeit – und für die Welt von *Panikherz* ohnehin nicht. Im ‚Startpaket' ist mithin ein Überlebensroman enthalten, der in die Entwicklung des Protagonisten zum Romanautor mündet.[68] Die Berufung auf diesen Roman impliziert die eigene Entwicklung zum Romanautor und die Genese von *Panikherz*. Auch dieser Text wurde nach einer metaphorischen Nacht und allerlei Abstürzen geschrieben. Der Erzähler reflektiert in der Berufung auf einen Vorläufer die beschwerliche, geradezu ein Bukowski'sches Leben voraussetzende Entstehung seines Textes.

Eine ähnliche Funktion hat die Episode mit Nick Hornby, dessen Roman *High Fidelity* (1995) mit einigem Recht (aber teilweise ohne Beachtung der gravierenden Unterschiede[69]) als wesentlicher Prätext für *Soloalbum* benannt wurde.[70] Der Erzähler in *Panikherz* räumt diesen Einfluss umstandslos ein. *High Fidelity* „handelte von plattensammelnden

---

67 Charles Bukowski. Der Mann mit der Ledertasche. Roman. Deutsch von Hans Hermann. 17. Aufl. Köln 2020, S. 204.

68 Auch *Unter Null* ist innerhalb der Fiktion als Resultat der Entwicklung zum Autor zu verstehen, da der Protagonist „[n]ach [s]einer Abreise" (Bret Easton Ellis: Unter Null. Roman. Deutsch von Sabine Hedinger. 5. Aufl. Köln 2001, S. 189) seine schockierenden, wenngleich vornehmlich auf inneren Bildern beruhenden Erfahrungen bei einem Heimataufenthalt niederschreibt. Aus Sicht der Fortsetzung *Imperial Bedrooms* wiederum wird *Unter Null* in metafiktionaler Weise als erste Manifestierung der Autorschaft von Ellis selbst inszeniert (vgl. Bret Easton Ellis: Imperial Bedrooms. Roman. Aus dem amerikanischen Englisch von Sabine Hedinger. Köln 2010, S. 9-12).

69 Zu knappen, aber bereits differenzierten Einschätzungen vgl. Baßler (Anm. 9), S. 108f.; ders.: Benjamin von Stuckrad-Barre: Soloalbum (1998), in: ders., Eckhard Schumacher (Hg.): Handbuch Literatur & Pop. Berlin usw. 2019, S. 524-537, hier S. 525.

70 Mit *Soloalbum* sei Stuckrad-Barre „ein deutscher Nick Hornby" gewesen (Baßler, Drügh (Anm. 31), S. 105); zur frühen Rezeption, die in *Soloalbum* zuweilen gar ein ‚Plagiat' von *High Fidelity* sah, vgl. Mathias Mertens: Robbery, assault, and battery. Christian Kracht, Benjamin von Stuckrad-Barre und ihre mutmaßlichen Vorbilder Bret Easton Ellis und Nick Hornby, in: Heinz Ludwig Arnold, Jürgen Schäfer (Hg.): Pop-Literatur. Text + Kritik. Zeitschrift für Literatur. Sonderband. München 2003, S. 201-217.

Männern und der Liebe, und ich träumte davon, auch mal so was zu schreiben" (PH, S. 430). Mit *Soloalbum* habe er „ebenfalls bei Kiepenheuer & Witsch ebenfalls einen Roman über ebenfalls plattensammelnde Männer und die Liebe veröffentlicht" (PH, S. 430). Die eigene literarische Leistung wird ausdrücklich als Nachfolge des bewunderten Vorbilds gesehen, ohne in irgendeiner Weise Originalität oder Überbietung des Vorbilds für sich in Anspruch zu nehmen (dass Stuckrad-Barre dabei eine ganz andere Schreibweise entwickelt als Hornby, wird dezent verschwiegen). Darüber hinaus reflektiert der Erzähler in seinem Verhältnis zum englischen Romancier seine eigene Situation als Autor. Hornbys letzter Roman sei, wie er dem Autor bei einer kurzen Begegnung sagt, dessen „bestes Buch seit Langem" (PH, S. 431). Dieser Held ist von seiner einstigen Höhe zwischenzeitlich deutlich hinabgestiegen, um dann aber wieder zu just dieser Höhe zurückzukehren. Unmittelbar im Anschluss wird eine Episode erzählt, in der der Erzähler selbst mit dem ambivalenten Kompliment konfrontiert wird, in der Jugend eines Fans mal „tolle Bücher" (PH, S. 432) geschrieben zu haben, worauf er sich eingestehen muss, dass „[s]ein letztes Buch fünf Jahre her" (PH, S. 432) sei. Hornbys Überwindung der Schaffenskrise wird zum Vorbild der eigenen Rückkehr zur einstigen Produktivität, Qualität und Relevanz. Die Berufung auf Einflüsse dient nicht nur dem Zweck, diese offenzulegen und dadurch vom symbolischen Kapital der bewunderten Größen zu prosperieren. Indirekt reflektieren Text und Erzähler den Anspruch, eigene Krisenjahre im Schreiben eines neuen Buches zu überwinden und es den Vorbildern gleichzutun.[71]

---

71 Dass das aber nicht immer funktioniert, zeigt der Bezug zum Eingangsmotto von Max Frischs *Montauk* (1975). Dieser Erzählung ist ein Zitat aus Michel de Montaignes *Essais* (1572-1592) vorangestellt, das mit dem – auch in *Panikherz* direkt nach der Erwähnung der Lektüre „in der Max-Frisch-Gesamtausgabe" (PH, S. 313) zitierten – Satz beginnt „DIES IST EIN AUFRICHTIGES BUCH, LESER" (Max Frisch: Montauk. Eine Erzählung. Frankfurt/Main 1981, S. 5; vgl. PH, S. 314). Der Erzähler erinnert sich daran, dass er zum Zeitpunkt der Lektüre, bereits in den Jahren der Schreibhemmung, „dachte, jetzt schreibe ich einfach auch so ein Buch" (PH, S. 313f.). Obwohl *Montauk* durch die Verschachtelung der Zeitebenen und den fiktionalisierenden Umgang mit autobiographischen Erinnerungen als zentraler Prätext für die Faktur von *Panikherz* auszumachen ist, gelingt es dem erlebenden Ich durch die Anlehnung an Frisch nicht, ein

Gebündelt ist dieser Anspruch in der wiederholten, beständiger Variation ausgesetzten Thematisierung von Fitzgeralds Satz, „die amerikanische Biographie kenne keinen zweiten Akt" (PH, S. 272f.).[72] Gleich nach der Einführung dieses fortan vielfach reflektierten Satzes leitet der Erzähler daraus den Grundriss von *Panikherz* ab: „Das war natürlich auch eine Möglichkeit: Aufstieg und Niedergang in einem Rutsch. Nur aufschreiben würde ich es halt noch müssen, irgendwann, aber natürlich erst mal bis zum letzten Kapitel durcherleben – ohne retardierenden zweiten Akt [...] direkt in die Katastrophe" (PH, S. 273). *Panikherz* erzählt von ‚Aufstieg und Niedergang in einem Rutsch', und während das erlebende Ich zu dem Zeitpunkt, als es das Fitzgerald-Zitat kennenlernt, tatsächlich noch damit beschäftigt ist, das alles ‚durchzuerleben', ist das erzählende Ich, eine innerdiegetische Schreibsituation mitgedacht, bereits dabei, es aufzuschreiben.[73] Dass das ‚Durcherlebte' überhaupt als Erzählstoff erscheinen und aufgeschrieben werden kann, ist im Zusammenhang des Fitzgerald-Zitats zu sehen, mit dem indirekt die Möglichkeit verhandelt wird, selbst einen zweiten Akt als Autor zu erhalten (und das sich als verdichtete und gerade wegen ihrer Ambivalenz so fruchtbare Strukturformel für autobiographisches Erzählen erweist).

Auch über das leitmotivische Zitat hinaus wird der amerikanische Jazz-Age-Autor zur Projektionsfläche und zur Reflexionsfigur des einstigen Stars der deutschen Popliteratur, etwa wenn es heißt: „Fitzgerald wurde als junger Mann mit ‚Diesseits vom Paradies' berühmt" und sei „mit nur 44 Jahren als fast vergessener Autor" (PH, S. 508) in Hollywood verstorben – die Erzählerfigur wurde ebenso wie Fitzgerald als 23-Jähriger mit einem Roman berühmt und zum Aushängeschild einer literarischen Jugendbewegung, und gemäß der Textlogik ist es alles andere als auszuschließen, dass er mit Anfang 40 in Hollywood als fast vergessener Autor sterben wird, schließlich nimmt er sich im Chateau Marmont als „[d]er Tote im Pool"

---

eigenes ‚aufrichtiges Buch' zu schreiben. Der Ausweg gelingt erst später mit der Anlehnung an, allen voran, Fauser und Ellis, mithin durch eine Pastiche-Poetik, durch die eine Poetik der ‚Aufrichtigkeit' überwunden wird.

72 Vgl. dazu auch den Beitrag von Christensen in vorliegendem Buch.

73 Zu weiteren Transfers des Fitzgerald-Zitats auf die Faktur von *Panikherz* vgl. PH, S. 312f.

(PH, S. 564) wahr.[74] Diese Stelle verweist – neben der zugegebenermaßen offenkundigeren Anspielung auf die Erzählsituation von Billy Wilders Film *Sunset Boulevard* (1950) und der in einem Popkosmos ebenfalls naheliegenden Assoziation zu Brian Jones – auf den als Toten im Pool treibenden Protagonisten von Fitzgeralds *The Great Gatsby* (1925).[75] Der Held von *Panikherz*, der sich wiederholt als Hochstapler bezeichnet, gleicht sich der berühmtesten, durchaus mit dem Typus des Hochstaplers zu vergleichenden Figur Fitzgeralds an. Diese Parallele wird noch greifbarer, wenn die Selbstcharakteristik des Erzählers als „ein Mann der Vergangenheit" (PH, S. 515) bedacht wird, der „[i]m Früherbunker" (PH, S. 396) gefangen sei. Fitzgeralds Held wird seinerseits mit der Aussage konfrontiert, man könne die Vergangenheit nicht wiederholen: „‚Die Vergangenheit nicht wiederholen?', rief er ungläubig. ‚Aber natürlich kann man das!'"[76] Vor diesem Hintergrund wird der „Vergangenheitsfimmel" (PH, S. 515) des Erzählers als Identifikation mit Fitzgeralds berühmtester Figur lesbar.[77] Als Quasi-Gatsby nimmt sich der Erzähler als eine Fitzgerald-Figur wahr, was im Rahmen seiner literarischen Genealogie eindrücklich seine Verbundenheit mit diesem Vorläufer unterstreicht.[78]

Mit einem vergleichbaren ‚zweiten Akt' und einem literarischen Initiationserlebnis hängt auch der letzte Name zusammen, der als weniger offensichtlicher Interpretationsvorschlag angeführt sei. Mag *Panikherz* zuweilen geschwätzig anmuten, handelt es sich doch um einen artifiziellen Text,

74 Zur Deutung des ‚Toten im Pool' vgl. in diesem Buch auch die Beiträge von Christensen, Czolbe, Christian Dawidowski.

75 Vgl. F. Scott Fitzgerald: Der große Gatsby. Roman. Aus dem Amerikanischen von Bettina Abarbanell. Mit einem Nachwort von Paul Ingendaay. Zürich 2007, S. 199f.

76 Ebd., S. 140.

77 Die Bedeutung dieser Vergangenheitsfixierung in Fitzgeralds Roman zeigt auch dessen berühmter letzter Satz: „So kämpfen wir weiter, wie Boote gegen den Strom, und unablässig treibt es uns zurück in die Vergangenheit" (ebd., S. 224).

78 Ein agonales Konkurrieren wird mit dieser Abstammungsfiktion nicht verbunden; Fitzgerald bezeichnet der Erzähler als ‚Genie', sich selbst rechnet er hingegen nur zur ‚Nachwelt', die sich um die ‚Details' der von diesem Genie hingeworfenen, mit schillernder Semantik versehenen Sätze kümmere (vgl. PH, S. 521).

dessen Informationsselektion alles andere als zufällig ist. Es ist keineswegs unbedeutend, wenn der Erzähler zweifach darauf hinweist, einst in der Goethestraße gewohnt zu haben (vgl. PH, S. 241, 260). Stuckrad-Barre als bildungsbeflissener oder gar enthusiastischer Leser Johann Wolfgang Goethes?[79] Schwer vorstellbar.[80] Und doch: Sein eigenes literarisches Initiationserlebnis durch Ellis erinnert an die einschneidende Erfahrung, die für Goethe mit der erstmaligen Berührung mit den Texten William Shakespeares verbunden war. In seinem Sturm-und-Drang-Manifest *Zum Shakespeare-Tag* (1771) schreibt Goethe:

> Die erste Seite, die ich in ihm las, machte mich auf zeitlebens ihm zu eigen, und wie ich mit dem ersten Stücke fertig war, stund ich wie ein Blindgeborner, dem eine Wunderhand das Gesicht in einem Augenblicke schenkt. Ich erkannte, ich fühlte aufs lebhafteste meine Existenz um eine Unendlichkeit erweitert, alles war mir neu, unbekannt, und das ungewohnte Licht machte mir Augenschmerzen. Nach und nach lernt' ich sehen, und, Dank sei meinem erkenntlichen Genius, ich fühle noch immer lebhaft, was ich gewonnen habe.[81]

Mit dem gleichen Grundtenor wie Goethes von juvenilem Überschwang geleitete Shakespeare-Emphase heißt es in *Panikherz* über die erste Ellis-Lektüre, wie bereits zitiert, „und für mich begann genau da die Gegenwart.

---

79 Schon anlässlich von *Soloalbum* wurde über intertextuelle Referenzen zu Goethes *Werther* nachgedacht; vgl. Katharina Rutschky: Wertherzeit. Der Poproman – Merkmale eines unerkannten Genres, in: Merkur 57/H. 2 (2003), S. 106-117; Frank Degler, Ute Paulokat: Neue Deutsche Popliteratur. Paderborn 2008, S. 88-92.

80 „Goethe lesen und Beethoven hören" gilt an anderer Stelle (vgl. PH, S. 122) als Inbegriff einer Klischee-Spießigkeit. Zwar nicht auf Goethe bezogen, sondern auf eine frühneuzeitliche Traditionslinie protestantischen Bekenntnisschrifttums, im Resultat aber mit durchaus allgemeinem Anspruch bemerkt Multhammer: „Es ist auch gar nicht mit Bestimmtheit zu sagen, ob sich Stuckrad-Barre seiner literarischen Vorgänger bewusst ist" (Michael Multhammer: Der frühneuzeitliche Popliterat. Benjamin von Stuckrad-Barres Bekenntnisse, in: Merkur 70/H. 12 (2016), S. 67-71, hier S. 71).

81 Johann Wolfgang Goethe: Zum Shakespeares-Tag, in: ders.: Werke. Hamburger Ausgabe. Bd. 12. München 1998, S. 224-227, hier S. 224f. Eine frappierend ähnliche Lichtmetaphorik bei einem einschneidenden kulturellen Erlebnis begegnet in *Panikherz* beim ersten Kontakt des Erzählers mit der Musik Udo Lindenbergs: „Es war, als habe jemand einen Lichtschalter in meinem Kopf betätigt" (PH, S. 16). Vgl. dazu auch den Beitrag von Czolbe in vorliegendem Buch.

Im Lesen, im Denken – und in meinem Leben. Jetzt hatte ich mich zugeschaltet“ (PH, S. 94). Für den Helden von Goethes ‚Bildungsroman‘ *Wilhelm Meisters Lehrjahre* (1795/96) nimmt sich die durch den englischen Dramatiker verursachte Zäsur der kulturellen Sozialisation ähnlich aus: „[D]ie Shakespearische Dichtung hatte ihm eine neue Welt eröffnet [...]. Das alles konnte, das sollte nicht ohne Wirkung bleiben.“[82] In genau dieser Weise hat die Ellis-Lektüre für den Protagonisten von *Panikherz* ‚eine neue Welt eröffnet‘, und auch für ihn ‚konnte und sollte das nicht ohne Wirkung bleiben‘ – diese ‚Wirkung‘ ist in letzter Konsequenz das eigene literarische Schaffen. „Ich setzte mich hin und hörte nicht auf zu lesen, und mir widerfuhr, was in Comics passiert, wenn jemand in eine Steckdose fasst“ (PH, S. 93f.), heißt es über die erste Lektüre. Direkt nach dem Beginn von Wilhelm Meisters Shakespeare-Lektüre „ergriff ihn der Strom jenes großen Genius und führte ihn einem unübersehlichen Meere zu, worin er sich gar bald völlig vergaß und verlor“[83]. Beide Protagonisten sind von der Lektüre im Sinne einer Immersion erfasst, für beide wird der Umgang mit Literatur danach ein radikal anderer sein.

Ein weiterer Bezug ergibt sich zu Goethes *Italienische Reise* (1829): Beide Protagonisten flüchten in wärmere Gefilde, der eine nach Italien, der andere nach Kalifornien; beide sind in einem vergleichbaren Alter, einige Jahre, nachdem sie in ihren Zwanzigern mit einem Debütroman frühen Ruhm errungen haben, an den sie in der allgemeinen Wahrnehmung nicht mehr anknüpfen konnten. In beiden Fällen stellt die Reise einen ‚zweiten Akt‘ dar. Goethe nimmt die gesamte Reise, vor allem aber die Ankunft in Rom, als ein neues Leben wahr: „[I]ch zähle einen zweiten Geburtstag, eine wahre Wiedergeburt, von dem Tage, da ich Rom betrat“[84].

Nicht als ‚Wiedergeburt‘, wohl aber als Versuch eine Genesung inszeniert *Panikherz* den LA-Aufenthalt. In beiden Fällen ist die Reise mit dem

82 Johann Wolfgang Goethe: Wilhelm Meisters Lehrjahre. Werke. Hamburger Ausgabe. Bd. 7. München 1998, S. 207. *Panikherz* lässt sich als Fortschreibung dieser Gattungstradition begreifen, gewissermaßen als ‚Herzensbildungsroman‘ (vgl. PH, S. 323).

83 Goethe (Anm. 82), S. 181.

84 Johann Wolfgang Goethe: Italienische Reise. Werke. Hamburger Ausgabe. Bd. 11. München 1998, S. 147.

Ziel verbunden, das eigene Dichtertum wiederzufinden. *Panikherz* ist die direkte Folge und Manifestation dieses Wiederfindens; die klassische Folie indes, die ein solches Wiederfinden beschreibt und verklärend inszeniert, ist Goethes autobiographische Reise-Erzählung. Er stellt in Italien fest, dass er weniger zur Bildenden Kunst berufen ist als zur Literaturproduktion: „Täglich wird mir's deutlicher, daß ich eigentlich zur Dichtkunst geboren bin“[85]. Der Umstand, dass das Buch *Panikherz* vorliegt, dokumentiert eine vergleichbare Rückkehr zur literarischen Schaffenskraft, die auch Goethe im Zuge seiner Italien-Reise an sich wahrnimmt (und aus der schließlich zentrale Texte der als ‚Weimarer Klassik' bezeichneten Strömung hervorgehen sollten). Derlei Parallelen sind zu gravierend, um sie vor dem Hintergrund der mehrfachen Erwähnung des Wohnsitzes in der Goethestraße für belanglos zu halten. Bei diesen Entsprechungen handelt es sich, anders als bei den offenkundigen Herleitungen der eigenen Autorschaft von Ellis, Fauser, Bukowski, Hornby oder Fitzgerald, um unmarkierte Intertextualität. Durch diese hintergründigen Goethe-Bezüge wird eine – und sei es ironisch gebrochene – Anleihe bei dem häufig als exemplarisch und vorbildlich charakterisierten Leben Goethes vorgenommen. Das steht in einem krassen Kontrast zum erzählten Leben in *Panikherz*, allerdings wird damit genau dieses Leben seinerseits in den Rang des Musterhaften erhoben. Die Analogisierung der beiden für die literarische Sozialisation des Helden entscheidenden Scharnierstellen – die erste emphatische Hinwendung zur Literatur und das Wiederfinden der eigenen Autorschaft nach frühem Erfolg und krisenhafter Zwischenzeit – mit denen Goethes und des Helden seines Bildungsromans kann als Entwurf der eigenen Entwicklung als modernisierte Nachfolge des größten Klassikers der deutschsprachigen Literaturgeschichte gelesen werden.

7. Schluss: Genealogiekonstruktion als Selbstlegitimation

Zahlreiche der literarischen Bezüge in *Panikherz* haben die Funktion, eine Ahnengalerie zu entwerfen, als deren Resultat und Fortsetzung der Text sich

85 Ebd., S. 518.

selbst inszeniert.[86] Besonders auffällig, wenn auch bei weitem nicht immer an der Textoberfläche greifbar, ist der Bezug zu Texten, die von Schreiberfahrungen, einer Entwicklung zur Autorschaft oder der Überwindung von Schreibkrisen erzählen. Insbesondere die Rückkehr zur Autorschaft nach einem außergewöhnlichen Frühwerk und einer lange andauernden Krise steht im Resonanzraum dieser Berufung auf Vorläufer. *Panikherz* reflektiert dadurch seine eigene Entstehung, die sich als eine Einlösung der fortwährend variierten Frage nach der Möglichkeit eines ‚zweiten Aktes' verstehen lässt. Stuckrad-Barres autofiktionale Erzählung ist der performative Beweis dafür, dass in Amerika (wenn auch nicht in amerikanischen Biographien im engeren Sinne) solche zweiten Akte möglich sind.

Die Konstruktionen der literarischen Genealogie haben eine doppelte aufmerksamkeitsökonomische Funktion. Der Erzähler lässt den bewunderten Vorläufern Aufmerksamkeit zukommen, vor allem aber prosperiert er von deren Ruhm, indem er seine eigene literarische Produktion von diesen (übrigens ausnahmslos männlichen[87]) Autoren herleitet. Die Berufung auf diese Einflüsse verleiht ihm selbst einen Kredit an Aufmerksamkeit und potentielle Anerkennung, den diese Vorläufer verbürgen. Da die Namen der Vorläufer-Autoren im Sinne der Popliteratur wie Markennamen verwendet werden, überträgt der Erzähler ein mit diesen Autoren verbundenes ‚Image'[88] auf sich selbst und das eigene Schreiben. Es ist nicht nur von anekdotischem Interesse, wenn der Erzähler über seine Zeit bei der Harald-Schmidt-Show anmerkt, dass von ihm selbst und den anderen Autoren „in sich selbst erhöhender Absicht die Sprechweise des Chefs nachgeahmt wurde" (PH, S. 191). Obgleich die Hommage der literarischen Einflüsse nicht immer als Nachahmung im strikten Sinne ihren

86 Darüber hinaus wurde die immer wieder thematisierte „Lektürepraxis" auch „als stabilisierend" und als Mittel der Vergewisserung gedeutet: „Dieser Gang durch das ‚popkulturelle Archiv' (Moritz Baßler) [...] wird zum Türöffner der Selbsterkenntnis" (Multhammer (Anm. 80), S. 70).

87 Christiane F. mag eine der wenigen Ausnahmen sein, sie wird aber nur beiläufig und nicht als Einfluss erwähnt; Weiblichkeit als weitreichende Leerstelle in *Panikherz* wäre gesondert zu behandeln. Vgl. dazu daher den Beitrag von Dawidowski in vorliegendem Buch.

88 Vgl. Georg Franck: Ökonomie der Aufmerksamkeit. Ein Entwurf. München 1998, S. 175.

Niederschlag findet: Stets schwingt bei der Andeutung, Benennung oder Offenlegung von Einflüssen neben dem Lob des Vorbilds eine ‚sich selbst erhöhende Absicht' mit.

Das Bekenntnis zur Intertextualität und zur eigenen Beeinflussung ist Exponierung einer symbolisches Kapital akkumulierenden Rezeption von Autoren. Pierre Bourdieu führt aus, dass „die Bezugnahme auf große Vorläufer [...] der Selbstreflexion und Selbstdefinition"[89] dient. Anhand derlei Bezugnahmen auf ‚große Vorläufer' reflektiert der *Panikherz*-Erzähler seine eigene Schreibweise und Themenwahl, seine eigene Biographie und seine literarische wie auch sonstige Selbstdefinition. Als Autor bewegt sich Stuckrad-Barre notwendigerweise im literarischen Feld und ist, durch die exzessive Thematisierung anderer Autoren, mehr als ohnehin schon am fortwährenden internen Definitionskampf um die Beschaffenheit dieses Feldes und die Verteilung symbolischen Kapitals beteiligt. Mit Bourdieu gesprochen, versucht er in *Panikherz* „die *Grenzen* des Feldes so abzustecken, daß ihr Verlauf den eigenen Interessen entgegenkommt, oder [...] seine Definition der wahren Zugehörigkeit zum Feld [...] durchzusetzen – die Definition also, die am geeignetsten ist, ihm selbst das Recht zu verleihen, so zu sein, wie er ist"[90]. Die Errichtung einer Ahnengalerie ist nie allein anerkennender Akt. Es geht immerzu um Selbstbeschreibung, Selbsterhöhung und die Legitimierung des eigenen Schreibens. Die aufgezeigten literarischen Abstammungslinien dienen Stuckrad-Barre dazu, ‚sich selbst das Recht zu verleihen, so zu sein, wie er ist'.

Der Umgang des Erzählers mit der „Polytheismus-Rangordnung [s]einer persönlichen Götter" (PH, S. 385) belegt, dass sich seine Charakteristik maßgeblich aus dieser Rangordnung ergibt. Es ist keinerlei Einflussangst zu konstatieren, sondern vielmehr eine Selbstkonstruktion und -konstitution durch Einflussbenennung und -anerkennung. In anderem Zusammenhang diskutiert Kai Bremer anhand von *Panikherz* ‚Einverleibung als pop-literarisches Prinzip';[91] diese Metapher lässt sich auch poetologisch

89 Pierre Bourdieu: Die Regeln der Kunst. Genese und Struktur des literarischen Feldes. Übersetzt von Bernd Schwibs, Achim Russer. Frankfurt/Main 2001, S. 377.

90 Ebd., S. 353.

91 Siehe Kai Bremer: Einverleibung als pop-literarisches Prinzip. Zum Erzählverfahren von Benjamin von Stuckrad-Barres *Panikherz* und seiner theatralen

für den Umgang mit den literarischen Vorbildern fruchtbar machen: Die Einflüsse werden dem Text einverleibt, ebenso ergeht es den mit ihnen verbundenen Motiven und Themen, die in *Panikherz* eine intertextuelle Einverleibung erfahren und in Form von Pastiches auftauchen.

Die Grundthese von Blooms Theorie der ‚Einflussangst' verfängt bei *Panikherz* nicht. Das hat schon den Grund, dass Stuckrad-Barre sicherlich kein ‚starker Autor' im Sinne Blooms, sondern grundlegend von einem Popverständnis geprägt ist und sich zu einer Poetik und Schreibweise der ‚zweiten Worte' bekennt.[92] Er lässt sich willfährig vom Geschmack von Vorbildern beeinflussen (vgl. PH, S. 77) und begreift sich weniger als hochliterarisches Genie denn als „Mitarbeiter der Unterhaltungsindustrie"[93]. Damit ist bei aller Selbstironie ein fundamentaler Unterschied benannt. Wenn es über epigonale Phänomene (wie die Punkband The Bates) heißt, dass auch sie „die Kraft totaler Gegenwart" (PH, S. 112) haben können, dann lässt sich das auf das eigene Schreiben übertragen, das als von Vorbildern abgeleitet positioniert wird. Der Einfluss muss gar nicht geleugnet werden, um eine Legitimation des eigenen Schaffens durch ‚totale Gegenwart' zu beanspruchen.

Die wiederholten Reflexionen über beispielsweise gecoverte Songs als „mein Original" (PH, S. 400)[94] zeigen, dass es innerhalb der ästhetischen Wertungskriterien, die der Text selbst ausstellt, nie im emphatischen Sinne um Erstmaligkeit, Originalität, Innovation und Schöpfertum geht.[95] Derlei

---

Realisierung (Reese, Rüping), in: Yvonne Al-Taie, Marta Famula (Hg.): Unverfügbares Verinnerlichen. Figuren der Einverleibung zwischen Eucharistie und Anthropologie. Leiden, Boston 2020, S. 297-321.

92 Zudem ist der autodiegetische Erzähler in *Panikherz* sicherlich kein Originalgenie oder ähnliches, sondern ein sich zu einer Poetik des Zitats bekennender Fan, der von seinen Helden gerettet wird.

93 Benjamin von Stuckrad-Barre: Livealbum. Erzählung. Köln 2005, S. 184 u. ö.

94 Vgl. auch die zentrale Reflexion anlässlich der *Psycho*-Aufführung; PH, S. 546ff.

95 Zu Harold Blooms gänzlich konträrer Originalitäts-Fetischisierung vgl. ders.: The Western Canon. The Books and School of the Ages. New York 1995, bes. S. 1-11. Zur „Problematik der Anwendung" von Blooms Literaturtheorie auf Populärkultur vgl. Fernand Hörner: Gallien in Gefahr. Die Einflussangst des Asterix oder Harold Bloom goes Pop, in: Stefan Höppner, Jörg Kreienbrock (Hg.): Die amerikanischen Götter. Transatlantische Prozesse in der deutschsprachigen Literatur und Popkultur seit 1945. Berlin usw. 2015, S. 209-232, bes. 209-212.

genieästhetische Ideologeme sind innerhalb eines popkulturellen Literaturverständnisses weniger wichtig als die Bedeutung des eigenen Rezeptionserlebnisses. Der Erzähler räumt freimütig ein, dass er „heldenhysterisch" (PH, S. 72), also voller Bewunderung für seine Vorbilder sei, sogar wenn er sie zuweilen zu überbieten versucht. Weshalb sollte er seine Helden verdrängen und bekämpfen und sich vor ihrem Einfluss fürchten? Vielmehr geht es darum, diese Helden zu Figuren eines ‚Familienromans' zu machen und sich als deren Nachfolger, als Summe der Einflüsse zu inszenieren. ‚Die eigene Geschichte' wird erst anhand und wegen dieser Einflüsse erzählbar.

Jill Thielsen

Semantische Offenheit und die Kategorie ‚Heteronomie' – Zu Udo Lindenbergs Liedtexten und ihrer Funktion in *Panikherz*

Abstract: Based on the intertextual references between Benjamin von Stuckrad-Barre's *Panikherz* and the musical work of Udo Lindenberg, the paper tries to work out not only how the composition of references to Lindenberg's songs comments on the life of the narrator but also if there is a specific reoccurring textual structure of the songs that guarantees the constant semantic compatibility and various opportunities of identification for recipients. By focussing on Lindenberg's self-referential songs and his so called 'Sehnsuchtshymnen' it's also possible to extrapolate a recurrent semantic paradigm that establishes a link between *Panikherz* and Lindenberg's music. Both the personas in the songs and the narrator of *Panikherz* have to deal in different ways with a determination of their actions which leads to a discrepancy between the reception of Lindenberg's persona(s) as rebellious and – on a higher level of abstraction – the paradigm of heteronomy.

Keywords: heteronomy, intertextuality, self-referential, semantic ambiguity, Udo Lindenberg

1. Einleitendes

Während Benjamin von Stuckrad-Barre in seinem Debütroman *Soloalbum* (1998) die britische Band Oasis als Fixpunkt der Figur und des Textes etabliert, wählt sein autobiographischer Roman[1] *Panikherz* (2016) den

1 Im Folgenden wird die Diskussion zur Rubrizierung des Textes nicht aufgegriffen. Die Einordnung als autobiographischer Roman folgt der in einigen Beiträgen hervorgehobenen Beobachtung, dass *Panikherz* keinen autobiographischen Pakt im Sinne Philippe Lejeunes eingehe (vgl. Simon Hansen: Altern im Pop. Benjamin von Stuckrad-Barres *Panikherz* (2006), in: Jutta Schloon et al. (Hg.): Alter & Ego. (Auto)fiktionale Altersfigurationen in deutschsprachiger und nordischer Literatur. München 2022, S. 125-136, insbesondere S. 128; Frederik

„spätestens seit den späten 1970ern für Pop-Distinktionsgewinne denkbar ungeeigneten Altrocker“[2] Udo Lindenberg zum „Leitstern“[3]. Zwar kommt Lindenberg insbesondere im Feld der deutschsprachigen populären Musik der 1970er Jahre eine entscheidende Rolle zu, rehabilitiert er doch im Anschluss an die Band Ihre Kinder und zeitgleich mit Rio Reisers Ton Steine Scherben die deutsche Sprache für die Rock- und Popmusik,[4] etabliert nachhaltig nicht nur jugendsprachliche Wendungen,[5] sondern vermag es durch „sprachliche Finesse“ und eine damit verbundene „relative Unbekümmertheit“[6] historische und weltpolitische Themen zu

---

Tebbe: Die Toten sind ja immer mit uns. Hauntology in Benjamin von Stuckrad-Barres *Panikherz*, in: Sebastian Berlich, Holger Grevenbrock, Katharina Scheerer (Hg.): Where Are We Now? – Orientierungen nach der Postmoderne. Bielefeld 2022, S. 157-169, insbesondere S. 157–158; Immanuel Nover: Schwarzbrot mit Goudakäse. Reinheit und Unreinheit in Benjamin von Stuckrad-Barres *Panikherz* (2016), in: Iris Meinen, Nils Lehnert (Hg.): Öffnung – Schließung – Übertritte. Körperbilder in der deutschsprachigen Gegenwartsliteratur. Bielefeld 2021, S. 175-190, insbesondere S. 180). Michael Multhammer schlägt die Lesart als protestantische Bekenntnisliteratur vor (vgl. Michael Multhammer: Der frühneuzeitliche Popliterat. Benjamin von Stuckrad-Barres Bekenntnis, in: Merkur 70/H.12 (2016), S. 67-71, insbesondere S. 67). Zur Beschreibung von Textstrukturen werden daher im Folgenden die Kategorien der Erzähltextanalyse verwendet und sowohl hinsichtlich des Textes von Stuckrad-Barres als auch hinsichtlich der Songtitel Udo Lindenbergs orientiert sich der Beitrag an einer Trennung zwischen Sprechinstanzen und Person.

2 Moritz Baßler: 4.13 Benjamin v. Stuckrad-Barre: Soloalbum (1998), in: ders., Eckhard Schumacher (Hg.): Handbuch Literatur & Pop. Berlin usw. 2019, S. 524-537, hier S. 534.

3 Vgl. Benjamin von Stuckrad-Barre: Panikherz. 6. Auflage. Köln 2021, S. 21. Zitate aus diesem Text werden künftig nach dieser Ausgabe unter Angabe des Sigels ‚PH‘ sowie der Seitenzahl in Klammern im Fließtext nachgewiesen.

4 Vgl. exemplarisch Uwe Schütte: Introduction. Pop Music as the Soundtrack of German Post-War History, in: ders. (Hg.): German Pop Music. A Companion. Berlin usw. 2017, S. 1-24, insbesondere S. 13; Jens Balzer: Schmalz und Rebellion. Der deutsche Pop und seine Sprache. Berlin 2022, insbesondere S. 117.

5 Vgl. exemplarisch Matthias Heine: Krass. 500 Jahre deutsche Jugendsprache. Berlin 2021, insbesondere S. 204-205.

6 Beide Zitate Ole Petras: Germany’s Oldest Hitmakers. Zur (Selbst-)Reflexion popmusikalischer Gattungskonventionen bei Degenhardt, Lindenberg, Remmler, in: Nikolas Buck, Jill Thielsen (Hg.): Selbstreferenz in der Kunst. Formen und

verhandeln. Innerhalb des Textes *Panikherz* taugt allerdings die Begeisterung für Lindenberg bereits Ende der 1980er Jahre nicht mehr als Mittel sozialer Distinktion in der jugendlichen Peer-Group des Erzähler-Ichs (vgl. exemplarisch PH, S. 51). Trotzdem markieren sowohl dessen Lebensverlauf als auch die Textstruktur eine Omnipräsenz Lindenbergs, markieren also einen „soft spot für leicht abgewrackte Senioren“[7]. Dem Erzähler-Ich fällt nämlich „eigentlich immer, in jeder Situation, ein alter Udo-Text“ (PH, S. 13) ein und auch die Kapitelüberschriften werden durch Verse des Panik-Rockers besetzt, sodass „Lindenbergs Songs [...] wortwörtlich durch *Panikherz* [spuken]“[8]. Neben der konstanten, meist nur zeichenhaften Präsenz des Sängers über die Lebensphasen hinweg, ist es in der Logik des Textes das Moment einer Lindenberg zugeschriebenen Authentizität, die ihn von den anderen „Hausgötter[n]“ (PH, S. 486) des Erzähler-Ichs abgrenzt und zum dominanten Orientierungspunkt werden lässt.[9] Texte seiner Lieder nehmen schließlich bereits für das pubertierende Erzähler-Ich eine nicht nur (pop-)musikalische Sozialisationsfunktion ein[10] und können auch über die Jugend hinaus immer wieder aufgerufen werden. Der rekurrente Bezug der „eigene[n] Geschichte“ (PH, S. 107, Hervorh. i.O. getilgt, Anm. JT) auf das Werk Lindenbergs wirft nun erstens die Frage auf, ob diese konstante Anschlussfähigkeit nur auf den persönlich-individuellen Vorlieben und Sozialisationsprozessen des Erzähler-Ichs basiert oder nicht eher aufgrund der teilweise beobachtbaren semantischen Offenheit der Texte Lindenbergs entsteht.

Funktionen einer ästhetischen Konstante. Baden-Baden 2020, S. 335-353, hier S. 347.

7 Moritz Baßler, Heinz Drügh: Das richtige Leben, in: POP. Kultur und Kritik 5/ H. 2 (2016), S. 101-114, hier S. 105.

8 Tebbe (Anm. 1), S. 168.

9 Vgl. Hansen (Anm. 1), insbesondere S. 126, 134.

10 So prägt etwa das Cover der LP *Der Detektiv – Rock Revue 2* (1979) ein spezifisches Konzept von Männlichkeit (vgl. PH, S. 26) und die Rückseite der LP *Votan Wahnwitz* (1975) wird im Text figurenübergreifend als Initiation männlicher (Auto-)Erotik markiert: „Was für eine nette Gemeinsamkeit, finden wir nun heraus, auch für Maertens hat diese nackte Frau mit dem Cello eine gewisse Rolle gespielt in der, wie es in Aufklärungsfilmen früher immer so schön verklemmt hieß: Erkundung des eigenen Körpers“ (PH, S. 496).

Da sich wiederum die intertextuellen Verweise auf die Songs Lindenbergs nicht in einer vagen Systemreferenz erschöpfen oder gar ins Leere laufen, wie es Sascha Seiler einschätzt,[11] sondern (teils prospektive) Kommentare zum Erzähler-Ich[12] liefern, soll zweitens nachvollzogen werden, in welchem Verhältnis insbesondere die Rekonstruktion eines Lebenslaufs in *Panikherz* und diejenigen Lieder Lindenbergs stehen, die Lebensentwürfe thematisieren und vom Erzähler-Ich als „Sehnsuchtshymnen" (PH, S. 372) ausgewiesen werden. Signifikant ist in dieser Hinsicht, dass diese Texte in

---

11 Zwar hebt Sascha Seiler in seinem Beitrag zu intermedialen Verweisen der Popliteratur die Bedeutungshaftigkeit von Einzelreferenzen hervor, doch kommt er – ohne Bezug auf nur einen der Texte Lindenbergs zu nehmen – zu dieser nicht nachvollziehbaren Einschätzung. Die Referenzen auf Lindenbergs Songs in *Panikherz* fungieren für ihn „lediglich als Verweise auf ein popkulturelles Wissen" (Sascha Seiler: Schreiben als intermediales Verfahren: Popmusik als Bedeutungsträger, in: Carsten Gansel, Burkhard Meyer-Sickendiek (Hg.): Stile der Popliteratur. München 2018, S. 63-82, hier S. 82).

12 Exemplarisch kann dies vor allem anhand der Verweise auf diejenigen selbstreferentiellen Songs Lindenbergs illustriert werden, die das Verhältnis von Bühnenkünstler und Unterhaltungsbetrieb verhandeln und z. B. als Kapiteltitel den Eintritt des Erzähler-Ichs in die Öffentlichkeit und den Aufbau einer Persona kommentieren (vgl. ‚Glitzerknabe' (= *Glitzerknabe*, LP *Ball Pompös*, 1974), ‚Show-Business-Maschine' (= *Der amerikanische Traum*, LP *Der Detektiv – Rock Revue 2*, 1979) und ‚Na, Popstar?' (= *Die Bühne ist angerichtet*, LP *Sister King Kong*, 1976)). Während der Kapiteltitel ‚Durchdreh-Lebensstil' auf den Song *Flipper* (LP *Panische Nächte*, 1977; vgl. PH, S. 339) referiert und damit die Gefährdung des Künstlersubjekts hervorhebt, stellen die zitierten Verse aus *Die Bühne ist angerichtet* im selben Kapitel eine explizite Korrespondenz zwischen der Bühnenfigur im Lindenberg-Text und dem Erzähler-Ich her und betonen die Paradigmen von Auftrittsnervosität und Erwartungsdruck. Der Titel des 13. Kapitels referiert indes auf das Lied *Sternentaler* (Single *Sonderzug nach Pankow / Sternentaler*, 1983) und etabliert eine Äquivalenz zwischen dem jungen, gerade im Sehnsuchtsraum Hamburg angekommenen Erzähler-Ich und dem jungen Mädchen, das zwar den märchengleichen Traum von Freiheit und Karriere in der ‚bunten Glitzerstadt' hat, schließlich aber in einen durchweg heteronomen Zustand als Sexarbeiterin übertritt, sodass vor allem die Gefahren einer solchen naiven Sehnsucht vorgeführt und auf das Erzähler-Ich von *Panikherz* übertragen werden. Der Kapiteltitel ‚Wunschkino' evoziert wiederum den Song *Leinwand* (LP *Panische Zeiten*, 1980) und korrespondiert mit der Rezeption Lindenbergs durch das Erzähler-Ich, die analog zum Song bereits an dieser Stelle als Projektion entlarvt wird.

unterschiedlichen Varianten das Paradigma der ‚Heteronomie' etablieren, sodass sich oberflächlich eine Ambivalenz zur Inszenierung sowie insbesondere zur Rezeption Lindenbergs als „Aufstand in Person" (PH, S. 339) und „unangepasste[r] Einzelgänger"[13] ergibt.

2. Aufstand und Ermutigung für alle – Die semantische Offenheit und Anschlussfähigkeit der Texte Udo Lindenbergs

Innerhalb der Lebensrealität des Erzähler-Ichs nehmen die Referenzen auf die Texte und LP-Veröffentlichungen Lindenbergs eine strukturierende Funktion ein, die für das Subjekt mehr Orientierung schafft, als es die biblischen, das Frühstück im Elternhaus flankierenden, „immer irgendwie passenden", aber aus dem Zusammenhang gerissenen „Losungen" (PH, S. 51) tun, die durch die Songs Lindenbergs substituiert werden.[14] Seine Lieder begleiten das Erzähler-Ich permanent, sind ihm „ein Zuhause" (PH, S. 528) und werden als „Herzensmusik [...] in der eigenen Biographie [...] individuell bedeutend" (PH, S. 498). Insbesondere die letzte Bemerkung zum Umgang des Erzähler-Ichs mit der ‚Herzensmusik' zeigt, dass sich die Titel des Panik-Rockers durch ihr variables Identifikationspotential und einer damit verbundenen hochgradigen, teils – abhängig von der jeweiligen Lebensphase – variierenden Anschlussfähigkeit auszeichnen.

Dass diese Anschlussfähigkeit allerdings nicht ausschließlich auf einer idiosynkratischen Rezeption der Songs durch das Erzähler-Ich von *Panikherz* basiert, sondern eine partielle semantische Offenheit der Lieder Lindenbergs ein wiederkehrendes strukturelles Merkmal ist, das die variable rezeptionsseitige Füllung ermöglicht, können zwei Beispiele verdeutlichen: Greift man das in *Panikherz* immer wieder bemerkte aufständische Moment der Persona ‚Lindenberg' und ihrer Texte auf, kann mit dem evozierten Werkkontext ein Lied angeführt werden, das zwar nicht teil des intertextuellen Verweissystems ist, aber das antibürgerlich-aufständische

13 Mit Bezug auf den Text von *Mein Ding* (LP *Stark wie Zwei*, 2008) vgl. Rainer Moritz: Ich mach mein Ding. Udo Lindenberg feiert mit *Stark wie Zwei* ein Comeback, das seine Spötter zur Abbitte zwingt, in: Die Zeit. 03.04.2008, S. 48.

14 Vgl. auch Multhammer (Anm. 1), insbesondere S. 69.

Paradigma bereits in seinem metaphorischen Titel *Gegen die Strömung* (LP *Udopia*, 1981) aufruft. Die Sprechinstanz modelliert hier die Beziehung zur weiblichen Erotikpartnerin sowohl retrospektiv als auch gegenwärtig als Manifestation eines Gegenentwurfs zu den „sogenannte[n] Normale[n]“[15], die das Verhalten der beiden diabolisieren („Duo Infernale“, GdS, V. 12) und pathologisieren („die Spießer [...] reden von Bekloppptomanie“, GdS, V. 29f.). Die Beziehung des Paars stilisiert das Ich zu einer sich gegen bestehende Ordnungen richtenden „Verschwörung“ (GdS, V. 5) und semantisiert sie durch unterschiedliche Metaphoriken, die insbesondere den Widerstand gegen Naturgewalten umfassen: „Und wir waren die zwei Geflippten / die durch nichts zu bremsen sind / und wir schwammen gegen die Strömung / und rannten gegen den Wind“ (GdS, V. 7-10).

Durch diese Metaphorisierungen bleibt allerdings offen, gegen welche Ordnungsstrukturen genau sich aufgelehnt wird. Zwar markiert das Ich in der zweiten Strophe in erster Linie das polygame Beziehungsmodell durch die Entkopplung von Erotik und (romantischer) Liebe als Ausdruck, „sich jede Freiheit raus[zunehmen]“ (GdS, V. 23) – weitere Referenzen, die das aufständische Moment der Subjekte konkretisieren könnten, finden sich allerdings nicht. Was das Spießertum und seine Normkonformität auszeichnet, wird nämlich zusätzlich in der Metapher der „schlaffen, gebügelten Affen“ (GdS, V. 38) verschleiert, die zwar semantische Merkmale aufruft (Spannungs- und Kraftlosigkeit, geglättete und oberflächliche Makellosigkeit sowie eine Primitivierung), aber keine Rückschlüsse auf ein Wertesystem zulässt, das sich auf etwas anderes als das monogame Beziehungsmodell bezieht. Die semantische Ambiguität, die durch die Metaphern etabliert wird, ermöglicht daher rezeptionsseitig eine individuelle Füllung des aufständischen Moments (und auch des Lexems ‚Spießer‘) und führt so zu variablen Anschluss- und Identifikationsmöglichkeiten.

Ähnlich verhält es sich hinsichtlich der „Jedermann-Ermutigung“ (PH, S. 475) *Mein Ding*: Der Titel findet sich auf Lindenbergs Comeback-Album *Stark wie Zwei* (2008) und provoziert durch zahlreiche Realitätsreferenzen

15 Udo Lindenberg & das Panikorchester: Gegen die Strömung, auf: LP Udopia. Telefunken – Decca 1981, A3, V. 11. Zitate aus diesem Text werden künftig nach dem Booklet dieser LP-Veröffentlichung unter Angabe des Sigels ‚GdS‘ sowie der Verszahl in Klammern im Fließtext nachgewiesen.

eine Identität von Sprechinstanz und Person Lindenberg, folgt also der Konstruktion und Inszenierung von Authentizität. Während die Sprechinstanz in der ersten Strophe und dem ersten Refrain ihren Aufstiegsweg schildert, adressiert das ‚Udo-Ich' ab der zweiten Strophe ein Du, impliziert also mindestens eine Rezeptionsinstanz.[16] Der zweite Refrain substituiert dann die erste Person Singular und fordert nun die adressierte Instanz auf: „Ja, du machst dein Ding – egal, was die ander'n sagen" (MD, V. 29). Während das Lexem ‚Ding' hinsichtlich der Sprechinstanz als musikalischer (und ökonomischer) Erfolg eingegrenzt werden kann, bleibt die Semantik mit Bezug auf die implizite Rezeptionsinstanz offen, kann also ebenfalls rezeptionsseitig variabel semantisiert werden. Einzig die potentiell notwendige Überwindung etwaiger Widerstände ist das verbindende Element zwischen dem Ich und dem Du, das aber ‚sein Ding' selbst zu definieren hat.

Einer der am häufigsten evozierten Songs in *Panikherz* ist der selbstreferentielle Titel *Honky Tonky Show* (LP *Ball Pompös*, 1974), der sowohl die Rezeptions- als auch die Produktionsseite des Musikbetriebs in den Blick nimmt und im Kontext der Biographie des Erzähler-Ichs durch seine narrative und unterschiedliche Perspektiven umfassende Struktur mehrere Deutungs- und Identifikationsmöglichkeiten anbietet, wird doch stets eine andere Bedeutungsebene des Textes dominant gesetzt. Der erste Verweis auf den Song findet sich im Kontext des Aufenthalts in Los Angeles, also am Ende der erzählten Ereignisse, aber an vorderer Position des *discours*. Den Zustand der Drogen- und Alkoholabstinenz und – hinsichtlich des Hotelgeländes des Chateau Marmont – die räumliche „Maximalentfernung vom Lobbyglutkern" und der „Action [...] im Haupthaus" (PH, S. 72) kommentiert das Erzähler-Ich mit den Versen des Refrains: „Die Mutter guckt alleine Krimi oder Quiz / Und die Tochter ist da, wo die Action is" (PH, S. 72, Hervorh. i.O. getilgt, Anm. JT).[17] Während sich das

16 Vgl. Udo Lindenberg: Mein Ding, auf: LP Stark wie zwei, Starwatch/Warner Music 2008, B1, insbesondere V. 1-18. Zitate aus diesem Text werden künftig nach dem Booklet dieser LP-Veröffentlichung unter Angabe des Sigels ‚MD' sowie der Verszahl in Klammern im Fließtext nachgewiesen.

17 Vgl. Udo Lindenberg & das Panikorchester: Honky Tonky Show, auf: LP Ball Pompös. Telefunken 1974, A2, V. 10f. Zitate aus diesem Text werden künftig

Erzähler-Ich also hier mit der Elterngeneration und ihrem Konsum schematischer, medial vermittelter Unterhaltungsangebote, die keine Alternative für die actionhungrige Tochter sind, identifiziert („ich bin dann eigentlich die Mutter“, PH, S. 72), dominiert zu früheren *histoire*-Zeitpunkten eine andere Semantik des Songs. Im Kapitel ‚Wenn’s drauf ankommt‘, das eine der Hochphasen der Kokainsucht des Erzähler-Ichs schildert, wird etwa der erste Vers des Songs sowie Refrains zitiert: „Honky-Tonky-Show, und abends läuft die Honky-Tonky-Show“ (PH, S. 316, Hervorh. i.O. getilgt, Anm. JT). Zusammen mit den beiden Verweisen auf *Leider nur ein Vakuum* und *Riskante Spiele* (ebenfalls LP *Ball Pompös*, 1974) nimmt das Zitat nicht nur eine die räumliche Distanz überwindende gemeinschaftsstiftende Funktion zwischen Erzähler-Ich und seinem Freund Louie ein, sondern kommentiert vor allem deren Umtriebe im Nachtleben und die damit verbundenen eskapistischen Tendenzen. Alle drei Songs verhandeln den sich wiederholenden Exzess und weisen zugleich nicht nur auf das potentiell enttäuschende, unbefriedigende,[18] sondern auch auf das risikoreiche, die Gesundheit gefährdende Moment entsprechender Aktivitäten hin.[19] Im Kontext von *Panikherz* können die Referenzen also als prospektiver

nach dem Booklet dieser LP-Veröffentlichung unter Angabe des Sigels ‚HTS‘ sowie der Verszahl in Klammern im Fließtext nachgewiesen.

18 Vgl. Udo Lindenberg & das Panikorchester: Leider nur ein Vakuum. Auf: LP Ball Pompös. Telefunken 1974, A3. So scheitert insbesondere die männliche Figur im Song *Leider nur ein Vakuum* an der Bedürfnisbefriedigung. Zwar suggeriert die sich wiederholende Wochenendroutine („Normalerweise läuft das sehr gut“, V. 8) ein Freiheitsgefühl und positive Erfahrungen im Nachtleben während des drei Tage währenden Exzesses, doch „manchmal gibt es auch ’ne Pleite“ (V. 9). Nicht nur der sich am Tag offenbarende Mangel erotischer Attraktivität der nächtlichen Frauenbekanntschaft bildet ein Problem, sondern das latente Einsamkeitsgefühl des Mannes wird vor allem beim Besuch der „Madman-Discothek“ (V. 15) offenbar, weil die Belanglosigkeit der Aktivität markiert wird („Die [Leute, Anm. JT] hängen da rum und manche gucken sehr dumm / als hätten sie in ihren schönen Köpfen leider nur ein Vakuum“, V. 20f.) und außerdem die ausbleibende Kommunikation und die fehlende Gemeinschaftsstiftung herausgestellt werden („Da soll die große Action sein / Da sind zwar jede Menge Leute / Doch er fühlt sich trotzdem sehr allein“, V. 16-18).

19 Vgl. Udo Lindenberg & das Panikorchester: Riskante Spiele, auf: LP Ball Pompös. Telefunken 1974, B2, wo der Jugendliche durch den Konsum bewusstseinserweiternder Drogen und Alkoholmissbrauch, der eben keine Alternative bietet,

Kommentar zum weiteren biographischen Verlauf des Erzähler-Ichs (und auch Louies) gelesen werden.

Im selben Kapitel wird *Honky Tonky Show* aber noch anders anschlussfähig, weil die Figur des ‚Banddoktors' in den Fokus rückt, die sowohl die Bühnenkünstler im Song als auch im Text *Panikherz* mit „[den] Sachen, die [sie] kräftig machen" (PH, S. 326, Hervorh. i.O. getilgt, Anm. JT; HTS, V. 28) behandelt, damit die „Show […] weitergeh'n" (HTS, V. 29) kann. Einerseits ist es also die durch ständigen Performancedruck gefährdete Produktionsseite des Unterhaltungsbetriebs, mit der sich das Erzähler-Ich äquivalent setzt, und andererseits wird das Lexem ‚Show' zum nun wieder möglichen Drogenkonsum umcodiert. Direkt im darauffolgenden Kapitel ‚Durchdreh-Lebensstil', das auch auf der *histoire*-Ebene anschließt, erfolgt nämlich zusammen mit Louie der nächste Exzess, der wieder durch den Vers „Honky-Tonky-Show, und abends läuft die Honky-Tonky-Show" (PH, S. 337, Hervorh. i.O. getilgt, Anm. JT) flankiert wird. Diese sich wiederholenden drogenbasierten Ausschweifungen erfahren allerdings nach der Nachricht von Louies Tod, die das Erzähler-Ich in einer Phase des Entzugs erreicht, erneut eine Umcodierung zum risikoreichen Unterfangen, wie sie sich bereits durch den oben erwähnten prospektiven Kommentar andeutete: „Das waren sie jetzt also, die berühmten näher kommenden Einschläge. *Honky-Tonky-Show, und abends läuft die Honky-Tonky-Show*[.] Die war jetzt vorbei. Louie tot, ich in der Klinik" (PH, S. 362, Hervorh. i.O.). Im nüchternen Zustand können nun allerdings euphorischer Rausch und Musikrezeption wieder zusammengedacht werden: Nach der Todesnachricht und einem Konzert anlässlich des 30-jährigen Jubiläums des Panikorchesters greift der Text diejenigen Verse heraus, die die Rezeption der Live-Performance durch die Tochter betreffen: „Und [ich] sprang durch die Gegend, […] Gesangseinlage dort, Sprung auf die Boxen, T-Shirt ausziehen – und jetzt alle: *Wo die Lautsprecher stehen, sind die Mädchen / Weil da die heiße Luft vibriert*" (PH, S. 364).

Am Ende der *discours*-Ebene respektive mit dem Titel des letzten Kapitels – ‚Und er macht seinen Koffer auf' – greift *Panikherz* erneut den Song

in Wahnzuständen endet: „Doch da merkt' er, ‚zu spät', / Er steht mit den Beinen schon mittendrin im Mäusenest" (V. 29f.).

auf und setzt nun endgültig diejenigen Propositionen zur Funktion des ‚Banddoktors' dominant. Signifikant sind die Verweise auf *Honky Tonky Show* nicht nur mit Blick auf die Endsituation des Erzähler-Ichs: Erstens zeigen sie die variable Anschlussfähigkeit des Songs für die unterschiedlichen Lebensphasen des ‚Helden der Autobiographie' (vgl. PH, S. 89, 277, 312, 432). Abhängig vom jeweiligen Zustand wird es möglich, sich mit einer der Perspektiven, die der Song verhandelt, zu identifizieren – der Titel kann also insgesamt als paradigmatisch für den Umgang des Erzähler-Ichs mit dem Werk Lindenbergs gesehen werden.

Zweitens referiert der Titel des letzten Kapitels an exponierter Stelle auf den Akt der kraftspendenden Medikamentierung durch einen Arzt, die auch innerhalb des Kapitels mit dem prekären Moment einer Kippfigur verhandelt wird, ist der Arzt doch ein partielles Äquivalent zum „Dealer" (PH, S. 563). Die notwendige „medikamentöse Feineinstellung" und die „Frage der Dosierung" (PH, S. 564) markieren die weiterhin latente Gefahr der Drogensucht. Drittens umfasst auch dieser Verweis eines der dominanten semantischen Paradigmen, das sowohl für *Panikherz* als auch für Teile des Werks Lindenbergs maßgeblich ist: Zwar verhandelt *Panikherz* einen Ausweg aus der alles bestimmenden Drogensucht, doch muss sich das Erzähler-Ich genau wie die Bühnenkünstler des Liedtextes, damit es weitergehen kann, in einen anderen heteronomen Zustand begeben, sind doch beide von einer außerhalb des Subjekts liegenden Instanz und ihren Handlungsanweisungen abhängig.[20] Inwiefern Autonomie(-gewinn) auch in Lindenbergs ‚aufständischen Sehnsuchtshymnen' immer wieder an Momente konstanter Fremdbestimmtheit und Abhängigkeit von anderen Instanzen gekoppelt wird, zeigt der folgende Abschnitt.

3. „Wann nimmt mich endlich einer mit" – Zum Verhältnis von Lebensentwurf und ‚Heteronomie'

Signifikant hinsichtlich der Inszenierung Lindenbergs in *Panikherz* sowie hinsichtlich seiner Rezeption ist die Diskrepanz, die sich durch die

20 Die von Nover bemerkte „grundsätzliche Betonung der Labilität der Zustände" (Nover (Anm. 1), S. 188) am Ende von *Panikherz* lässt sich also auch auf die Opposition von Autonomie vs. Heteronomie beziehen.

Einschätzung als aufständische Existenz und die intertextuellen Verweise ergibt. Zwar erwähnt das Erzähler-Ich denjenigen Werkteil Lindenbergs, der insbesondere in den 1980er Jahren dominant wird und die deutsch-deutsche Teilung in BRD und DDR verhandelt, doch explizite Verweise auf Protestsongs wie etwa *Katze* (LP *Panische Zeiten*, 1980) oder *Gesetz* (LP *Keule*, 1982), die einen Umsturz der sozialen Ordnung umfassen,[21] bleiben aus. Aufständisches und antibürgerliches Potential erhält im Zusammenhang der selektiven intertextuellen Verweise in erster Linie diejenige Textgruppe des Lindenberg-Œuvres, die sich auf den Entwurf von Lebensläufen und den Ausbruch aus Herkunftsräumen, (erotischen) Beziehungen und sozialen Milieus konzentriert. Diese vermeintlich variantenreichen Ausbrüche sind aber weniger als Forderung einer alternativen Ordnung anzusehen, werden doch erstens Wertmaßstäbe[22] sowie sozialökonomische Strukturen weiterhin anerkannt oder die Auflehnung gegen eine bürgerliche Existenz verknüpft sich zweitens mit dem rekurrenten Paradigma ‚Heteronomie' – Aspekte, die auch für das Erzähler-Ich von *Panikherz* maßgeblich sind.

Den ersten Punkt mag der bereits erwähnte Titel *Mein Ding* illustrieren: Das lyrische Ich des Songs entwirft zunächst retrospektiv den semantischen Raum der eigenen Jugend, der mit der Konstruktion eines Lebenstraums gekoppelt wird. Abgegrenzt wird das Vorhaben des jungen Mannes vom stark determinierten und strukturierten Alltag (mit Trennung von Freizeit und Arbeit) des bei der Hamburger Großwerft Blohm und

21 In *Gesetz* heißt es etwa: „Ich, ich bin die Saat, die endlich aufgeht / ich bin der Aufstand, der jetzt aufsteht und der jetzt losgeht / Ich, ich leb' nach eigenen Gesetzen / zu eurem Schrecken und Entsetzen" (Udo Lindenberg & das Panikorchester: Gesetz, auf: LP Keule. Telefunken – Decca 1982, B1, V. 5-8). Zu den Protest- und Widerstandsliedern vgl. Anette Blühdorn: Pop and Poetry. Pleasure and Protest. Udo Lindenberg, Konstantin Wecker and the Tradition of German Cabaret. Bern usw. 2003, insbesondere S. 182-191.

22 Ähnliches lässt sich auch hinsichtlich des bereits erwähnten Titels *Gegen die Strömung* bemerken: Auch die Sprechinstanz operiert hier weiterhin mit moralischen Kategorien wie Scham, wenn sie den oppositionellen Raum der Spießer kommentiert (vgl. GdS, V. 39). Zugleich ist es die männliche Sprechinstanz, die zwar von der monogamen Paarbeziehung, die das weibliche Gegenüber einfordert, abrücken will, damit aber eine neue Regel etabliert (vgl. GdS, V. 15-23).

Voss „malochen[den]" (MD, V. 8) Lohnarbeiters. So stellt das Ich zunächst die eigene Devianz heraus, inszeniert sich durch metonymische Verweise als dem Alkohol zugeneigter Musiker (Trommelstöcke und Cognacflasche, vgl. MD, V. 4, 5) und steigert die Selbstinszenierung zum Anhänger des cholerischen *enfant terrible* Klaus Kinski, das durch ein Autogramm zeichenhaft präsent ist. Zielpunkt für das Ich ist allerdings nicht ein Ausbruch aus der Gesellschaft, sondern in erster Linie der soziale Aufstieg in ihr als vermeintlich Unangepasster. Das ‚eigene Ding', das es zu verfolgen gilt, „egal, was die andern sagen" (MD, exemplarisch V. 13), besteht nämlich im Beziehen der „Präsidentensuite" des „weißen Schloss[es]" (MD, V. 10, 7) – gemeint ist das Hotel Atlantic, das von 1957 bis 2020 zur Kempinski-Hotelgruppe gehörte –, einem Vorhaben also, das in erster Linie durch die Akkumulation ökonomischen und partiell auch symbolischen[23] Kapitals als Musiker zu realisieren ist und zugleich mit dem Determinativkompositum ‚Präsidentensuite' mit einem Machtgewinn gleichgesetzt wird.

Dass es dem Ich bei seinem ‚Ding' also nicht um einen Umsturz der Ordnung geht, sondern ausschließlich die Integration an sozial höherer Position angestrebt wird, die Ordnung und das sozialökonomische Hierarchiegefälle damit anerkannt bleiben, zeigt sich auch in den Ratschlägen, die die Sprechinstanz dem adressierten Du gibt. So entsteht in der zweiten Strophe ein Spannungsverhältnis zwischen der Strategie der charmanten Anpassung und dem Paradigma, sich treu zu bleiben: „Mach's auf die charmante Art / mal elastisch, manchmal hart" (MD, V. 22f.). Zwar kann eine Abgrenzung vom ‚Schwachmaticus'[24], also dem feigen, schwachen und (hier: angepassten) Menschen vorgenommen und das eigene Ziel von Ruhm und Reichtum verfolgt werden, doch bleiben die bestehenden

---

23 So wird das Leben in der Hotelsuite als Manifestation des Ruhms markiert (vgl. MD, V. 33-34). Zu den beiden Kapitalsorten in kunstsoziologischer Hinsicht vgl. Pierre Bourdieu: Die Regeln der Kunst. Genese und Struktur des literarischen Feldes. 7. Aufl. Frankfurt/Main 2016, insbesondere S. 227-229. In der Kombination von „Dosenbier und Kaviar" (MD, V. 12) wird wiederum deutlich, dass das Ich nicht alle semantischen Merkmale der sozialen Herkunft abgelegt hat.

24 Vgl. Lemma ‚Schwachmaticus' in: Deutsches Wörterbuch von Jacob Grimm und Wilhelm Grimm, digitalisierte Fassung im Wörterbuchnetz des Trier Center for Digital Humanities, Version 01/23, https://www.woerterbuchnetz.de/DWB?lemid=S20078, letzter Zugriff 10.03.2023.

Strukturen unangetastet. Zwar erweist sich, wie oben erwähnt, insbesondere in den Refrain-Teilen des Textes das Lexem ‚Ding' als semantisch offen,[25] in der Logik des Textes – insbesondere mit Blick auf die imaginierte retrospektive Einschätzung des adressierten Dus durch Wilhelm Wieben – wird aber der soziale und öffentlichkeitswirksame Aufstieg als maßgeblicher Orientierungspunkt für Lebensentwürfe gesetzt. Damit ergibt sich nicht nur eine Korrespondenz zum Song *Die kleine Stadt*,[26] sondern auch zur autodiegetischen Erzählinstanz von *Panikherz*, die durch die Rezeption Lindenbergs „alarmiert wird, man müsste es wirklich zu was bringen" (PH, S. 121).

Die Gruppe der Schwachmaten findet wiederum ihre Entsprechung in den Klassenkameradinnen und -kameraden des lyrischen Ichs im Titel *Da war so viel los* (LP *Votan Wahnwitz*, 1975) und ihren gescheiterten Lebensträumen, auf die insbesondere im Kapitel ‚Spießertrance'[27] von *Panikherz* verwiesen wird. Die Sprechinstanz kann durch den Verweis auf die „Mutter Hermine"[28] als Inszenierung Lindenbergs gelten und etabliert

25 Aufgrund der semantischen Offenheit, die eine möglichst hohe rezeptionsseitige Anschlussfähigkeit garantiert, verliert das eigene Ding allerdings auch an Prägnanz und Distinktionswert.

26 Dort wird ebenfalls erstens die räumliche Distanzierung von der provinziellen Fabrikstadt zum Ausgangspunkt für zweitens den angestrebten Ruhm, der vor allem in den Ausgangsraum kommuniziert werden muss: „und dann werd' ich was Berühmtes / und zu Hause hör'n sie alle davon!" (Udo Lindenberg & das Panikorchester: Die kleine Stadt, auf: LP Der Detektiv – Rock Revue 2. Telefunken – Decca 1979, B3, V. 19f.). Zugleich wird eine Kontinuität dieses Lebensmodells in beiden Songs behauptet, da Vertreter jeder Generation (junger Männer) gemeint sind, schließlich adressiert das Ich in *Mein Ding* ein Du und in *Die kleine Stadt* ist auch für die „kleine[n] Jungs" (V. 26) der Redegegenwart klar, dass sie nach Ruhm streben (vgl. ebd., V. 26-35).

27 ‚Spießertrance' verweist auf das Lied *Meine erste Liebe*, in dem das lyrische Ich in der Redegegenwart auf seine Jugendliebe trifft, die mittlerweile vom „Spießertran gezeichnet" (Udo Lindenberg & das Panikorchester: Meine erste Liebe, auf: LP Sister King Kong. Telefunken – Decca, 1976, B3, V. 58) ist. ‚Trance' und ‚Tran' verweisen beide auf denotativer Ebene auf einen Dämmerzustand.

28 Udo Lindenberg & das Panikorchester: Da war so viel los, auf: LP Votan Wahnwitz. Telefunken – Decca 1975, A4, V. 7. Zitate aus diesem Text werden künftig nach dem Booklet dieser LP-Veröffentlichung unter Angabe des Sigels ‚Dw' sowie der Verszahl in Klammern im Fließtext nachgewiesen.

zunächst retrospektiv eine Imagination des eigenen Kindheits-Ichs, dessen Leben aufgrund der kindlichen Unerfahrenheit „ausschließlich aus Sensationen" (Dw, V. 13) besteht und das zusammen mit seinen Schulfreunden Lebensentwürfe formuliert, die ihren Überschneidungspunkt in der Abweichung von einer bürgerlichen Existenz haben wie etwa der Löwenbändiger oder der Hollywood-Filmstar.[29] Im Gegensatz zum erfolgreichen und beobachtenden ‚Udo-Ich' des Textes werden die nun erwachsenen Kindheitsfreunde als „missglückt[e] Helden" (Dw, V. 27) und kraftlose, rechtschaffene Bürgerinnen und Bürger markiert: „die Bonnies und Clydes von früher, jetzt als Herr und Frau Bieder / die Power von damals ist leider hin" (Dw, V. 28-29). Normkonformität, die Anpassung an die gesellschaftlichen Strukturen und die Integration z. B. in Verwaltungsapparat und Staatsdienst („Helden, die jetzt Beamte sind", Dw, V. 27) erhalten hier negative und zugleich pejorative Semantisierungen,[30] wenn es etwa heißt, dass „Fritz, der Cowboy [...] *nur* / Manager bei der Müllabfuhr [wurde]" (Dw, V. 30-31, Hervorh. JT).[31]

---

29 Auf dem Booklet der LP werden diese Lebensentwürfe nur als „Hörbild: / Kinder und ihre Berufswünsche" angegeben und nicht gesondert aufgeführt. Signifikant ist in diesem Zusammenhang in erster Linie, dass es sich nicht nur um vermeintlich antibürgerliche Existenzwünsche handelt, sondern z. B. mit dem Kaugummifabrikanten und den Zirkusmitgliedern Berufsgruppen Erwähnung finden, die aus kindlich-naiver Hinsicht besonders reizvoll sind.

30 Diese Abwertung erfährt auch die ‚erste Liebe' durch das lyrische Ich in *Meine erste Liebe* (LP *Sister King Kong*, 1976): Während das lyrische Ich weiterhin den emotionalen, aber durchaus gefährdenden Rauschzustand in der Paarbeziehung sucht, werden der Lebensentwurf und die andere Entwicklung des weiblichen Gegenübers nicht anerkannt.

31 Signifikant in diesem Zusammenhang ist auch die Text-Bild-Kombination des Peritextes der LP-Veröffentlichung. Auf der Plattenhülle ist der Songtext *Da war so viel los* in der mittleren der drei Spalten platziert, nimmt aber nur rund die Hälfte der vertikalen Fläche ein, deren Hintergrund die Fotografie einer Auftrittssituation Lindbergs bildet. Direkt unter dem letzten Vers, der sich gegen Fritz und seine Position bei den Abfallwerken richtet, ist die Rückansicht Lindenbergs am Mikrofon platziert. Die Fotografie ist im Gegenlicht aufgenommen, sodass die Kontur der Figur durch den Lichteinfall des Scheinwerfers exponiert wird, sie angestrahlt und leuchtend erscheint (vgl. LP *Votan Wahnwitz*, 1975). Gemildert wird die Abwertung durch den auf der Platte folgenden Song *Der Malocher* (A5), wobei dessen Ausbruch(sversuch) als Seltenheit ausgewiesen

Die Beobachtungen zu den zwei Titeln aus den unterschiedlichen Schaffensphasen Lindenbergs sind im vorliegenden Kontext in zweierlei Hinsicht signifikant: Erstens entsteht eine entscheidende Ambivalenz hinsichtlich der Inszenierung Lindenbergs. Die Texte markieren mit ihrer selbstreferentiellen Anlage – in beiden Fällen sind die Sprechinstanzen erfolgreiche Musiker – das jeweilige ‚Udo-Ich' als Gegenentwurf zu einer bürgerlich-angepassten und in der Logik der Texte abzuwertenden Existenz. Dieser Gestus der Unangepasstheit entlarvt sich allerdings insbesondere mit Blick auf *Mein Ding* als pseudo-habituelle Strategie, sind doch breite rezeptionsseitige Aufmerksamkeit, Kompatibilität und Anschlussfähigkeit und ihre Transformation in ökonomisches Kapital durch entsprechende Verkaufszahlen die Voraussetzungen für den angestrebten Ruhm und Reichtum im Subfeld der Massenproduktion. Wirft man einen Blick auf einige andere selbstreferentielle Songs wie *Honky Tonky Show*, *Der amerikanische Traum*, *Glitzerknabe* oder *Die Bühne ist angerichtet*, auf die auch in *Panikherz* verwiesen wird und die als Werkgruppe gelten können, zeigt sich zweitens, dass sich der Bühnenkünstler an die rezeptionsseitigen Erwartungen anpasst und als heteronomer Akteur gelten muss. Insbesondere *Glitzerknabe* markiert dabei die Akkumulation ökonomischen Kapitals als Antrieb des Künstlers[32] und in *Die Bühne ist angerichtet* wird der „Popstar"[33] durch die Metaphorik des Titels (‚angerichtet') zum rezeptionsseitig einzuverleibenden Genussmittel stilisiert.

Drittens wird mit Blick auf *Panikherz* der im Song *Da war so viel los* etablierte Überheblichkeitsgestus vom Erzähler-Ich ‚Stuckrad-Barre' mit Bezug auf den „Biographie-Showdown" (PH, S. 119) beim geplanten Klassentreffen kommentiert. Während die „Selbstinventur" (PH, S. 120) in Lindenbergs Text ausbleibt, verweist ‚Stuckrad-Barre' sowohl auf die

---

wird (vgl. Udo Lindenberg & das Panikorchester: Der Malocher, auf: LP Votan Wahnwitz. Telefunken – Decca 1975, A5, exemplarisch V. 15f.).

32 Dort heißt es: „Ich denk', das is'n guter Job, jeden Abend 150 Mark, / das ist schon sehr stark / Dafür kann man schonmal auf die Bühne geh'n / Und als Glitzerknabe im Rampenlicht steh'n" (Udo Lindenberg & das Panikorchester: Glitzerknabe, auf: LP Ball Pompös. Telefunken 1974, B6, V. 4-7).

33 Udo Lindenberg & das Panikorchester: Die Bühne ist angerichtet, auf: LP Sister King Kong Telefunken – Decca, 1976, A1, V. 11.

fehlende Referenz des Erfolgsversprechens, „es geschafft“ (PH, S. 121, Hervorh. i.O. getilgt, Anm. JT) zu haben, als auch auf einen die Selbstreflexion verhindernden Imponiergestus, auf dem die Abwertung der anderen und das Fahnden nach deren „performativen Widersprüchen“ (PH, S. 124) basiert. Zugleich entzieht sich das Erzähler-Ich nicht nur der Konfrontation mit den ehemaligen Schulfreunden, fährt also nicht zurück nach Göttingen, sondern markiert die Abwertung der bürgerlichen Existenz als „pubertär[e] Ideologie“ (PH, S. 455), von der es sich zu verabschieden gilt – insbesondere, weil auch die vermeintlich alternativen Entwürfe nie frei von spezifischen Determinanten sind.

Greift man nun vor diesem Hintergrund diejenigen Titel heraus, die in *Panikherz* als ‚Sehnsuchtshymnen‘ bezeichnet werden und die als „Beschwörung des Außenseitertums“[34] in Lindenbergs Werk gelten, zeigt sich nämlich auch hier ein signifikanter Widerspruch, der allerdings in den Texten selbst angelegt ist, erweisen sich ihre Sprechinstanzen doch nur als vermeintlich autonom agierende Subjekte. Bereits mit dem Titelsong der LP *Daumen im Wind* (1972), der in dieser Hinsicht als paradigmatisch gelten kann, etabliert Lindenberg die Sprechinstanz eines „entwurzelte[n] Geselle[n]“[35], der seinem „Tramperherz“[36] folgen muss. Dass es sich dabei um ein bereits bekanntes und sich wiederholendes Verhaltensmuster handelt, markiert die Sprechinstanz bereits im ersten Vers, steht sie doch „wieder an der Autobahn“ (DiW, V. 1), da „es […] Zeit [wurde], ’mal wieder loszufahren“ (DiW, V. 3). Zwar fehlt dem Ich des Textes ein konkretes Ziel („ich weiß noch nicht, wohin es geht“, DiW, V. 6), doch wird es insbesondere von Fernweh und Sehnsucht nach einem exotischen ‚Anderen‘ getrieben, das sich in rassistisch-exotisierenden respektive primitivierenden Synekdochen manifestiert: „Ich möcht’ so gern ’mal nach Haiti / oder zum Titicacasee […] // Ich möchte auch gern ’mal nach Afrika /

34 Balzer (Anm. 4), S. 119.

35 Ebd., S. 119; vgl. hierzu auch den Kommentar der Erzähler-Ichs, dass Lindenberg „immer wieder diese ewige Rastlosigkeit besungen“ (PH, S. 71) hat.

36 Udo Lindenberg: Daumen im Wind, auf: LP Daumen im Wind. Telefunken – Decca 1972, A1, V. 19. Zitate aus diesem Text werden künftig nach dem Booklet dieser LP-Veröffentlichung unter Angabe des Sigels ‚DiW‘ sowie der Verszahl in Klammern im Fließtext nachgewiesen.

und mit den Urwaldnegern trommeln / ich möchte 'mal 'nen Medizinmann fragen / wieviel böse Geister kann er denn so verjagen. // Ich […] träume von der weiten Welt" (DiW, V. 31-40).[37] Verbunden wird dieses Fernweh mit einer Ablehnung der exklusiven Paarbeziehung – hier mit dem ‚guten Mädchen' Betty (vgl. DiW, V. 9) –, die mit der Semantik der Häuslichkeit und festen Handlungsskripten verknüpft wird: „Betty […] sagte, schmeiß' den Schlafsack weg und bleib bei mir / ich biete Dir ein festes Bett dafür. // Ich hab's versucht mit ihr und es war ja auch ganz schön / Frühstück im Bett und viele nette Sachen" (DiW, V. 9-14). Der Versuch einer häuslichen Existenz mit monogamer Paarbeziehung[38] kann für das Ich nur ein temporär begrenzter sein und wird in der Logik des Textes auf die individuelle Grunddisposition der Sprechinstanz mit ihrem Trieb zur (Weiter-)Reise bezogen: „mit mir ist das leider nicht zu machen. // Und jedesmal, wenn ich am Ortsausgang stand / tat mein Tramperherz so weh / […] und heut' ist es soweit ich geh'" (DiW, V. 18-21).

Das zwar autonom entscheidende Ich ist allerdings ein nur vordergründig autonom agierendes: Ähnlich wie die Sprechinstanz im Song *Ich träume oft davon, ein Segelboot zu klau'n* (Single *Ich träume oft davon, ein Segelboot zu klau'n / Bodo Ballermann*, 1976) muss sich der Tramper nämlich in einen heteronomen Zustand begeben. Nicht nur weiß er nicht,

---

37 Dieses exotistische Fernweh findet sich auch im Song *Flipper*, auf den – mit etwas anders gelagerter semantischer Ausrichtung – der Kapiteltitel ‚Durchdreh-Lebensstil' verweist (PH, S. 329) und wo es heißt: „Ich muß doch erst noch den Amazonas runterrudern, / mit 'ner wilden Dschungelbraut" (Udo Lindenberg & das Panikorchester: Flipper, auf: LP Panische Nächte. Telefunken – Decca 1977, B5, V. 10-11). Zur Verbindung des Fernweh-Motivs mit den „einsamen Männer[n] im Schlager der [19]50er Jahre" vgl. Balzer (Anm. 4), S. 120.

38 Die Kombination der Paradigmen ‚Rastlosigkeit' und ‚Träume gefährdende (monogame) Paarbeziehung' zeigt sich ebenfalls in *Flipper*, wo das adressierte weibliche Gegenüber ‚den Zigeuner' im Ich zu nivellieren droht (vgl. *Flipper*, V. 9), sowie im Songtext von *Wo ich meinen Hut hinhäng'* („Ich sag: „Käthe – süße Käthe!", sag ich / „Wurzeln, nein, die schlag ich nicht", Udo Lindenberg: Wo ich meinen Hut hinhäng', auf: LP Gustav – 10 Schlüssel zum Hotel Imperial. Polydor 1991, A2, V. 17f.). Monogame Erotik und Paarbeziehung erweisen sich in zahlreichen anderen Songs Lindenbergs insgesamt als nicht praktikable Variante für die Sprechinstanzen (vgl. exemplarisch *Gegen die Strömung* und *Meine erste Liebe*).

wohin es geht, auch die Bewegungsmöglichkeiten im Raum „weit[e] Welt" (DiW, V. 39) sind eingeschränkt, ist die Sprechinstanz doch abhängig von einem entsprechenden Vehikel: „Da steh' ich also an der Autobahn / wann nimmt mich endlich einer mit / wann kommt denn hier 'mal ein Typ vorbei / der auf seine Bremse tritt" (DiW, V. 22-25). Während sich die ebenfalls ziellos-flüchtende Sprechinstanz in *Ich träume oft davon [...]* vom Wind abhängig macht („Jetzt woll'n wir doch mal seh'n / wie weit die Reise geht / und wohin der Wind mich weht"[39]), ist die Bewegungsfreiheit des Ichs mit seinem „Daumen [im] Wind" (DiW, V. 2) maßgeblich durch den Beförderungswillen anderer determiniert. Eine der paradigmatischen ‚Sehnsuchtshymnen' Lindenbergs, die im Rahmen von *Panikherz* „den Sehnsuchtsfloh ins Ohr" (PH, S. 25) des Erzähler-Ichs setzt, umfasst also in erster Linie zwei Formen von ‚Heteronomie', die einem Autonomiegestus entgegenstehen: erstens erweist sich die Sprechinstanz als dominant triebhaft, wird die Paarbeziehung mit daran gekoppelter Häuslichkeit doch als durchaus positiv („schön", DiW, V. 13), aber für das ‚Tramperherz' nicht realisierbar bewertet, und zweitens ist die Bewegungsfreiheit respektive -möglichkeit – als Voraussetzung zur Erkundung der ‚weiten Welt' – des immobilen Trampers recht begrenzt.[40]

So erweisen sich sowohl die antibürgerlichen Rock- und Popstar-Figuren als auch die rastlosen Einzelgänger in den Texten Lindenbergs immer wieder von (sozialen) Ordnungen und Instanzen abhängige oder gar als fremdbestimmte Akteure – ein kompletter Austritt ist weder möglich noch angestrebt.

39 Udo Lindenberg & das Panikorchester: Ich träume oft davon, ein Segelboot zu klau'n, V. 6-8 (Lyrics abrufbar unter: https://www.udo-lindenberg.de/ich_traeume_oft_davon_ein_segelboot_zu_klau_n.57908.htm, letzter Zugriff 08.03.2023).

40 Das im Booklet nicht vermerkte und für das Frühwerk Lindenbergs typische hörspielartige Ende des Songs unterstützt die Beobachtungen, wird der Tramper doch von einem wohlwollenden Autofahrer mitgenommen. Zugleich codiert das Lied die Gefühle der Rastlosigkeit und Sehnsucht als männliche Eigenschaften, bemerkt der Autofahrer doch, dass auch er den Traum, einfach mal loszufahren, mit dem Tramper teilt.

4. Schlussbemerkungen

Neben der semantischen Offenheit einiger Texte Lindenbergs, die sie für das Erzähler-Ich von *Panikherz* konstant anschlussfähig macht, ist es vor allem das semantische Paradigma der ‚Heteronomie', das eine alle Textebenen betreffende Korrespondenz zwischen dem Werk Lindenbergs und dem autobiographischen Roman Stuckrad-Barres herstellt. In Lindenbergs selbstreferentiellen Songs etwa sind die Künstlerfiguren abhängig vom Unterhaltungsbetrieb und der Erfüllung rezeptionsseitiger Erwartungen, denen sie wiederum mit einer Abhängigkeit von Medikamentierungen und Rauschmitteln begegnen, und auch diejenigen Lieder Lindenbergs, die verschiedene Lebensentwürfe vorstellen, markieren die Sprechinstanzen als heteronome und auf andere Instanzen angewiesene Subjekte. Es ist vor diesem Hintergrund also nur konsequent, wenn der eigentlich zum Kapitän und König mit Deutungshoheit stilisierte ‚Lindenberg' in *Panikherz* für ein erfolgreiches Comeback „neue Produzenten" engagiert, die als „Werkarchäologen" (PH, S. 472) die Arbeit am ‚eigenen Ding' – und damit auch am Song *Mein Ding* – maßgeblich beeinflussen. Das rekurrente Paradigma der (partiellen) Fremdbestimmung korrespondiert wiederum mit dem Lebensverlauf des Erzähler-Ichs von *Panikherz*, der sich als eine Handlungskette von (habitueller) Anpassung und Nachahmung (vgl. exemplarisch PH, S. 248) erweist und über weite Teile vom „Suchtgeschufte" (PH, S. 292) des Abhängigen geprägt ist,[41] der durch diesen hochgradig heteronomen Zustand semantische Merkmale mit der Gruppe der ‚Spießer' teilt.[42] Zugleich verweisen sowohl der erste als auch der

41 Auch der Status nach der Überwindung der Drogensucht kann nicht als vollkommen autonom und reflektiert angesehen werden, verweist das Erzähler-Ich in den riskanten Situationen, in denen es Drogen angeboten bekommt, doch darauf, dass es mit einem unbewussten Automatismus reagiert (vgl. PH, S. 482, 555).

42 PH, S. 425: „Die vielleicht deprimierendste Eigenschaft einer Drogensucht ist, dass sie zu einem wirklich spießigen Leben führt. […] Und das war ja mal anders geplant. Die Eckdaten klingen vielleicht exotisch, aufregend, aber auch daran gewöhnt man sich. […] Ein Spießeralbtraum." Novers Einschätzung, dass die Annäherung an die Lebensgestaltung der Spießer gerade durch den intertextuellen Verweis auf *Da war so viel los* als Irrweg markiert wird, greift daher zu kurz, wird doch erstens die Abwertung der bürgerlichen Existenz als ideologisch-unreflektiert markiert und zweitens teilt das Erzähler-Ich zu jeder

letzte Kapiteltitel und die mit ihnen evozierten Lindenberg-Songs auf einen umfassend fremdbestimmten Status. So ruft *Panikherz* nämlich mit den Versen „Neulich war ich mal wieder in Amerika" (PH, S. 9) die machtvolle und alles kontrollierende Figur ‚Jonny Controletti' auf, eine Figur also, die die kapitalistische Indienstnahme des Musikers und seines Werkes repräsentiert,[43] und schließt mit dem erneuten Verweis auf den ‚Banddoktor', der die Bühnenkünstler gesundspritzt, um ihre Fähigkeit zur Performance sicherzustellen. So ist es dem Erzähler-Ich zwar möglich, ‚die eigene Geschichte' zu erzählen, deren Referenz komplett autonom zu gestalten, bleibt allerdings sowohl ihm als auch den Sprechinstanzen in den Songs Lindenbergs verwehrt.

Zeit seines Lebenslaufs und insbesondere im Zustand der vermeintlich größtmöglichen Devianz (Drogenmissbrauch und die entsprechenden antibürgerlichen Handlungsskripte) semantische Merkmale mit der bei Lindenberg zum Feindbild stilisierten Gruppe (vgl. Nover (Anm. 1), insbesondere S. 184). Das vom Erzähler-Ich statuierte *tertium comparationis* zwischen Spießern und Drogenabhängigen lässt sich wiederum auf diejenigen Titel Lindenbergs beziehen, die wie *Unterm Säufermond* den Alkoholmissbrauch thematisieren.

43 Vgl. Udo Lindenberg& das Panikorchester: Jonny Controletti, auf: LP Ball Pompös. Telefunken 1974, A1.

Erika Thomalla

Popliteratur im Remix. Benjamin von Stuckrad-Barres *Panikherz* und die Literatur der 1990er Jahre

Abstract: The article takes a look at a central paradigm shift that is carried out in *Panikherz*: the turning away from irony and toward feeling. This paradigm shift has a work-political dimension insofar as it takes up a notorious criticism of Stuckrad-Barre's early novels. As the article shows, there is indeed a critical engagement with the procedures of 1990s pop literature in *Panikherz*. However, they are not simply abandoned, but transformed, rearranged, and interpreted differently. According to the argument, this new model of pop literature is related to the literary reception culture and mediality of the digital present.

Keywords: authenticity, auto-fiction, blurbs, bookstagram, irony, pop literature, typology

Es gibt eine Szene, die in *Panikherz* gleich zweimal vorkommt: Der Erzähler sieht sich einen Auftritt Udo Lindenbergs in der Harald-Schmidt-Show aus dem Jahr 1997 an, einmal im Fernsehen, direkt bei der Erstausstrahlung, einmal 18 Jahre später auf YouTube. Die Pointe dieses wiederholten Rezeptionsereignisses besteht darin, dass sich der Blick des Erzählers auf die Begegnung seiner beiden Helden nach fast zwei Jahrzehnten, die durch Drogenabstürze, bulimische Phasen und Aufenthalte in Entzugskliniken geprägt waren, grundlegend verändert hat:

> Zum Zeitpunkt der Erstausstrahlung wollte ich Udo lächerlich finden und freute mich über jeden Lacher, den Schmidt erzeugte, es war ein Udo-Auslachen, auch das Studiopublikum dachte sichtlich die ganze Zeit: Was redet der denn da, der ist doch vollkommen betrunken. Jetzt aber schaue ich mir das an mit einer so tiefen Udo-Liebe, erkenne, wie er etwas aufgesetzt lächelt, die Zähne zeigt, das ist immer ein Zeichen, dass er sich unwohl fühlt, und so besoffen spricht er gar nicht [...]. Ich sehe denselben Auftritt also ganz anders als damals.[1]

1 Benjamin von Stuckrad-Barre: Panikherz. Köln 2016, S. 487. Zitate aus diesem

Die veränderte Lesart der Begegnung von Schmidt und Lindenberg ist für die Entwicklungsgeschichte, die Stuckrad-Barres autobiografischer Roman erzählt, symptomatisch. Die Szene zeigt nicht nur die Konfrontation seiner größten Vorbilder, sondern veranschaulicht auch den Widerstreit zweier Paradigmen, die im Leben des Erzählers eine zentrale Rolle spielen. Während Schmidt für Dauerironie, Kälte, Überlegenheit und intellektuellen Elitismus steht, repräsentiert Lindenberg das Gegenteil: Eigentlichkeit, Wärme, Inklusion und Herz. Schmidt ist die Figur, die den Lebensweg des Protagonisten in den 1990er und frühen 2000er Jahren geprägt hat. Der Blick des Late-Night-Hosts entspricht dem des Popliteraten, der seine Umwelt aus einer distanziert-ironischen Perspektive seziert. Lindenberg dagegen, der bereits ein Kindheitsheld des Erzählers war, erscheint ihm über viele Jahre als lächerliche Figur. Er gewinnt erst in einer späteren Phase seines Lebens wieder an Bedeutung. Am Ende ist es Lindenberg, der Stuckrad-Barres literarischem Ich hilft, der Spirale aus Drogensucht und Essstörung zu entkommen.

Die Ablösung dieser beiden Paradigmen wird in *Panikherz* als eine bewusste Entscheidung dargestellt: Der Erzähler befindet sich mit Lindenberg auf einer Tournee, die auch in die neuen Bundesländer führt. Der von Udo selbst bemalte Sonderzug, mit dem die Band samt Fangemeinde reist, soll kurz vor Magdeburg eine symbolische Mauer aus Styropor durchbrechen. Die Schlichtheit dieser Geste veranlasst den Erzähler dazu, ein letztes Mal eine kritische Außenperspektive auf das Geschehen einzunehmen, von der er sich im selben Moment entschieden distanziert:

> Kurz vor Magdeburg dann die absolut jämmerliche Symbolaktion, es war so rührend blöd […]. Nun wurde also diese FRUSTMAUER aus Styropor von Udos Sonderzug durchbrochen, alle jubelten, es war wirklich so was von arm – doch ich begriff, dass es genau andersherum war: Die Lustigmacher, die ihr Glück gar nicht fassen konnten, alle billigen Gags wurden ihnen direkt in den Notizblock geliefert, die daueironischen Drübersteher, zu denen ich ja auch gehört hatte in den letzten Jahren, die waren die Idioten. Und Udo hatte recht. Wenn man sich nicht mehr freuen kann darüber, daß diese ‚Scheißmauer' (Udo) weg ist, wenn man sich lustig macht oder gar echauffiert darüber, dass ein ROCKSTAR

Text werden künftig nach dieser Ausgabe unter Angabe des Sigels ‚PH' sowie der Seitenzahl in Klammern im Fließtext nachgewiesen.

> ziemlich betrunkenes Zeugs redet [...], dann ist man echt ziemlich am Ende. Es war eine Frage der Herzensbildung und wer Udo liebte, entschied sich damit für das Gefühl und gegen die Ironie. (PH, S. 322)

Im Folgenden wird diese Gegenüberstellung von Gefühl und Ironie nicht – wie es der Erzähler im Roman tut – als psychologischer Heilungsprozess gedeutet. Stattdessen gehe ich der Frage nach, was für ein Verständnis von Literatur sich mit diesem Paradigmenwechsel verbindet. Stuckrad-Barres Distanzierung von einer Haltung des ‚daueironischen Drüberstehens', so die These, hat auch eine werkpolitische Dimension. Es ist kein Zufall, dass dem Frühwerk des Autors – insbesondere dem Roman *Soloalbum* – immer wieder genau der Vorwurf gemacht wurde, den der Erzähler in *Panikherz* nach seiner biografischen Kehrtwende an die Kritiker Lindenbergs richtet. Noch im Jahr 2011 lautet ein Urteil über Stuckrad-Barres Debütroman: „Der Ich-Erzähler im Roman *Soloalbum* agiert als Snob, da sein Hauptanliegen darin besteht, seine Andersartigkeit und sein Überlegenheitsgefühl zu betonen und sich so von seiner Umwelt zu differenzieren"[2]. Das Urteil steht repräsentativ für eine Einschätzung, die in der Rezeption von *Soloalbum* und in der Beurteilung der Popliteratur der 1990er Jahre von Beginn an sehr häufig zu finden ist.[3] Man muss diese negative Wertung nicht teilen, um festzustellen, dass Stuckrad-Barres frühe Romane eine Haltung zur Welt und eine Beschreibungssprache kultivieren, die der Erzähler in *Panikherz* programmatisch hinter sich lässt – und zwar genau an der Stelle, an der seine allmähliche Genesung einsetzt. Dabei setzt er das Stilmittel der Ironie, das in der Popliteratur teilweise hochversiert eingesetzt wurde und oftmals eine „Öffnung der Bedeutungen" bewirkt hatte,[4] mit Spott und Herablassung gleich. Der Erzähler von *Panikherz*

---

2 Alfred Strasser: Snobismus und neue deutsche Popliteratur am Beispiel von Benjamin von Stuckrad-Barre, in: Germanica 49 (2011), S. 135-144, hier S. 139.

3 Vgl. Thomas Ernst: Popliteratur. Hamburg 2001, S. 8f., 75; Thomas Jung: Die Geburt der Popliteratur aus dem Geiste von Mozart und MTV. Anmerkungen zu Benjamin von Stuckrad-Barres Roman *Soloalbum*, in: ders. (Hg.): Alles nur Pop? Anmerkungen zur populären und Pop-Literatur seit 1990. Frankfurt/Main 2002, S. 137-156, hier S. 148, 151.

4 Immanuel Nover: Skandalisierung und Autorinszenierung als poetologische Verfahren, in: Matthias N. Lorenz und Christine Riniker (Hg.): Christian Kracht revistied. Irritation und Rezeption, Berlin 2018, S. 121-138, hier S. 123. Dass in der Popliteratur häufig nicht zu entscheiden ist, ob die Texte ernst oder ironisch verstanden werden wollen, weil die Ironie im Sinne der Romantik keine einfache

schließt sich somit dem negativen Urteil an, das Kritiker der Popliteratur wiederholt über den Autor Stuckrad-Barre getroffen haben. Handelt es sich bei *Panikherz* also auch um eine Verabschiedung der Popliteratur der 1990er Jahre?

Wie sich im Folgenden zeigen wird, ist der Bruch zwischen den frühen Romanen und *Panikherz*, der in Stuckrad-Barres autobiografischem Roman als Kehrtwende inszeniert wird, weniger eindeutig als man bei der Lektüre des Textes annehmen könnte. Die popliterarischen Verfahren im Debütroman werden nicht einfach aufgegeben. Sie finden sich auch in *Panikherz*, allerdings transformiert und neu arrangiert. Um diese Transformation zu beschreiben, werden zunächst die popliterarischen Schreibweisen in *Soloalbum* und deren Genese aus dem Popjournalismus der 1990er Jahre rekonstruiert (1.). Sodann zeige ich, inwiefern diese Darstellungstechniken in *Panikherz* unter veränderten Bedingungen wiederauftauchen (2.). Schließlich geht der Beitrag der Frage nach, inwiefern das neue Konzept von Popliteratur, das *Panikherz* entwirft, mit der Art der Vermarktung des Romans und der Struktur des gegenwärtigen Literaturbetriebs in Verbindung steht (3.). Stuckrad-Barres Distanzierung von einer Literatur der Ironie und der Distinktion zugunsten eines inklusiven, gefühlsbetonten Literaturkonzepts lässt sich nicht zuletzt durch die veränderte literarische Rezeptionskultur und Medialität der digitalen Gegenwart erklären.

1. Typologien der Gegenwart

Glaubt man der Darstellung in *Panikherz*, dann war die Entstehung von *Soloalbum* 1998 ein reines Zufallsprodukt. Unter dem Vorwand, seinen damaligen Arbeitgeber Friedrich Küppersbusch von einem lästigen Buchvertrag zu befreien, bietet sich Stuckrad-Barres Erzähler der Belletristik-Lektorin von Kiepenheuer & Witsch selbst als Autor an: „Fiebrig ließ ich alles, was ich jemals geschrieben hatte, im Druckerraum aus dem Gerät

---

Umkehrung bestehender Bedeutungen leistet, sondern Zusammenhänge unterbricht und dadurch fortwährend Ambivalenzen erzeugt, betont, ebenfalls am Beispiel Christian Krachts, Maria Kuberg: DJ Bobo in Ulan Bataar. Ein Weg aus dem Ganzen in Christian Krachts Ästhetik?, in: Susanne Komfort-Hein, Heinz Drügh (Hg.): Christian Krachts Ästhetik. Stuttgart 2019, S. 27-36.

schnurren, bis der TONER ALLE war. Das müsste reichen" (PH, S. 187). Der Lektorin verspricht er, die Texte noch durch eine Rahmengeschichte zu verbinden, „eine unglückliche Liebe und sehr viel über Musik, Oasis würden sich als LEITMOTIV anbieten. Nennen wir es doch – ROMAN? Perfekt" (PH, S.188).

Dass *Soloalbum* im Grunde auf einer Sammlung von Essays beruhte, die nur durch die Rahmenhandlung zu einem Roman verbunden sind, ist nicht bloß ein Ausweis nachträglicher Bescheidenheit. Auch Kerstin Gleba, die im Roman namentlich nicht genannte damalige Lektorin bei KiWi, bestätigt die Entstehungsgeschichte des Romans aus dem Popjournalismus: Stuckrad-Barre habe ihr zunächst eine „Sammlung kürzerer Texte" zur Publikation angeboten. Da ihr dies als Erstpublikation eines unbekannten Autors wenig erfolgsversprechend erschien, habe sie ihm vorgeschlagen, „aus den Texten einen Roman zu entwickeln"[5].

Mehrere der Kapitel, die in *Soloalbum* vorkommen, gehen auf journalistische Beiträge zurück, unter anderem aus dem *Jetzt*-Magazin, der Jugendbeilage der *Süddeutschen Zeitung*, für die Stuckrad-Barre zwischen 1994 und 1997 schrieb. Das *Jetzt*-Magazin war Mitte der 1990er Jahre eine maßgebliche journalistische Instanz der Beobachtung von Gegenwartsphänomenen. Die Zeitschrift entwickelte eine besondere Aufmerksamkeit für Gegenstände des Alltags, sprachliche Ausdrucksformen und Oberflächenphänomene, die in Ranglisten überführt, in Kategorien eingeteilt, geordnet und evaluiert wurden. Die Artikel schulten darin, scheinbare Nebensächlichkeiten wie Redewendungen, Habitusformen, Kleidung oder Accessoires als Ausdruck von Einstellungen, charakterlichen Dispositionen oder milieuspezifischen Prägungen zu betrachten.

Diese Form der Gegenwartsbeobachtung ist auch das Strukturprinzip von *Soloalbum*. Bereits in den ersten Rezensionen zu *Soloalbum* wurde bemerkt, dass der Roman keine Entwicklungsgeschichte erzählt, sondern eine episodische Struktur aufweist.[6] Auch wenn der Ich-Erzähler

---

5 Erika Thomalla: Interview mit Kerstin Gleba vom 22.08.2022, unveröffentlicht.

6 So urteilte etwa Nicol Ljubic im *Spiegel*, es handle sich bei *Soloalbum* um „eine statische Geschichte, ohne Handlung, in der Stuckrad-Barre seine Ideologie des Geschmacks ausbreitet" (Nicol Ljubic: Benjamin von Stuckrad-Barre. *Soloalbum* – Der Meinungsmissionar, in: Der Spiegel, 11.08.1998, unter: https://www.

zwischenzeitlich den Ort wechselt, an die Nordsee reist, seine Heimatstadt besucht oder wegen einer neuen Stelle von Hamburg nach München zieht, verleihen diese Handlungselemente dem Geschehen kaum Dynamik, sondern werden eher zum Anlass genommen, um über alltägliche Dinge und Vorgänge nachzudenken: Fußgängerzonen, Wohngemeinschaften, Freundeskreise, Studentenpartys, Fahrradfahrer oder Kleinanzeigen.

Im *Jetzt*-Magazin waren Artikel und Glossen über solche Themen allgegenwärtig. Die Beiträge, die Stuckrad-Barre selbst für die Zeitschrift verfasste, lassen sich als Vorstudien zu seinem Roman lesen. So erschien in der Juni-Ausgabe des Jahres 1997 ein Text Stuckrad-Barres über seinen damaligen Wohnort, das Hamburger Viertel St. Georg, der fast vollständig in den Roman übernommen wurde.[7] Doch auch Themen und Beobachtungen aus den Artikeln anderer *Jetzt*-Autoren greift *Soloalbum* wiederholt auf. Es gibt im Roman etwa eine längere Passage zum ‚Sonntag', die deutliche Parallelen zu einer *Jetzt*-Titelgeschichte Moritz von Uslars aus dem Jahr 1996 mit dem Titel *Sonntag* aufweist. Bei Uslar wie bei Stuckrad-Barre geht es um die Frage, wie man den Sonntag als einen Tag ohne Pflichten und Struktur möglichst gut übersteht. Ähnlich wie Uslar, der den „Stillstand" am Sonntagnachmittag beklagt, wünscht sich auch Stuckrad-Barres Erzähler, den Tag wie eine Kassette „vorspulen"[8] zu können. Beide Erzähler halten den Besuch am Hauptbahnhof, wo neben überteuerten Lebensmittelläden ein Besuch im Zeitschriftenladen und die Lektüre von *Bravo Girl* oder *Bild am Sonntag* auf dem Programm stehen, für eine klassische Sonntagstätigkeit.[9] Mit den sonstigen von „Sonntagsmenschen" praktizierten Ritualen wollen beide Erzähler nichts zu tun haben. Den Imperativ, der in Produktnamen wie „Jogger-Frühstück", „Multivitamin-Frühstück" oder „Schlemmermeile" zum Ausdruck kommt, lehnen sie ebenso ab wie den Ausdruck und die Praxis des „Bummelns"[10]. Der Sonntag bringt

---

spiegel.de/kultur/literatur/rezensionen-benjamin-von-stuckrad-barre-soloalbum-der-meinungsmissionar-a-27108.html, zuletzt aufgerufen am 21.12.2022).

7 Vgl. Benjamin von Stuckrad-Barre: St. Georg, in: Jetzt, Nr. 23, 02.06.1997, S. 21; Benjamin von Stuckrad-Barre: Soloalbum. Köln 1998, S. 150.

8 Moritz von Uslar: Sonntag, in: Jetzt, Nr. 4, 22.01.1996, S. 6-9, hier S. 8; Stuckrad-Barre: Soloalbum (Anm. 7), S. 64.

9 Stuckrad-Barre: Soloalbum (Anm. 7), S. 64; Uslar (Anm. 8), S. 9.

10 Alle Zitate aus Uslar (Anm. 8), S. 8; Stuckrad-Barre: Soloalbum (Anm. 7), S. 65.

deutlicher als die Wochentage das eigene Unvermögen zum Vorschein, an gängigen Vergnügungsformen teilzuhaben – wobei dieses Scheitern an der Normalität sowohl bei Uslar als auch bei Stuckrad-Barre als die eigentlich überlegene Haltung erscheint.

Dass die Beobachtung alltäglicher Praktiken dem Ausweis der eigenen Nichtkonformität in einer Welt funktionierender ‚Erwachsener' dient, gilt auch für einen weiteren *Jetzt*-Artikel, der in *Soloalbum* indirekt zitiert wird: eine Glosse über „Geldautomaten" aus dem Jahr 1997, die der Autor Alexander Böker als die „besseren Bankangestellten" deklariert. Die Automaten seien „eine wunderbare Erfindung", weil sie niemals „blöde Fragen" stellten und „keine fliederfarbenen Kostüme" trügen. Vor ihnen müsse man sich nicht schämen, wenn das Konto wieder einmal leer oder unregelmäßige Kontobewegungen zu beobachten seien.[11] In Stuckrad-Barres Roman beschreibt der Erzähler ein ähnliches Problem. Auch er geht, wenn das „Portemonnaie leer ist", ausschließlich „zum Automaten". Am Schalter habe er „immer Angst vor dem Stirnrunzeln der Angestellten", wenn diese auf die unregelmäßigen „Kontobewegungen" hinweisen: „Der Automat ist gut."[12]

Ähnliche Parallelen lassen sich zwischen *Jetzt*-Texten und *Soloalbum*-Passagen über Kleinanzeigen, Anzüge, WGs oder sprachliche Floskeln ausmachen. Die Zeitschrift bildete einen Fundus für Gegenwartsbeobachtungen und -diagnosen, die Stuckrad-Barre in den Roman integrieren konnte und von seinem Erzähler weiterspinnen ließ. Die auffälligste Gemeinsamkeit besteht jedoch in der Verwendung typologisierender Ordnungen. Typologien bildeten eine der beliebtesten Techniken der Alltags- und Gegenwartsinventarisierung im *Jetzt*-Magazin: Es gab unter andrem eine Typologie der „Spezies Lehrer", die etwa den „Verständnisvollen", die „Anglophile", den „Genialen" und den „Biederen" unterschied; eine Typologie der „Studenten", die den „Strebsamen", den „Unkonventionellen" oder die „Sozialpädagogin" jeweils nach „Vorkommen", „Aussehen", „Fächern", „Tätigkeiten" und „Spruch" einteilte; oder auch eine

---

11 Alle Zitate aus Alexander Böker: Geldautomaten. Die besseren Bankangestellten, in: Jetzt, Nr. 13, 24.03.1997, S. 18.

12 Alle Zitate aus Stuckrad-Barre: Soloalbum (Anm. 7), S. 50.

Typologie von Mädchennamen: Demnach sind Annes „immer ein bißchen arrogant", aber auch sehr hübsch, Andreas scharfsinnig, und Julias „die verwegensten Mädchen der Welt"[13].

Typologien dienen dazu, Regelmäßigkeiten zwischen scheinbar einzigartigen Vorlieben und Eigenschaften zu bestimmen. Nicht zuletzt die Typologie der Mädchennamen zeigt, dass das *Jetzt*-Magazin auch einen spielerischen Umgang mit diesem Format pflegte. Stärker als um Allgemeingültigkeit oder empirische Nachprüfbarkeit ging es darum, Korrelationen und Zusammenhänge zu behaupten – auch und gerade da, wo sie besonders abwegig erschienen.

Auch in *Soloalbum* kommen Typologien in der Form idiosynkratischer Setzungen vor. So assoziiert Stuckrad-Barres Ich-Erzähler ebenfalls gerne Vornamen mit Charaktereigenschaften oder äußeren Merkmalen. Eine attraktive Frau im Französischkurs heißt aus seiner Sicht „höchstwahrscheinlich Wiebke oder Sarah", die für ihn weniger interessanten Studentinnen auf einer Gartenparty haben „eher" Namen wie „Claudia oder Ulrike", und die jungen Männer, die morgens in einer Hamburger Hafenkneipe sitzen, heißen „mit Sicherheit Patrick oder Frank"[14]. Die typologischen Beobachtungen des Erzählers beruhen oft bloß auf einem flüchtigen Eindruck, der zur Grundlage einer langwierigen Spekulation über Eigenschaften und Charaktermerkmale wird:

> Mit einer ziemlich schrecklichen Frau komme ich [...] ins Gespräch über den Film. Ich schätze mal, über ihrem Bett hängt in DIN-A 0 der sterbende Soldat, auf dem Boden steht eine Lavalampe. Sie hört gerne Reggae. Scheiß Pearl Jam findet sie „superintensiv", auf ihre CDs von Tori Amos und PJ Harvey hat sie mit Edding geschrieben „♀-Power rules" [...]. Harald Schmidt ist ein Nazi, Pippi Langstrumpf und Che kleben auf ihrer Zimmertür, und sie raucht keine Zigaretten, bloß Hasch manchmal, und ihr Fahrrad ist ganz alt [...] und Taxifahren findet sie dekadent.[15]

---

13 Alle Zitate aus Johanna Adorjan et al.: Eine Klasse für sich, in: Jetzt, Nr. 38, 16.09.1996, S. 8-12; Jost Kaiser: Die Fünferbande. StudentInnen, in: Jetzt, Nr. 31, 29.07.1996, S. 18; Andreas Bernard, Christian Seidl: Und wer bist Du?, in: Jetzt, Nr. 19, 29.04.1996, S. 6-10, hier S. 8.

14 Stuckrad-Barre: Soloalbum (Anm. 7), S. 226, 146.

15 Stuckrad-Barre: Soloalbum (Anm. 7), S. 32.

Die imaginierte Liste von Eigenschaften und Merkmalen wird als Typologie eines linksalternativen Milieus lesbar. Bezeichnenderweise kommen solche Typologien in *Soloalbum* vor allem dann vor, wenn der Erzähler Personen begegnet, die sich für besonders individuell und andersartig halten. Wer meint, in keine Schublade zu passen, wird zum Vertreter eines ‚Typs' erklärt, für dessen Bedürfnisse nach Authentizität und Einzigartigkeit die Unterhaltungsindustrie längst ein umfassendes Set an Produkten entwickelt hat.

Auch für den Erzähler gibt es zu dieser in Kategorien und Typen eingeteilten Welt kein Außen. So bewegt er sich etwa mit seinem Liebeskummer gänzlich im Rahmen von Klischees und empfindet die eigenen Worte oft als „theatralisch"[16] oder phrasenhaft. Gleichzeitig wird aber doch deutlich, dass zwischen dem Selbstbild des Erzählers und der Art und Weise, wie er auf seine Umwelt blickt, ein Gefälle besteht. Es gibt nämlich durchaus eine Möglichkeit, unter den Bedingungen einer allgemeinen Zitathaftigkeit noch originell zu sein – aber nicht, indem man glaubt, bloß aus sich selbst schöpfen zu können, sondern indem man mit vorgefertigten Mustern arbeitet und sie in neue Zusammenhänge versetzt. Das zeigt sich, wenn der Ich-Erzähler seine künftige Traumfrau imaginiert und dabei gängige Hobbys und Eigenschaften mit eher ungewöhnlichen Merkmalen oder biografischen Daten verbindet:

- außerordentlich klug, macht nebenbei Theater, organisiert Ausstellungen
- dreht gerade einen Kurzfilm in Amsterdam
- hat einen alten Porsche und eine neue Wohnung direkt am Fluß hier
- war mal mit Christoph Schlingensief zusammen
- bei den Amateurweltmeisterschaften im Wasserball schwamm sie im dänischen Tor rum
- hat danach ein halbes Jahr Heroin genommen und dabei ein Verfahren entwickelt, das es ermöglicht, (noch was überlegen!)[17]

Die Einzigartigkeit der imaginierten Frau ist das Resultat einer originellen Kombination von Einzelmerkmalen. Während sich für jeden der genannten Punkte mehr oder weniger viele empirische Fälle finden lassen dürften,

16 Moritz Baßler: Der deutsche Pop-Roman. Die neuen Archivisten. München 2002, S. 107.

17 Stuckrad-Barre: Soloalbum (Anm. 7), S. 154.

ist ihre Verbindung extrem unwahrscheinlich. Selbst wenn man unterstellt, dass es eine Frau geben könnte, die all diese Eigenschaften aufweist, existiert sie nicht als Typ. Beruhen Typologien gewöhnlich auf einer möglichst wahrscheinlichen Verbindung von Merkmalen, so ist die imaginäre Traumfrau bei Stuckrad-Barre das Gegenteil davon.

Echte Empfindungen gibt es in *Soloalbum* nicht. Die Welt, die Stuckard-Barres Debütroman entwirft, ist so stark durch Muster und Deutungsfolien aus Literatur, Werbung, Massenmedien und Popkultur geprägt, dass diese sekundären Erfahrungen die einzig echten sind, die noch zur Verfügung stehen. Auch wenn der Erzähler sich selbst keine Sonderstellung in dieser Welt einräumt, wird doch deutlich, dass zwischen seinen Selbst- und Fremdbeschreibungen ein Unterschied besteht. Fahndet er bei der Beobachtung seiner Umwelt vor allem nach Klischees und Stereotypen, so erheben die eigenen Typologien Anspruch auf eine Originalität zweiter Ordnung.

2. Irony is over

Es ist diese Erzählhaltung, die in der Rezeption von *Soloalbum* mitunter als ‚überheblich', ‚oberflächlich' und ‚geschmacksterroristisch' beurteilt wurde[18] – und die der Protagonist in *Panikherz* hinter sich lassen möchte. Während er als Gagschreiber bei der Harald Schmidt-Show lernt, „Menschen als Material" (PH, S. 190) zu behandeln, wird dieses instrumentelle Verhältnis zur Umwelt im Lauf des Buchs zunehmend negativ kommentiert.

Dennoch gibt es auf der Ebene der erzähltechnischen Verfahren viele Gemeinsamkeiten zwischen den beiden Büchern. So wird in *Panikherz* wie in *Soloalbum* die Rhetorik und die Phrasenhaftigkeit von Musikredakteuren oder von Mitarbeitern der Werbe- und Marketingindustrie persifliert. Bei den beiden alten Chefredakteuren des *Rolling Stone*, wo der Erzähler in Hamburg zu arbeiten beginnt, ist aus dessen Sicht „sprachlich wie auch sonst eh alles zu spät (Die Rolling Stones rollen wieder, Die Ärzte

18 Vgl. O.V.: Amoklauf eines Geschmacksterroristen, in: Der Spiegel, 07.09.1998, S. 209.

operieren wieder, The Police ermitteln wieder, [...] Der Alte Mann und das Weniger, Die drei von der Punkstelle etc.)“ (PH, S. 155).

Auch im Rückblick auf seine Tätigkeit für eine Plattenfirma, bei der Stuckrad-Barre im Anschluss an den *Rolling Stone* als Produktmanager beschäftigt war, richtet sich die Aufmerksamkeit vor allem auf die effekthascherische Rhetorik der Mitarbeiter, die über Misserfolge und ökonomische Fehlkalkulationen hinwegtäuschen soll:

> Um einen richtig großen Aufschlag hinzukriegen, bemustern wir vor der VÖ das finished product, erzeugen zum street day entsprechend Warendruck, Pappaufsteller am POS, dazu Sichtplakatierung und Chartpowergimmicks, shippen ordentlich und legen PW hin, damit bei schnellem Abverkauf immer genug Ware draußen ist. (PH, S. 171)

Die Differenz zwischen dem eigenen und dem fremden Sprechen wird in *Panikherz* nicht nur durch explizite Zitate, sondern teilweise auch typographisch gekennzeichnet. Die in Großbuchstaben gedruckten Wörter, die sich an vielen Stellen des Romans finden, dienen häufig dazu, eine Distanzierung vom Gesagten anzuzeigen. Durch ihre drucktechnische Überbetonung werden die Wörter als fremde Begriffe ausgewiesen, die im Vokabular des Erzählers üblicherweise nicht vorkommen. Teilweise entsteht so auch ein ironischer Unterton – etwa wenn die Mutter des Protagonisten eine zu große Anzahl an Weihnachtsgeschenken als „MATERIALSCHLACHT“ (PH, S. 18) schmäht, wenn die Gärten der Vorstadthäuser als „GEPFLEGT“ (PH, S. 19) bezeichnet werden, wenn Gedichte in der Schule „INTERPRETIERT“ (PH, S. 44) werden oder wenn auf Adventsbasaren Suppe mit „WURSTEINLAGE“ (PH, S. 49) verspeist wird. Gerade zu Beginn von *Panikherz* unterstreicht die Großschreibung einzelner Wörter häufig das Fremdheitsgefühl des jungen Protagonisten in einem kleinbürgerlichen, lust- und konsumfeindlichen Milieu.

Es gibt im Roman also durchaus eine Präferenz für Darstellungsmittel, die ironische Distanz signalisieren. Ähnlich wie der Erzähler in *Soloalbum* entwickelt auch der Protagonist von *Panikherz* einen sehr genauen Blick für die habituellen und sprachlichen Muster in bestimmten Milieus, Altersgruppen oder Berufen. Allerdings hat sich die Haltung, mit der solche Beobachtungen vorgetragen werden, im Vergleich zu *Soloalbum* verschoben. Selbst da, wo in *Panikherz* die Redensarten, Lebensformen und Verhaltensweisen anderer aus einer überlegenen Perspektive beobachtet werden, wird dieser Eindruck oft noch im selben Moment gebrochen oder relativiert. Das zeigt sich besonders dort, wo direkt oder indirekt auf Szenen aus dem ersten Roman Bezug genommen wird.

Auch in *Panikherz* gibt es eine längere Passage über die Semantik von Eigennamen. Als der Erzähler eine E-Mail erhält, in der er zu einer Feier anlässlich des zwanzigjährigen Jubiläums seines Abiturjahrgangs eingeladen wird, beginnt er, über die Prägungen der Schulzeit nachzudenken, zu denen auch die Verknüpfung von Eigennamen mit bestimmten Persönlichkeitsmerkmalen zählt:

> Sofort war alles wieder da: die Angst, das Nichtgenügen, die Sehnsucht, der Horror. Ausgelöst allein durch die Namen, die ja prägend gewesen waren, Voreinstellungen für alle späteren Begegnungen mit Leuten desselben Vornamens. [...] Ich mag einfach keine Olivers. Mit Steffis bin ich immer gut ausgekommen. [...] Jörgs stinken meistens, Heikos lügen, Julias kann man blind heiraten. [...] Alexanders werden überschätzt, Kathrins halten den Laden zusammen. Vorsicht vor Dennisen! Und Patrizias – versuch's erst gar nicht. (PH, S. 118)

In *Soloalbum* wurden Vornamen und Persönlichkeiten durch idiosynkratische, selbstbewusst vorgetragene Urteile in Beziehung gesetzt. Der Erzähler hatte dabei auf jede Begründung oder Erklärung gezielt verzichtet. Dennoch erhoben seine Urteile impliziten Anspruch auf Verallgemeinerbarkeit. Es ging niemals um die persönliche Beziehung zu einer Wiebke oder Julia, sondern darum, dem Namen eine generalisierbare Bedeutung zuzuschreiben. In *Panikherz* dagegen wird die Semantik des Vornamens auf individuelle Erfahrungen zurückgeführt, die der Erzähler als Jugendlicher und sozialer Außenseiter machte. Die Namen sind in *Panikherz* keine Werkzeuge mehr, über die souverän verfügt wird, sondern es sind Signalwörter, die im Erzähler ein Gefühl des Nichtgenügens und der fehlenden Zugehörigkeit erneut wachrufen. Das popliterarische Verfahren der spielerischen Klassifikation sozialer Typen wird also psychologisiert und auf eine problematische Biografie zurückgeführt.

Diese Relativierung der in *Soloalbum* eingeführten Techniken der Gegenwartsbeobachtung setzt sich im weiteren Verlauf der Szene fort, wenn der Erzähler mögliche Gesprächsverläufe mit seinen ehemaligen Mitschülern imaginiert. Auch hier wird das Verfahren der Typologie zunächst noch einmal aufgegriffen, dann aber gegen den Protagonisten selbst gewendet.

Aus den Phrasen und Floskeln, die beim Klassentreffen fallen könnten, entwickelt Stuckrad-Barre ein kleines Lexikon der Smalltalk-Rhetorik:

> Wer etwas zu laut und oft sagt ‚Ich bin ein totaler Familienmensch', ist fertig mit den Nerven [...]. Wer nervös rumfragt, ob jemand ein Ladekabel dabei hat, hat sein Leben nicht im Griff [...]. Wer sagt ‚Essenstechnisch bin ich voll Old School [...]', nennt seine Frau ‚meine Regierung' und die Fernseherfernbedienung ‚Macht'. [...] Wer sehr oft das Wort ‚definitiv' benutzt, bittet Besuch, die Schuhe auszuziehen. (PH, S. 124ff.)

Die Verhaltenszusammenhänge, die hier konstruiert werden, erscheinen auf den ersten Blick als negativer, spöttischer Kommentar zu Lebensformen, die als bieder, konservativ und spießig erlebt werden. Doch bei dieser distanzierten Fremdbeschreibung bleibt es nicht. Vielmehr schließt die Liste mit einem Typus, der den Protagonisten selbst beschreibt:

> Wer etwas zu oft scheinbar allgemeingültige Sätze mit ‚Wer dies und das' beginnt, um sie mit ‚der so und so' vor die Wand seiner Erzählmirnix-Abgefucktheit rasseln zu lassen, will imponieren, er kennt die Welt, die Menschen, ihm macht keiner mehr was vor, nur er sich selbst. (PH, S. 127)

Auch hier wird also ein Verfahren, das in der Popliteratur der 1990er Jahre etabliert wurde, psychologisch gedeutet und mit einer individuellen Pathologie in Verbindung gebracht. Die Einteilung der Welt in Kategorien, Habitusformen und Phrasen erscheint nicht mehr als souveräne, über den Dingen stehende Geste, sondern als Schutzfunktion, um eigene Unsicherheiten zu überspielen. Der Erzähler entscheidet sich am Ende gegen den Besuch des Klassentreffens – aber nicht, weil er seine ehemaligen Mitschüler verachtet, sondern weil er glaubt, dem Druck der sozialen Situation nicht standhalten zu können.

Noch eine weitere Szene lässt sich als intertextuelle Bezugnahme und als Kommentar zu *Soloalbum* lesen. Das Lob des Bankautomaten, das Stuckrad-Barre bereits aus dem *Jetzt*-Magazin in seinen Debütroman übernommen hatte, taucht auch in *Panikherz* wieder auf. Wieder geht es darum, auf die Vorteile des Automaten für Leute hinzuweisen, die ihren Kontostand oder ihr Leben nicht richtig im Griff haben. Doch während das Unvermögen der sozialen Interaktion mit Bankangestellten in *Soloalbum* ein Ausdruck jugendlicher Lässigkeit und Nichtkonformität war, ist es jetzt ein weiteres Symptom für eine fortschreitende Drogenkrankheit:

> Am Geldautomaten hatte ich immer die allergrößte Angst, versehentlich [...] statt auf ‚Auszahlung' auf ‚aktuellen Kontostand anzeigen' zu drücken. Ich wollte lieber nicht so genau wissen, wie lang das Geld noch reichte, denn ich hatte keinen Plan für die Zeit danach. [...] Erst als Junkie begreift man, welch fundamentale Menschenkenntnis der Geldautomatenkonstruktion zugrunde liegt. (PH, S. 293f.)

Das Muster ist auch hier dasselbe: Diejenigen erzähltechnischen Verfahren, die in *Soloalbum* die Überlegenheit und Unangepasstheit des Erzählers zum Ausdruck bringen, werden in *Panikherz* problematisiert und in die Krankheitsgeschichte des Autors eingeordnet. Die Ironie des Popromans ist durch Selbstironie und das kritische Urteil über andere durch das autobiografische Bekenntnis ersetzt worden.

3. Einer für alle

Man kann Stuckrad-Barres Abschied von der Ironie und seine Hinwendung zum Gefühl biografisch deuten und als Teil eines Genesungsprozesses interpretieren. Man kann aber auch danach fragen, inwiefern dieser Paradigmenwechsel eine poetologische Kehrtwende bedeutet, die mit größeren Veränderungen innerhalb des Literaturbetriebs zusammenhängt.

Die Popliteratur der 1990er Jahre stellte nicht nur inhaltlich und erzähltechnisch eine Innovation dar, sie war auch mit einer neuen Rezeptionskultur und veränderten Marktstrategien verbunden. Der Verlag Kiepenheuer & Witsch, in dem nicht nur die Bücher von Stuckrad-Barre, sondern auch viele andere Werke der Popliteratur erschienen, wandte sich literarischen Debüts zu.[19] In diesem Zusammenhang führte er ein Werbemittel ein, das bis dahin auf dem deutschen Buchmarkt noch kaum verwendet wurde: den Blurb, also die vor der Erstpublikation eingeworbene Empfehlung von Kollegen aus dem Kulturbetrieb, die in Vorschauen und auf dem Buchdeckel abgedruckt werden.[20] Bereits in der ersten Hälfte der 1990er Jahre

---

19 Vgl. Matteo Galli: Debüts, in: Heribert Tommek, Matteo Galli, Achim Geisenhanslüke (Hg.): Wendejahr 1995. Transformationen der deutschsprachigen Literatur. Berlin usw. 2015, S. 112-120.

20 Im US-amerikanischen Buchmarkt haben Blurbs eine sehr viel längere Tradition, vgl. Abigail Williams: Blurbs, in: Dennis Duncan, Adam Smyth (Hg.): Book Parts. Oxford 2019, S. 289-299.

finden sich auf den Umschlägen und Rückdeckeln von KiWi-Büchern vereinzelt Blurbs. Seit der zweiten Hälfte des Jahrzehnts nimmt der Abdruck lobender Zitate und Empfehlungen deutlich zu.

Blurbs setzen nicht wie die traditionelle Buchkritik auf Intersubjektivität und Sachlichkeit, sondern auf die Eigenwilligkeit eines persönlichen Urteils. Anders als Klappentexte enthalten sie oftmals keine Inhaltsangaben oder Informationen zu den formalen Qualitäten eines Buchs,[21] sondern spiegeln individuelle Leseerlebnisse wider: „Atemberaubend... Ich habe die Nächte durchgemacht beim Lesen“[22] oder „Eines der großartigsten Leseerlebnisse meines Lebens“[23]. Vor allem aber sind Blurbs parteiisch. Sie sprechen eine explizite Kaufempfehlung aus und geben sich offen als Werbung zu erkennen. Auch Harald Schmidts Blurb für Stuckrad-Barres *Soloalbum*, einer der ersten Blurbs in der deutschsprachigen Literatur, macht aus seiner kommerziellen Funktion kein Geheimnis: „Jugend dieser Welt – kauf dieses Buch, und lies es!“[24] Entscheidend ist nicht der Grund für die Kaufempfehlung, sondern die Person, die für den Kauf des Buchs wirbt. Der Blurb stellt nicht nur eine Gemeinsamkeit zwischen dem Werk Schmidts und dem Debüt Stuckrad-Barres, sondern auch eine Beziehung zwischen den beiden Personen her, dient also als symbolisches Kapital.

Für den Erfolg jener Romane und Erzählungen, die seit den späten 1990er Jahren das Label ‚Popliteratur‘ erhielten, waren solche Empfehlungen durch Gleichgesinnte zentral. Der Blurb ist in dieser Hinsicht bloß das Symptom einer größeren Veränderung innerhalb der Buchkultur. Bereits Christian Kracht hatte 1995 auf den Vorwurf, von seinem Roman *Faserland* nur deshalb jeden Tag 250 Exemplare verkaufen zu können, weil seine Freunde so intensiv für ihn werben würden, erwidert: „Freundschaften sind in. Ich schließe jeden Tag 250 neue.“[25]

---

21 Dass Klappentexte auch ihrer Form nach einen Anspruch auf Verallgemeinerbarkeit erheben (z. B. durch Formulierungen wie ‚Der Leser zeigt sich fasziniert‘ u.ä.) betont Heinz Gollhardt: Studien zum Klappentext, in: Börsenblatt für den deutschen Buchhandel 78 (1966), S. 2101-2212, hier S. 2107.

22 Blurb von Etaf Rum zu Deepa Anappara: Die Detektive vom Bhoot-Basar. Hamburg 2020.

23 Blurb von Louise Erdrich zu Elena Ferrante: Meine geniale Freundin. Berlin 2016.

24 Blurb von Harald Schmidt zu Stuckrad-Barre: Soloalbum (Anm. 7).

25 O. V.: Wochenshow, in: Jetzt, 10.04.1995, S. 3.

Während *Faserland* in den Feuilletons überwiegend verrissen wurde, trugen die Empfehlungen von Freunden und Kollegen, die unter anderem für Magazine wie *Tempo* oder das *Jetzt*-Magazin arbeiteten, maßgeblich dazu bei, den Roman gegen das Urteil der etablierten Literaturkritik zu einem Verkaufserfolg zu machen.[26]

Auch Stuckrad-Barre hat bei der Vermarktung seiner Bücher von Anfang an auf die Semantik der Freundschaft gesetzt. Das betrifft nicht nur die offensive Bewerbung seiner Bücher durch andere Autoren und Prominente, sondern auch Gastauftritte von Christian Ulmen, Eckhard Nickel, Charlotte Roche oder Kracht bei seinen Lesungen, die wie Popkonzerte inszeniert waren und sind.[27]

Obwohl diese Strategien bis heute aktuell geblieben sind, lässt sich im Hinblick auf den Zusammenhang von Freundschaft und Buchwerbung in den letzten Jahren eine Verschiebung beobachten. Der Freundschaftsbegriff, den die Popliteraten um Kracht und Stuckrad-Barre pflegten, beruhte auf Exklusivität und sozialer Abgrenzung. Es ging, nicht nur in den Texten, sondern auch und vor allem bei den medial inszenierten Auftritten, immer auch darum, die Erlesenheit und Exklusivität des eigenen Kreises auszustellen. Die jungen Autoren distanzierten sich nicht nur von der Elterngeneration, sondern auch von Gleichaltrigen, insbesondere von solchen, die durch ihren Kleidungsstil, ihre musikalischen Vorlieben oder ihr Freizeitverhalten der Alternativkultur zugerechnet wurden. Einen Höhepunkt in der Konstitution dieser ästhetischen Elite bildete die Versammlung des popkulturellen Quintetts im Hotel Adlon im Jahr 2000. In dem aus diesem Treffen hervorgegangenen Gesprächsband *Tristesse Royale* wurde nicht nur ausgiebig über die gemeinsamen Erlebnisse mit der deutschen oder internationalen Prominenz, sondern vor allem über ästhetische Fragen diskutiert.[28]

---

26 Zur frühen kritischen Rezeption im Feuilleton siehe Olaf Grabienski: Christian Kracht: Faserland 1995, in: Moritz Baßler, Eckhard Schumacher (Hg.): Handbuch Literatur & Pop. Berlin usw. 2019, S. 509-523.

27 Vgl. Ute Paulokat: Benjamin von Stuckrad-Barre: Literatur und Medien in der Popmoderne, Frankfurt/Main usw. 2006, S. 164. Vgl. dazu grundlegend auch den Beitrag von Jasmin Plewka in vorliegendem Buch.

28 Bereits hier vollzogen die Autoren eine Abkehr von der Ironie. Wie Eckhard Schumacher bemerkt hat, schlägt die Suche nach „Sinn“ und Echtheit dabei

Im Lauf der letzten Jahre hat sich Stuckrad-Barre von diesem exklusiven Freundschaftsverständnis ebenso wie von dem öffentlich zur Schau gestellten Distinktionsbedürfnis verabschiedet. Das hatte entscheidende Auswirkungen nicht nur auf die Inhalte seiner Bücher, sondern auch auf deren Vermarktung. Stuckrad-Barre führt seit April 2017 einen Instagram-Account,[29] den er in erster Linie dazu nutzt, Erlebnisse zu dokumentieren, die sich auf seine Bücher beziehen oder die Empfehlung seiner Bücher durch Freunde und Bekannte zu veröffentlichen. Eine besonders öffentlichkeitswirksame Werbeaktion veranstaltete er bei dem Erscheinen des mit Martin Suter gemeinsam veröffentlichten Gesprächsbands *Alle sind so ernst geworden*. Über einhundert deutsche Prominente wurden von Stuckrad-Barre dazu aufgefordert, Kurzvideos zu drehen, in denen sie den titelgebenden Satz zitierten, um so auf die Veröffentlichung aufmerksam zu machen. Auch hier spielten, wie bei den Buch-Blurbs, kaum die Inhalte des empfohlenen Texts eine Rolle. In zahlreichen Videos gibt es sogar eine ironische Reflexion darauf, dass es sich um beauftragte Werbung handelt – und dass der oder die Werbende das Produkt gar nicht so genau kennt:

> Was habt ihr mir hier auf den Tisch gelegt, was ist das, das Buch? [...] Hat das irgendjemand von Euch gelesen? [...] Ich weiß doch noch nicht mal, wie ich den Titel betonen soll. Hat das irgendjemand gelesen, weiß irgendjemand, worum es da geht? Ich habe keine Ahnung.[30]

---

allerdings regelmäßig um in eine „Form von Inszenierung, die Affektiertheit, Ästhetizismus, Ratlosigkeit und Kitsch“ sowie eine ironische Positionslosigkeit „nicht nur im Gespräch thematisiert, sondern auch narrativ reproduziert.“ (Eckhard Schumacher: ‚Tristesse Royale‘. Sinnsuche als Kitsch, in: Wolfgang Braungart (Hg.): Kitsch. Faszination und Herausforderung des Banalen und Trivialen, Tübingen 2002, S. 197-211, hier S. 209).

29 Zu Instagram vgl. grundlegend den Beitrag von Alexandra Schütte in vorliegendem Buch.

30 Post von Benjamin von Stuckrad-Barre: Jan Josef Liefers – Tatort Final Cut: Outtakes sind so ernst geworden, 13.12.2020, unter: https://www.instagram.com/tv/CIwJULkoFP2/?igshid=YmMyMTA2M2Y%3D, zuletzt aufgerufen am 26.12.2022.

> Dieses Buch ist […] ist einfach sehr sehr gut. […] Ich habe weniger gelesen, als ich gemocht habe.[31]

Wichtiger als die Frage, warum es sich lohnt, den Gesprächsband zu lesen, ist offenbar das symbolische Kapital des Autors, das durch die Sichtbarmachung seines sozialen Netzwerks entsteht.

Doch es sind nicht nur Prominente, die dieses Netzwerk ausmachen. Gerade an der Art und Weise, wie *Panikherz* auf Stuckrad-Barres Instagram-Account beworben wird, zeigt sich, wie zentral ein allinklusives Modell der Freundschaft für seine mediale Positionierung inzwischen geworden ist. Das Buch erschien rund ein Jahr, bevor Stuckrad-Barre auf Instagram aktiv wurde, spielt aber im Account bis heute eine wichtige Rolle in der Kommunikation des Autors mit seinen Fans. In den Phasen, in denen Stuckrad-Barre auf Instagram aktiv ist, postet er fast täglich Leserposts, also Bilder oder kurze Videos, die ihm von seinen Fans zugeschickt werden. Überwiegend handelt es sich dabei um Leseszenen, bei denen eine lesende Person oder eine Hand, ein Fuß, ein Schoß und das auf- oder zugeschlagene Buch zu sehen sind. Teilweise werden solche Fotos auch in Verbindung mit Laienrezensionen von Booktubern oder Bookstagramern gepostet (vgl. Abb. 1). Darüber hinaus werden auch Orte aus dem Buch wie das Chateau Marmont in Hollywood oder das Hotel Atlantic in Hamburg abfotografiert und mit dem #Panikherz versehen (vgl. Abb. 2 und 3). Die exklusive Form der persönlichen Buchempfehlung, wie sie im Blurb zum Ausdruck kommt, ist also unter den Bedingungen von Instagram zu einer allgemeinen Praxis geworden. Nicht nur kann jetzt jeder Empfehlungen aussprechen, sondern es gibt auch eine relativ hohe Chance, dass der Autor selbst diese Empfehlungen likt, teilt und kommentiert. Auf diese Wiese wird eine affektive Verbindung zwischen dem Autor und seinen Fans gestiftet.

Auch wenn diese medialen Rahmenbedingungen sicher nicht die alleinige Ursache für Stuckrad-Barres Hinwendung zu einem inklusiven, affirmativen Freundschaftskonzept und seiner Verabschiedung der Ironie sind, ist doch

31 Post von Benjamin von Stuckrad-Barre: Hazel Brugger – „Ich lese den beiden einfach gerne zu […]“, 10.12.2020, unter: https://www.instagram.com/tv/CIoS2pTInaV/?igshid=YmMyMTA2M2Y%3D, zuletzt aufgerufen am 26.12.2022.

Abb. 1: Leserpost (© @malus.booksss).

bemerkenswert, wie passgenau sich seine Bekenntnisschrift in die soziale Logik von Instagram und die literarische Kultur der digitalen Gegenwart fügt. Stuckrad-Barre hatte von Beginn an ein ausgeprägtes Gespür für das Zusammenspiel von autofiktionalem Erzählen, popkultureller Inszenierung und medialer Vermarktung. So wie der distanzierte Ironiker von *Soloalbum* zu einer Popkultur passte, die sich vom etablierten Literaturbetrieb abgrenzte,

Abb. 2: An den Schauplätzen des Geschehens I: Chateau Marmont (© @thomas_weiler).

indem sie auf die exklusive Bestätigung durch gleichgesinnte Multiplikatoren und Meinungsmacher setzte, so fügt sich *Panikherz* in eine Rezeptionskultur, die auf gegenseitiger Affirmation und der inszenierten Echtheit des Gefühls basiert: Kaum ein Begriff hatte in den Debatten über Gegenwartsliteratur

Abb. 3: An den Schauplätzen des Geschehens II: Hotel Atlantic (© @biabargeld).

während der letzten Jahre derart Konjunktur wie Authentizität.[32] Gab es in der Popliteratur der 1990er Jahre starke Vorbehalte gegenüber dem Glauben an die Echtheit des Gefühls,[33] so wurden die Werte der ‚Echtheit' und

32 Vgl. Christian Dinger: Die Aura des Authentischen. Inszenierung und Zuschreibung von Authentizität auf dem Feld der deutschsprachigen Gegenwartsliteratur. Göttingen 2021, S. 11.

33 Vgl. Christoph Rauen: Schmutzige Unterhose wird sauberer Büstenhalter. Zur Überwindung von Postmoderne und Pop bei Christian Kracht, in: Johannes Birgfeld, Claude D. Conter (Hg.): Christian Kracht. Zu Leben und Werk. Köln 2009, S. 116-130, hier S. 119.

Aufrichtigkeit spätestens in den 2010er Jahren rehabilitiert. Der Wunsch, dass „Aussage und Aussager […] identisch sind“[34], hat zur Popularität eines Typs oder sogar Genres der autofiktionalen Bekenntnisschrift geführt, die auch *Panikherz* repräsentiert.[35]

Stuckrad-Barres autobiografischer Roman bedient den Diskurs um Authentizität und Echtheit, ohne dass der Autor seine Darstellungs- und Erzählverfahren dabei grundsätzlich verändert hätte. Eher kann man von einem Remix sprechen. Die Techniken der Klassifikation, der Typologisierung und der Beschreibung von Alltagsphänomenen werden aufgegriffen, variiert und in neue Deutungszusammenhänge eingebettet. Vor allem aber wird die subjektive Position des Erzählers, der seine Umwelt beobachtet und beurteilt, instabil. Während in der Popliteratur der 1990er Jahre die souveräne Perspektive des Ironikers allenfalls latent gebrochen ist, wird diese Brechung in *Panikherz* manifest. Ein Ankommen in der Echtheit des Gefühls ist hier, anders als in den 1990er Jahren, wieder denkbar geworden. In der kollektiven digitalen Rezeptionskultur wird diese Ankunft bestätigt und zelebriert. *Panikherz* ist, so gesehen, Paradigma einer neuen Popliteratur im Zeitalter der sozialen Medien.

---

34 Samuel Hamen: Geplagt von der Wahrheit. In der Gegenwartsliteratur wird derzeit das Authentische gefeiert, das Wahre und das Echte. Aber was sollte Vorrang haben? Das Leben oder die Lettern?, in: Die Zeit, 12.06.2017, unter: https://www.zeit.de/kultur/literatur/2017-06/authentizitaet-gegenwartsliteratur-knausgard-romane, zuletzt aufgerufen am 23.10.2022.

35 Vgl. Michael Multhammer: Der frühneuzeitliche Popliterat. Benjamin von Stuckrad-Barres Bekenntnisse, in: Merkur 70/H. 12 (2016), S. 6-71.

Michael Multhammer

„… ins Licht!" Schreiben unter den Bedingungen von Popularität. Benjamin von Stuckrad-Barres *Panikherz* als Beispiel

Abstract: The following article deals with writing under conditions of popularity. Popularity is to be understood as a person, a work of art or an artefact that attracts the attention of many. The thesis is as follows: Under the conditions of popularity, the object in question changes itself and is no longer perceived in the same way as before. This accompanying transformation can also be claimed for the side of the producer. These circumstances are discussed on the basis of Benjamin von Stuckrad-Barre's novel *Panikherz*.

Keywords: novel, popularity, popular writing, transformation

Benjamin von Stuckrad-Barres Erscheinen seines ersten Romans – *Soloalbum* aus dem Jahr 1998 – war, glaubt man der Aussage des Autors,[1] von einem veritablen Bubenstück begleitet:

> Natürlich gab es für einen Debütroman keine BUNDESWEITE BAUZAUN-PLAKATIERUNG, also musste ich mir etwas einfallen lassen. Ich rief den deutschen PRODUKTMANAGER von Oasis an, wir hatte uns bei irgendeinem Musikbranchengelage kennengelernt, und der veröffentlichte nun ein Album mit B-Seiten von Oasis. Da habe er Glück, informierte ich ihn, die B-Seiten von Oasis würden in meinem Buch nämlich EXPLIZIT gelobt, er dürfe MEINETWEGEN das Zitat in Anzeigen verwenden. Und so wurde – eigentlich mein GESELLENSTÜCK als Produktmanager der Herzen – in einer Oasis-Anzeige

---

1 Genau genommen müsste man hier wohl vom ‚Erzähler in *Panikherz*' sprechen. Diese spezifische Differenz ist immer mitzudenken, wenn von Stuckrad-Barre hier als Autor und Erzähler von *Panikherz* gesprochen wird. Beide Instanzen sind zu unterscheiden, auch wenn diese Unterscheidung nicht immer trennscharf zu benennen sein wird.

> mein Buch beworben. Die Platte hieß ‚Masterplan'. Ich hatte auch einen: ins Licht![2]

Der hier so eindeutig ausgesprochene Plan – ‚ins Licht' – zielt schlicht auf Popularität. Es geht, das macht die Metaphorik deutlich, um die große Bühne; Ziel ist es, aus dem Schatten heraus und ins Rampenlicht zu treten. Dieses Bekanntwerden scheint eine Voraussetzung für alles Kommende zu sein, denn es geht ja gerade nicht darum, etwa sich Leser:innen zu wünschen, von der etablierten Literaturkritik gefeiert zu werden, einen Sieg beim Bachmann-Preis oder um sonstige Würden, die im literarischen Feld zu erringen wären. Vor der eingangs zitierten Passage wurde das bereits explizit: „Mein Buch erschien, es gab erste Verrisse, [Harald, Anm. MM] Schmidt sagte: Großartig, vom Spiegel verrissen, von Aspekte gelobt, besser geht's doch gar nicht" (PH, S. 192).

Ich möchte im Folgenden einige Überlegungen anstellen, was es heißen könnte, unter den Bedingungen von Popularität zu schreiben und inwieweit sich das auf den Werkcharakter selbst auswirkt. Der Reihe nach wird es also darum gehen, was eigentlich unter Popularität verstanden werden kann und wie Popularität in ganz unterschiedlichen Facetten in *Panikherz* selbst verhandelt wird. Dann würde ich gerne eine Differenz eröffnen, nämlich die zwischen Bestseller schreiben und Bestseller sein, um schlussendlich auf die Auswirkungen auf die Rezeption einzugehen. Die dabei verfolgte These könnte wie folgt lauten: Artefakte, die unter den Bedingungen von Popularität entstehen und rezipiert werden, transformieren das Werk selbst. Als kleinen systematischen Ausblick würde ich dann noch einmal auf diese speziellen Formen der Bedeutungsgenerierung eingehen, die man probeweise als popülarkulturelles Crossmarketing bezeichnen könnte.

1. Populär ist ...

Populär ist, was bei vielen Beachtung findet. Diese auf ein Minimum reduzierte Form einer Definition des Populären hat zwei Implikationen. Erstens, es geht um Quantität, die das Populäre als Wesenseigenschaft ausmacht.

---

2 Benjamin von Stuckrad-Barre: Panikherz. 3. Aufl. Köln 2016, S. 192. Zitate aus diesem Text werden künftig nach dieser Ausgabe unter Angabe des Sigels ‚PH' sowie der Seitenzahl in Klammern im Fließtext nachgewiesen.

Viele müssen es sein, die einem Artefakt, einer Person, einer Inszenierung, einer politischen Meinung und dergleichen Beachtung schenken, ohne dass damit zugleich eine Zustimmung gefordert wäre. Im Gegenteil, man kann sich durchaus ambivalent oder gar ablehnend gegenüber populären Gegenständen verhalten, das ändert aber nichts an der Popularität selbst. Vielmehr würde auch Ablehnung zur generellen Beachtung beitragen, mithin also das Populäre als solches mit generieren. Zweitens, und das hängt unmittelbar damit zusammen, ist diese Definition prima facie wertneutral. Popularität ist also nicht primär eine Eigenschaft, die auf eine etwaige Minderwertigkeit, Warenförmigkeit von Kunst und dergleichen mehr verweist, sondern konstatiert schlicht die Tatsache der Beachtung selbst. Eine qualitative Zuschreibung findet also gerade nicht statt. Mit der Konzentration auf die Quantität kommt ein weiteres Moment in den Blick, nämlich dass Beachtung messbar ist, respektive stets gemessen wird. Kurz: Popularität ist skalierbar, sie lässt sich in Rankings, Charts, Tabellen, Umfragewerten messen und selbst wiederum ausstellen. Es ist dieses Ausgestelltwerden, dass dem Populären einen weiteren Wesenszug hinzufügt, es wird damit jenseits einer qualitativen Beurteilung vergleichbar, und zwar eben in Form von Beachtungsmessung. Das Populäre ist in dieser Hinsicht im Stande, bisherige Leitdifferenzen, etwa in der Kunst diejenige von Hochkultur und Populärkultur als einer eben gerade minderwertigen Form, zu unterlaufen – mit weitreichenden Konsequenzen. Es ist nicht nur so, dass Formen des Hochkulturellen sich längst selbst einer Logik des Populären bedienen, die Elbphilharmonie zählt selbstredend ihre Besucher; ebenso werden etwa Kunstaustellungen oder Theaterinszenierungen danach klassifiziert, welche die erfolgreichsten, meistbesuchten oder am längsten laufenden sind. Im Umkehrschluss ergibt sich daraus zweierlei: Zum einen kommt es zu einer Umkehr der Beweislast. Hochkultur, die wenig oder kaum beachtet wird, muss sich rechtfertigen, warum sie nicht populärer ist. Zum anderen verlieren traditionelle Gatekeeper für die Bastionen der Hochkultur, etwa das Feuilleton, ihren ausschließenden Einfluss.[3] Sie können zwar nach wie

3 „Hinterher [nach dem Beachtungserfolg, es auf eine Bestsellerliste geschafft zu haben, Anm. MM] gibt es natürlich einen Berichtszwang. Kein noch so vornehmes Feuilleton kann es sich heute noch erlauben, außergewöhnlich erfolgreiche Bücher zu ignorieren. Die Orientierung an Bestsellerlisten, deren jeweilige

vor festhalten, dass etwas von minderer Qualität sei, nicht jedoch können sie Einfluss auf die Popularität dieser Artefakte nehmen. In diesem Sinne: Auch der Verriss einer literaturkritischen Institution trägt zur Popularität bei. Es kommt in der Folge zu einer Entgrenzung des Populären.

Plastisch wird diese Ohnmacht gleich zu Beginn von *Panikherz*. Bereits im ersten Kapitel wird ausgestellt, dass die Gatekeeper, hier im wahrsten Sinne des Wortes und in Form eines amerikanischen Grenzbeamten, dem Populären nichts entgegenzusetzen haben. Schon der Einstieg von *Panikherz* markiert dergestalt die Macht des Populären, der sich zu widersetzen nicht länger möglich scheint. Mit Udo Lindenberg – brabbelnd und trommelnd, die Zigarre im Nichtraucherbereich nur auf Hüfthöhe abgesenkt, „das ist sein Kompromissangebot" (PH, S. 11) – bricht sich das Populäre im wahrsten Sinne des Wortes Bahn und überwindet eine unter diesen Voraussetzungen, „seinen Wikipedia-Eintrag szenisch [vortanzend]" (PH, S. 12), scheinbar unüberwindbare Grenze:

> Ich höre Udo sagen, er sei von Beruf Udo Lindenberg, diesen Beruf gebe es nur einmal auf der Welt, Udo, nicht Ufo, wobei, so sicher könne man da gar nicht sein, denn er sei eigentlich, heimlich, aber das dürfe keiner wissen, das entführte Kind von Charles Lindbergh. (PH, S. 12)

Mehr noch, dem Erzähler gelingt es im Windschatten des Populären mitzusegeln. Er wird von dem Grenzbeamten mit „Guantanamo-Blick" (PH, S. 12) nach der Frage, „ob [er] zu dem gehöre" (PH, S. 14), einfach durchgewunken. Bereits der Beginn von *Panikherz* verweist also unmittelbar auf die Macht des Populären.

2. Verhandelte Popularität

Popularität wird in *Panikherz* in ganz unterschiedlichen Formen und Spektren verhandelt und immer wieder eben auch ausgestellt. Diese Thematik

---

Besetzung ja nicht zuletzt das Netz und die Buchhandlungen mit besonderer Sorgfalt ausstellen, ist zu groß geworden" (Jens-Christian Rabe: Allgemeinplatzhirsche. Über Bestsellerkritik, in: Steffen Martus, Carlos Spoerhase (Hg.): Gelesene Literatur: Populäre Lektüre im Zeichen des Medienwandels. (TEXT + Kritik Sonderband). München 2018, S. 197-205, hier S. 197).

ist so omnipräsent, dass einige – hoffentlich schlagende – Beispiel genügen müssen.

An erster Stelle ist natürlich an die Biographie Lindenbergs zu denken, dessen Leben als eine Abfolge von Erfolg und Scheitern, von herausragenden und schwachen Platten, von Aufstieg und Abstieg nachvollzogen wird. Es ist der Erzähler selbst, der am Beginn seiner musikjournalistischen Karriere fleißig schreibend an diesem Aufstieg und Fall teilnimmt, dennoch aber in Rückschau bekennen muss, sein Idol gottlob nicht nachhaltig beschädigt zu haben. Udos Popularität bleibt – trotz oder gerade wegen all der Häme, die sich über ihn ergießt – konstant, er präsent und im ‚Licht'. Bei aller zeitweisen Unpopularität seiner Platten kommt es doch zu keinem Moment dazu, nicht-populär zu sein. Der Erzähler, Ende der Siebzigerjahre geboren, ist mit seinem Lindenberg-Fantum ohnehin schon immer unpopulär gewesen, weil schlicht der falschen Generation angehörig.

Diese Fixierung auf Zeitangemessenheit und Popularität wird im Buch durchgehend als Maßstab für künstlerische Wertigkeit und Erfolg präsentiert. Es geht um Skalierbarkeit von gleichermaßen Beachtung wie Erfolg, so ist Max Martin natürlich der „zurzeit erfolgreichste […] Popproduzent […] der Welt. Gut, zwei Typen gibt es, die mehr Nummer-1-Hits hatten als er, aber das sind zwei Namen, hinter denen sich einzufinden einem Musiker jetzt nicht direkt das Selbstbewusstsein schmälert: Lennon und McCartney" (PH, S. 62). Hier ist alles vereint, womit die Popularität zu tun hat: Superlative, Beachtung, die Ausstellung des Erfolgs in der Liste und schlussendlich das Ranking. Ob die von Martin produzierten Songs in einem klassischen Sinne künstlerischen Wert besitzen, wird nicht thematisiert, wobei man sowohl bei *Oops!… I Did It Again* (Britney Spears) oder *It's my life* (Bon Jovi) ja durchaus berechtigterweise nachfragen könnte. Aber darum geht es eben längst nicht mehr. Das kann man auch von den ganz Großen lernen:

> Gottschalk ist gerade erst aus Deutschland zurückgekommen, er hatte dort zu tun mit der Veröffentlichung seiner Autobiographie, die zu seinem 65. Geburtstag erschienen ist, und mit einer großen Geburtstagssendung. Das Buch war sieben Wochen auf Platz eins der Bestsellerliste, die Geburtstagsshow hatte sechs Millionen Zuschauer, in der kommenden Woche sei sein Buch nur noch auf Platz 2, verdrängt von Todenhöfers ‚Inside IS'; diese Erfolgskennzahlen lässt er beiläufig fallen, und das verblüfft mich ja auch bei Udo immer so, dass diese wirklich Großen, diese Ikonen, die längst bei Madame Tussauds stehen und denen doch

> eigentlich alles egal sein könnte, weil sie jahrzehntelang die größten Erfolge hatten, das gerade die ganz genau und jederzeit scannen, wie es um ihre Wirkung und ihre aktuelle Ruhmeskommerzialität bestellt ist. (PH, S. 517)

An der eigenen Ruhmeskommerzialität muss Stuckrad-Barre in *Panikherz* jedoch noch weiterarbeiten; so ist er doch nicht so populär, dass Informationen zu ihm ohne weiteres zu finden wären: „Ellis schrieb relativ unvermittelt, er habe gerade versucht mich zu googlen, er habe ‚crazy german writer benjamin' eingetippt, mich aber nicht gefunden" (PH, S. 392). Mit dieser Suchanfrage – man kann es sich denken – landet man bei Benjamin Lebert und seinem Roman *Crazy*. „Tja, schrieb ich zurück, er solle mal ‚Kokain' oder ‚Anke' dazu schreiben, meine beiden größten Romanerfolge, dann würde er mich schon finden" (PH, S. 392). Auch das ist eine Lektion in Popularität, denn diese neuen Suchanfragen führen natürlich mitnichten zu literarischen Werken Stuckrad-Barres, sondern im ersten Falle zu einem *FAZ*-Artikel von Georg Diez mit dem sinnigen Titel *German Psycho* aus dem Jahr 2004, wo Stuckrad-Barres Kokainsucht thematisiert wird.[4] Das zweite hinzuzufügende Suchwort führt zu einem Bericht des *Spiegels*, der Stuckrad-Barres vermeintliches Verhältnis zu der Moderatorin und Comedian Anke Engelke behandelt. Boulevard statt Feuilleton.[5]

Ein letztes Beispiel, das hoffentlich noch einmal ganz eindrücklich zeigt, dass sich der Wert primär in der Popularität bemisst:

> Täglich ließ ich mir die AUSLASTUNG meiner Tournee durchgeben, also zu wie viel PROZENT die jeweiligen Auftritte im Vorverkauf schon ausverkauft waren. Alles unter 100 Prozent machte mich nervös, es war absolut lächerlich. Eine völlig neue Sicht auf die Deutschlandkarte: Was ist da los mit Magdeburg und Wuppertal, und ihr, Bürger von Fulda, was kann ich tun? Da wird es der Fernsehauftritt bringen! So in etwa dachte ich. Mir war das alles sehr wichtig, mein Seelenheil war direkt und alleiniglich gekoppelt an diese Prozentzahlen, daran konnte ich mich festhalten, 100 Prozent hieß: du bist ein guter Junge, alle in der und der Stadt mögen dich. (PH, S. 217f.)

---

4 https://www.faz.net/aktuell/feuilleton/benjamin-von-stuckrad-barre-german-psycho-1161769.html [Datum des letzten Zugriffs: 21.10.2022].

5 https://www.spiegel.de/panorama/promi-paare-anke-engelke-liebt-benjamin-von-stuckrad-barre-a-229128.html [Datum des letzten Zugriffs: 21.10.2022].

Literarische Wertigkeit und Selbstwertgefühl hängen strikt an der Messbarkeit von Popularitätsindikatoren, oder wie es der Erzähler wenig später konzentriert auf den Punkt bringt: „Hundert Prozent Lesesaalauslastung, ein Prozent Fett – das ist Glück" (PH, S. 223).

3. Bestseller schreiben – Bestseller sein

Einen Bestseller zu schreiben ist wahrlich schwer genug und häufig, das weiß die Branche am besten, auch nicht kalkulierbar. Freilich gibt es Elemente ‚erfolgreichen' Schreibens, Plotstrukturen und Erzählweisen, die eine hohe Resonanz wahrscheinlicher machen, garantieren kann man den Erfolg indes nicht.[6] Dass ein Debüt zu einem Bestseller wird, ist in der Summe der Neuerscheinungen sehr unwahrscheinlich. In erster Linie dürfte das auch daran liegen, dass aus sehr geringer Beachtung eines Werkes eine sehr hohe Beachtung (viele kaufen und u. U. lesen dieses Buch) werden muss. Deutlich leichter scheint es zu sein, Bestsellererfolge zu wiederholen.[7] Als Startkapital verfügt man nämlich bereits über eine gewisse Popularität, die man dazu nutzen kann, noch populärer zu werden.[8] Das

---

6 „Bestseller sind keine isolierten Ereignisse. Sie stehen in vielfältigen gesellschaftlichen Bezügen und Abhängigkeiten. Das Geheimnis ihres Erfolges liegt nicht einfach und nicht allein im Buch und noch weniger im Autor – und auch nicht bloß in den Lesern und ihren Erwartungen, sondern im Zusammentreffen von Buch und Leserschaft und einem gemeinsamen Dritten, auf dem sie beruhen: Das ist der historische Boden, der Augenblick, die gesellschaftliche Stimmung. Der Erfolg erlaubt deshalb nur wenige Rückschlüsse darauf, wie ein Bestseller gestrickt sein muss. Es gibt keine Bestseller-Formel" (Jörg Magenau: Was Bestseller zu Bestsellern macht. Daniel Kehlmanns *Die Vermessung der Welt*, in: Fabian Lampart et al. (Hg.): Daniel Kehlmann und die Gegenwartsliteratur. Dialogische Poetik, Werkpolitik und Populäres Schreiben. Berlin, Boston 2020, S. 369-390, hier S. 370).

7 Jörg Magenau hat das natürlich im Blick, aber es mangelt ihm an einem Gespür für die Bedeutung von Popularität in diesem Zusammenhang, dennoch, die Beobachtung ist zunächst einmal die gleiche: „Bücher, die sich gut verkaufen, schaffen es auf die Bestsellerlisten, aber haben Sie es dorthin geschafft, verkaufen sie sich noch viel besser" (Magenau (Anm. 6), S. 376).

8 Siehe hierzu auch meine kurzen Überlegungen im Blog ‚Prätendierte Popularität als Popularitäts-Generator'. https://sfb1472.uni-siegen.de/publikationen/praetendierte-popularitaet [Datum des letzten Zugriffs: 21.10.2022].

Siegel ‚*Spiegel*-Bestseller', das ja nicht nur einem einzelnen Werk zukommt, sondern auch zur Bezeichnung eines Autorsubjektes verwendet wird, ist eine gute Ausgangsbasis, um in den Listen der Meistverkauften auch weiterhin oben mitzuwirken respektive überhaupt auf ihnen zu erscheinen.

Christian Adams weist auf die Bestseller-Definition von Irene Seligo hin,[9] nach der ein Bestseller „ein durch überwältigenden Erfolg aus dem Gedränge der Neuerscheinungen einer modernen Verlagssaison herausgehobenes Buch"[10] sei. Diese Definition bezog sich ursprünglich auf *Vom Winde verweht* und erschien in einer Rezension bereits 1937, also noch vor der Institutionalisierung solcher Rankings wie einer Bestsellerliste.[11] Am Kern ändert sich wenig, auch heute noch ist ein Bestseller selbstredend ein solch ‚überwältigender Erfolg', allerdings kommt mit der Erfassung dieses Erfolges und seiner Ausstellung in Form von Bestenlisten eine Komponente hinzu: die Möglichkeit der rekurrenten Verstärkung. Erst auf dieser Grundlage ist es möglich, dass Popularität erneut Popularität generiert oder zu deren erneutem Ausgangspunkt wird.

Hält man sich diese Umstände vor Augen, wirft das noch einmal ein neues Licht auf die eingangs zitierte Passage aus *Panikherz*. Denn

---

9 Christian Adam: Nach zwei Jahren spricht von diesem Buch kein Mensch mehr. Kurzer Ruhm und langes Leben zwischen Bestsellerliste und Longsellerdasein, in: Steffen Martus, Carlos Spoerhase (Hg.): Gelesene Literatur. Populäre Lektüre im Zeichen des Medienwandels. (TEXT + Kritik Sonderband). München 2018, S. 21-30, hier S. 21.

10 Irene Seligo: Vom Winde verweht. Die Geschichte eines Best Seller, in: Literaturblatt der ‚Frankfurter Zeitung', 05.12.1937, S. 12.

11 Dass das Ausgestelltwerden in Bestenlisten, zumal in jenen, die rein quantifizierend verfahren, durchaus ambivalent betrachtet wird, hält Steffen Martus fest: „Das Ranking ist ein fester Bestandteil in der Rede über Literatur, wie etwa der erfolglose Versuch zeigt, die Öffentlichkeit gegen die Listen der Buchmessenpreise zu mobilisieren. Entsprechend darf man als Autor stolz darauf sein, Bestseller zu schreiben. Und umgekehrt könnte dies ein Indiz dafür sein, dass gerade jene hochkulturellen Deutungsschemata in die Krise geraten sind, die das viel verkaufte Buch unter den Generalverdacht der Trivialität und Anspruchslosigkeit stellen" (Steffen Martus: Für alle meine Freundinnen. Multimediales Marketing von Bestsellern am Beispiel von Susanne Fröhlich, in: ders., Carlos Spoerhase (Hg.): Gelesene Literatur. Populäre Lektüre im Zeichen des Medienwandels. (TEXT + Kritik Sonderband). München 2018, S. 261-278, hier S. 264).

Stuckrad-Barre wird zum Bestseller, indem er eigene Popularität lediglich prätendiert.[12] Er bewirbt mit einem Blurb auf der Platte seinen Debütroman *Soloalbum* und profitiert damit von Popularität der englischen Indie-Band Oasis. Er selbst ist zu diesem Zeitpunkt ein literarischer Nobody, seine relativ geringe Bekanntheit gründet einzig in seinem Musikjournalismus. Es ist also deutlich mehr als das selbst zugestandene ‚Gesellenstück als Produktmanager', sondern offenbart vielmehr die Logik eines Schreibens unter den Bedingungen von Popularität. Wenn der Verriss im *Spiegel* eben so viel – oder vielleicht sogar noch mehr – wert ist wie eine lobende Besprechung in *Akzente*, dann ist der gemeinsame Schnittpunkt beider Besprechungen, dass sie Beachtung erzeugen und damit die Bedingungen der Möglichkeit ‚populär zu sein' oder ‚populär zu werden' zuallererst schaffen. Nämliches gilt für das ‚Gesellenstück'. Würde man versuchen, das allein anhand von ökonomischen Erwägungen und unter Marketing-Aspekten zu begreifen, verfehlte man die Tragweite des hier deutlich vor Augen gestellten Phänomens.

Denn wie eingangs erwähnt, die bis dato gültigen Bewertungskriterien für Kunstwerke aus dem Bereich der Hochkultur scheinen hier nicht länger zu greifen. Eine Einteilung in high und low culture ist nicht länger die gängige Währung; ob die Werke Stuckrad-Barres nun der Hochkultur oder der Populärkultur angehören, mithin ob sie die Zustimmung oder Ablehnung des Feuilletons und vergleichbarer Leitmedien erringen, ist sekundär im Vergleich zu ihrer Reichweite. Die alternative Opposition zu Hoch- und

12 Matthias Schaffrick unterscheidet drei Typen von Bestsellern, die sich aus der Kombination von Popularität und Autorität ergeben: 1. das Siegfried-Lenz-Modell, gekennzeichnet als Popularität durch literarische Autorität; 2. das Wolfgang-Herrndorf-Modell, beschreibbar als Autorität durch Popularität sowie ein weiteres, 3. Modell, dem Helmut Schmidt Pate steht: Popularität durch (außerliterarische) Autorität. Ich denke, dass Stuckrad-Barre hier – mindestens zu Beginn seiner Karriere, aber wohl auch noch aktuell – quer zu diesen Modellen steht, indem er Autorität generiert, weil er Popularität zunächst prätendiert, bevor diese dann tatsächlich erreicht. Vgl. Matthias Schaffrick: Paratext Bestsellerliste. Zur relationalen Dynamik von Popularität und Autorisierung, in: Martin Gerstenbräun-Krug, Nadja Reinhard (Hg.): Paratextuelle Politik und Praxis. Interdependenzen von Werk und Autorschaft. Wien 2018, S. 71-90, die Überlegungen zu den Modellen ab S. 86.

Volks- oder Massenkultur, die immer eine wertende Komponente beinhaltet, ist dann folglich ‚populär' versus ‚nicht-populär'. Selbst wenn die institutionalisierte Literaturkritik für die Autoren der deutschen Popliteratur zunächst nur Verachtung übrighatte, änderte das nichts an deren Popularität, mit der sie dann fernerhin umzugehen hatte. Das führt selbstredend dann auch zu einer fundamentalen Änderung in der Wertigkeitsskala. Wenn die Unterscheidung von high und low culture nicht länger die maßgebliche Bewertungsmatrix darstellt, dann kann Popularität – ganz abgesehen davon, ob das nun wünschenswert sei oder nicht – zu einem Wert *sui generis* werden. Glaubt man Stuckrad-Barres Erzähler in *Panikherz*, dann hat der Autor Stuckrad-Barre das bereits am Beginn seiner Karriere begriffen und sein Handeln und Schreiben konsequent daran ausgerichtet (gemeinsame Lesungen mit Harald Schmidt etwa wären hier nur ein Indiz). So paradox es zunächst klingen mag, Bestseller zu sein, mag nachgerade die notwendige Voraussetzung sein, einen Bestseller zu schreiben. Notfalls muss man eben seine eigene Popularität prätendieren.

Darin mag auch – ein Stück weit zumindest – die mediale Omnipräsenz Stuckrad-Barres begründet sein, denn ganz gleich, ob Interview, Talkshow, Konzertanmoderation oder andere Medienauftritte jenseits klassischer Literatenaufgaben wie Lesung oder Podiumsdiskussion, sie alle generieren in einem ersten Schritt Beachtung. Georg Diez hat das in dem besagten *FAZ*-Artikel bereits messerscharf erkannt: „Öffentlichkeit wurde zu einem Wert an sich. Eine Existenz im Neonlicht. Irgendwann war es nur noch Notbeleuchtung."[13] Die Streuung dieser Beachtungsgenerierung lässt sich eben auch im Falle von *Panikherz* deutlich erkennen, das Buch richtet sich zu gleichen Teilen an die Jünger:innen der älteren und neueren deutschen Popliteratur sowie die Fans Lindenbergs. Anschlussfähig ist das Werk in beide Richtungen, wenngleich die Rezipient:innengruppen ansonsten sehr wahrscheinlich nur eine kleine Schnittmenge haben dürften. Anschlussfähigkeit ist aber gerade eine der Wesenseigenschaften des Neuen Midcults, wie sie Moritz Baßler jüngst zur Diskussion gestellt hat. Er schreibt: „Neu ist, dass die Ingroup-Bestätigungsfigur der ästhetischen Genuinität nicht

13 Diez (Anm. 4).

mehr nur, wie gewohnt, spezielle avantgardistische, weltanschauliche oder nerdige Szenen zusammenschweißt, sondern auch den Mainstream."[14]

Was müsste passieren, um diesen von Baßler hier angesprochenen Mainstream nicht als Werturteil zu lesen? Denn die Formulierung legt das in diesem Zusammenhang nahe – gerade nicht genial und gerade nicht Avantgarde. Aber könnte man sagen, dass ein literarisches Werk an Wert verliert, weil es besonders populär ist? Oder um die Frage noch einmal anders zu formulieren: Ändert sich das Werk (und vielleicht mit ihm der oder die Autor:in) selbst, wenn es populär wird? Wie könnte sich eine solche Transformation ereignen und worin bestünde diese Transformation genauer?

4. Poetik, Rezeption und populärkulturelles Crossmarketing

Dass wir diese Frage im Fach überhaupt diskutieren, also, ob sich der literarische Wert eines Werkes ändert, wenn es zum Bestseller und damit viel beachtet wird, verrät schon eine ganze Menge über unsere normativ vorbelastete Sichtweise auf Literatur. Was viele rezipieren, muss ästhetisch zumindest von fragwürdiger literarischer Qualität sein.[15] Man könnte das den ‚Kehlmann-Effekt' nennen. Doch ist es längst zu einer Umkehr der Beweislast gekommen:

> Maßgeblich für die Ein- und Ausschlüsse besonderer Popularitätsperspektiven sind nicht die Asymmetrien des Hohen und Niedrigen, die Hierarchien zwischen der ‚gepflegten' und der ‚ungepflegten' Semantik, sondern allein die sich historisch wandelnden Beobachtungs-, Inszenierungs- und Mitteilungsmöglichkeiten des Populären.[16]

14 Moritz Baßler: Der Neue Midcult. Vom Wandel populärer Leserschaften als Herausforderung der Kritik, in: POP. Kultur und Kritik. H. 18 (2021), S. 132-149, hier S. 137.

15 Siehe hierzu jetzt auch Michael Multhammer: Vulgär! Zur Logik einer Invektive, erscheint in: Nursan Celik, Sebastian Speth (Hg.): Rezipienten als Richter. Oszillationen zwischen Urteil und Deutung. Stuttgart [2023].

16 Jörg Döring et al.: Was bei Vielen Beachtung findet. Zu den Transformationen des Populären, in: Kulturwissenschaftliche Zeitschrift 6 (2021), S. 1-24, hier S. 5.

Valorisierungen werden auf Grundlage von Beachtungserfolgen vorgenommen, was einerseits die Geltungsansprüche neu sortiert und zugleich auch unmittelbare Auswirkungen auf ästhetische Erfahrungen selbst hat:

> Was so eigens als populär ausgewiesen wird – und dies gilt für alles, wenn es Beachtung findet und diese Beachtung gemessen, relationiert und popularisiert wird –, unterliegt unweigerlich einer Transformation und wird dann anders betrachtet: Denn es macht einen Unterschied, ob und wie ein Film, ein Roman, eine Oper, ein Konsumprodukt, eine Politikerin, eine Universität in den Charts, Rankings, Tabellen und Listen rangiert. Über die Qualität oder Originalität des solcherart gemessenen Populären ist damit nichts gesagt, sondern allein über den nachweislichen Erfolg in heterogenen, auch ästhetischen Bewertungsregimen.[17]

Um das wieder auf die Literatur zurückzuführen: Die Warenförmigkeit eines literarischen Werkes wird uns vielleicht nur bewusster, wenn der kleine rote Aufkleber ‚*Spiegel*-Bestseller' auf dem Cover prangt. Gerade in der Hinsicht könnte man mit Adorno feinste Kulturkritik betreiben, die Massenkultur anprangern und über den Geschmack der Vielen zu Gericht sitzen.[18] Aber das führt zu nichts, zumindest zu nichts Neuem.

Lohnender scheint es mir zu fragen, welche poetologischen Grundlagen ins Feld zu führen sind, wenn man sich dieser Umstände – einem Schreiben unter den Bedingungen von Popularität – bewusst ist und sich ihnen folgerichtig unterwirft. Ich denke, dass Stuckrad-Barre mit *Panikherz* einen herausragenden Beitrag zu einer solchen Poetik liefert, insofern er seinen Leser:innen einen popästhetisch grundierten Rezeptionsgenuss ermöglicht, eben genau das, was Jochen Venus einmal sehr treffend „spektakuläre Selbstreferenz"[19] genannt hat. Denn was der Protagonist in *Panikherz* vorlebt, kann der oder die Leser:in wiederholen: „Vermöge der Poperfahrung sind Personen souverän, auf welche Werbung sie hereinfallen, welchen kollektiven Liebhabereien sie sich anschließen und welchen Marken sie ohne jeden Grund die Treue halten."[20] Das, denke ich, ist hier offensichtlich, man kann mit dem Protagonisten seine alten Band-Shirts sichten,

---

17 Ebd.

18 Hierzu Multhammer (Anm. 15).

19 Jochen Venus: Ausnahme Pop. Über die Unwahrscheinlichkeit einer besonderen ästhetischen Erfahrung, in: LiLi. Zeitschrift für Literaturwissenschaft und Linguistik 46 (2016), S. 333-347, hier S. 340.

20 Ebd., S. 338.

Udos Platten hören und sich noch einmal an die durchzechten Jahre seiner Adoleszenz erinnern, *Wetten dass ...?* aufleben lassen und sich dabei nicht einmal als Konsument zu fühlen: „Vermöge der Poperfahrung gelingt es Personen, den entwürdigenden Mechanismen der technologischen Vollkonditionierung des modernen Konsumverhaltens zu entgehen.“[21] Mit der Wahl des Bestsellers *Panikherz* habe man als Leser:in genau eine solch souveräne Entscheidung getroffen.

Konsequent und in der Logik der Sache auch stringent ist vor diesem Hintergrund Stuckrad-Barres Autorinszenierung. Seine Lesungen auf dem Rockliner[22] – einer Kreuzfahrt auf der Lindenberg mit dem Panikorchester für die Show an Bord sorgt – fügen sich passgenau in ein Konzept von Popularität ein, dessen Grenzen über das eigentliche Werk in Buchform längst hinausgehen. Gemeinsame Lesungen mit Harald Schmidt, Lebenshilferatgeber mit dem Schweizer Bestsellerautor Martin Suter, kumpelhafte Selfies mit dem Bundesgesundheitsminister Karl Lauterbach auf Instagram,[23] das alles folgt einem clever und sauber choreografierten Code. Dirk Niefanger hat in diesem Sinne von einer „Selbstinszenierung als Paratext“[24] gesprochen, wobei der „symbolgeladene [...] Habitus“ des Autors ganz selbstverständlich zur „Platzierung der Literatur im kulturellen Feld“[25] beiträgt. Was einmal funktioniert, dass lässt sich auch wiederholen oder am Ende gar verdoppeln.

Eine Poetik der Popularität manifestiert sich eben auch in den Paratexten, insbesondere im Autorsubjekt selbst und in seinen realen Verbindungen, die damit anschlussfähig und zum Kontext werden. Man könnte daher

---

21 Ebd.

22 Vgl. dazu grundlegend den Beitrag von Jasmin Plewka in vorliegendem Buch.

23 Zur Instagram-Inszenierung und -Vermarktung Benjamin von Stuckrad-Barres vgl. grundlegend den Beitrag von Alexandra Schütte in vorliegendem Buch.

24 Dirk Niefanger: Provokative Posen. Zur Autorinszenierung in der deutschen Popliteratur, in: Johannes G. Pankau (Hg.): Pop. Pop. Populär. Popliteratur und Jugendkultur. Bremen usw. 2004, S. 85-101, hier S. 87.

25 Dirk Niefanger: Etwas anderes tun. Symbol und performance in der deutschen Popkultur, in: Frauke Berndt, Christoph Brecht (Hg.): Aktualität des Symbols. Freiburg im Breisgau 2005, S. 329-343, hier S. 337.

von popkulturellem Crossmarketing[26] sprechen, das sich aber nicht allein auf ökonomischen Erfolg reduzieren lässt. Denn nicht absolute Verkaufszahlen sind das primäre Ziel, sondern Beachtung in möglichst vielfältiger Weise, die sich dann selbstredend in einem zweiten Zug auch in Verkaufs- und Absatzzahlen niederschlägt. Die Formel scheint dabei vergleichsweise simpel: Man nehme zwei populäre Autor:innen, Bands, Moderator:innen, Politiker:innen und sorge dafür, dass sich deren Popularität gegenseitig und wechselweise verstärkt. Mitunter entstehen dadurch auch neue Produkte. *Panikherz* gibt es dann nicht nur als gedrucktes Buch und vom Autor selbst gelesenen Hörbuch, sondern als „Live-Dokument“[27] auch die Lesung mit der Musik von Clueso.[28] Einen geradezu paradigmatischen Rezeptionsverlauf popkulturellen Crossmarketings liefert der Nutzer ‚frankzdeluxe‘ in seiner Amazon-Rezension dieses Live-Mitschnitts. Unter der Überschrift *Einfach ein grandioses Werk! Sehr Hörenswert!* steht zu lesen:

> Nach dem Hören des Podcasts ‚Hotel Matze‘ mit Benjamin von S-B als Gast, war ich so begeistert von dem Gespräch, das auch die Freundschaft zum Sänger Clueso beinhaltete, dass ich mir diese CD bestellte. Auf einer längeren Autofahrt legte ich sie ein und war von Beginn an begeistert! Das ist keine Lesung, das ist bestes Live-Entertainment. Schon das Opening, großartig, so als wäre man in Frankfurt in der Halle in der ersten Reihe dabei. Und dann beginnt es auch schon mit der großartigen Szene, wie Udo Lindenberg und ‚Stuckiman‘ beide mit Hüten auf nach USA reisen und dort vom Grenzbeamten interviewt werden. Wie Benjamin von S-B die Szene nachspielt und auch Udo L. perfekt intoniert, das ist einfach grandios. Und es geht so weiter. Ein Happening, ein Hörgenuss - auch die Musik von Clueso dazwischen. Die CD ist jeden Euro wert, ich bin begeistert![29]

Das Programm einer Beachtungsmaximierung scheint aufzugehen, hier wird offensichtlich ein Clueso-Fan erfolgreich attrahiert. Und selbst das Feuilleton kann sich der Logik der Beachtungsmaximierung nicht länger

26 Schon Steffen Martus spricht im Zusammenhang mit Formen der „Frauenliteratur“ von einem „Fall von Crossmarketing im Medientransfer“ (Martus (Anm. 11), S. 272).

27 Die Frankfurtnacht: Panikherz. Das Live-Dokument. tacheles!/ROOF Music 2017.

28 Vgl. ebd.

29 Rezension auf Amazon vom 02.09.2020. https://www.amazon.de/Die-Frankfurtnacht-Panikherz-Das-Live-Dokument/dp/3864844657 [Datum des letzten Zugriffs: 27.05.2022].

entziehen, wenn es seine ureigenen ästhetischen Bewertungskriterien wohlfeil über Bord des Udo-Partydampfers wirft. In einer Besprechung des *Spiegels* heißt es dazu zum Livemitschnitt:

> Benjamin von Stuckrad-Barre stand auf Platz eins der Bestseller-Liste, seine Lesereise war fast durchweg ausverkauft. Er, ein Ex-Kokainjunkie und Essgestörter, wurde schwer gefeiert – und das zu Recht. Er hat mit seinem Buch über sein Leben als Süchtiger viel riskiert, er hat sich selbst zum Zentrum einer Erzählung erhoben, die eigentlich ein Entwicklungsroman unserer Zeit ist und zugleich eine furios geschriebene Krankenakte... Ein Sprung ins Nichts – der sein Publikum bezauberte.[30]

Hier versammeln sich beinahe alle angesprochenen Aspekte in nuce: Platz 1, Bestseller, ausverkaufte Veranstaltungen, Publikumserfolge (‚schwer gefeiert') – zu Recht, es gilt offensichtlich das Prinzip der Akklamation durch Viele. Werbung und Rezension werden hier eins. Und die logische Folge ist demnach auch, dass die *Spiegel*-Besprechung zugleich zum Klappentext wird. Die beste Werbung ist die Ausstellung des eigenen Erfolges, denn die Mission war von Anfang an klar: ‚... ins Licht.' Im gleichen *Spiegel*-Artikel heißt es – sprachlich etwas ungelenk – nun:

> Wenn der Autor sich bei seiner Tour von der Bühne fallen ließ, wurde er aufgefangen, von den Fans durch die Halle getragen und wieder auf die Beine ganz vorn im Scheinwerferlicht gestellt.[31]

Jetzt aber: Licht aus.

---

30 Der Ausschnitt stammt aus Thomas Hüetlin: Mehr Glanz, mehr Geld, mehr Drogen!, in: LITERATUR SPIEGEL 12 (2016). https://www.spiegel.de/kultur/mehr-glanz-mehr-geld-mehr-drogen-a-b8a88566-0002-0001-0000-000148113068 [Datum des letzten Zugriffs: 13.03.2023].

31 Ebd.

Christian Dawidowski

„Leider nur ein Vakuum“: Bekenntnisse der Lust und der Lust am Text in Stuckrad-Barres *Panikherz*

Abstract: The article has it's starting point in the context of 'Bekenntnisliteratur' on the one hand and in the absence of topics, such as women, love, sexuality, and possibly also politics, on the other hand. Stuckrad-Barres *Panikherz* is embedded in the history of literary confessions by authors like Thomas de Quincey, Augustinus, Jean-Jacques Rousseau, Jörg Fauser, and others. It furthermore follows correlations as represented in Roland Barthes' works on desire and pleasure. Obviously, Stuckrad-Barre maintains the deep connection to pop as he – in contrast to examples from the history of 'Bekenntnisliteratur' – doesn't install a sort of *conversio* in his text. Furthermore the protagonist's desire is never satisfied but stays in terms of longing for mere surfaces.

Keywords: Literature of confession, pop literature, Roland Barthes

> Doch ich tat's und tat's mit Lust. (Augustinus)
> ...dass ich überhaupt nichts anderes mehr tat als lesen: ich stahl nicht einmal mehr. (Jean-Jacques Rousseau)
> Verknüpfungen, Querverweise, ich las und las. (Benjamin von Stuckrad-Barre)

Benjamin von Stuckrad-Barre, anerkannter Protagonist der deutschsprachigen Popliteratur, stellte 2016 sein Opus Magnum *Panikherz* als Teil einer umfassenden Werbestrategie und flankiert von zahlreichen medienwirksamen Ereignissen vor. Angesichts einer mittlerweile bereits gut erschlossenen Produktions- und Rezeptionsgeschichte seiner journalistischen und literarischen Vita war diese mediale Selbstinszenierung kaum überraschend;[1] immerhin kennzeichnete ihn Ute Paulokat in der noch immer einzigen Monographie über sein Werk bereits 2006 als „Popliteraten

1 Vgl. Ute Paulokat: Benjamin von Stuckrad-Barre. Literatur und Medien in der Popmoderne. Frankfurt/Main 2006, S. 177ff.

par excellence“ und in diesem Metier als „eine Art Prototyp“ in „massenmedialer Dauerpräsenz“[2]. Die Präsentation und Vermarktung des Buches als Teil einer Tournee von Udo Lindenberg,[3] zahlreiche publicitywirksame Lesungen und Interviews vervollständigten das Bild des Autors, das angesichts von Koelbls Dokumentation *Rausch und Ruhm* (2004) wie auch flankierender Beichten zur Drogensucht und Bulimie in Print- und AV-Medien längst vorgeprägt war. In den Interviews und Lesungen fungierten Zitate aus *Panikherz* als Leitvokabeln, die den „autobiographischen Pakt“ bestätigten und festigten, so beispielsweise das „Vermeiden der Realität“[4] oder die den Schwindel ausleuchtende Mutter (vgl. PH, S. 153) unter anderem 2016 in der Ankündigung von *Panikherz* durch den Bayerischen Rundfunk.[5] Die Kategorien des Erzählers, des impliziten Autors und des realen Autors werden aus Rezipientensicht im Fall von *Panikherz* so fast ununterscheidbar.

Es ist hier nicht der Ort, die literaturwissenschaftliche Rezeption des Werks Stuckrad-Barres zu referieren; zu umfangreich sind mittlerweile Einordnungen in den Kontext der Popliteratur insbesondere seiner frühen Romane (*Soloalbum*, *Livealbum*).[6] Die naturgemäß noch spärliche

2 Ebd., S. 214.

3 Vgl. hier auch den direkten Zusammenhang mit der von Stuckrad-Barre und von Uslar herausgegebenen Anthologie zu Songtexten von Udo Lindenberg: Benjamin Stuckrad-Barre, Moritz von Uslar (Hg.): Am Trallafitti-Tresen. Das Werk von Udo Lindenberg in seinen Texten. Hamburg 2008.

4 Benjamin von Stuckrad-Barre: Panikherz. 5. Aufl., Köln 2021, S. 420. Zitate aus diesem Text werden künftig nach dieser Ausgabe unter Angabe des Sigels ‚PH‘ sowie der Seitenzahl in Klammern im Fließtext nachgewiesen.

5 https://www.youtube.com/watch?v=6NxK15u-IM0 [1.4.2022]. Die Kommentare zeigen, wie perfekt die Schließung des autobiographischen Pakts hier funktioniert: „Du bist ich und ich bin Du. Das Verständnis für Deine Biographie ist so stark, dass es den/meinen Verstand zu zerstören droht“, schreibt ein Nutzer.

6 Vgl. u. a. Moritz Baßler: Der deutsche Pop-Roman. Die neuen Archivisten. München 2002; Thomas Ernst: Popliteratur. Hamburg 2005; Paulokat (Anm. 1); Sandra Mehrfort: Popliteratur. Zum literarischen Stellenwert eines Phänomens der 1990er Jahre. Karlsruhe 2008; Frank Degler, Ute Paulokat: Neue Deutsche Popliteratur. Paderborn 2008. Nach wie vor scheint seine Einordnung in literarische Kanones umstritten; so gibt es beispielsweise in der Edition text+kritik nach wie vor kein Schwerpunktheft zu ihm, und auch in der Reihe KLG extrakt fehlt im Band zur Popliteratur der 1990er und 2000er Jahre (vgl. Christian

Literatur zu *Panikherz* beschreitet vor dem geschilderten Hintergrund oft erwartbare Wege: Zuvorderst finden sich Einordnungen in den bestehenden Kontext der popliterarischen Autor- und Selbstinszenierung,[7] Kommentare zu intermedialen und intertextuellen Werkbeziehungen zur amerikanischen und deutschen Beat- und Popliteratur[8] oder zum Drogengeständnis,[9] Reflexionen über die Konstruktion der Figur Lindenbergs.[10] Darüber hinaus gibt es Einzeluntersuchungen zu Themenkomplexen wie der Einverleibung,[11] romantischer Residuen[12] oder den Schauplätzen des Romans.[13] Im vorliegenden Interesse an Spuren der Lust (auch am Text) im Roman scheinen vor allem zwei Beobachtungen relevant: zum einen die zutreffende Einordnung in den Kontext der Bekenntnisliteratur durch Michael Multhammer,[14] zum anderen das Nichterzählte, nämlich die bereits mehrfach konstatierte und beinahe totale Abwesenheit von Liebesbeziehungen, Sexualität und Frauen im Roman,[15] die Stuckrad-Barre bereits in ersten

---

Dawidowski (Hg.): Popliteratur der 1990er und 2000er Jahre. München 2019) ein Artikel zu seinem Werk.

7 Zu *Rausch und Ruhm* bereits Gerrit Vorjans: Tu Schlechtes und rede darüber. Das Drogengeständnis als Selbstinszenierungspraktik bei Benjamin von Stuckrad-Barre, in: Sabine Kyora (Hg.): Subjektform Autor. Autorschaftsinszenierungen als Praktiken der Subjektivierung. Bielefeld 2014, S. 343-352; Sascha Seiler: Schreiben als intermediales Verfahren. Popmusik als Bedeutungsträger, in: Carsten Gansel, Burkhard Meyer-Sickendieck (Hg.): Stile der Popliteratur. München 2018, S. 63-82; die oben genannten Monografien zur Popliteratur.

8 Zu Bret Easton Ellis so Seiler (Anm. 7).

9 Zu Baudelaire und Jünger so Vorjans (Anm. 7).

10 Vgl. Seiler (Anm. 7); Dirk von Petersdorff: Im Zweifel für den Zweifel. Romantische Weltdeutung in der Gegenwartsliteratur (Herrndorf, Stuckrad-Barre) und in der Popmusik (Tocotronic), in: Frieder von Ammon, Dirk von Petersdorf (Hg.): Lyrik/Lyrics. Songtexte als Gegenstand der Literaturwissenschaft. Göttingen 2019, S. 371-390.

11 Siehe Kai Bremer im vorliegenden Buch.

12 Vgl. Von Petersdorf (Anm. 10).

13 Vgl. Michael Szurawitzki: Schauplätze der Krise. Linguistische Überlegungen zu Benjamin von Stuckrad-Barres Panikherz, in: Acta Germanica 45 (2017), S. 158-169.

14 Vgl. Michael Multhammer: Der frühneuzeitliche Popliterat. Benjamin von Stuckrad-Barres Bekenntnis, in: Merkur 70/H. 12 (2016), S. 67-71.

15 Vgl. Bremer (Anm. 11); Multhammer (Anm. 14), S. 70.

Interviews zum Roman als Pietät und Rücksichtnahme einordnete. Hinzuzufügen wäre möglicherweise eine weitere Leerstelle: das fehlende politische Bekenntnis.

Diese beiden Beobachtungen eint ein paradoxaler Zusammenhang vor dem Hintergrund der Theorie und Geschichte der Bekenntnisliteratur, wie sie vor allem Ulrich Breuer aufgearbeitet hat:[16] Lust und Sexualität, insbesondere eben auch das als „abnorm" empfundene Begehren, spielen in der Geschichte der Bekenntnisliteratur als „typische Normverstöße", als „Transgression"[17] eine zentrale Rolle. Ob es sich dabei um die Ursprünge der Gattung bei Augustinus und Rousseau – auch die der Drogenbeichte bei de Quincey –, die pietistisch motivierte Bekenntnisliteratur bei Moritz oder Goethe oder die Bekenntnisprosa der 1970er Jahre bei Charles Bukowski, Bommi Baumann, Bernward Vesper, Fritz Zorn, Jörg Fauser oder Christiane F. handelt: Meist geht es um eine Verwebung von Bekenntnissen in mehreren Dimensionen des transgressiven, also antisozialen und unkonventionellen, abweichlerisch-devianten Verhaltens, in der Regel aber ist die Sexualität inkludiert, soweit der kontrollierte Tabubruch es zulässt. In der Geschichte der Bekenntnisliteratur – hier verstanden als ein autobiographisches Geständnis einer lebensgeschichtlichen Devianz mit der möglichen Schilderung einer *conversio* – kann die Transgression so

---

16 Vgl. Ulrich Breuer: Bekenntnisse. Diskurs – Gattung – Werk. Frankfurt/Main 2000. Die Bekenntnisliteratur ist nicht als eindeutig identifizierbare Gattung festgeschrieben. Die Übergänge zum psychologischen Erzählen und zur Autobiographie sind fließend, wenn beispielsweise Breuer *Dichtung und Wahrheit* auf der einen, *Felix Krull* auf der anderen Seite als Höhepunkte des literarischen Bekenntnisses identifiziert. Sebastian Meixner (Sebastian Meixner: Bekenntnisliteratur, in: Frauke Berndt, Eckart Goebel (Hg.): Handbuch Literatur Psychoanalyse. Berlin usw. 2017, S. 424-444) erkennt ebenfalls im Werk Goethes einen Höhepunkt des bekennenden Schreibens, wobei nie deutlich wird, wo die Grenzlinien zwischen Rollenprosa und Autobiographie liegen. So werden der Erzählerstatus (und der des impliziten Autors) und die Funktion des autobiographischen Pakts kaum reflektiert, wenn die ‚schöne Seele' mit Susanna von Klettenberg identifiziert wird. Breuer (Anm. 16), S. 151 definiert das Bekenntnis als die „Präsentation transgressiver Individualität aus der Perspektive einer normsetzenden und normverbürgenden Autorität" und erfasst somit fiktionale wie autobiographische Texte unter seine Definition.

17 Breuer (Anm. 16), S. 152.

in religiösen, politischen oder sexuellen Bereichen verortet werden; in der Regel jedoch wird man mehrere dieser Dimensionen verbunden finden entlang der jeweils sozialhistorisch dominanten Moralkonstellationen. Hinzu kommt die Rolle der jeweils zeitgebundenen Medien: In der Regel ist diese wesentlich, vor allem jedoch im Bereich des (literarischen) Lesens und der Pop- und Rockmusik seit den 1970er Jahren, in denen die Manifestationen und Legitimationen der Devianz, aber auch der *conversio* gesucht und gefunden werden.[18]

Stuckrad-Barre vereint in *Panikherz* mehrere dieser Dimensionen zu einem popliterarischen Bekenntnis: Es handelt sich offensichtlich um die autobiographische Schilderung einer Lebensgeschichte, die mit der frühzeitigen Abweichung und der Herkunft aus einem kirchlich-reformistisch geprägten Umfeld sowie dem frühen und äußerst intensiven Hang zur Popmusik, dann der Abweichung im Bereich Drogensucht und Essstörung wesentliche Züge des traditionellen Bekenntnisses integriert. Der Bekanntheitsgrad des Autors und seine mediale Dauerpräsenz intensivieren den autobiographischen Pakt und die Ununterscheidbarkeit von Autor- und Erzählerinstanz, die im Fall einer Medienfigur wie Stuckrad-Barre darüber hinaus mit Strukturen und Mechanismen anzunehmender parasozialer Interaktion verschwimmt. Stuckrad-Barre nimmt als Autor somit im Sinne Breuers die Rolle der „normverbürgenden Autorität"[19] ein. Religiöse oder politische Devianz, wie sie in der Bekenntnisliteratur bis zur

---

18 Komplexer erscheint die Diskussion um diese Dimensionen und auch um die Zuordnung zur Bekenntnisliteratur im Falle des offensichtlichen Vorbildes für *Panikherz*: Jörg Fausers *Rohstoff* (Jörg Fauser: Rohstoff. Frankfurt/Main 1984). Trotz der deutlichen autobiographischen Anteile nutzt Fauser ein Alter Ego als autodiegetische Erzählinstanz, und auch die *conversio* fehlt hier gänzlich, obgleich der Schluss nicht gänzlich pessimistisch anmutet. Darüber hinaus greift Fauser mit der Adoleszenz nur einen kleinen Abschnitt der Lebensgeschichte seines Alter Ego Harry Gelb heraus, ohne Informationen über die Kindheit und frühe Jugend oder den weiteren Werdegang als Journalist oder Schriftsteller zu geben. Ohne diese Problematik zu vertiefen, wird im Rahmen der vorliegenden Darstellung *Rohstoff* daher nur am Rande einfließen. Stuckrad-Barres enges Verhältnis zu Fauser ist über seine Herausgebertätigkeit und die wiederkehrenden Motti in seinen Romanen (so auch in *Panikherz*) offensichtlich.

19 Breuer (Anm. 16), S. 151.

Jahrtausendwende omnipräsent sind, sind im popliterarischen Zusammenhang kaum erwartbar[20] – warum aber die Lust als eminente Leerstelle? Die folgende Argumentation sucht diesbezüglich Gründe auf textkonzeptueller Basis und geht davon aus, dass es auch strukturelle und theoriegebundene Erklärungen für den Mangel an Begehren des Anderen im Text gibt.

Auch die Rolle der zeitgebundenen Medien – hier vor allem die Musik und die Texte Lindenbergs und anderer Popmusiker – sind nur auf den ersten Blick eindeutig. Im Vergleich zur traditionellen Bekenntnisliteratur ist sie kaum mit der meist klaren Zuordnung zu Medien der Verführung (Homer bei Augustinus, das Theater bei de Quincey, Romane aus der Leihbücherei bei Rousseau, die Rolling Stones bei Fauser und Baumann, David Bowie bei Christiane F. usw.) und Medien der *conversio* (die Bibel, Platon, Plutarch, Ricardo usw.) adäquat – sie changiert und unterscheidet sich auch bezüglich bestimmter Phasen der Musikproduktion Lindenbergs. Deutlich aber wird die Zuordnung zur Kategorie der Lust, so wie Roland Barthes sie 1973 in *Die Lust am Text* vorgenommen hat:[21] Es gibt Texte der Lust und solche der Wollust, die vor allem im Zusammenhang der Popliteratur funktional unterschieden werden. In den *Fragmenten einer Sprache der Liebe* wiederum,[22] aber ebenfalls im erstgenannten Werk, macht Barthes vor allem die innere Verbindung zwischen (körperlichem) Begehren und Liebe auf der einen, der Lust und Wollust am Textlichen auf der anderen Seite deutlich – diesem Leitfaden folgen die Erörterungen zu *Panikherz*, die auch im Vergleich zur Tradition der Bekenntnisliteratur zeigen wollen, dass hier eine Inszenierung und Dekonstruktion von Bekenntnisliteratur vorliegt, was am fehlenden geliebten Anderen ablesbar wird.

1. Texte der Lust: Initiationen

Möglicherweise bietet der Themenkomplex des Lesens und der Literatur einen Königsweg in den Text hinein – zumindest vor dem Hintergrund der oben erwähnten klassischen Bekenntnisliteratur ist dies der Fall. Barthes

20 Darin liegt eine deutliche Abweichung von den Festlegungen Breuers, der seine Untersuchung mit Thomas Mann enden lässt.

21 Vgl. Roland Barthes: Die Lust am Text. Frankfurt/Main 1996.

22 Vgl. Roland Barthes: Fragmente einer Sprache der Liebe. Frankfurt/Main 1984.

definiert den Lesenden als einen „Antihelden“, der „Lust empfindet“, und dieser „Text der Lust“ sei das „glückliche Babel“[23]. Texte der Lust zu lesen, ist die eine Art der Lektüre: Sie „steuert direkt auf die Wendungen der Anekdote zu, sie betrachtet die Ausdehnung des Textes, sie ignoriert die Sprachspiele“[24]. Das Urteil des Lesers geht nicht über das „das ist es für mich!“[25] hinaus; ein solcher Text, „der von der Kultur herkommt, nicht mit ihr bricht“, „befriedigt, erfüllt, erregt Euphorie“, ist an eine „behagliche Praxis der Lektüre gebunden“[26]. Wesentlich scheint die Verbindung zwischen den Strukturen der Sprache (des Textes) und denen der Erregung (des Lesers): „Lust am Text, Text der Lust“[27] – für Barthes gibt es hier keine säuberliche Scheidung, denn letztlich fußen seine Gedanken auf der psychosemiologischen Überzeugung der Entsprechung von Liebe und Verlangen und Sprache. Seit Jacques Lacan gilt hier, dass die grundsätzliche Abwesenheit des Anderen, die das fortdauernde Begehren weckt, Resultat des über das Spiegelstadium entdeckten Mangels ist – der Andere ist so immer auch als das sich fortdauernd entziehende Signifikat zu denken. Barthes schreibt: „Nun gibt es aber keine andere Abwesenheit als die des Anderen: der Andere macht sich davon, ich bleibe da.“[28] Letztlich richtet sich das Begehren immer auf ein Imaginäres, und für die Lust am Text und die Liebe gilt: „wir lieben zunächst ein Bild“[29]; letzteres ist in der Literaturgeschichte klar markiert: „Historisch gesehen wird der Diskurs der Abwesenheit von der Frau gehalten“[30]. Anders die Texte der Wollust, von denen unten die Rede sein wird.

Das Original, das „Zuhause“ (PH, S. 528), ist in *Panikherz* immer rückgebunden an die Erfahrungen mit Musik und Texten des frühen Lindenberg etwa der Alben *Daumen im Wind, Alles klar auf der Andrea Doria, Ball Pompös, Votan Wahnwitz, Galaxo Gang* und *Dröhnland Symphony.*

---

23 Barthes (Anm. 21), S. 8.
24 Ebd., S. 20.
25 Ebd., S. 21.
26 Ebd., S. 22.
27 Ebd., S. 30.
28 Barthes (Anm. 22), S. 27.
29 Barthes (Anm. 22), S. 132.
30 Ebd., S. 27.

Vermittelt über den Bruder wird die „Fixierung" – „Udo, Udo, immer wieder Udo" – „noch exzessiver" (PH, S. 41). Die Literaturstunden in der Schule werden mit Erich Kästners *Sachliche Romanze* in der Vertonung durch Lindenberg zum tief beeindruckenden Ereignis für den pubertierenden Außenseiter und ‚Antihelden' im Barthesschen Sinne – nicht zufällig steht die Lust am Text hier im Einklang mit dem oben beschriebenen Modell des Begehrens des Bildes, des Imaginären: „Sie saß direkt vor mir und war doch unerreichbar" (PH, S. 45); die „Architektentochter" (PH, S. 51), dic „unbestrittene Jahrgangskönigin" (PH, S. 44), die mit dem Zurückwerfen ihrer Haare nicht nur den Begehrenden, sondern schließlich auch die Lust am Text auf Distanz stellt. Selbige gehorcht den Bestimmungen, wie Barthes sie festlegt, denn das sprechende Subjekt ist hier auch das liebende Subjekt: „Ich saß jeden Tag stundenlang in meinem Zimmer, studierte die Textblätter, lernte die Texte auswendig" (PH, S. 41). Die Architektentochter gleicht damit der vierzehnjährigen geliebten Prostituierten Ann in den *Bekenntnissen eines englischen Opiumessers*, die ebenfalls aus dem Text verschwindet: „Ich glaube, dass ich bei meinen zahlreichen Besuchen in London in viele Myriaden von Frauengesichtern geblickt [...], in der Hoffnung, sie zu finden."[31] Stuckrad-Barre greift in der Folge einen Topos auf, der traditionsgebundener nicht sein könnte: die Aversion gegenüber der institutionell vermittelten Literatur, in der sich die Indifferenz des erwachsenen erzählten Ichs gegenüber den Texten der Lust zeigt:

> Gerade hatte ich meine Abiturklausuren geschrieben, in Deutsch war es um „Effi Briest" gegangen, bestimmt ein großartiges Buch, mir aber hatten die klein kopierten Zusammenfassungen aus „Königs Erläuterungen" gereicht, die ich hinterm Spülkasten des Schulklos deponiert hatte. [...] In den Berufen, von denen ich träumte, war es schwer vorstellbar, dass jemand sagte: Backstage, ja, Sekunde, wenn Sie kurz bitte noch hier ausfüllen, was Innstetten denkt, als er in Effis Nähtisch Briefe von Major Crampas findet. (PH, S. 101)

So auch bereits Augustinus: „So brachte man mich in die Schule, die Buchstaben zu erlernen, und ich Ärmster wusste nicht, wozu das nützlich sein könnte."[32] Über den Schulbesuch am Bahnhof Zoo ist besser zu

31 Thomas De Quincey: Bekenntnisse eines englischen Opiumessers. Frankfurt/Main 2009.

32 Aurelius Augustinus: Bekenntnisse. München 1982, S. 41.

schweigen, und Baumann schreibt: „Ich habe vorher nie Bücher angefasst, weil mich niemand dazu angehalten hat, höchstens Karl May gelesen oder Jerry Cotton oder so einen Blödsinn.“[33] Texte der Lust, die im Sinne Barthes' einer Lesehaltung der inneren Anteilnahme und langatmigen Konzentration entsprechen, finden sich im Rahmen einer in vielen Teilen selbstgesteuerten literarischen Sozialisation in der klassischen Bekenntnisliteratur wie auch bei Stuckrad-Barre. Bevor Jean-Jacques' Wissensdrang durch Institutionen- und Erzieherversagen so erstickt wird, dass er sich „nicht einmal mehr erinnert, dass es einst Römer auf der Welt gegeben“[34], liest er mit seinem Vater die von der verstorbenen Mutter hinterlassene Bibliothek (später die eines „gelehrten Pfarrers“) und erlangt so ein „für mein Alter einziges Verständnis alles dessen, was Leidenschaft heißt“ mit Werken Bossuets (*Vorlesungen über Weltgeschichte*), Plutarchs (*Lebensbeschreibungen berühmter Männer*), Ovids (*Metamorphosen*), „einiger Bände Molière“[35] und vieler anderer. Insbesondere Plutarch beeinflusst ihn, und „aus diesen interessanten Lesestunden und den Gesprächen, die sie zwischen meinem Vater und mir hervorriefen, erwuchs jener freie, republikanische Geist“, in dem er sich „als Grieche oder Römer“[36] fühlt. Baumann erlebt Vergleichbares in der Lehre: „Dann hab ich angefangen Allen Ginsberg, Jack Kerouac oder Sartre oder so ne Leute zu lesen, Jack London oder was weiß ich, lauter so wat: Leute, die ähnliche Situationen durchlebt haben.“[37] Was für Augustinus die Lektüre Platons und Ciceros ist – letztlich Hinführung und Vorbereitung der die *conversio* auslösenden intensiven Bibellektüre –, findet sich entsprechend auch bei de Quincey „im Jahr 1819“ mit dem „Buch von Ricardo“:

> Verwunderung und Neugier waren lange in mir erstorben, nun erwachten sie wieder. Ich staunte über mich selbst, daß ich noch zur Mühe des Lesens aufzustacheln war, und viel mehr staunte ich noch über dieses Buch. […] So verhalf mir ein einzelnes, aber tief verständiges Werk zu Genuß und geistiger Tätigkeit, wie sie mir seit Jahren unbekannt geworden war.[38]

---

33 Bommi Baumann: Wie alles anfing. Rotbuch 1991, S. 17.
34 Rousseau Jean-Jacques: Bekenntnisse. Frankfurt/Main 1985, S. 70.
35 Ebd., S. 41.
36 Ebd., S. 42.
37 Baumann (Anm. 33), S. 17.
38 De Quincey (Anm. 31), S 199f.

Der Erzähler in *Panikherz* erlebt ebenfalls vergleichbare Initiationen nach der wachsenden Distanzierung zu den Lektüren der Jugend, angeregt zunächst durch Christoph und später Arne:[39]

> Ich hatte, obwohl im „Deutsch-Leistungskurs", schon lang nicht mehr gelesen, [...] bei Christoph aber belegte ich jetzt einen Deutsch-Hochleistungskurs. Er gab mir alle paar Tage ein neues Buch, ich las so viel wie nie zuvor. [...] Zu Christophs Startpaket gehörte auch „Der Mann mit der Ledertasche" von Charles Bukowski. Zusammen mit Ellis reichte das, um mich wieder zum Leser zu machen. Durch Bukowski kam ich auf Fante, Hemingway, Hamsun, Céline, Kerouac, Burroughs, Henry Miller [...] Jörg Fauser sein Name, auch ein Schriftsteller. Ich las rasch alle seine Bücher. (PH, S. 94f.)

Wo sich bei Augustinus, Rousseau und de Quincey jedoch ganz im Sinne Barthes' Phasen gemäßigter Leidenschaft ergeben, sind solche Lektüren in *Panikherz* bereits vom Virus des Oberflächenglanzes infiltriert und durchdrungen. Dies wird deutlich, als der Erzähler später vor allem bezüglich seines Lieblingsbuches *American Psycho* erkennen muss: „Dieser erste Satz, der mich aus dem Stand zum Ellis-Fan gemacht hatte: Es hat ihn nie gegeben!" (PH, S. 397). Ähnlich wenige Passagen darunter, in denen er feststellen muss, dass auch Lindenberg gecovert hat, er das Original aber nicht als ein solches anerkennen kann – oder noch später: „So war auch in diesem Fall die Coverversion mein Original" (PH, S. 458); beim Karaoke im asiatischen Restaurant: „Ich sang mein Original: Udo" (PH, S. 420). Das Changieren zwischen Wahrhaftigkeit und Inszenierung, zwischen Signifikat und Signifikant funktioniert ganz offensichtlich in beide Richtungen, so dass eine tiefere Anteilnahme wie im Fall des Opiumessers meist nicht zustande kommen kann, so beispielsweise bei der Ankunft am Sunset Boulevard: „Jede Ecke besungen, bedichtet, kulturell kartographiert bis zum Gehtnichtmehr – und dann die Riesenüberraschung: Das alles gibt es sogar wirklich" (PH, S. 66).

Die Bekenntnisliteratur Stuckrad-Barres illustriert so einen Idealtypus des Barthesschen Modells der Lust am Text in wechselseitiger Spiegelung mit dem Begehren, das sich auf ein Imaginäres richtet: Es gibt ein ‚Zuhause' des Bei-sich-Seins, das jedoch – und hier liegt ein gewisser Unterschied zur klassischen Bekenntnisliteratur – von vorneherein durchdrungen und

39 Vgl. dazu auch den Beitrag von Manuel Bauer im vorliegenden Buch.

geprägt ist von Differenzen: Die Texte sind keine Originale, die Architektentochter bleibt unerreichbar. Die Erfahrung der zunehmenden Entfremdung mündet in *Panikherz* wie auch in der klassischen Bekenntnisliteratur in ein neues Stadium ein.

2. Texte der Wollust: Die neuen Leiden des Opiums

Die Spiegelung von Literatur, Musik und Leben vollendet die wachsende Distanzierung von der Phase der Jugend in der maximalen Zerstörung des Prinzips des Realen. Mit Barthes gelingt dies über die Wollust: „Was sie will, ist ein Ort des Sichverlierens, der Riß, der Bruch, die Deflation, das fading, das das Subjekt mitten in der Wollust ergreift“[40]. Hier geschieht – anders als im Zusammenhang der Lust – der Bruch mit der Kultur, denn „alle Signifikanten sind da, und jeder trifft ins Schwarze“[41]. Hier „verführt das Glänzen“[42]; Texte der Wollust sind solche, die die „historischen, kulturellen, psychologischen Grundlagen des Lesers, die Beständigkeit seiner Vorlieben, seiner Werte und seiner Erinnerungen“[43] erschüttern. Solch ein Text wird zum „Fetischobjekt, und dieser Fetisch begehrt mich“[44], denn es geht nur um „die Verknüpfung von Körper und Sprache, nicht von Sinn und Sprache“[45], in der es gelingt, „das Signifikat ganz weit weg zu rücken“[46]. Die Sprache dieser Texte „zittert vor Begierde“, ist „ohne Ziel“[47], „bis zum Überdruß getriebene Wiederholung“, und „die Zeichen drehen sich im Freilauf“[48]. Barthes betont immer wieder, dass diese Einteilung in Texte der Lust und Wollust eine vorläufige und keine saubere ist, die von zahllosen Übergängen geprägt ist.

Die Bekenntnisliteratur kennt solche Phasen des Selbstverlusts an Texte und Musik wie auch die Genese der Transgression, des Rausches, die oft

40 Barthes (Anm. 21), S.14.
41 Ebd., S. 15.
42 Ebd., S. 17.
43 Ebd., S. 22.
44 Ebd., S. 42.
45 Ebd., S. 98.
46 Ebd.
47 Barthes (Anm. 22), S. 162.
48 Ebd., S. 186f.

mit den Texten der Wollust und der intensiven Lust am Text in Wechselwirkung stehen. Unter dem Titel *Die Leiden des Opiums* beschreibt de Quincey seine im Rausch genossene Verzückung in der Oper; noch erfolgt der Drogenkonsum kontrolliert zum Zwecke der Intensivierung des Kunstgenusses:

> Selten, wie gesagt, sprach ich dem Laudanum in dieser Zeit öfter als einmal in drei Wochen zu, und zwar gewöhnlich am Dienstag- oder Samstagabend; das hatte folgenden Grund: In jenen Tagen trat die Grassini in der Oper auf, und ihre Stimme entzückte mehr als alle, die ich je zuvor gehört. [...] und wenn dann die Grassini erschien und als Andromache am Grabe Hektors ihre leidenschaftliche Seele verströmte – dann fragte ich mich, ob je ein Türke, der das Paradies der Opiumesser betreten, halb soviel Seligkeit empfunden habe wie ich.[49]

Offensichtlich verschmelzen hier mehrere Dimensionen der Lust und des unstillbaren Begehrens: Der Opiumrausch wird im Kunstgenuss als ein körperliches Begehren dekliniert („Seligkeit“[50]); Giuseppina Grassini, Geliebte Napoleons, wurde in London bevorzugt in Rollen von Geliebten oder Vergewaltigungsopfern gesetzt (wie auch in *Andromache*) und verkörpert hier als Unerreichbare auch das sexualisierte Interesse der Lust.[51] Bei Augustinus sind es das Theater,[52] aber auch der Wille zur Beredsamkeit und die intensiven Lektüren Homers: „Gar köstlich dagegen erschienen mir solch eitle Phantasiegebilde wie das hölzerne Pferd voller Krieger, der Brand Trojas und Kreusas Schatten.“[53] Hier lauert die personifizierte Unsittlichkeit: „Trieb ich nicht in dir, als ich las von Jupiter, dem Donnerer und Ehebrecher?“[54] Rousseaus Weg in die sexuelle Devianz wird

---

49 De Quincey (Anm. 31), S. 83f.

50 Die Entsprechungen zu Fausers *Rohstoff* sind hier deutlich; Fauser zitiert de Quincey mehrmals. In Istanbul ist der Opiumrausch Voraussetzung für das neue Schreiben im Cut-up-Verfahren.

51 Vgl. Daniel O'Quinn, 'Ravishment Twice Weekly: De Quincey's Opera Pleasures'. Romanticism on the Net, 34–5 (2004), http://www.erudit.org/revue/ron/2004/v/n34-35/009436ar.html [1.4.2022].

52 Vgl. in diesem Zusammenhang auch die Rolle des Theaters in der pietistischen Bekenntnisliteratur, vor allem bei Moritz (*Anton Reiser*), aber sicherlich auch bei Goethe.

53 Augustinus (Anm. 32), S. 48.

54 Ebd., S. 49.

bekanntermaßen durch die evasive Nutzung der Leihbücherei der Tribu ausgelöst – ein Fall von Lesesucht, seit dem 18. Jahrhundert von Pädagogen und europäischen Nationen inkriminiertes Merkmal der Ausschweifung. Negativ sanktionierte Medien waren und sind seit je Objekte und Ziele staatlicher und bewahrpädagogischer Kontrolle, insofern ist es kein Zufall, dass die Bekenntnisliteratur gerade in ihnen die Möglichkeit zum Tabubruch erkennt. So auch Christiane F. in der Musik Bowies und Baumann zunächst in der „Bluesmusik“: „Diese Problematik, die da rauskommt, die Situation der Neger, du siehst dann plötzlich den Zusammenhang“[55]. Später dann: „Nach diesem Rolling-Stones-Konzert in der Waldbühne, wo alles zertrümmert wurde, da ging es dann richtig los“, denn es ist „schon eher eine Körpergeschichte, so ne Musik, einfach im feeling. Rockmusik, die ganze message heißt: Ficken“[56]. Auch hier erwartungsgemäß der Zusammenhang mit dem Rausch: „Zu der Zeit hast du auch viel gesoffen. Dope gab's ja echt nicht, 65 hat das niemand gekannt, höchstens mal ein paar Happypills, Captagon oder irgend so ein Speedzeug.“[57] Nicht zufällig fällt auch der erste Heroinrausch in *Christiane F.* mit dem Besuch des Bowie-Konzerts in der Berliner Deutschlandhalle am 10. April 1976 zusammen – Bowie war zu dieser Zeit der schwer kokainabhängige Thin White Duke.

Die klassische Bekenntnisliteratur führt den Selbstverlust im körperlich gefärbten Rausch von Medium, Droge und Sexualität ein; vor allem letztere bildet den Kairos der Erzählungen: de Quinceys Beziehung zur jugendlichen Prostituierten, Rousseaus zahllose sexuelle Abweichungen im Exhibitionismus und Masochismus („zu Füßen einer herrschsüchtigen Geliebten zu liegen, ihren Befehlen zu gehorchen“[58]), Christianes Anschaffen, Baumanns sexuelle Experimente in der Wielandkommune, Augustinus, der

55 Baumann (Anm. 33), S. 16.

56 Ebd., S. 22. Die Literatur des Subjektivismus in den 1970er Jahren griff wie auch die frühe Beatliteratur solche Topoi intensiv auf, so bei Handke, bei Brinkmann (*Keiner weiß mehr*), bei Jochen Schimmang (*Der schöne Vogel Phoenix*), später bei Rainald Goetz oder in Essays (Michael Rutschky: *Erfahrungshunger*) und Anthologien (Vagelis Tsakirides: *Supergarde*).

57 Baumann (Anm. 33), S. 22.

58 Roussau (Anm. 34), S. 53.

„so fest am Leim der Wollust klebte“[59] und „täglich“ „leiblich-sinnliche Liebesfreude genoß“[60]. Hier wie dort ist seelische Zerrüttung das gleiche Resultat der körperlichen und geistigen Wollust: „Meine Studien sind seit langem unterbrochen. Ich kann kaum noch einen Augenblick mit Genuß lessen.“[61] So auch bei Fauser: „Auf dem Nachttisch lag ein Klumpen Opium. Ringsum schrien die Huren. Auf Sex hatte ich selten Lust.“[62]

Es ist exakt dieser Verlauf der Dinge, der sich auch im Leben mit der Droge in *Panikherz* ereignet. Der Selbstverlust scheint in der Lektüre von Texten der Wollust auf, die sich nicht mehr der verstehenden und hingebungsvollen Lesehaltung fügen. Stattdessen sind es die wiederholende Verlautung, der exzessive Rausch des Klanges und das überfliegend-haltlose Konsumieren und Produzieren von Oberflächen, schnelle Lacher und Gefallen provozierend, die der Erzähler sucht. Brennglasartig vereinen sich diese Züge in seinem Projekt, „alle Udo-Liedertexte von 1972 bis etwa 1991 auswendig“ aufsagen zu lassen, und zwar von prominenten Sprechern: „Hauptsache, viele Mitakteure, Hauptsache, viel zu lang im Studio sein, und Hauptsache, niemals fertig werden, ein erratisches Ideenflickwerk, das sich selbst zerstört“ (PH, S. 352f.). Journalistisch-nichtssagende Texte, Gags für Harald Schmidt, exzessiver Popmusikkonsum kennzeichnen diese Jahre der Sucht des Erzählers und werden in endlosen Schleifen immer wieder neu aufgegriffen und reflektiert: „Ich las nicht mehr richtig, ich GUCKTE nur noch, ÜBERFLIEGEN, ich überflog, dass Michael Jackson momentan – oder war ich komplett schwachsinnig geworden und halluzinierte? – im Hamburger Stadtteil Niendorf logierte“ (PH, S. 432). So auch in der Produktion:

> Im Hotel sortierte ich UNERMÜDLICH meine Zettel, immer noch trug ich Reisetaschen randvoll mit Notizzetteln, Büchern und Zeitungsausrissen mit mir herum, alles unheimlich wichtig für ein ganz großes Projekt; ich hatte nur leider vergessen, für welches. Und wann das fertig sein würde und wer das bezahlte – und wen das alles überhaupt noch interessieren sollte. (PH, S. 433)

59 Augustinus (Anm. 32), S. 156.
60 Ebd., S. 69.
61 De Quincey (Anm. 31), S. 117.
62 Fauser (Anm. 18), S. 11.

Ein exakteres Bild für die Auslieferung an das Universum der Signifikanten und den damit verbundenen Rausch ist kaum denkbar. Der exzessive Musikkonsum ist ohne Kokain[63] kaum möglich, der Selbstverlust im Glanz der Scheinwelt – im „ganz Falschen und Gefälschten" (PH, S. 458) – wird total: „sodass ich eigentlich gar nicht hier bin" (PH, S. 542). Der Erzähler, ganz Don Quixote oder Felix Krull, aber denkt, „dort gehe es um Wahrheit, Wahrhaftigkeit sogar" (PH, S. 236), die er sich zu „erfelixkrullen" (PH, S. 455) sucht.

Bis zu dieser Stelle scheint *Panikherz* ganz im Einvernehmen mit der Tradition der Bekenntnisliteratur vorzuführen, wie die in der Kindheit und Jugend erlernte Situation des unstillbaren Mangels über das zunächst kontrollierte Begehren (die Lust) in zunehmendem Maße zu Identitätsverlust, Rausch und zu den Texten der Wollust führt. Die Bulimie und die scheiternden Therapien illustrieren möglicherweise das letzte Verlangen nach Kontrolle, gleichzeitig zeigen sie den totalen Realitätsverlust im Auseinanderklaffen von Selbst- und Fremdbild, wunderbar illustriert in der zynischen Beschreibung des Video-Aufnahmerituals in der Psychiatrie. Die Verbindung zum körperlichen Begehren und zur Sexualität allerdings wird ausgespart, die als ein klassischer Topos der Bekenntnisliteratur angesehen werden kann. Eine *conversio* findet kaum statt, wie sie sich beispielsweise bei Baumann in der Erschießung des Gefährten Georg von Rauch durch die Berliner Polizei 1971 ereignet.

3. Konversionen, die Liebe

Baumann formuliert ein einfaches Erklärungsmodell für die Entstehung von Devianz, das sein Bekenntnis zu einem Werk macht, das Traditionen der Bekenntnisliteratur fortsetzt: „Wenn sich jemand für den Terrorismus entscheidet, ist das schon psychisch vorprogrammiert. Ich kann es heute

63 Die Droge kann als Kennzeichen der Popliteratur gewertet werden; spätestens seit Joachim Lottmanns *Endlich Kokain* (2014) werden die Teilepisoden des Drogenrauschs wie beispielsweise in Krachts *Faserland* zu einem Hauptstrang gebündelt und mit den Themenfeldern Prominenz und Scheitern ironisch verbunden.

bei mir sehen: Es ist einfach Furcht vor der Liebe gewesen, aus der heraus ich mich in die absolute Gewalt geflüchtet habe."[64]

Jean-Jacques' Verhältnis zu ‚Mama', de Quinceys eheähnliche Eintracht mit seinem Dienstmädchen oder auch Augustinus' Bekehrung zu Christus führen vor, wie die Bekenntnisliteratur im Namen der erzählenden Norminstanz die Devianz auflöst und heimholt. Das „Zuhause" (PH, S. 319) des Erzählers in *Panikherz* scheint zusammenzufallen mit der Figur Lindenbergs („Udo, die Liebe zu Udo", PH, S. 255; „meine Udo-Liebe", S. 317), seiner Musik und der Panikgesellschaft.[65] Zahllose Textstellen zeigen dies im Verlauf des Romans an, in dem die Idee des „Nachhausekommens" allmählich im Anzitieren von Textstellen zu reifen beginnt. Multhammer erkennt in den Texten Lindenbergs das Äquivalent der biblischen „Losungen", die als „Leitworte oder gute Gedanken"[66] fungieren, im Grunde also die Rolle der Konversionsschrift einnehmen wie die Bibel in den *Bekenntnissen* des Augustinus oder Ricardos Schriften in denen des Opiumessers. Der Erzähler singt zunächst *Andrea Doria* in einer TV-Show (PH, S. 237), zitiert *Leider nur ein Vakuum* im Hotel Chateau Marmont (PH, S. 301, auch schon zuvor), singt immer wieder *Honky-Tonky-Show* mit einem Freund (PH, S. 316), denkt an *Mädchen aus Ostberlin* in Berlin (PH, S. 324), singt wieder mit Louie die *Honky-Tonky-Show* (PH, S. 337) und schließlich, auf dem Höhepunkt des Romans nach dem Konzert Brian Wilsons, „in Tränen aufgelöst" (PH, S. 533), *Daumen im Wind*. Auffällig erscheint hier, dass alle diese Stücke, die den Erzähler an das ‚Zuhause' und seine ‚Udo-Liebe' gemahnen, Songs der frühen Alben *Daumen im Wind*, *Andrea Doria* und *Ball Pompös* sind, mit denen er in der Kindheit konfrontiert wurde und die zwischen 1972 und 1974 kurz vor der Geburt Stuckrad-Barres veröffentlicht wurden. Im Gespräch mit Moritz von Uslar erkennt Stuckrad-Barre in diesen oben bereits erwähnten frühen Alben,

---

64 Baumann (Anm. 33), S. 139.

65 Möglicherweise liegt hier auch ein Nachhall der Begegnung Harry Gelbs mit Burroughs in *Rohstoff* vor.

66 Multhammer (Anm. 14), S. 69. Vgl. dazu auch den Beitrag von Lisa Czolbe im vorliegenden Buch.

insbesondere in *Ball Pompös* und ihren Stücken (1974) die „Heimat", die „Kinderstube" als der „geschützte Raum, in den man sich zurückzieht"[67].

Ersetzt in *Panikherz* die Liebe zur Figur Lindenberg die partnerschaftlich-geschlechtliche Liebe? Sexualität spielt im Roman keine Rolle, obwohl das Begehren gegenüber der Architektentochter deutlich erotisch gefärbt ist und im Roman immer wieder Hinweise auf die sexuelle Anziehungskraft von Frauen erfolgen.[68] Neben dem Jugendschwarm sind es jedoch nur noch zwei weitere weibliche Figuren mit einer deutlicher konturierten Rolle: das Mädchen vom Zürchersee und die Foucault-Forscherin.[69] Die Nacht mit ersterer scheint sich im exzessiven Drogenkonsum zu erschöpfen; die Szene, die immerhin mit einem Kuss beginnt, wird von seichter Popmusik in Dauerschleife untermalt und endet in einem Bordell (allerdings nur zur Beschaffung neuer Drogen) und mit einer Messerattacke. Der Text lässt keine Rückschlüsse auf Phasen geistiger oder körperlicher Intimität oder Nähe zu, er imitiert den „plappernden" Text, vom dem Barthes schreibt, dieser sei „nur jener Sprachschaum, der sich aufgrund eines bloßen Schreibbedürfnisses bildet"[70]. Der intertextuelle Zusammenhang mit dem Schluss von Krachts *Faserland* wird offensichtlich, denn hier wird der Zürchersee zum Ort der Entscheidung, und verweist wiederum auf Goethes Gedicht – bei Stuckrad-Barre allerdings verbleibt alles in Umnachtung.

Anders das Erlebnis im Chateau Marmont mit der Foucault-Forscherin. Die Gesten der Annäherung, die in zwei Episoden beschrieben werden (PH, S. 302, S. 557ff.), können durchaus im Bereich des Flirts verortet werden. Ihre „Forschungsinteressen" bleiben indifferent und vage („über Foucaults LSD-Trip im Death Valley", PH, S. 302), sie scheint wie der Erzähler auch eher Lebenskrisen zu bewältigen. Floskelhafte Gespräche

67 Benjamin von Stuckrad-Barre, Moritz von Uslar (Hg.): Am Trallafitti-Tresen. Das Werk von Udo Lindenberg in seinen Texten. Hamburg 2008, S. 355.

68 Neben den Erlebnissen mit mehreren ‚Groupies' sind es zahlreiche Bordell-Aufenthalte, die jedoch nicht auserzählt werden und häufig eher vom Drogenkonsum als von sexueller Lust motiviert sind.

69 Zur Foucault-Forscherin vgl. auch den Beitrag von Anton Bröll in vorliegendem Buch.

70 Barthes (Anm. 21), S. 10.

und die Präsenz der Medienwelt zwischen Gucci und Coolio illustrieren, dass die Schlussfolgerung des Erzählers stimmt: „Im Chateau-Garten steigt man immer wieder in denselben Fluss“ (PH, S. 561). Auch hier bleibt es bei einer flüchtigen Umarmung, und der Schlusssatz gemahnt an die Vorübergehende Baudelaires: „Vorbei, verweht, nie wieder“ (PH, S. 562). Nicht zufällig bleiben die zentralen weiblichen Figuren sämtlich namenlos, nämlich letztlich ohne Bedeutung, weitere Signifikanten, die sich einreihen in die endlose Abfolge des Immergleichen. Ein ‚Zuhause‘ im Sinne der Liebe wie in den zitierten Beispielen der Bekenntnisliteratur ist hier jedenfalls nicht auszumachen.

Die Schlüsselszene des Romans, in der alle offenen Fäden um die Liebe zu Udo und zur Musik zusammenlaufen, ist möglicherweise im bereits erwähnten Konzertbesuch mit Gottschalk zu sehen. Dies scheint kein Zufall, wie am intertextuellen Zusammenhang zu den Konzerten der Rolling Stones in der Waldbühne für Baumann und Bowies in Berlin bereits deutlich wurde. Auch für den Erzähler in *Panikherz* sind die Lindenberg-Konzerte Initiationen: „Ich war glücklich“ (PH, S. 62) heißt es nach der Schilderung des ersten Konzertbesuchs. Immerhin geht es dann beim letzten Konzertbesuch des Romans um Wilson, der vor allem mit dem Album *Pet Sounds* den Erzähler begleitet. Erste Zweifel an der Wahrhaftigkeit der Figur Lindenbergs klangen oben schon an, als es um die Frage der Originalität geliebter Medientexte ging – scheinbar verbleibt die Popmusik (und auch die Figur Lindenbergs) in der changierenden und flirrenden Uneindeutigkeit in der Schwebe von Originalität, Authentizität und ‚Zuhause‘ auf der einen, Kopie, Glanz und Rausch auf der anderen Seite. So heißt es früh in *Panikherz*:

> Udos Werk und Udos Auftritte empfand ich von Beginn an als Werbung für den Rausch als solchen, Rausch als Spaß und Selbstzweck, Rausch aber auch als Protest, als Haltung. Als Art, durchs Leben zu taumeln und nur sehr ausgewählt die permanenten Ernsthaftigkeitsangebote der Umwelt anzunehmen. (PH, S. 63)

Der Konzertbesuch in Malibu steht von vorneherein im Kontext der Auflösung der sich schürzenden Konflikte um Authentizität und Rausch, um Liebe und Pop. Die Reflexionen des Erzählers um die Echtheit der Zitate Fitzgeralds bei Don Henley und den Eagles, der Coverversion von *Desperado* Lindenbergs, dann der Antrittsbesuch bei Thomas Gottschalk als der Ikone des deutschen Fernsehens zeigen an, dass es ums Ganze geht: „‚Zu

Hause wartet schon lange jemand, der dich sehr liebt.‘ Ich war schon ganz schön lange weg von zu Hause“ (PH, S. 522). *Pet Sounds* als Antwort auf *Rubber Soul* – Popmusikhistorie scheint Gottschalks Sache nicht, und so erkennt er die Brisanz der Situation für den Erzähler nicht: „Selbst wenn das erfunden ist, so ist es doch die Wahrheit“ (PH, S. 526). Wilson, das Original, entpuppt sich dann als „Authentizitätskitsch“, „ein vor fünfzig Jahren eingeschlafenes Riesenbaby“ (PH, S. 527). „Aber es war, ja, echt“ – der Erzähler reflektiert über den Grund seiner Rührung („dass Udo noch da ist? Dass ich noch da bin? Oder wirklich DIE MUSIK?“) und kommt zu dem Schluss, es sei schlicht „ihm ein Zuhause“ (PH, S. 528). Echt oder nicht, so lernt er auch durch Gottschalk (und kurz darauf, bei Helmut Dietl): „sowohl als auch“ (PH, S. 531). Diese Reflexionen verbinden sich nahtlos mit der kurzen Schilderung eines Blur-Konzertes, intertextuell mit *Soloalbum* als dem ersten Romanerfolg Stuckrad-Barres verwoben: Der Erzähler sinniert über die Aufgabe des Sängers, die im Aufzeigen der Schönheit des Mondes und der Liebe besteht. Dies erfolgt seit Matthias Claudius über Fitzgerald bis hin zu Damon Albarn mit den immergleichen „ausgeleierten und durch Vielgebrauch leer empfundenen“ Floskeln – hier liegt sicherlich eine der Kernaussagen von *Panikherz*, dass nämlich Pop dann funktioniert, wenn einfach alles „plötzlich groß und wahr erscheint“ (PH, S. 552). Das Zuhause ist also seit je kein authentisches Beisichsein, immer ist es durchdrungen vom Schein und vom Gestöber der Signifikanten, die nur in einem bedeutungsvoll erscheinenden Moment zusammenschießen und Echtheit suggerieren. Das Heimholen der Devianz im Sinne einer *conversio* bleibt so aufgeschoben, kann in der Erzähllogik des Modells vom unerreichbar Anderen, von der Unendlichkeit des Begehrens sich nicht ereignen. Es bleibt dabei: „Die Erinnerung ist die einzige Hölle, aus der es kein Entrinnen gibt“ (PH, S. 129), die „Realität“ also „gilt es unbedingt zu vermeiden“ (PH, S. 420); so ist der „oft gehegte Traum“ des Erzählers auch der einer „Mute-Taste für die Realwelt“ (PH, S. 211). Die Musik, hier vor allem die frühen Werke Lindenbergs, ist so zwar ein Zuhause, jedoch eines, das nie Realität war und nie eine solche sein wird – immer schon durchdrungen von Rausch und Glanz. So weiß der Erzähler, dass Udo „eins geworden ist mit der Kunstfigur“ (PH, S. 366), „der er sich dann immer mehr anglich“ (PH, S. 410), und will „später mal so werden wie der Typ, den Udo besingt“ (PH, S. 370). Personen wie Udo oder Gottschalk sind für ihn „High End“, „indem sie weitgehend identisch werden mit der öffentlichen Figur“ (PH, S. 520). Eine Lust, die als Liebe das Einssein mit dem Anderen beinhaltete, kann so in der Logik des popliterarischen Bekenntnisses nicht existieren; selbige folgt der Kurzfassung, wie sie in Lindenbergs Songtext von *Leider nur ein Vakuum*, der durch Stuckrad-Barre immer wieder anzitiert wird, enthalten ist.

Was zeigt dies in metapoetischer Hinsicht über die Gattung der Bekenntnisliteratur, die als Vorbild und intertextueller Bezug für die Analyse wichtig war? Breuer betont die kulturelle Gebundenheit des Bekenntnisses,[71] das im vorliegenden Fall als dezidiert popliterarisches, verfasst von einem der Protagonisten dieser Strömung, sich in die medialisierte Gegenwart perfekt einbettet. Selbige wird dabei zum einen artikuliert, zum anderen aber auch inszeniert und möglicherweise gebrochen. Wenn Stuckrad-Barre diesen gebrochenen und inszenatorischen Charakter seiner Erfahrung des ‚Zuhauses‘ hervorhebt, ist anzunehmen, dass dieser Umstand auch auf das hier im Rahmen des Bekenntnisses Bekannte zu übertragen ist. Das Bekenntnis wäre mit Breuer als „eine Form der Kommunikation“[72] zu verstehen, in der also inszenatorische und auch ästhetische Qualitäten dominant sind. Dabei gilt, dass „seit dem 18. Jahrhundert die Literatur das Bekennen nicht nur aus seinen religiösen, sondern auch aus seinen politischen Funktionskontexten herausgelöst und erfolgreich für ihre eigenen Belange adaptiert hat“[73] – eine Thematisierung solcher Komplexe ist also im Fall Stuckrad-Barres nicht erwartbar. Mit der Hintertreibung des Wirklichkeitsbezuges in der Referenz auf das Popmusikalische als nie einlösbares Authentizitätsangebot und der fehlenden Authentizität des Begehrens des Anderen macht Stuckrad-Barre deutlich, dass es tatsächlich um einen Meilenstein und nicht mehr weiter zu treibenden Endpunkt im Bereich der Popliteratur geht: Auch das intimste Medium, das Bekenntnis nämlich, führt letztlich nur die „Dekonstruktion des Bekennens im Medium des Bekennens“[74]

---

71 Vgl. Breuer (Anm. 16).
72 Ebd., S. 21.
73 Ebd., S. 16.
74 Ebd., S. 364.

vor.[75] Im Rückgriff auf Breuers Definition[76] wäre zu kommentieren, dass die Präsentation eines devianten oder transgressiven Referenzsubjekts durch ein normsetzendes Aussagesubjekt weder in eine Dominanz der Autorität (wie in Fällen gelingender *conversio*), noch in die des Subjekts (Selbstverlust) einmündet, sondern „die Spannung zwischen Individuum und Macht über die Darstellungsform aufgenommen“[77] wird. Zu einem ‚Ausgleich‘ wie bei Goethe und Mann kommt es jedoch im Falle einer medieninduzierten Subjektivität nicht mehr, auch nicht im klassischen Medium des Bekenntnisses.

Noch der „Tote im Pool“ (PH, S. 564),[78] mit dem *Panikherz* endet, kann als eine solche in Medienschleifen gefangene Referenz möglicherweise auf den Tod Gatsbys bei Fitzgerald, möglicherweise auf das ungelöste Rätsel um Brian Jones’ drogeninduzierten Tod im Pool des von ihm erworbenen Hauses von A. A. Milne gesehen werden. Die letzten Abschnitte des Romans um Fitzgeralds „zweiten Akt“ (z. B. PH, S. 273) und die Variation um Heraklits Aphorismus vom unmöglichen Bad im selben Fluss verweisen jedoch vor allem noch auf eine andere Deutung: Wo im Chateau Marmont Original und mediales Abbild verschmelzen, „steigt man immer wieder in denselben Fluss“ (PH, S. 561) – nämlich den Pool. Dort „erbleicht Herr K.“ (PH, S. 545) angesichts ausbleibender Veränderung in der bekannten Keuner-Parabel Brechts, bedeutet doch ausbleibende Veränderung Tod und Stillstand – ohne einen zweiten Akt. Der Tote im Pool ist also der Erzähler selbst im Moment der Verschmelzung von Original und medialem Abbild. Seine Geschichte erzählte Brian Jones freilich nie,

---

75 Ein Beispiel für eine solche Dekonstruktion findet sich in Geoffrey Benningtons Porträt Derridas (Jacques Derrida: Ein Portrait von Geoffrey Bennington und Jacques Derrida. Frankfurt/Main 1994), in dem der Haupttext Benningtons über Derrida von diesem selbst durchgängig kommentiert und mit zahlreichen bekenntnishaften Annotationen ergänzt wird. Diese Annotationen wiederum beziehen sich durchgängig auf Augustinus’ *Bekenntnisse* und zitieren selbige ausführlich.

76 Vgl. Breuer (Anm. 16), S. 151.

77 Ebd., S. 152.

78 Zur Deutung des ‚Toten im Pool‘ vgl. in vorliegendem Buch auch die Beiträge von Czolbe, Bauer und Anke Christensen.

sein Tod als einer der weniger Prominenten des ‚Club 27' bleibt Pop im Sinne der bekannten Beschreibung von Rainald Goetz: „Pop ist Pop leben, fasziniert betrachten, besessen studieren, maximal materialreich erzählen, feiern [...] hey, super."[79]

79 Rainald Goetz: Und Blut, in: ders.: Hirn. Frankfurt/Main 2003, S. 188.

Inszenierung

Anton Bröll

Nach der Autorschaft ist vor der Autorschaft: Das Autorenfoto in Stuckrad-Barres *Panikherz* als Autorinszenierung und Paramedium mit werkpolitischen Funktionen

Abstract: This article focuses on the analysis of the author's photograph in Stuckrad-Barre's *Panikherz* in its material- and content-related book context and elaborates on the functions concerning the connection between the picture and the text. Through the visualisation of selected text elements taken from the book, as well as through the connection to iconographic patterns of author representations, the photograph of the author proves to present a possible connection to the ending of *Panikherz*. By exhibiting the authorship and by presenting Stuckrad-Barre as a *poeta vates*, the photograph also prepares the reader's perception of the author's future works. The photographic staging of the author is thus linked to a paramedial reference with reader-guidance. However, the practice of authorial photography is not only applied in *Panikherz*, but also reflected upon in the first-person narrator's comments on this practice and its effects. This also might influence the perception of the photograph presented here. Furthermore, *Panikherz* and the authorial photograph are clarified as part of a staging strategy that aims to merge the empirical person, the author figure, and the first-person narrator.

Keywords: author image, author photo, author staging, authorship, paramedium, paratext, work policy

1. Einleitung

Der Verknüpfung von literarischem Text, Autor:in[1] und Autorenfoto ist im Zusammenhang mit dem Medium Buch eine Selbstverständlichkeit

1 Im Folgenden wird mit Hilfe des Gender-Doppelpunkts versucht, eine gendergerechte Sprache zu verwenden. Um die Lesbarkeit nicht zu beeinträchtigen, wird darauf jedoch bei Komposita wie Autorinszenierung und bei feststehenden Begriffen wie Autorschaft verzichtet.

eigen. Aufgrund seiner Konventionalisierung wird das Autorenfoto schnell als gewöhnlicher Zusatz zum Buch hingenommen, ohne seine Bedeutung sowohl bei der Wahrnehmung des Autors bzw. der Autorin als auch bei der Rezeption des literarischen Textes zu erfassen. Dazu trägt die umfangreiche Tradition des Autorenbildes bei, die noch vor die Erfindung des Buchdrucks zurückreicht.[2] Schon in Form antiker Büsten und Münzprägungen entstanden stilisierte Dichter-Bilder; in der Renaissance hielt ihr in Porträts festgehaltenes individuelles Aussehen mit Holz- und Kupferstichen Einzug in Bücher, wodurch eine direkte Verknüpfung von Autorenbild und Text entstand.[3] Im 19. Jahrhundert, in dem sich die (Porträt-)Fotografie entwickelte und etablierte, bekam das Autorenbild einen festen Platz im Buch, womit der Konventionalisierungsprozess weiter voranschritt.[4] Die Gewöhnung der Leser:innen an Autorenbilder im Buch stellte sich im 20. Jahrhundert ein, speziell seit den späten 1950er Jahren wurden ihre Bilder auf Buchcovern popularisiert.[5] Heute sind unzählige Autorenfotos im analogen, vor allem aber im digitalen Bereich verbreitet und stellen damit vordergründig keine Besonderheit mehr dar[6] – wodurch ihre spezifischen gestalterischen Entscheidungen, Inszenierungsweisen und verschiedenen Verwendungszusammenhänge schnell aus dem Blick geraten können.

Dieser verbreiteten Selbstverständlichkeit der Autorenbilder sowie der Verknüpfung von Text, Autor:in und Autorenbild entsprechend wurden

---

2 Vgl. Matthias Bickenbach: Autor-Bild, in: Michael Wetzel (Hg.): Grundthemen der Literaturwissenschaft. Autorschaft. Berlin usw. 2022, S. 366-381, hier S. 367, 374.

3 Vgl. ebd., S. 368; Matthias Bickenbach: Das Autorenfoto in der Medienevolution. Anachronie einer Norm. München, Paderborn 2010, S. 10-14; ders.: Autor/innen-Porträts. Vom Bildnis zum Image, in: Claudia Benthien (Hg.): Handbuch Literatur & visuelle Kultur. Berlin usw. 2014, S. 478-499, hier S. 483; Michael Diers: Der Autor ist im Bilde. Idee, Form und Geschichte des Dichter- und Gelehrtenporträts, in: Jahrbuch der Schillergesellschaft 51 (2007), S. 550-586, hier S. 573.

4 Vgl. Bickenbach: Autor/innen-Porträts (Anm. 3), S. 483, 488.

5 Vgl. ebd.

6 Vgl. auch Bickenbach: Das Autorenfoto in der Medienevolution (Anm. 3), S. 29: „Der Erfolg des Autorenfotos ist dabei exakt darin zu sehen, dass es heute vollkommen normalisiert ist, vielfältig verbreitet, fest eingewoben in die kulturelle und ökonomische Struktur der Massenmedien."

Autorenfotos in der Forschung bislang wenig Aufmerksamkeit gewidmet. Das liegt auch daran, dass das Autorenfoto „literaturwissenschaftlich nur als Beiwerk [erscheint], das im Buchhandel als Aufmerksamkeitsverstärker im Dienste von Marketinginteressen eine Rolle spielen mag, nicht aber für den wissenschaftlichen Umgang mit Texten, für Analyse und Interpretation“[7]. Infolgedessen gelten – trotz der grundlegenden Arbeiten von Matthias Bickenbach (2010)[8] und Sandra Oster (2014)[9] – sowohl systematische Analysen zur Geschichte und Praxis als auch Einzeluntersuchungen zu Autorenbildern als Forschungsdesiderate.[10]

Mit dem von Till Brönner aufgenommenen Autorenfoto von Benjamin von Stuckrad-Barre in *Panikherz* widme ich mich im Folgenden einem einzelnen Autorenfoto und seinem Verwendungszusammenhang,[11] wobei ich daran auch grundsätzlich mögliche werkpolitische Strategien[12] eines Text-Bild-Zusammenhangs aufzeigen möchte. Mit Stuckrad-Barre wurde dafür ein für seine intensive Selbstinszenierung bekannter und besonders fotoaffiner Autor ausgewählt, der seinen Leser:innen aufgrund seiner starken Medienpräsenz nicht mehr zu vermitteln braucht, wie er aussieht. Stattdessen geht es eher um die Frage, wie sich Stuckrad-Barre in seiner neuesten Inszenierung präsentiert. Aus der Masse seiner Autorenfotos werden einige durch prominente Platzierungen strategisch hervorgehoben, wozu auch der *Panikherz*-Zusammenhang zählt. Der Abdruck in *Panikherz* ist für die Untersuchung des Autorenfotos ein besonderer Kontext, weil die Nähe des literarischen Textes zur Gattung Autobiographie ohnehin starke Bezüge zum Autor herstellt.

---

7 Bickenbach: Autor/innen-Porträts (Anm. 3), S. 479f.

8 Bickenbach: Das Autorenfoto in der Medienevolution (Anm. 3).

9 Sandra Oster: Das Autorenfoto in Buch und Buchwerbung. Autorinszenierung und Kanonisierung mit Bildern. Berlin usw. 2014.

10 Vgl. Bickenbach: Autor-Bild (Anm. 2), S. 376f.; Bickenbach: Autor/innen-Porträts (Anm. 3), S. 497.

11 Benjamin von Stuckrad-Barre: Panikherz. Köln 2016. Zitate aus diesem Text werden künftig nach dieser Ausgabe unter Angabe des Sigels ‚PH‘ sowie der Seitenzahl in Klammern im Fließtext nachgewiesen.

12 Zum Konzept der Werkpolitik vgl. grundlegend Steffen Martus: Werkpolitik. Zur Literaturgeschichte kritischer Kommunikation vom 17. bis ins 20. Jahrhundert. Mit Studien zu Klopstock, Tieck, Goethe und George. Berlin usw. 2007.

In der vorliegenden Untersuchung wird zuerst die Autorinszenierung im *Panikherz*-Autorenfoto analysiert. Dabei wird bereits der Buch-Zusammenhang mit dem Abdruck des Fotos auf der Doppelseite gemeinsam mit den ‚Das Buch' und ‚Der Autor' genannten verlegerischen Paratexten[13] berücksichtigt. Daraufhin wird die Bedeutung des Ortes der Gucci-Plakatwand beim Chateau Marmont in Los Angeles, wo sich auch der Autor wahrscheinlich hat abbilden lassen, für den Ich-Erzähler in *Panikherz* verdeutlicht. Vor dem Hintergrund dieser Textanalyse wird anschließend der Text-Bild-Zusammenhang zwischen *Panikherz* und Autorenfoto untersucht. Inwiefern ‚illustriert' das Foto Textelemente, inwiefern weicht es von ihnen ab? Kann eine Stoßrichtung ausgemacht werden, in die das Foto die Textinterpretation lenkt? Lässt sich andersherum feststellen, in welche Richtung die Bildinterpretation – und damit die Wahrnehmung vom abgebildeten Autor – durch *Panikherz* und seine Paratexte beeinflusst wird? Der Ich-Erzähler in *Panikherz* selbst beschreibt wiederholt den immensen Einfluss, den sowohl die Aufnahme von eigenen als auch die Rezeption fremder Autorenfotos auf ihn hat. Diese Bedeutung der Autorenfotos für den Ich-Erzähler wird abschließend rekonstruiert und dadurch eine literarische Kommentierung der Praxis und Wirkung von Autorenfotos in *Panikherz* verdeutlicht.

Prinzipiell lassen sich zwei Funktionsweisen oder Wirkungsbereiche von Autorenfotos im Buch-Zusammenhang differenzieren, die in der folgenden Untersuchung im Zentrum stehen werden: die Autorinszenierung und die paramediale, werkpolitische Beeinflussung der Textinterpretation. So kann eine „Bildnispolitik der Autorschaft" betrieben werden, bei der das Foto dazu eingesetzt wird, „Autorschaft zu behaupten, auszustellen und mithin einem Subjekt das damit verbundene soziale und symbolische

---

13 Das Autorenfoto wird im Folgenden ebenfalls als Paratext zu *Panikherz* aufgefasst. In Gérard Genettes *Buch vom Beiwerk des Buches* bleibt das Autorenbild zwar unerwähnt, nichtsdestotrotz wurde es bereits von Bickenbach und Oster als Paratext begriffen. Vgl. Gérard Genette: Paratexte. Das Buch vom Beiwerk des Buches. Frankfurt/Main 1989; Bickenbach: Das Autorenfoto in der Medienevolution (Anm. 3), S. 20; Oster (Anm. 9), S. 4. Hier wird jedoch ein engerer Text-Begriff zugrunde gelegt, sodass terminologisch abgewandelt vom Autorenfoto als einem Paramedium gesprochen wird, um der Differenz des Bildes zur Schrift begrifflich Rechnung zu tragen.

Kapital anzueignen“[14]. Das Autorenfoto zeigt den oder die Autor:in als Autor:in und kann ein bestimmtes Autorenprofil bzw. -image implementieren oder öffentlichkeitswirksam verstärken.[15] Zudem kann es die Interpretation eines oder mehrerer literarischer Texte des abgebildeten Autors oder der Autorin beeinflussen. Diesbezüglich wurde bereits darauf hingewiesen, wie die Verbreitung besonders ernster Aufnahmen von Franz Kafka und Paul Celan in Interpretationen die Betonung der tragischen Dimensionen ihrer Texte begünstigen (und andersherum solche Textinterpretationen die Auswahl besonders ernster Autorenfotos), wodurch aber zum Beispiel humorvolle Aspekte in den Hintergrund treten.[16] Das Autorenfoto kann somit, „gleichsam unter der Hand, an der Darstellung und Interpretation der Person und ihres Werkes mitwirken“[17].

2. Die fotografische Autorinszenierung im Buch-Zusammenhang

Das Schwarz-Weiß-Foto von Stuckrad-Barre in der Taschenbuch- und Hardcover-Ausgabe von *Panikherz* (Abb. 1) ist kurz vor den letzten Hinweisen auf weitere Titel des Autors ganz am Ende des Buches zu finden. Es ist blattfüllend auf einer Doppelseite platziert. Auf der linken Seite ist Stuckrad-Barre zu sehen, während auf der rechten Seite das Foto für die sich dort befindenden Texte ‚Das Buch‘ und ‚Der Autor‘ ausgegraut ist und teilweise von ihnen verdeckt wird. Stuckrad-Barre steht im Kontrapost mit einer hellen Hose, hellem Shirt und etwas dunklerem Jackett auf einem leicht nach rechts oben verlaufendem Dachfirst. Der linke Turnschuh zeigt auf den oder die Betrachter:in, der rechte ist parallel zum First nach links gerichtet, wodurch das Nike-Logo darauf gut erkennbar ist. Die linke Hand steckt mit herausschauendem Daumen in der Hosentasche, die rechte liegt aufgefächert auf dem Bein ab. Sein Kopf zeigt in die

14 Daniel Berndt, Lea Hagedorn, Hole Rößler: Bildnispolitik der Autorschaft. Eine Einleitung, in: dies., Ellen Strittmatter (Hg.): Bildnispolitik der Autorschaft. Visuelle Inszenierungen von der Frühen Neuzeit bis zur Gegenwart. Göttingen 2018, S. 11-30, hier S. 12.

15 Vgl. dazu auch Bickenbach: Autor/innen-Porträts (Anm. 3), S. 493.

16 Vgl. ebd., S. 496.

17 Ebd., S. 497.

Abb. 1: Das Autorenfoto auf der Doppelseite in *Panikherz* zusammen mit den Texten ‚Das Buch' und ‚Der Autor' (PH, S. 572f., © 2016 Verlag Kiepenheuer & Witsch GmbH & Co. KG, Köln, Foto: Till Brönner).

rechte obere Bildecke und sein ernster Blick geht steil nach rechts oben in die Ferne. Im Vorder- und Mittelgrund sind Pflanzen zu sehen, dahinter befindet sich eine sehr große angeschnittene Plakatwand. Auf ihr fallen links die langen Haare eines Frauenkopfes nach unten und schließen aus Betrachterperspektive dabei bündig mit Stuckrad-Barre ab, rechts davon ist eine freie weiße Fläche. Auf der rechten Foto- bzw. Buchseite ist hinter dem Text noch eine Frauendarstellung mit Sonnenbrille und langen Haaren zu erahnen. Außerdem werden der First, die Pflanzen und die Plakatwand fortgeführt, die Aufmerksamkeit innerhalb des Fotos wird jedoch durch den Bildaufbau klar auf Stuckrad-Barre auf der linken Seite gelenkt.

Abb. 2: Das Autorenfoto in der Presse-Version (Foto und ©: Till Brönner).[18]

Neben Stuckrad-Barres Körperhaltung ist vor allem sein nach oben in die Ferne gerichteter Blick auffällig. Er wird durch die Richtung des Firsts und durch die nach rechts oben führenden Blätter im Mittelgrund visuell unterstützt und insbesondere dadurch betont, dass die Haare auf der Plakatwand im Hintergrund eine vertikale Linie zu seinem Gesicht bilden. Rechts davon herrscht eine freie Fläche, wodurch eine Weite entsteht, die auch wegen der geringen Bildsättigung auf der rechten Buchseite kaum begrenzt wird. Durch diese Kompositionslinien und weitere bildnerische Mittel wie die Kontrastierung von geballten Bildelementen und freier Fläche wird die Aufmerksamkeit auf Stuckrad-Barres In-die-Ferne-Schauen gelenkt.

Die Fokussierung auf Stuckrad-Barre und seinen Blick macht ein Vergleich mit der Presse-Version des Fotos (Abb. 2) deutlich. Mit ihr wurde

18 Für die freundliche Erlaubnis zum Abdruck der Autorenfotos danke ich Till Brönner und dem Verlag Kiepenheuer & Witsch.

von verschiedenen Zeitungen, Zeitschriften, Blogs und von Veranstaltern sowohl im Print als auch digital für *Panikherz* und insbesondere für Lesungen mit Stuckrad-Barre geworben. In der Presse erscheint das Autorenfoto damit aus seinem materiellen Buch-Zusammenhang gelöst, es bleibt jedoch mit *Panikherz* verbunden. Es stellt transmedial einen *Panikherz*-Zusammenhang her. Ein Vergleich beider Versionen macht sie beide als Ausschnitte aus einer unveröffentlichten Aufnahme kenntlich, weil in beiden an den Seitenrändern Bildteile zu entdecken sind, die bei der jeweils anderen Version nicht mehr vorhanden sind. Bei dem Pressefoto sind die Abbildungen des Gucci-Models auf der Plakatwand deutlich präsenter, sie werden sogar zu weiteren Hauptpersonen im Bild, indem sie groß über und neben Stuckrad-Barre platziert sind. Die rechte Model-Abbildung erlangt besonderes Gewicht im Bild, indem unterhalb von ihr große Blätter optisch auf sie hindeuten und sie gleichzeitig rahmen. Außerdem kreuzt sich ihr Blick mit dem von Stuckrad-Barre, was eine Verbindung zwischen ihnen herstellt, wenn sie sich auch nicht direkt anschauen. In der Buch-Version ist das Model durch Ausschnittbildung und eine geringe Bildsättigung auf der rechten Seite nur noch knapp erkennbar, wodurch Stuckrad-Barre im Bild keinen visuellen Antagonisten mehr hat. Stattdessen nimmt er im Vergleich deutlich mehr Bildraum ein und ist insgesamt präsenter. Weil in der Buch-Version unter Stuckrad-Barre zudem mehr Dachschindeln zu sehen sind, fungieren sie als Erhöhung oder eine Art Podest, wodurch er nochmals größer und hervorgehobener erscheint und somit – auch durch die Position im Bild – mehr im Zentrum steht.

Mit der beschriebenen Darstellung knüpft das *Panikherz*-Autorenfoto an ikonografische Muster von *poeta-vates*-Inszenierungen sowie von traditionellen Standesporträts an. Mit dem nach oben gerichtetem Blick, in der Buch-Version noch stärker herausgestellt, wird die Bildtradition des *poeta vates* aufgegriffen: Stuckrad-Barre wird als Dichter-Seher in Szene gesetzt, „der seinen Blick in eine Ferne und auf Höheres richtet"[19]. Durch den leeren Raum rechts von ihm steht seinem Blick aus Betrachterperspektive nichts im Weg, er hat symbolisch geradezu den ‚Durchblick'. Obgleich

19 Bickenbach: Autor-Bild (Anm. 2), S. 369.

in der Geschichte des Autorenfotos eher eine Ausnahme,[20] knüpft auch die Entscheidung für ein Ganzkörper-Porträt an eine bestimmte Bildtradition, der des Standesporträts, an. Schon im 16. Jahrhundert gilt es als die „nobilitierteste und öffentlichste Form des Porträts", bei der der „Status stolz zur Schau"[21] gestellt werden konnte. So erscheint auch Stuckrad-Barre auf dem Foto voller Selbstbewusstsein: frei und aufrecht stehend auf einer Anhöhe, sogar mühelos auf dem First balancierend, modebewusst und mit Blick nach oben. Dieser Inszenierung ist eine sich profilierende Abgrenzungsbewegung zum einen gegenüber anderen Autor:innen und zum anderen gegenüber den Betrachter:innen (und potentiellen Leser:innen) inhärent, die zu ihm hinaufschauen müssen. Es handelt sich um ein Starporträt. Das wird von der Person des Fotografen, selbst ein ‚Star', unterstrichen. Die Abendzeitung München hat die Presse-Version des Fotos mit der Bildunterschrift versehen: „Wer so starfixiert ist wie Benjamin von Stuckrad-Barre, der lässt sich auch nicht von irgendjemandem fotografieren, sondern von Till Brönner."[22]

Inwiefern findet in dem Autorenfoto eine „Bildnispolitik der Autorschaft"[23] statt, inwiefern wird Stuckrad-Barre speziell als Autor dargestellt? Das Porträt entbehrt zunächst traditioneller Schriftsteller-Symbole wie Büchern oder Schreibgeräten und der Autor wird auch nicht im Akt des Schreibens gezeigt. Der Verzicht auf solche Symbole und Darstellungsweisen und die Präsentation im Kontrapost in Jackett und Nike-Schuhen vor der Plakatwand lassen Stuckrad-Barre zunächst eher als weltgewandten und der Welt zugewandten Entdecker denn als Autor erscheinen. Nichtsdestotrotz hat bereits der Bezug auf die Bildtradition der Dichter-Seher eine Inszenierung als Autor zur Folge. Laut Bickenbach gehört zu den „symbolischen Kodierungen" von Autorschaft auch das, was „auf

---

20 Hauptsächlich Kopf- und Brustbilder finden sich z. B. in der umfangreichen Sammlung: Martin Bircher et al. (Hg.): Deutsche Schriftsteller im Porträt. 6 Bde. München 1979-1984.

21 Diers (Anm. 3), S. 568.

22 N.N.: Benjamin von Stuckrad-Barre stellt sein *Panikherz* vor, in: Die Abendzeitung, 03.04.2016, https://www.abendzeitung-muenchen.de/muenchen/benjamin-von-stuckrad-barre-stellt-sein-panikherz-vor-art-335889 [letzter Zugriff am 04.12.2022].

23 Berndt, Hagedorn, Rössler (Anm. 14), S. 12.

Autoren-Bildern gar nicht gesehen [werden] kann: das Wissen und Denken, […] die Inspiration des Autors“[24]. Stuckrad-Barres Blick nach oben könnte ein solches Inspirationsmoment symbolisieren. Des Weiteren ist die Präsentation der Hände als eng mit dem Schreiben konnotierte Körperteile in Autorenbildern zu beachten:

> Entgegen früheren Bildern und Epochen, die den Autor bei oder *vor* der Arbeit zeigen, im Unterschied zu Inspirations-, Verknüpfungs- und Empfängnisszenen der Malerei wie der Arbeit ‚im Gehäus‘, hat sich im fotografischen Medium die Geste der *ruhenden Hand* stabilisiert. […] Autorenfotos zeigen sich als Dokument der gelungenen Arbeit. Fotografische Porträts zeigen dadurch den Autor konstitutiv *nach* der Arbeit, *a priori post opera*. Die Arbeit der Hände ist schon lange vorbei, das Werk ist vollendet.[25]

Bickenbach opponiert gemalte bzw. gezeichnete Autordarstellungen, die Autor:innen vor oder während des Schreibens zeigen, mit fotografischen, bei denen die ruhenden Hände als Zeichen fertiggestellter Arbeit gelten, im Kern wegen der unterschiedlichen Zeitpunkte, die von der Autorschaft zeugen. Auf dem Foto ruhen auch Stuckrad-Barres Hände, die eine in der Hosentasche, die andere auf dem Bein. Weil letztere wegen der gespreizten Finger geradezu präsentiert wirkt, kann dies als eine Herausstellung der erfolgten Autorschaft verstanden werden. Was Bickenbach allgemein gegenüberstellt, findet in diesem konkreten Fall aber gerade gleichzeitig Verwendung. Die ruhenden Hände *und* der prophetische Blick zeugen von verschiedenen Zeitpunkten potentieller Autorschaft. Der Blick in die Ferne deutet nicht nur auf die visionäre Kraft der vergangenen, sondern auch auf eine zukünftig sich erneut ereignende Autorschaft hin, wodurch die Rezipierenden auf nachfolgende Werke Stuckrad-Barres werkpolitisch vorbereitet werden.

Als Unterstreichung, dass es sich bei dem Dargestellten um einen Autor handelt, fungieren im Buch-Zusammenhang nicht zuletzt die Paratexte ‚Das Buch‘ und ‚Der Autor‘ auf der rechten Buchseite. Sie sind in das Autorenfoto hineingeschrieben, verdecken es teilweise und überblenden es. Durch die Zusammenstellung von Autorenfoto, Buchbeschreibung

---

24 Bickenbach: Autor-Bild (Anm. 2), S. 369.
25 Bickenbach: Das Autorenfoto in der Medienevolution (Anm. 3), S. 308, Hervorh. i.O.

sowie Autorbiografie und -bibliografie findet ein komplexer intermedialer Verweisungszusammenhang statt. Die „kulturelle[...] Logik der Attribution, die Namen, Werk und Bild einander zuordnet“[26], findet sich auf der Doppelseite visualisiert. Das Porträt weist, auch durch die Blickrichtung Stuckrad-Barres, auf die Buchbeschreibung, diese und die Autorbeschreibung stehen auf derselben Seite zusammen und die Autorbeschreibung rechts führt wiederum zu dem abgebildeten Autor links. Die Autorbeschreibung nennt nur kurz seinen Namen, Geburtsdatum und -ort sowie seine früher erschienenen Texte zwischen 1998 (*Soloalbum*) und 2010 (*Auch Deutsche unter den Opfern*). Die Kürze des Textes und die sachlichen Formulierungen entsprechen heutigen Gepflogenheiten der Autorvita,[27] was darüber hinwegtäuschen könnte, dass der links Abgebildete damit als erfolgreicher Autor ausgewiesen wird. Der Bild-Text-Zusammenhang auf der Doppelseite verstärkt damit die „Bildnispolitik der Autorschaft“[28], die Stuckrad-Barres vielfache und erfolgreiche Autorschaft ausstellt.

Im Folgenden wird die Autorinszenierung speziell des *Panikherz*-Fotos mit einer übergreifenden Strategie der Autorinszenierung Stuckrad-Barres kontextualisiert, die Alexander M. Fischer zufolge aus einer Doppelbewegung aus suggerierter Authentizität und ausgestelltem Inszenierungscharakters besteht.[29] Als authentisch wirkend wurden bisher vor allem die Offenlegungen von Stuckrad-Barres Drogensucht 2004 in Zeitschriften-Interviews, im Dokumentarfilm *Rausch und Ruhm* von Herlinde Koelbl und in einem Talkshow-Besuch beschrieben.[30] Damit gehört, wie Gerrit Vorjans bemerkt, das ‚Beichten‘ des eigenen exzessiven Drogenkonsums, das auch in *Panikherz* einen hohen Stellenwert hat, „bereits seit dem Beginn seiner literarischen Karriere zu den Praktiken seiner Selbstinszenierung

26 Ebd., S. 9.
27 Vgl. dazu Oster (Anm. 9), S. 141f.
28 Berndt, Hagedorn, Rössler (Anm. 14), S. 12.
29 Alexander M. Fischer: Posierende Poeten. Autorinszenierungen vom 18. bis zum 21. Jahrhundert. Heidelberg 2015, S. 531f.
30 Vgl. Gerrit Vorjans: Tu Schlechtes und rede darüber. Das Drogengeständnis als Selbstinszenierungspraktik bei Benjamin von Stuckrad-Barre, in: Sabine Kyora (Hg.): Subjektform Autor. Autorschaftsinszenierungen als Praktiken der Subjektivierung. Bielefeld 2014, S. 343-352, hier S. 343; Fischer (Anm. 29), S. 533f.

als Pop-Literat und Rockstar des deutschen Literaturbetriebs"[31]. Laut Fischer handelt es sich um eine Inszenierung von Authentizität, die „die offen ausgestellte Selbstinszenierung des Autors als durchaus narzisstischer Selbstdarsteller performativ vervollständigt"[32]. Findet sich der Anschein von Authentizität auch im *Panikherz*-Autorenfoto? Autorenfotos generell scheinen dem Autor zu einer Präsenz zu verhelfen[33] oder seine Präsenz zumindest im Moment der Aufnahme zu bezeugen.[34] Diese Wirkung kann auftreten, obwohl im Foto stets nicht nur die Präsenz des Autors, sondern auch seine Inszenierung belegt wird.[35] Näher betrachtet wird aber ‚nur' der konstruierten Autorfigur zu einer Präsenz verholfen, nicht der empirischen Person,[36] obwohl zweitere an der fotografischen Inszenierung Anteil hat. Die Authentizitätserzeugung findet über diese allgemeinen Überlegungen zur Autorfotografie speziell beim *Panikherz*-Foto vor allem durch den paramedialen Bezug zwischen *Panikherz*-Text und Foto statt, worauf später eingegangen wird.

Zunächst tritt in dem *Panikherz*-Autorenfoto eine möglicherweise authentische Wirkung gegenüber einer eindeutigen Betonung des Inszenierungscharakters zurück. Das Herausstellen der Inszenierung in einem Autorenfoto von Stuckrad-Barre hat Fischer anhand einer Porträtreihe

---

31 Vorjans (Anm. 30), S. 344.

32 Fischer (Anm. 29), S. 534.

33 Vgl. Christian Schärf: Belichtungszeit. Zum Verhältnis von dichterischer Imagologie und Fotografie, in: ders., Gunter E. Grimm (Hg.): Schriftsteller-Inszenierungen. Bielefeld 2008, S. 45-58, hier S. 52ff.; vgl. auch ebd., S. 45: „Das Phänomen der literarischen Autorschaft, das auf dem Prinzip der Abwesenheit beruhte, konnte nun [mit der Fotografie, Anm. AB] auf Dauer gebannt und unbegrenzt reproduziert werden. Die Umkehrung de[r] Abwesenheit und Flüchtigkeit des Autors in die artifizielle Präsenz der Ablichtung machte einen Großteil des Reizes aus, gerade Schriftsteller von Anfang an fotografisch zu porträtieren."

34 Roland Barthes: Die helle Kammer. Bemerkungen zur Photographie. Frankfurt/Main 1989, S. 97; Schärf (Anm. 33), S. 52f.; Oster (Anm. 9), S. 36f.

35 Vgl. Oster (Anm. 9), S. 282.

36 Zu dieser Differenzierung vgl. Markus Tillmann, Jan Forth: Der Pop-Literat als Pappstar. Selbstbeschreibungen und Selbstinszenierungen bei Benjamin von Stuckrad-Barre, in: Ralph Köhnen (Hg.): Selbstpoetik 1800-2000. Ich-Identität als literarisches Zeichenrecycling. Frankfurt/Main usw. 2001, S. 271-282, hier S. 272; Oster (Anm. 9), S. 30.

im *Süddeutsche Zeitung Magazin* aus dem Jahr 2008 analysiert und festgestellt, wie darin ikonografische Muster der Autorendarstellung in einer Inszenierung als „Visionär“[37] – hierin dem Foto in *Panikherz* überaus ähnlich – aufgegriffen werden. In Fischers Beispiel geschieht dies vor allem, indem das Foto als Interview-Antwort auf die Frage „Wie viele Menschen kennen den echten Benjamin von Stuckrad-Barre?“[38], die auch als Bildunterschrift erscheint, abgedruckt wird. Das Sichtbarmachen des Inszenierungscharakters, so ist mit Blick auf das *Panikherz*-Autorenfoto zu bemerken, kann allerdings schon durch die Pose im Foto selbst geschehen, indem sie als Pose hervortritt. Um die Inszenierung nicht als solche zu offenbaren, werden generell zumeist ungestellt wirkende Fotos als Autorenfotos ausgewählt,[39] nicht aber bei Stuckrad-Barre. Die Inszenierung wird hier durch ihre Drastik offenkundig. Dazu tragen vor allem das offensichtliche Posieren wie auf einem Podest – das sogar die Frage aufwerfen kann, wer so posieren kann und darf, ohne sich dabei lächerlich zu machen – und der ernste, entrückt wirkende Seher-Blick bei. Die Künstlichkeit der Darstellung wird durch das Aufgreifen und Übertreiben von zu Stereotypen gewordenen Bildtraditionen betont.[40] Darin kann auch eine Ironisierung der Inszenierung gesehen werden,[41] die den Vorgang der Inszenierung allerdings nicht negiert, sondern trotzdem aufrechterhält.

---

37 Fischer (Anm. 29), S. 532.

38 Alfred Steffen und Benjamin von Stuckrad-Barre: Sagen Sie jetzt nichts, Benjamin von Stuckrad-Barre. Ein Interview, in dem der Schriftsteller nichts sagt und doch alles verrät, in: Süddeutsche Zeitung Magazin 2008, H. 37, S. 6-7, siehe auch https://sz-magazin.sueddeutsche.de/ein-interview-ohne-worte/sagen-sie-jetzt-nichts-benjamin-von-stuckrad-barre-75700 [letzter Zugriff am 16.03.2023].

39 Vgl. Oster (Anm. 9), S. 283.

40 Vgl. allg. Fischer (Anm. 29), S. 557; Katrin Blumenkamp: Typologie des Als ob. Praktiken der Autorinszenierung um die Jahrtausendwende, in: Christoph Jürgensen, Gerhard Kaiser (Hg.): Schriftstellerische Inszenierungspraktiken – Typologie und Geschichte. Heidelberg 2011, S. 363-381, hier S. 377.

41 Zur Ironisierung der Inszenierung bei Stuckrad-Barre vgl. Tillmann, Forth (Anm. 36), S. 279; Fischer (Anm. 29), S. 558f. Eine neue ‚Ehrlichkeit‘, die das Herausstellen des Inszenierungscharakters und seine Ironisierung bewirken könnte (vgl. dazu Fischer (Anm. 29), S. 558f.; Blumenkamp (Anm. 40), S. 381 und vgl. zu diesem Motiv auch der Ich-Erzähler, PH, S. 556), lässt sich aus meiner Sicht bei der fotografischen Autorinszenierung in *Panikherz* nicht feststellen.

Diese Bildstrategie lässt sich mit Stuckrad-Barres literarischem Schreiben in Verbindung bringen, in dem er, mit Fischer gesprochen, „immer wieder unter verschiedenen Gesichtspunkten die Künstlichkeit und Zeichenhaftigkeit der popkulturellen Kultur und Lebenswelt reflektiert“[42].

3. Der Ich-Erzähler und die Gucci-Plakatwand

Vor der weiteren Analyse der Verbindung zwischen Autorenfoto und *Panikherz* wird zunächst die Bedeutung des Ortes sowie der abgebildeten Frau auf dem Gucci-Plakat für den Ich-Erzähler in *Panikherz* rekonstruiert. Während er in einem Nebenhaus des Chateau Marmonts wohnt, blickt der Ich-Erzähler aus seinem Zimmer auf das Gucci-Plakat und ist davon fasziniert. Er beschreibt den Standort unter der Gartenbepflanzung, die darauf gerichteten Scheinwerfer (vgl. PH, S. 67) und nähert sich ihm physisch:

> Ich kann aus dem Fenster steigen, direkt auf ein Ziegeldach, darüber absurd groß das Gucci-Billboard. Nachts sitze ich oft auf dem Dachfirst, lehne mich an den Schornstein und rauche eine mit ihm [...]. Ich höre den Sunset Boulevard, höre sanft herüberwehen auch die Haupthausaufregung, das ganze Theater des Vorfahrens und Tischekriegens, die Sozialprestigetopographiewirren im Restaurant. Das alles gibt es im Garten nicht. [...] Hier im Garten ist komischerweise nie jemand, außer mir. Eigentlich ist dieser Garten mein Wohnzimmer. (PH, S. 74)

Eine Verbundenheit des Ich-Erzählers zu dem Ort wird deutlich, die auch aus einer Distanzierung gegenüber der, wie er es wahrnimmt, lauten ‚Haupthausaufregung‘ und ihren sozialen Zwängen resultiert. Der Ort bei der Plakatwand ist von Ruhe und vom Alleinsein geprägt und lässt im Ich-Erzähler ein Gefühl des Zuhause-Seins entstehen. Das geschieht beispielsweise durch mehrfache sprachliche Aneignungen mittels Possessivpronomen (hier ‚mein Wohnzimmer‘) und weil der Ich-Erzähler in den abgebildeten Frauen ein „vertrautes Gesicht hier in der Fremde“ (PH, S. 300) sieht.

Der Ort der Plakatwand, dem Haupthaus in einer symbolisch aufgeladenen Sonne-Mond-Dichotomie gegenübergestellt, wird für den Ich-Erzähler als Schutzraum vor den Versuchungen der Drogensucht profiliert.

---

42 Fischer (Anm. 29), S. 532.

Aus Sicht des Hotelbewohners geht über der Plakatwand die Sonne auf (vgl. PH, S. 500), während sie „hinter dem spätestens dann sehr spukschlossartig wirkenden Haupthaus des Hotels“ (PH, S. 500) untergeht. Symbolisch wird der Plakatwand eine Ruhe stiftende und lebensbejahende Funktion zugeschrieben, die das Ich außerdem vor Drogeneskapaden schützt. So heißt es angesichts der Gefahr des Rückfällig-Werdens für den früheren Alkoholkranken:

> Nein, der ‚Säufermond‘, er geht für mich auch heute nicht auf. [...] Ich stecke mir die elektrische Zahnbürste in den Kopf und gucke aus dem Fenster, in die Nacht, die nichts mehr für mich tun kann, heute nicht und morgen auch nicht. Da draußen, TOBT es da, das Leben? Tut es. Ich höre es ja, diese Nachtlebenvene Sunset Boulevard, über mir und über mich wacht die Gucci-Schild-Frau. (PH, S. 400)

Die ‚Gucci-Schild-Frau‘ protektiert den Ich-Erzähler, so beschreibt er es, vor dieser Gefahr. Insofern ist das Hotelzimmer und das ‚Wohnzimmer‘ vor der Plakatwand für ihn ein Ort, der ihn schützt, weil ihm dort ein Leben fern der lauten, mit Drogen verbundenen Ekstase möglich erscheint.[43]

Die Gucci-Plakatwand ist für den Ich-Erzähler darüber hinaus ein Ort der Selbstreflexion, von dem aus auf sein Leben und Schreiben geblickt werden kann, der sowohl das Leben als auch das Schreiben schützt und in dessen Zeichen beides zu stehen scheint. Vom Chateau Marmont aus nimmt der Ich-Erzähler die Rekonstruktion und Kommentierung der eigenen Geschichte vor.[44] Die Selbstbetrachtung ist damit zentrales Moment in *Panikherz*, wobei die Plakatwand der Ort ist, der die Betrachtung des gegenwärtigen Lebens- und Arbeitsraums ermöglicht: „Ich bin auf dem Billboardsims, setze mich hin, die Scheinwerfer blenden, ich sitze unterm Gucci-Schild. Endlich Perspektivwechsel: Da rechts ist mein Schreibtisch, mein Bett“ (PH, S. 307). Der Perspektivwechsel bewirkt durch die Einnahme des Blickwinkels von der Plakatwand aus, dass der Ich-Erzähler den Ort des eigenen Lebens und Schreibens betrachten kann. Denn das Bett und der Schreibtisch sind die beiden immer wieder angeführten Plätze im Zimmer, von denen aus das Ich auf die Plakatwand schaut (vgl. PH, S. 300, 304, 307). Ist das Bett im Zusammenhang mit der aufgehenden Sonne

---

43 Vgl. Kai Bremer im vorliegenden Band.
44 Vgl. ebd.

über der Plakatwand etwa mit Aufwachen, Leben und Sexualität konnotiert, ist der Schreibtisch traditioneller Ort des Schreibens und ein Symbol von Autorschaft. Dass beide Motive hier stets zusammen genannt werden, kann als symbolische Verknüpfung von Leben und Schreiben betrachtet werden. Die vom Ich-Erzähler hergestellte Verbindung des Lebens und Schreibens zum Gucci-Plakat verweist auf eine popliterarische Verbindung von Kunst und Leben im Zeichen des Gucci-Plakats, das heißt im Zeichen des Pop. Gleichzeitig wird es vom Ich-Erzähler als ein Leben und Schreiben dargestellt, das von der ikonenartigen ‚Gucci-Frau' beschützt werden muss und dies auch wird, insofern er sich (bis auf Weiteres) vor den Drogen geschützt sieht.[45]

Mit der Gucci-Werbung auf der Plakatwand wird jedoch nicht nur ein Pop-Symbol betrachtet, sondern gleichzeitig werden bestimmte Frauendarstellungen auf eine Art und Weise rezipiert, die von Oberflächlichkeit und tendenzieller Misogynie gekennzeichnet ist. Zwar nimmt die „Sonnenbrillen-Frau" (PH, S. 301) innerhalb der Gucci-Models eine besondere Stellung ein – laut Richard Phillips, dessen Meinung der Ich-Erzähler teilt, sei die Sonnenbrillen-Frau „das beste" (PH, S. 303) Motiv – und kann wahrscheinlich als *die* „Gucci-Schild-Frau" (PH, S. 400) gelten. Allerdings scheint sie in gewissem Maße austauschbar, weil der Ich-Erzähler etwa berichtet, wie er vorher ein anderes Plakat schöner fand, sich dann aber doch an die ‚Sonnenbrillen-Frau' „gewöhnt" (PH, S. 303) hat. Außerdem wecken aufgrund der vom Ich-Erzähler dokumentierten Plakatwechsel zahlreiche andere Models, hauptsächlich Frauen, sein Interesse. Die Reihenfolge der Models wird teilweise mit Namensnennungen und anekdotenhaften Charakterisierungen, die Zeitschriften entnommen worden sein können, aufgelistet (vgl. PH, S. 301f.). Diese Art Dokumentation stellt das oberflächlich bleibende Interesse an den abgebildeten Models aus. So spricht der Ich-Erzähler insgesamt von „übergroße[n], wahnsinnig hübsche[n] Frauen" auf der Plakatwand und bemerkt dazu machohaft

---

45 In *Panikherz* wird wiederholt geschildert, wie Drogen Schreibprobleme auslösen bzw. das Schreiben sogar unmöglich machen und umgekehrt Drogenabstinenz die schriftstellerische Produktivität fördert (vgl. PH, S. 310, 370, 380f., 430). Das Leben des Ich-Erzählers wird bedroht und mit ihm explizit auch sein Schreiben.

„ich bin weiß Gott morgens schon hässlicher angestarrt worden" (PH, S. 300). Hinzu kommt, dass Kategorisierungen wie „Sonnenbrillen-Frau" und „Handtaschen-Frau" (PH, S. 301) vorgenommen und nicht aufgelöst werden.

Die Problematik dieses Blicks hauptsächlich auf das weibliche Geschlecht wächst dadurch, dass das Ich von mehreren Personen erzählt, die seine Faszination für die Plakate teilen, es handelt sich dabei jedoch fast ausschließlich um Männer. Der Maler Richard Phillips hat bei einem Besuch, so der Ich-Erzähler, „eigentlich die ganze Zeit nur über das Gucci-Plakat geredet [...] und [...] empfand es als das ultimative Gemälde und überlegte, es abzumalen" (PH, S. 302f.). Bei Phillips, der das Plakat als Vorbild für seine Malerei betrachtet, lässt sich wie beim Ich-Erzähler damit auch eine Kunst im Zeichen des Gucci-Plakats bzw. des Pop erkennen. Bret Easton Ellis und Todd Michael Schultz „loben den Ausblick aufs Gucci-Schild" (PH, S. 396) und Thomas Gottschalks Verbeugung vor der Plakatwand gilt dem Ich-Erzähler später als besonders mustergültig: „Und es musste wohl erst Thomas Gottschalk kommen, um vorzuführen, wie man am besten reagiert auf die [...] Gucci-Billboard-Models, auf der FUSSMATTE hält er kurz inne, verbeugt sich leicht gen Billboard und sagt: Servus!" (PH, S. 516). Insgesamt lässt der Ich-Erzähler dadurch seine eigene Haltung sich in derjenigen der anderen widerspiegeln und unterstreicht damit scheinbar ihre Legitimität. Diese Unterstützung des Ich-Erzählers durch die Präsentation Gleichgesinnter kann zwar als Huldigung des Pop verstanden werden, gleichzeitig nimmt sie dem Blick auf die dargestellten Frauen nicht seine Problematik, sondern verschärft sie.

Einzige Frau, von der eine Reaktion auf die Gucci-Plakate berichtet wird, ist die „Foucault-Forscherin am Pool" (PH, S. 557), die – wie die ‚Sonnenbrillen-Frau'[46] – anonym bleibt.[47] Die Plakatwand ist der Beginn des Kontaktes mit ihr. Sie zeichnet sich zunächst dadurch aus, dass sie über die Motive Bescheid weiß und sogar über die Plakatwand forsche

46 Dass es sich bei der ‚Sonnenbrillen-Frau' um Malgosia Bela in einem Foto von Mert & Marcus handelt, ergeben erst weiterführende Bildrecherchen. Der Ich-Erzähler legt dies nicht offen.

47 Zur Foucault-Forscherin vgl. auch den Beitrag von Christian Dawidowski in vorliegendem Buch.

bzw. „über das Gucci-Plakat zu HABILITIEREN scheint" (PH, S. 557), weil sie nach einem Plakatwechsel die neuen Models identifizieren kann. Ihre Bekanntschaft steht damit unter einem guten Stern. Die Beziehung zwischen Ich-Erzähler und der Frau bleibt vage, es schwingt aber Begehren mit, wenn am Ende des vorletzten Kapitels beschrieben wird, wie sie sich mit geschlossenen Augen im Liegestuhl zurücklehnt, nachdem sie die vom Ich-Erzähler extra für sie gepflückte Zitrone mit ihm geteilt hat (vgl. PH, S. 557f.). Außerdem wurde sie von ihm in das Klettern bei der Plakatwand eingeführt und kommt über diesen Weg, um sich zu verabschieden. Sie schwimmen gemeinsam und umarmen sich zum Abschied, einen Abschiedsbrief von ihr will er „niemals öffnen" (PH, S. 562). Die über das Interesse an der Plakatwand sich entwickelnde Bekanntschaft hat sich zu einer tieferen Beziehung entwickelt, von der das Meiste nicht geschildert, sondern nur angedeutet wird. Ihre Namenlosigkeit ist hier nicht mit Oberflächlichkeit oder Auswechselbarkeit verbunden, sondern könnte der Strategie „Mythoserhalt" (PH, S. 541) dienen. Nicht alles offenzulegen, fördert die Spannung und wird vom Ich-Erzähler als „schön" (PH, S. 62) empfunden. In der Förderung eines ‚mythischen' Eindrucks liegt ein weiterer Erklärungsansatz für die Anonymität der ‚Sonnenbrillen-Frau'.

4. Das Autorenfoto als Paramedium mit werkpolitischen Funktionen

Wird das Autorenfoto im Anschluss an die *Panikherz*-Lektüre betrachtet, lassen sich Übereinstimmungen zwischen der Darstellung Stuckrad-Barres im Autorenfoto und in *Panikherz* identifizieren. Auf dem Foto ist Stuckrad-Barre wie der Ich-Erzähler in einer *Panikherz*-Szenerie zu sehen. Das Gucci-Plakat, die Gartenelemente, der Dachfirst – es handelt sich um den Ort neben dem Haupthaus des Chateau Marmonts, wie ihn der Ich-Erzähler beschreibt und an dem der Autor wahrscheinlich fotografisch festgehalten wurde. Inhaltliche Elemente von *Panikherz* werden damit in die Bildsprache des Autorenfotos überführt. Formal ist das Foto gegenüber dem *Panikherz*-Text zwar ein „Fremdkörper"[48], mit dem Schwarz-Weiß nähert sich das Foto allerdings optisch der Textgestaltung an. Das fällt

48 Bickenbach: Autor-Bild (Anm. 2), S. 366.

vor allem deswegen auf, weil die Einbandgestaltung und speziell bei der Taschenbuch-Ausgabe der neongrün angestrichene Buchschnitt besonders farbig gehalten sind. Zudem ist das Foto nicht etwa auf dem Bucheinband oder als Frontispiz platziert, sondern im Anschluss an den *Panikherz*-Text auf den gleichen Seiten abgedruckt. In diesem Sinne erweisen sich die inhaltlichen Übereinstimmungen mit formalen Annäherungen verbunden.

In dem Foto wird insbesondere das Ende des *Panikherz*-Textes im engeren Sinne aufgegriffen, was der Position des Autorenfotos am Ende des Buches, das heißt *nach* dem *Panikherz*-Text, entspricht. Der Bezug zum Ende wird nicht nur durch die Umgebung des Chateau Marmonts hergestellt, von der aus der Ich-Erzähler auf Ereignisse seines bisherigen Lebens zurückblickt. Auch das am Ende dem Drogenkonsum entsagende und sich den Essstörungen widersetzende, durch seine Geschichte gestärkte und gereifte *Panikherz*-Ich lässt sich in dem Souveränität ausstrahlenden Stuckrad-Barre auf dem Foto wiederfinden. Außerdem wird im Foto symbolisch deutlich, dass das positive Ende – zu denken ist an die Aufforderung in den letzten Worten von *Panikherz* („Man muss aufpassen." PH, S. 564) – bedroht bleibt.[49] Der Stuckrad-Barre auf dem Foto scheint zunächst einen sicheren Stand zu haben, es handelt sich jedoch um ein Balancieren auf dem Grat. Die Bedrohung schildert auch der Ich-Erzähler, der zusammen mit James Franco auf dem Dachfirst entlang balancierend bemerkt: „Unter unseren Füßen kracht es an ein paar Stellen, die Ziegel sind morsch, einige brechen" (PH, S. 306). Im Autorenfoto wird damit unterstrichen, dass der Weg des Ichs stets droht, zurück in den ‚Abgrund' zu ausgelebter Drogensucht und Essstörung zu führen.

Erst die *Panikherz*-Lektüre macht deutlich, dass es sich bei dem Ort, an dem sich Stuckrad-Barre auf dem Foto befindet, um einen Schreibort handelt. Grundsätzlich verbindet sich mit der Ganzfigur im Autorenfoto „die Idee der szenisch-situativen Einbindung, demnach eine Schilderung der Arbeitsatmosphäre sowie der handwerklichen Seite des Schriftstellerdaseins"[50]. Das vorliegende Autorenfoto scheint zunächst keine Schreibumgebung zu zeigen, in *Panikherz* wird diese Verbindung jedoch hergestellt, weil es der Ort ist,

49 Vgl. Bremer (Anm. 43).
50 Diers (Anm. 3), S. 573.

von dem aus der Ich-Erzähler seine Selbstbetrachtung durchführt. Dass der Text die Kulisse im Foto indirekt als Chateau Marmont und damit als ausgesprochen exklusiven Ort ausweist, führt Elemente der fotografischen Autorinszenierung fort, die den Autor gegenüber den Rezipierenden bzw. dem Gros der Gesellschaft abgrenzt. Hierin sowie in der Konnotation als Schreibort erschließt die Lektüre des Textes Bedeutungsfacetten des Autorenfotos, die es losgelöst vom Text-Bild-Zusammenhang nicht aufweisen würde.

Das Foto ist über die ‚Illustration' von Elementen des Endes von *Panikherz* hinaus eine ‚Fortschreibung' mit bildlichen Mitteln. Die Präsentation der ruhenden Hände lässt sich als symbolische Kodierung für die erfolgte Autorschaft verstehen. Stuckrad-Barre ist, so legt es zumindest die Hand-Symbolik und die Positionierung des Fotos am Ende des Buches nahe, im Anschluss an die Arbeit an *Panikherz* zu sehen. Diese Vergegenwärtigung eines Endzustandes kann bei Rezipierenden viele zukunftsgerichtete Fragen auslösen, etwa wie es mit Stuckrad-Barres anhaltender Gefährdung durch Drogensucht und Essstörung und auch wie es in Bezug aufs Schreiben und künftige Bücher weitergeht. Auf dem Foto ist Stuckrad-Barre an dem Ort zu sehen, der dem Ich-Erzähler Schutz des (weitestgehend, vgl. PH, S. 562) drogenfreien Lebens und Schreibens bedeutet und ihm die Selbstbetrachtung ermöglicht, aus der gewissermaßen bereits ein Buch entstanden ist. Das wirkt – trotz der anhaltenden Bedrohung dieses Zustands – wie ein optimistisches Setting für die Zukunft seines Schriftstellerdaseins. Darüber hinaus ist auch Stuckrad-Barres *poeta-vates*-Blick ein Hinweis auf eine zukünftige Autorschaft. Was lässt dieser nach oben in die Ferne gerichtete Blick den Abgebildeten sehen, das er womöglich bald teilen wird? Am Ende von *Panikherz* ist dem Autorenfoto eine werkpolitische Strategie inhärent, die die Rezeption künftiger Texte (oder Auftritte) des Autors vorbereitet und den Rezipierenden signalisiert: Nach der Autorschaft ist vor der Autorschaft.

Die fotografische Autorinszenierung lässt sich darüber hinaus mit der Strategie von *Panikherz* kontextualisieren, „permanent gegen die klare Zuordnung als Roman oder als Autobiographie"[51] zu arbeiten. Einerseits ist das

51 Bremer (Anm. 43), S. 264; vgl. dazu auch Michael Multhammer: Der frühneuzeitliche Popliterat. Benjamin von Stuckrad-Barres Bekenntnisse, in: Merkur 70/ H. 12 (2016), S. 67-71.

Autorenfoto eine Technik, die Lesart als Autobiographie zu unterstreichen. Mit dem Autorenfoto und seinem Bezug auf *Panikherz* ist eine doppelte Authentizitätsstrategie verbunden: Die fotografische Abbildung legt nahe, dass es Teile von *Panikherz* wie das Plakat und den Dachfirst wirklich gibt, und außerdem wird eine enge Verbindung zwischen Autor und Ich-Erzähler behauptet. Immerhin wird gezeigt, dass der Autor wie der Ich-Erzähler dort auf dem Dach vor der Plakatwand stand. Auch mit dem Fotografen Brönner, der den Ich-Erzähler nach einer Autofahrt den Sunset Boulevard und anschließend den Hollywood Boulevard entlang am Chateau Marmont absetzt (vgl. PH, S. 370-374), scheint der Autor tatsächlich vor Ort gewesen zu sein. Das vom Ich-Erzähler Beschriebene wirkt damit wie das vom Autor tatsächlich Erlebte.

Andererseits steht der Suggestion von Authentizität die Herausstellung der Künstlichkeit sowohl im Autorenfoto als auch in *Panikherz* gegenüber, die die Lesart von *Panikherz* als Roman unterstützt. Dass es sich um eine konstruierte Darstellung von dem handelt, wer Stuckrad-Barre ist und was er erlebt hat (oder auch nicht), und dass diese Konstruiertheit hervorgehoben wird, stellt eine transmediale Übereinstimmung zwischen *Panikherz* und fotografischem Porträt dar. Die Literarizität von *Panikherz* wird etwa angezeigt, indem Erlebnisse als „Plot" (PH, S. 86) gelten, über ‚Akte' in Biographien im Allgemeinen und speziell in der eigenen diskutiert wird (vgl. PH, z. B. S. 272f., 312f.) und indem der Ich-Erzähler von sich als dem „Helden meiner Autobiographie" (PH, S. 89, 277, 312, 432) berichtet. Außerdem wird das Leben als Fiktionalisierungsbereich beschrieben, wodurch die Möglichkeit explizit eingeräumt wird, dass das Ich durch „Ichentwurfssetzung" (PH, S. 76) bewusst gestaltet werden kann. Die Gestaltung des Ichs wird in *Panikherz* anhand von Udo Lindenberg und Harald Schmidt vorgeführt, anhand derer der Ich-Erzähler ein Verschmelzen von privater Person und öffentlicher Persona beschreibt. Auf diese Verschmelzung zielt auch das Autorenfoto, das empirische Person, Autor und Ich-Erzähler miteinander verknüpft. Die Verschränkung von Realität und Fiktion als „wesentlicher Bestandteil von Stuckrad-Barres Werkpolitik"[52]

52 Bremer (Anm. 43), S. 259.

findet sich im Autorenfoto fortgeführt, wodurch die Transmedialität seiner Werkpolitik unterstrichen wird.

Vor diesem Hintergrund muss noch einmal auf die Verbindung des Autorenfotos mit dem Paratext ‚Das Buch' auf der Doppelseite von *Panikherz* zurückgekommen werden, in der sich die paramediale Verknüpfung von empirischer Person, Autor und Ich-Erzähler in nuce feststellen lässt. Der vom Verlag als Buchbeschreibung vielfach verwendete Text ‚Das Buch' dient der Werbung und inhaltlichen Vermittlung.[53] In *Panikherz* neben bzw. in das Autorenfoto gesetzt, verstärkt er die Verbindung zwischen dem abgebildeten Autor und dem Ich-Erzähler. In der Buchbeschreibung wird eine „Selbstfindung am dafür unwahrscheinlichsten Ort – im mythenumrankten ‚Chateau Marmont'" sowie eine „Suche nach Wahrheit, eine Rückkehr aus dem Nebel" (PH, S. 573) angekündigt. Rezipierende können direkt Verbindungen zwischen dem Autorenfoto und der Buchbeschreibung ziehen: Die angekündigte Suche nach dem Selbst bzw. nach der ‚Wahrheit' wird durch den ernsten und nach oben gerichteten Blick symbolisiert; die ‚Selbstfindung' und ‚Rückkehr aus dem Nebel' finden sich im selbstbewussten, aufrechten Stand wieder. Alle drei Elemente der Doppelseite – Autorenfoto, Buchbeschreibung, Autorbeschreibung – vergegenwärtigen zudem tendenziell die empirische Person Stuckrad-Barre, indem sich einige Aspekte auf ihn beziehen. Im Foto kommt die Inszenierung ohne Anteile der empirischen Person nicht aus. In der Buchbeschreibung wird die Verbindung zwischen dem Ich-Erzähler und der empirischen Person betont, etwa indem es heißt, die Autorperson Stuckrad-Barre erzähle „seine[…] eigene[…] Geschichte" (PH, S. 573). In der Autorbeschreibung ist die Person Stuckrad-Barre, losgelöst vom Dasein als Autor, etwa durch Geburtsdatum und -ort präsent. Der Verweisungszusammenhang auf der Doppelseite besteht demnach nicht nur visuell, sondern auch inhaltlich, indem Porträtbild, Porträttext und Werkporträt ineinandergreifen und dabei sämtlich auch auf die empirische Person Stuckrad-Barre Bezug nehmen. Auf der Doppelseite finden die Leser:innen somit Hinweise auf die Verschmelzung von Person, Autor und Werk vor, die mit popliterarischen Prinzipien übereinstimmt.

53 Vgl. allgemein zu verlegerischen Paratexten Oster (Anm. 9), S. 118-122, 281.

Als weitere übereinstimmende Tendenz zwischen *Panikherz* und Autorenfoto gilt es abschließend, noch einen erneuten Blick auf die Frauen-Darstellungen zu werfen. Der Rolle der Frauen im *Panikherz*-Text entspricht im abgedruckten Autorenfoto, dass sie fast vollständig verschwunden sind. Zwar stellt das Verschwinden der ‚Sonnenbrillen-Frau' im Foto vordergründig eine Abweichung vom *Panikherz*-Text dar, im Grunde findet sich darin jedoch auch eine Fortführung ihrer im Text als Person doch peripheren Bedeutung. Wie beim „entschiedene[n] Verschweigen der Frauen"[54] im *Panikherz*-Text ist das Gucci-Model aus dem Autorenfoto im Buch nahezu gestrichen. Die Auswechselbarkeit und Oberflächlichkeit in der Rezeption der ‚Sonnenbrillen-Frau' wird im Bild aufgenommen, indem sie, in der Presse-Version noch präsent, im Buch-Zusammenhang fast vollständig ausgeblendet wird. Damit ist ihr vom Ich-Erzähler als beschützend empfundener Blick im Autorenfoto nicht mehr relevant, er ist nur gerade noch zu erahnen. Die fotografische Autorinszenierung in *Panikherz* stellt Stuckrad-Barre ins Zentrum und scheint zu behaupten: Der selbstbewusste und erfolgreiche Autor benötigt keinen Schutz mehr.

5. Der Ich-Erzähler über die Wirkungsmacht von Autorenfotos

Nachdem die paramediale Verbindung des Autorenfotos zu *Panikherz* und ihre werkpolitischen Dimensionen analysiert wurden, wird noch einmal der *Panikherz*-Text im engeren Sinne hinzugezogen und der darin zu beobachtende Kommentar des Ich-Erzählers über die Wirkungsmacht von Autorenfotos untersucht. Durch ihn findet sich in *Panikherz* eine Stellungnahme über den Einfluss von Autorenfotos, die zum Teil als Problematisierung und zum Teil als affirmative Beeinflussung der Rezeption des *Panikherz*-Autorenfotos gelten kann. Der Ich-Erzähler geht zum einen auf die Wirkung von Autorenfotos auf den Autor, der fotografiert werden soll, und zum anderen auf die Wirkung, die Fotos von Autoren oder Musiker:innen auf ihn selbst haben, ein. Durch die Perspektive sowohl von Autoren- als auch von Rezipierenden-Seite auf Autorenfotos werden sowohl ihre Produktions- als auch ihre Rezeptionsbedingungen thematisiert.

54 Bremer (Anm. 43), S. 263.

Die den Autorenfotos vom Ich-Erzähler zugeschriebene Wichtigkeit sorgt bei ihm als wiederholt fotografiert werdender Autor für den Beginn der Magersucht, wodurch die Praxis des Autorenfotos und insbesondere die ihr beigemessene Bedeutung von Autorenseite problematisiert wird:

> Ständig konfrontiert mit dem eigenen Bild in der Öffentlichkeit, was ich ja forcierte, wollte ich ab jetzt immer dünner werden. Das Selbstbild, das öffentliche Bild, nun geriet alles ein bisschen durcheinander. Auf den Umschlagfotos der beiden neuen Bücher jedenfalls müsste ich viel dünner, also viel besser aussehen. Fotovorbereitend aß ich fast gar nichts mehr, ging jeden Tag joggen, wochenlang nur Sauerkraut aus der Dose, der Beginn einer magersüchtigen Phase. (PH, S. 201f.)

Vor allem die Öffentlichkeit des Autorenfotos sorgt aus Sicht des Ich-Erzählers für den Druck, ‚viel besser' aussehen zu müssen. Einerseits entsteht der Druck dabei aus der Öffentlichkeit heraus, weil der Ich-Erzähler dort mit seinen Bildern ‚[s]tändig konfrontiert' wird. Andererseits baut der Ich-Erzähler diesen Druck selbst auf, indem er den Weg in die Öffentlichkeit – Stichwort: „Ins Licht!“ (PH, S. 192) – gezielt vorantreibt. Hauptsächlich gerät allerdings seine Reaktion auf die öffentlichen Bilder zum Problem, weil es sein Drang ist, die Bilder des Selbst stärker zu kontrollieren, und weil er ‚dünner' mit ‚besser' gleichsetzt. Letzteres folgt einer gesellschaftlich verbreiteten phänotypischen Normierung, die damit vorgeführt wird. Die fatale Wirkung im Vorfeld der Entstehung von Autorenfotos wird bei nahender Abgabe des ‚Deutschlandbuches' erneut beschrieben: „Die Perspektive, bald dann wieder fotogen und bühnentauglich sein zu müssen“ lässt den Ich-Erzähler „wieder mehr anorektisch als bulimisch“ (PH, S. 231) werden. Der mit der Öffentlichkeit aus seiner Sicht verbundene Druck, auf eine bestimmte Weise aussehen ‚zu müssen', ist hier nicht Auslöser der Essstörung, er nimmt aber großen Einfluss darauf und führt ihn erneut zur Magersucht.

Über die Wirkung der anstehenden Produktion eigener Autorenfotos auf den Ich-Erzähler hinaus wird in *Panikherz* immer wieder die Wirkungsmacht von Porträt-Fotografien anderer Autoren oder auch von Musikern auf ihn beschrieben. In Bezug auf den Effekt, den Udo Lindenberg-Porträts auf den Ich-Erzähler haben, wird eine Problematik der fotografischen Wirkungsmacht deutlich. Der Ich-Erzähler schildert, wie ihm im Alter von zwölf Jahren „Fotos vom rauchenden Udo auf Plattencovern […]

nahelegten, dass Zigaretten unbedingt dazugehören, wenn man lässig irgendwo rumzuhängen beabsichtigt“ (PH, S. 26). Dies habe „bis heute [...] [s]ein Idealbild einer gelungenen männlichen Existenz“ (PH, S. 26) geprägt. Die Fotos bekommen hier eine Eigendynamik, dem Ich-Erzähler ist, als ob sie ihm ein bestimmtes Verhalten ‚nahelegten‘. Die Vorbildfunktion, die der Ich-Erzähler den Lindenberg-Porträts einräumt, wird hier offensichtlich negativ konnotiert, weil der Ich-Erzähler sich als Junge zum Rauchen aufgefordert sah und die Vorstellung des lässig rauchenden Mannes als Ideal bis in seine Gegenwart fortwirkt.

Vergleichsweise affirmativ wirkt die Beschreibung der Wirkungsmacht, die ein Jörg Fauser-Porträt auf den Ich-Erzähler ausübt. In Charles Bukowskis *Die Ochsentour* stößt der Ich-Erzähler auf ein Foto mit Fauser, der „vor sich ein Glas Salzstangen und Schreibzeug“ (PH, S. 94) hat und dadurch symbolisch direkt als Autor gekennzeichnet ist. Über das Foto baut der Ich-Erzähler zu Fauser derart „starke Sympathien“ auf, dass er „rasch alle seine Bücher“ liest und er ihm fortan als „neuer Held“ (PH, S. 94) gilt. Das Rezeptionsinteresse richtet sich demnach vom Foto zum Autor, vom Autor zum Werk und vom Werk erneut zum Autor, der daraufhin Heldenstatus erlangt. Der Fauser-Darstellung in dem Foto wird eine entscheidende Wirkungsmacht zugeschrieben, indem das Foto zum Initiator der in *Panikherz* immer wieder thematisierten Fauser-Verehrung des Ich-Erzählers wird. Das Vorbild Fauser führt jedoch wie Lindenberg für den Ich-Erzähler zur Verklärung unter anderem der Drogensucht, die mit schriftstellerischer Produktivität verbunden wird: „Irgendwann auch mal als drogenabhängiger Schreiber in einem Billighotel ABSTEIGEN, mit der Miete im Rückstand, voll auf irgendwas [...] und wie ein Bekloppter schreiben“ bzw. generell „drogenfiebrig in die Tasten kloppen“ (PH, S. 95). In Bezug auf die Autorenfotos im Allgemeinen liegt dem das Potential der Bilder, Betrachter:innen zu begeistern, sowie das Vermögen und die Bereitschaft des Ichs, sich begeistern zu lassen und die Abbildungen – zum Teil trotz ihrer schwerwiegenden Folgen – als Vorbilder wahrzunehmen, zugrunde. Dass die Autorenfotos eine solche Begeisterung auszulösen im Stande sind, stellt auch das Autorenfoto Stuckrad-Barres in *Panikherz* werkpolitisch in ein vielversprechendes Licht. Schließlich führt der Ich-Erzähler Rezeptionsweisen vor, die dem Autor, seinen Bildern und Texten extreme Wirkungsmacht zugestehen.

6. Schluss

In *Panikherz* gibt die Doppelseite mit dem Autorenfoto dem Autor und seiner Inszenierung eine Plattform.[55] Das Autorenfoto und sein Abdruck mit den Texten ‚Das Buch' und ‚Der Autor' machen Stuckrad-Barre als Autor stark. Entsprechend zeigt das Foto Stuckrad-Barre allein und nicht etwa, wie es in *Panikherz* durch seine zentrale Bedeutung für den Ich-Erzähler nicht überraschen würde, zusammen mit Udo Lindenberg. Im Mittelpunkt steht ausschließlich Stuckrad-Barre, was insbesondere ein Vergleich mit der Presse-Version des Autorenfotos verdeutlicht, in der er noch eine kompositorische Gegenspielerin hatte. Das Ausblenden der Frauenabbildungen auf der Plakatwand, gendertheoretisch eine problematische Anknüpfung an Tendenzen des Ich-Erzählers in *Panikherz*, ist Teil der selbstbewussten Autorinszenierung, in der Stuckrad-Barre den (Bild-)Raum vollständig einnimmt und den in *Panikherz* symbolisch konstruierten Schutz der ‚Sonnenbrillen-Frau' nicht mehr benötigt. Im *Panikherz*-Autorenfoto liegt eine Kombination der Bildtraditionen *poeta vates* und Standesporträt vor, die Stuckrad-Barres Selbstbewusstsein und seine ‚visionäre Kraft' als Autor in einem Starporträt hervorheben, das ihn von anderen Autor:innen und von den Betrachter:innen abgrenzt. Diese Inszenierung kann im Zusammenhang mit der Namenlosigkeit der ‚Sonnenbrillen-Frau' auf der Plakatwand als eine Selbst-Mythisierungsstrategie Stuckrad-Barres gelten.[56] Als erfolgreicher Autor wird er am Ende des Buches außerdem durch das ikonografische Muster der ruhenden Hände gekennzeichnet. Die Paratexte ‚Das Buch' und ‚Der Autor' unterstützen diese Inszenierung und legen zusammen mit der *Panikherz*-Lektüre nahe, dass es sich um den Schreibort des Chateau Marmonts handelt. Die vergangene Autorschaft wird damit bezeugt und das Foto als visuelle ‚Fortschreibung' von *Panikherz* erkennbar. Das Autorenfoto nimmt auf diese

---

55 Vgl. allg. Urs Meyer: Tagebuch, Brief, Journal, Interview, Autobiographie, Fotografie und Inszenierung. Medien der Selbstdarstellung von Autorschaft, in: ders., Lucas Marco Gisi, Reto Sorg (Hg.): Medien der Autorschaft. Formen literarischer (Selbst-)Inszenierung von Brief und Tagebuch bis Fotografie und Interview. München 2013, S. 9-15, hier S. 14.

56 Zur Mythisierung bei Stuckrad-Barre durch Reverenzen zur DJ-Kultur vgl. Tillmann, Forth (Anm. 36), S. 277.

Weise eine die Rezeption künftiger Werke Stuckrad-Barres vorbereitende Zwischenposition ein, weil der Zustand nach der Autorschaft unter anderem durch den Blick in die Ferne einen Zustand vor weiterer Autorschaft suggeriert.

Stuckrad-Barres generelle Inszenierungsstrategie, die aus einer Verknüpfung von Authentizitätssuggestion und Hervorhebung des Artifiziellen besteht, findet sich sowohl im *Panikherz*-Text als auch in der mit ihm verbundenen fotografischen Autorinszenierung wieder. Im literarischen Text führt sie dazu, dass eine Einordnung als Autobiographie oder als Roman unterlaufen wird. An der beschriebenen Doppelbewegung partizipierend verunklart das Autorenfoto die mögliche Kategorisierung des Textes weiter. Wegen der Inszenierung Stuckrad-Barres vor der Plakatwand und mit Brönner als Fotograf wirken zumindest Teile der Erlebnisse des Ich-Erzählers wie die tatsächlichen des Autors. Der Inszenierungscharakter des Autorenfotos sticht jedoch ebenfalls hervor, ein Eindruck, der sich schnell vom Foto auf den Text überträgt und den Romancharakter unterstreichen kann. Insgesamt arbeiten *Panikherz* und Autorenfoto an der Verschmelzung von empirischer Person, Autorfigur und Ich-Erzähler, die sich bereits auf der Doppelseite durch das Zusammenspiel von Autorenfoto, Buchbeschreibung und Autorbiografie und -bibliografie findet. Sie wird auch im *Panikherz*-Hörbuch oder bei *Panikherz*-Lesungen aufgenommen, in denen der Ich-Erzähler mit Stuckrad-Barres Stimme ausgestattet wird. Bei den Lesungen grenzte sich Stuckrad-Barre auf der einen Seite gegenüber dem Ich-Erzähler ab, indem er ihn als solchen bezeichnete, und verwischte auf der anderen durch Hinzufügung von autobiographischen Erlebnissen die Grenze zwischen Autor und Ich-Erzähler.[57] Die Verschränkung von Realität und Fiktion, hier konkret von empirischer Person, Autorfigur und Ich-Erzähler, stellt bei Stuckrad-Barre somit eine umfassende transmediale Werkpolitik dar.

Die Praxis des Autorenfotos wird in *Panikherz* nicht nur angewendet, sondern in Kommentaren des Ich-Erzählers zu dieser Praxis und ihrer Wirkung auch reflektiert, wodurch eine potentielle Einflussnahme auf ihre

57 Vgl. Bremer (Anm. 43). Vgl. dazu auch den Beitrag von Jasmin Plewka im vorliegenden Band.

Rezeption stattfindet. Die Darstellung von Autoren- und Musikerfotos, die der Ich-Erzähler in *Panikherz* vornimmt, ist eine ambivalente. Einerseits lösen sie beim Ich-Erzähler als fotografiert werdender Autor, der sich unter Druck gesetzt fühlt, eine massive Essstörung aus und formen bei ihm als Rezipient problematische Vorstellungen einer nachzustrebenden Lebensweise. Andererseits begeistern sie ihn, vor allem im Fall von Fauser, für den Abgebildeten als Autor, lassen ihn dessen Werk entdecken und Fauser daraufhin augenblicklich zu einem seiner ‚Helden' werden. Die Leser:innen von *Panikherz* werden auf diese Weise für die möglichen Probleme von Autorenfotos sowohl für Autor:innen als auch für Rezipierende sensibilisiert, und ihnen wird gleichzeitig demonstriert, was für einen Enthusiasmus die Fotos auslösen können. Mit der Rezeption des Fauser-Fotos könnte den Leser:innen eine Wirkungsmacht der Bilder und eine Rezeptionsweise nahegelegt werden, wie sie werkpolitisch auch für das *Panikherz*-Autorenfoto wünschenswert erscheinen mag.

Die in *Panikherz* beschriebenen Rezeptionen fotografischer Abbildungen lassen sich tendenziell als *Male Bonding* charakterisieren, weil Verbindungen zwischen Männern herausgestellt werden und Frauen dabei zumeist nur von marginaler Bedeutung sind. Schließlich sind die Autorenfotos, die auf den männlichen Ich-Erzähler großen Einfluss ausüben, einzig von Männern. Frauen tauchen in dieser Praxis weder als Autorinnen noch als Rezipientinnen auf. Losgelöst von der Autorenfoto-Praxis kommen fotografische Abbildungen von Frauen als Models der Gucci-Plakatwand vor, dort erscheinen sie jedoch auswechselbar. Sie werden außerdem – hauptsächlich von Männern – oberflächlich bis misogyn als ‚hübsch' bewundert; diese Problematik bleibt, auch wenn die Bewunderung des Gucci-Plakats als Huldigung eines Pop-Zeichens interpretiert wird.

Das *Panikherz*-Autorenfoto lässt sich mit weiteren Autorenfotos Stuckrad-Barres, die für einen bestimmten Buch-Zusammenhang ausgewählt wurden, kontextualisieren und in eine Entwicklung der Autorenfoto-Strategie in seinen Büchern einordnen. Nachdem in den frühen Veröffentlichungen *Soloalbum* (1998), *Livealbum* (1999) und *Remix* (1999) Fotos auf der Einbandrückseite dominierten, wurden die Bildstrategien daraufhin vielfältiger. Beispielsweise findet sich in *Blackbox* (2000) als Klappenporträt eine untereinander gesetzte Farbfotoreihe, in *Remix 3* (2018) kommt Stuckrad-Barre in einem blattfüllenden Schwarz-Weiß-Foto auf einer Seite am Ende des Buches gerade zur Tür herein, bei *Alle sind so ernst geworden* (2020) ist er zusammen mit Martin Suter auf dem Cover zu sehen. In dieser Bandbreite zeigt der Vergleich von *Panikherz* und *Remix 3*, wie über Autorenfotos und ihre Abdrucke in Büchern eine Verbindung zweier Texte unterstrichen werden kann. Schließlich wird im Autorenfoto von *Remix 3* durch die Ganzfigur in Schwarz-Weiß, die Platzierung am Ende des Buches auf einer Buchseite und die Gegenüberstellung des Fotos mit den Paratexten ‚Das Buch' und ‚Der Autor' an das Autorenfoto und die Gestaltung der Doppelseite in *Panikherz* angeknüpft. Im letzten Kapitel von *Remix 3* befindet sich der Ich-Erzähler ebenfalls im Chateau Marmont und berichtet der Fotografin Chuck Grant von seiner „Gucci-Billboard-Obsession"[58], woraufhin sie sich dort einmal treffen wollen. Der Fortsetzungscharakter von *Remix 3* wird auch im beigefügten Paratext ‚Das Buch' profiliert – zu Beginn heißt es dort: „‚Panikherz' war eine Reise ins Innere. Nun geht es in die umgekehrte Richtung"[59]. Dieser Komplex aus diversifizierten Bildstrategien der Autorenfotos und ihrer Buch-Zusammenhänge bei Stuckrad-Barre, mit denen teilweise intertextuelle Bezüge zwischen Büchern herausgestellt werden können, ließe sich weiterführend untersuchen.

Das Autorenfoto in *Panikherz* ist außerdem Teil von Stuckrad-Barres fotografischer Inszenierungsstrategie, wie sie bei Instagram oder auf seiner Homepage zu beobachten ist, die sich ebenfalls näher analysieren ließe.[60] Das *Panikherz*-Foto fügt sich einerseits in die Bildsprache etwa des (Stand Januar 2023) aktuellen Instagram-Profilbildes (Foto: Max Sonnenschein)[61] oder des raumgreifenden Porträts auf der Startseite der Homepage (Foto: Olaf Heine), setzt sich andererseits von ihr ab. Gemeinsamkeiten sind vor allem das kontrastreiche Schwarz-Weiß und das offensichtliche Posieren Stuckrad-Barres. Das Homepage-Foto zeigt ihn ebenfalls als *poeta vates* mit schimmernder Iris im Moment der Inspiration. Differenzen

58 Benjamin von Stuckrad-Barre: Ich glaub, mir geht's nicht so gut, ich muss mich mal irgendwo hinlegen. Remix 3. Köln 2018, S. 299.
59 Ebd., S. 306.
60 Vgl. dazu den Beitrag von Alexandra Schütte im vorliegenden Band.
61 Mit diesem Foto wird auch für die geplante Lesetour Stuckrad-Barres 2023 für seinen neuen Roman *Noch wach?* geworben.

bestehen hauptsächlich durch die Gattung des Ganzkörper-Porträts beim *Panikherz*-Autorenfoto und durch den szenisch-narrativen Rahmen mit klarem Bezug zu *Panikherz*, durch die das Foto aus anderen Autorenfotos Stuckrad-Barres hervorsticht. Der Vergleich des abgewandten Blicks in die Ferne mit den zahlreichen Instagram-Fotos, auf denen Stuckrad-Barre die Betrachter:innen direkt anschaut, macht darüber hinaus deutlich, dass sich verschiedener ikonografischer Muster von Autorenfotos bedient wird. Mal zeigt sich Stuckrad-Barre als entrückter Dichter-Seher, mal als der dem Anschein nach Nahbare, der die Rezipierenden – passend zum Instagram-Format – mit seinem Blick unmittelbar adressiert.[62]

Abschließend sei noch einmal auf die allgemeinen Grundzüge der werkpolitischen Strategien des Text-Bild-Zusammenhangs eingegangen, wie sie die vorliegende Untersuchung anhand von *Panikherz* und dem Autorenfoto analysiert hat. Grundsätzlich wurde deutlich, wie ein medial differentes Foto in eine paramediale Beziehung zum Text tritt, Bild und Text aufeinander Bezug nehmen und die Rezeption des jeweils anderen beeinflussen können. Dabei können unterschiedliche Paratexte und -medien aufeinander verweisen und eine insgesamt zu beobachtende Werkpolitik realisieren. Das Bild kann materiell und inhaltlich derart eng mit einem literarischen Text verknüpft sein, dass ein Herauslösen des Bildes aus diesem Zusammenhang mit einem starken Bedeutungsverlust einhergehen würde. Eine Möglichkeit der Anknüpfung des Bildes an den literarischen Text besteht darin, insbesondere dessen Ende aufzugreifen: das Erzählte ‚fortzuschreiben', die erfolgte Autorschaft auszustellen und die Lektüre zukünftiger Texte vorzubereiten. Die Auswahl der im Bild aufgegriffenen Textelemente, die Aufnahme ikonografischer Muster sowie die Wahl des Fotografen stellen sich als Strategien der Autorinszenierung und der paramedialen Bezugnahme mit Leserlenkung heraus.

---

62 Zur Darstellung *en face*, die in Autorenfotos als die Regel gilt, vgl. Diers (Anm. 3), S. 579, Abb. S. 580; Bickenbach: Das Autorenfoto in der Medienevolution (Anm. 3), S. 269ff.; Bickenbach: Autor/innen-Porträts (Anm. 3), S. 481; Bickenbach: Autor-Bild (Anm. 2), S. 370.

Kai Bremer

Das Ineinander von Roman und Autobiographie als Herausforderung für die Inszenierung: *Panikherz* auf der Bühne[1]

Abstract: Based on a reading of *Panikherz*, Kai Bremer's contribution shows that openness and ambivalence are typical of Stuckrad-Barre's successful book. Therefore, following the introductory description, the article shows that *Panikherz* does not close with a happy ending, but remains ostentatiously open. This is followed by an attempt to discuss the question of genre for *Panikherz* (novel or biography?). Finally, the two supra-regionally received theater productions of *Panikherz*, namely those by Oliver Reese at the Berliner Ensemble and by Christopher Rüping at the Thalia Theater Hamburg, are presented as examples. It will be discussed to what extent these two productions have done justice to the aesthetic concept of *Panikherz*.

Keywords: author staging, reading, staging, theater criticism, work policy

1 Die Theaterbesuche, die den folgenden Überlegungen dieses Textes zugrunde liegen, und die damit verbundenen Reisen nach Berlin und Hamburg wurden durch das Preisgeld zur Verleihung des Preises der JLU Gießen 2017 an den Verf. ermöglicht. Für die Verleihung des Preises danke ich sehr. Der vorliegende Artikel ist die überarbeitete Fassung des folgenden Aufsatzes des Verf.: Einverleibung als pop-literarisches Prinzip. Zum Erzählverfahren von Benjamin von Stuckrad-Barres *Panikherz* und seiner theatralen Realisierung (Reese, Rüping), in: Yvonne Al-Taie, Marta Famula (Hg.): Figuren der Einverleibung zwischen Eucharistie und Anthropophagie. Amsterdam usw. 2020, S. 297-321. Er wurde für die Fragestellungen des vorliegenden Buches angepasst.

Wir waren völlig fertig
Und konnten's einfach nicht glauben
Und man sah, große Ereignisse werfen ihre Schatten
Unter die Augen.
Udo Lindenberg, *Gegen die Strömung*

1. Vorspiel auf dem Theater

Göttingen, ein Sonntagabend im Herbst 2016. Benjamin von Stuckrad-Barre wird gleich im Rahmen des Literaturherbsts im Deutschen Theater der Universitätsstadt lesen. Der Vorplatz ist gut gefüllt, neben dem Theater liegt das Gymnasium, an dem er einst Abitur gemacht hat. Vielleicht sind einige ehemalige Mitschüler:innen Stuckrad-Barres unter den Menschen, die herumstehen. Dann waren sie wohl dabei, als die Punkband The Bates das Konzert auf dem Pausenhof des Gymnasiums nebenan gegeben hat, von dem *Panikherz* erzählt.[2] Wer von solchen Erinnerungen nicht zehren kann, zeigt denen, die eben ankommen, Fotos und Videos vom Instagram-Profil des Autors.

Stuckrad-Barre tritt fahrig wie üblich und mit großer Geste auf, man hat für einen Moment den Eindruck, er würde viel lieber erneut The Bates ankündigen, als vor den gut situierten Zuhörer:innen im Theater lesen. Als er sich schließlich hinter den Tisch für die Lesung setzt, scheint er mit den Tränen zu kämpfen. Er widmet die Lesung Christoph Reisner, dem Gründer des Göttinger Literaturherbsts, der Stuckrad-Barre bei dessen ersten Schritten ins Pop-Business wie ein Mentor begleitet hat und der 2014 viel zu früh verstorben ist.

Viele im Saal, die *Panikherz* bereits gelesen haben, überrascht das nicht. Es wird still, als Stuckrad-Barre Reisners Namen nennt und den Blick zur Decke hebt. Ein ruhiger Abend beginnt, eine Lesung aus einem Buch, das dem ersten Eindruck nach ein großer Konversionsbericht, eine Beichte ist und zugleich immer wieder eingesteht, dass die Sünde zwar Geschichte ist, aber dass sie sich auch wiederholen kann. Ein paar Mal sehe ich Karin neben mir an. Mit professionellem Stirnrunzeln signalisiert

2 Vgl. Benjamin von Stuckrad-Barre: Panikherz. Köln 2016, S. 115. Zitate aus diesem Text werden künftig nach dieser Ausgabe unter Angabe des Sigels ‚PH' sowie der Seitenzahl in Klammern im Fließtext nachgewiesen.

sie, dass der Mann dort auf der Bühne weiterhin das ist, was sie gerne ‚grenzkompensiert' nennt.

Stuckrad-Barre kündigt an, an diesem Abend in erster Linie Kapitel aus *Panikherz* zu lesen, die sich auf Göttingen beziehen.

> Hatte ich mich nicht als Kind auf diese Bühne geträumt? Deutsches Theater in Göttingen? Da oben im Rang hatte ich doch gesessen, „Besuch der alten Dame", und gedacht, schade, dass ich selbst niemals auf dieser Bühne stehen würde. Jetzt stand ich dort. Und wie immer, wenn in meinem Kopf nur noch die Notbeleuchtung glomm, fiel mir – ein Udo-Text ein, Zeile für Zeile, da steht der Sänger kurz vor dem Auftritt hinterm Bühnenvorhang, sieht durch einen Spalt das gespannte Publikum, wird nervös, bekommt schnell noch ein BERUHIGUNGSBIER: „Dann wär ich lieber einer von euch da unten, dahinten, zehnte Reihe links Ich würde denken, na Popstar? Wollen wir doch mal sehen, ob du das bringst" Ich brachte es nicht. (PH, S. 399)

Panikherz ist freilich kein Buch über das Scheitern. Aus ihm spricht vielmehr Dankbarkeit, die sich so gar nicht zu dem fügt, was den zynischen Sound der Pop-Jungs vom Adlon Ende der 1990er Jahre ausgemacht hat.[3] Stuckrad-Barre erzählt an diesem Abend in Göttingen von einem, der auszog, um das Leben in der weiten Welt kennenzulernen. Über diesen jungen Mann und seine Zeit vor dem Aufbruch nach Hamburg, in den Pop-Olymp und zum Kokain spricht er allerdings oft auch kalt. Ich ist ein Anderer.

Nach der Lesung schlendere ich durch die Stadt, denke an mein Studium und biege in die Goetheallee ein. Ich passiere die Leine, um wie vor 25 Jahren an Heine zu denken. Dann, jenseits der Unteren-Masch-Straße, fällt mir vor meinem Hotel auf, dass Stuckrad-Barre an diesem Abend eine Geschichte mit Göttingen-Bezug ausgespart hat:

> Mit dem Fuffi-Briefumschlag und einem Diktiergerät bewehrt, ging ich zum Hotel Gebhardt, dort brachte Christoph immer alle Lesungsgäste unter, es galt als das beste Hotel der Stadt, der Handlauf an der Eingangstreppe schimmerte golden, was für eine Welt, ich war sehr aufgeregt. Zwar hatte ich ein paar öde Fragen notiert, entlang der Autobiographie, vor allem aber wollte ich natürlich das Buch signiert haben und mit Rio Reiser im teuren Hotel rumhängen. An der Rezeption diskretes Geflüster – und dann der Satz aller Sätze:
> „Herr Reiser erwartet Sie." (PH, S. 105)

3 Vgl. Joachim Bessing et al.: Tristesse Royal. Berlin 1999; vgl. dazu auch den Beitrag von Erika Thomalla im vorliegenden Buch.

Schlagartig wird mir deutlich, dass Auslassungen nicht nur Stuckrad-Barres Erzählen in *Panikherz*, sondern offenbar auch seine Lesungen kennzeichnen. Selektion ist nicht nur ein Grundprinzip von *Panikherz*, sondern auch seiner Selbstinszenierung.[4]

Hotels sind in *Panikherz* höchst ambivalente Räume. Zunächst und in erster Linie sind sie Orte des Rückzugs, der Diskretion. Sie können zu Orten der Heilung werden. Wiederholt schleppt sich das Ich ins Hotel Atlantic, in der Hoffnung von Udo wieder aufgerichtet zu werden. Erst als Udo ‚Stuckiman' im Chateau Marmont am Sunset Boulevard einquartiert, gelingt es diesem, die Distanz zu seinem bisherigen Lebenswandel aufzubauen, die er zum Überleben braucht. Aber eben weil Hotels Rückzug und Diskretion versprechen, Anonymität und Privatheit bieten, können sie in *Panikherz* zugleich Orte des Exzesses sein (vgl. PH, S. 204). Die Erinnerung an das Hotel Gebhardt in Göttingen nimmt sich im Vergleich zu anderen Hotel-Schilderungen in *Panikherz* recht harmlos aus. Aber dort, in der Suite von Rio Reiser, darf das Ich erstmals hinter die Fassade eines Popstars blicken, darf sich der Hoffnung hingeben, das wahre Leben hinter der Inszenierung zu entdecken. Es darf am Exzess teilnehmen. Erstmals lernt es das Leben kennen, das es in seinen Bann schlagen wird und das es fast vernichten wird. Hier, im Hotel Gebhardt, beginnt die beinahe tödlich verlaufende Geschichte seines Drogenkonsums. Trotzdem hat Stuckrad-Barre diese Geschichte an diesem Abend im Herbst 2016 nicht erzählt.

Diese anekdotische Annäherung an *Panikherz* mag zunächst nur anzudeuten, warum sie für die Fragestellung des vorliegenden Artikels einschlägig ist. *Panikherz* schildert einen Journalisten und Schriftsteller, der rasant aufsteigt, tief fällt und schließlich von seiner Familie sowie seinem väterlichen Freund Udo Lindenberg und dessen Familie gerettet wird. Zugleich ist es eine Geschichte von Drogenkonsum und Magersucht, später auch Bulimie, deren Dramaturgie nicht parallel mit der Geschichte des Protagonisten in der Rettung schließt, sondern ostentativ ambivalent endet. Die Geschichte von Drogenkonsum und Essstörung wird damit weniger als

4 Vgl. Katrin Blumenkamp: Typologie des ‚Als ob'. Praktiken der Autorinszenierung um die Jahrtausendwende, in: Christoph Jürgensen, Gerhard Kaiser (Hg.): Schriftstellerische Inszenierungspraktiken – Typologie und Geschichte. Heidelberg 2011, S. 363-381.

Teil des Lebenslaufs erzählt, sondern allmählich eingeführt, um das Ich als permanent instabil zu charakterisieren. Auch wenn auf das Ende des Romans noch gesondert eingegangen wird, so kann doch bereits festgehalten werden, dass die Rettung eine ist, die nicht als Happy End inszeniert wird, sondern vorläufig bleibt, wie Teil zwei zeigen soll. Im Anschluss an die Ausführungen dazu folgt in Teil drei ein Versuch, der die Gattungsfrage von *Panikherz* (Roman oder Biographie?) diskutiert. Im vierten und letzten Teil werden exemplarisch die beiden überregional rezipierten Theaterinszenierungen von *Panikherz*, nämlich die von Oliver Reese am Berliner Ensemble und von Christopher Rüping am Thalia Theater Hamburg, vorgestellt. Das wird abschließend auf Stuckrad-Barres Selbstinszenierung in der eingangs geschilderten Lesung[5] in Göttingen bezogen und im Hinblick auf die Frage nach der Inszenierbarkeit von *Panikherz* interpretiert.

2. Drogensucht, Essstörung und Exzess: der Tote im Pool und das Ausbleiben eines Happy Ends[6]

Am Abend im Hotel Gebhardt kommt der autodiegetische Erzähler in *Panikherz* zwar erstmals mit Drogen in Berührung, doch nimmt er sie hier nicht selbst ein. Er beschafft Reiser Haschisch. Aber es wird nicht erzählt, was damit passiert. Erstmals konsumiert das Ich illegale Drogen nach einem Konzert in Hamburg zusammen mit dem Bates-Sänger Zimbl:

> Aha, Ecstasy, ich hatte davon gelesen. Ja, natürlich. Anders als vom Speed, das knapp zu sein schien, davon jedenfalls hatte er mir nichts angeboten, waren offenbar ausreichend Pillen da, um auch mir eine zu geben. Erst mal eine halbe vielleicht, regte der Promoter an, aber da hatten Zimbl und ich schon jeder eine ganze runtergeschluckt, keine halben Sachen. (PH, S. 139)

Der im Drogenkonsum unerfahrene Erzähler (‚ich hatte davon gelesen') hat keinerlei Bedenken und begibt sich ohne jede Vorsicht in seinen ersten Rausch. Eben diese fehlende Zurückhaltung kennzeichnet auch den zweiten geschilderten Drogenkonsum – nun zusammen mit einer Auszubildenden in den Redaktionsräumen des *Rolling Stone*:

---

5 Vgl. zu den Lesungen den Beitrag von Jasmin Plewka im vorliegenden Buch.
6 Zu den psychischen Erkrankungen vgl. den Beitrag von Till Huber und Immanuel Nover im vorliegenden Buch.

> So richtig gut ging es nicht, aber die Geste zählte: Ich hatte die Visitenkarte zu einem Röhrchen gerollt, übergab ihr die und schaute zu, Röhrchen ins Nasenloch, das andere zuhalten und dann die weiße Bahn einsaugen, Augen zu, Kopf in den Nacken werfen, vernehmlich ausatmen, Augen wieder auf, unbedingt erfrischt gucken. Ganz einfach, ich tat es ihr gleich. Das also war Kokain. (PH, S. 154)

Begleitet wird der Konsum der illegalen Drogen regelmäßig durch unmäßig viel Alkohol, was zu deutlich umgangssprachlicher Ausdrucksweise führt („Ich redete und soff mit Phillip Boa, auf Malta!", PH, S. 155). Auf diese Weise wird früh im Handlungsverlauf signalisiert, dass das Ich schnell die Selbstbeherrschung verliert und zunehmend asozial wird, wenn es trinkt oder Drogen nimmt. Eingeschränkt wird der Exzess lediglich durch finanzielle Grenzen: „Um richtig drogenabhängig zu werden oder auch nur ein DROGENPROBLEM haben zu können, fehlte uns das Geld" (PH, S. 158). Der Exzess ist damit vom ersten Rausch an selbstverständlich, sobald die materiellen Voraussetzungen dafür gegeben sind. Gesellschaftliche oder individuelle Gründe für einen Verzicht auf den Rausch kennt das Ich nicht. Der Weg in die Drogenabhängigkeit entwickelt sich dementsprechend parallel mit dem Verlauf seines materiellen Erfolgs.[7]

Das Ich hat also von Beginn an eine Disposition zum Drogenkonsum. Mit der bereits angesprochenen Essstörung tritt ein zweites Krankheitsbild hinzu, das zwar als ähnlich selbstverständlich wahrgenommen wird, von dem aber von Beginn an keine Faszination auszugehen scheint und über das im Vergleich zum Drogenkonsum distanzierter erzählt wird:

> Ständig konfrontiert mit dem eigenen Bild in der Öffentlichkeit, was ich ja forcierte, wollte ich ab jetzt immer dünner werden. Das Selbstbild, das öffentliche Bild, nun geriet alles ein bisschen durcheinander. Auf den Umschlagfotos der beiden neuen Bücher jedenfalls müsste ich viel dünner, also viel besser aussehen. Fotovorbereitend aß ich fast gar nichts mehr, ging jeden Tag joggen, wochenlang nur Sauerkraut aus der Dose, der Beginn der magersüchtigen Phase, ich wurde immer dünner – fühlte mich aber weiterhin und mehr denn je viel zu dick. Als die Fotos gemacht waren, aß ich anderntags beim Hotelfrühstück so viele Nutellabrötchen, bis mir ganz schwindelig war. Meine Essstörung manifestierte sich. Das Kotzen hatte ich noch nicht entdeckt. (PH, S. 201f.)

---

7 Zur Bedeutung von Popularität für das Schreiben von Stuckrad-Barre vgl. den Beitrag von Michael Multhammer im vorliegenden Buch.

Mit deutlichem Abstand zur eigenen Krankengeschichte analysiert das Ich seinen Weg in die Essstörung. Das hier skizzierte Neben- und Ineinander von Drogenkonsum und Essstörung kommt zwar in der abschließenden Gartenszene im Hotel Marmont zu einem Schlusspunkt. Doch trotz der bereits erwähnten Rettung vor der totalen Selbstzerstörung des eigenen Körpers mit Hilfe der Familie des Ichs und von Lindenberg enden die Schilderungen nicht mit einem konventionellen Happy End: Nachdem das Ich von einem Arzt im Chateau Marmont ein letztes Mal medikamentös eingestellt wurde, um seine Süchte und seine Depressionen in den Griff zu bekommen, schließt es folgendermaßen:

> Der Doktor geht durch den Dschungelgarten nach draußen, durchs Garagentor direkt auf den Sunset Boulevard. Ich halte am Rand des Gartens inne, sehe mit dem Doktor den Jungen verschwinden, den ich hinter mir gelassen habe. Türkis schimmert der ovale Pool unterm Zitronenbaum, ich denke an Schwab's Drugstore, Fitzgeralds wievielten auch immer, jedenfalls letzten Akt, hier in Hollywood. Heute findet man dort die Shopping Mall, ein Kino, eine Saftbar, ein Fitness-Studio und Trader Joe's.
> Das alles werde ich nun nicht mehr schreiben.
> Der Tote im Pool erzählt seine Geschichte.
> Ich binde mir den Helmut-Schal um, jetzt im Winter wird es ja früh dunkel und abends doch recht frisch.
> Man muss aufpassen. (PH, S. 564)

Mit dieser Schlussszene wird ein allegorisches Bild evoziert, das verschiedene Assoziationen auszulösen versucht. Das Ich tritt zunächst zu sich selbst in Distanz und sieht sich als ‚Jungen' mit dem ‚Doktor' verschwinden. Das darf als Metapher für das Erwachsenwerden verstanden werden. Das Ich begreift, dass seine Jugend Geschichte ist: Es kann ihr hinterherblicken, doch erwidert die personifizierte Jugend nicht den Blick und geht stumm ab. Diese Szene wirft zugleich die Frage auf, ob auch der Arzt eine Figur der Fiktion ist. Sein konkretes Wissen, wie die Medikamente dosiert werden müssen und wie sie im Falle des ehedem Drogensüchtigen im Körper wirken (vgl. PH, S. 562-564), sind derart konkret, dass die Mutmaßung naheliegt, den Doktor als eine Figur der erzählten Wirklichkeit zu betrachten. Das gemeinsame ‚Verschwinden' mit dem ‚Jungen' lässt ihn gleichwohl zu einer im Abgang märchenhaften Figur werden.

In einem anderen Verhältnis als der Junge steht der ‚Tote im Pool' zum Ich.[8] Zunächst spielt der Satz offenkundig mit zwei Bedeutungsmöglichkeiten von ‚erzählen'. Das Wort kann metaphorisch gemeint sein (in dem Sinne, dass ein Körper im Pool treibt und der Erzähler diesen Umstand als Bild für eine Erzählung deutet). Es kann aber ebenso bedeuten, dass der Tote konkret erzählt. Zudem erklärt der Satz nicht, in welchem Verhältnis der Tote und das Ich zueinanderstehen. So entsteht in diesem ostentativ anti-hermetischen, vielfach regelrecht oberflächlich[9] anmutenden Buch ein Bruch mit der bisherigen auf Deutlichkeit und Unmissverständlichkeit setzenden Darstellungsweise. Durch den folgenden Satz über den „Helmut-Schal"[10] werden die Unkonkretheit und Ambivalenz des vorhergehenden Satzes hervorgehoben. Der letzte Satz wiederum (‚Man muss aufpassen.') lädt dazu ein, ihn als eine Art Selbstvergewisserung des Ich zu lesen. Doch ist das nicht zwingend, denn zum einen spricht das Ich in *Panikherz* von sich so gut wie nie unpersönlich, sondern in aller Regel in der ersten Person Singular. Zudem scheint eine Selbstwarnung vor einer Erkältung oder Ähnlichem angesichts der lebensbedrohlichen Erfahrungen, die das Ich durchlebt hat, unangemessen.

Vor allem aber ist dieser letzte Satz als intertextueller Verweis bemerkenswert. Stuckrad-Barre knüpft damit an das Ende seines Erfolgsromans *Soloalbum* an, in dem ebenfalls das Ich des autodiegetischen Erzählers dominiert. Hier äußert sich das Ich zuletzt ebenfalls unvermittelt unpersönlich und verallgemeinernd: „Man weiß es nicht.", heißt es dort, ehe der Roman mit den Worten schließt: „Ja. *Definitely Maybe*, das ist der beste LP-Titel aller Zeiten."[11] Ähnlich wie *Soloalbum* erzeugt *Panikherz* am Ende mit einfachen literarischen Mitteln eine Offenheit und Mehrdeutigkeit, die dem dominierenden, vordergründig realen Stil entgegensteht und

8 Zur Deutung des ‚Toten im Pool' vgl. in diesem Buch die Beiträge von Manuel Bauer, Anke Christensen, Lisa Czolbe, Christian Dawidowski.

9 Zum Prinzip der Oberflächlichkeit in der Pop-Literatur vgl. Olaf Grabienski, Till Huber, Jan-Noël Thon (Hg.): Poetik der Oberfläche. Die deutschsprachige Popliteratur der 1990er Jahre. Berlin 2011.

10 Ein Schal des Regisseurs Helmut Dietl, dessen Tod das Ich in *Panikherz* wiederholt thematisiert.

11 Benjamin von Stuckrad-Barre: Soloalbum. Roman. 8. Aufl. Köln 2010, S. 245.

dadurch die Literarizität beider Bestseller betont, indem die Rezipient:innen gezielt zur Deutung herausgefordert werden.

Damit arbeitet Stuckrad-Barre mit einem auch in anderen Werken der Pop-Literatur[12] typischen Verfahren. Christian Kracht etwa beschließt *Faserland* ähnlich offen. Nachdem der autodiegetische Erzähler auf dem Kilchberger Friedhof das Grab von Thomas Mann nicht findet, geht er zum Ufer des Zürichsees. Dort lässt er sich von einem Mann, der – anders als sonst in diesem Roman üblich – in keiner Weise äußerlich beschrieben wird und von dem nur zu erfahren ist, dass er im Dunkel des Abends raucht, hinausrudern. Der Mann soll das Ich für 200 Franken auf die andere Seite rudern. Ob das Ich dort ankommt, bleibt offen: „Ich steige ins Boot und setze mich auf die Holzplanke, und der Mann schiebt die Ruder durch diese Metaldinger und rudert los. Bald sind wir in der Mitte des Sees. Schon bald."[13] Oliver Jahraus hat dieses Roman-Ende als intertextuelles Spiel mit C. F. Meyer, Klopstock und Goethes *Ein Gleiches (Wanderers Nachtlied II)* gedeutet.[14] Krachts intertextuelles Spiel ahmt Stuckrad-Barre zwar nicht nach, doch entwirft er in *Panikherz* ebenfalls eine Schlussszene, die nicht eindeutig ist und u. a. durch potentielle Todes-Personifikationen ambivalent gedeutet werden kann.

---

12 Wenn wie im Titel des vorliegenden Artikels auch im Folgenden zwischen ‚Pop' und ‚Literatur' ein Bindestrich gesetzt wird, geschieht das in Fortführung der Überlegungen von Eckhard Schumacher, der überzeugend Pop als Methode begreift. Eckhard Schumacher: Das Ende der Popliteratur. Eine Fortsetzungsgeschichte (Teil 2), in: Olaf Grabienski, Till Huber, Jan-Noël Thon (Hg.): Poetik der Oberfläche. Die deutschsprachige Popliteratur der 1990er Jahre. Berlin 2011, S. 53-70, hier S. 65: „Pop wäre dann gerade nicht mit Popliteratur gleichzusetzen, sondern eine von mehreren Verfahrensweisen, und zwar eine, die nicht zuletzt dadurch gekennzeichnet ist, Definitionen permanent zu unterlaufen – gegebenenfalls auch in vermeintlich gegenläufige Richtungen. Diese Bewegungen kann man genauer erkennen, wenn man auf eine Zuschreibung wie Popliteratur verzichtet – oder zumindest heuristisch davon ausgeht, dass man, auch und gerade nach ihrem vermeintlichen Ende, nicht weiß, was Popliteratur ist."

13 Christian Kracht: Faserland. Roman. 17. Aufl. München 2014, S. 158.

14 Oliver Jahraus: Ästhetischer Fundamentalismus. Christian Krachts radikale Erzählexperimente, in: Johannes Birgfeld, Claude D. Conter (Hg.): Christian Kracht. Zu Leben und Werk. Köln 2009, S. 13-23, bes. S. 18; vgl. auch http://de.wikipedia.org/wiki/Faserland (aufgerufen am 07.03.2018).

Zugleich gewinnt *Panikherz* dadurch einen Zug ins Allgemein-Sentenzhafte. Susanne Gaschke hat der letzte Satz sogar veranlasst, ihm in einem *NZZ*-Artikel über die gesellschaftliche Situation in Deutschland eine allgemeine kulturkritische Bedeutung zuzuschreiben.[15] Durch die Tendenz zum Sentenziösen, zum gezielt offen Formulierten bleibt die Drogensucht einerseits präsent, zugleich aber fordert der Schluss von *Panikherz* dadurch auf, die Pool-Szene allgemeiner, ja vielleicht sogar allegorisch zu lesen. Damit aber tritt die zweite Erkrankung des Ich entschieden in den Hintergrund. Von ihr ist auch schon lange vor dem letzten Kapitel nicht mehr die Rede. Zwar isst der autodiegetische Erzähler auch im Chateau Marmont nur sehr wenig, in erster Linie ist von den Getränken (Wasser und Tee) die Rede. Das Nebeneinander von Drogenkonsum und Essstörung kennzeichnet das Ende hingegen nicht mehr. Ausdrücklich bleibt lediglich die Erinnerung an die Drogensucht, der Status der Essstörung wird hingegen nicht mehr thematisiert. Erneut zeigt sich, wie zentral es für das Verständnis von *Panikherz* ist, gerade auch nach dem zu fragen, was nicht erzählt wird.

3. Inszeniert die Autobiographie einen Roman oder ein Roman eine Autobiographie?

Die abschließende Pool-Szene führt vor, dass in *Panikherz* Geschichten erzählt werden, die so stattgefunden haben mögen, aber nicht stattgefunden haben müssen. Das ist ein Verfahren, das für Pop-Literatur typisch ist und oft auf Unverständnis stößt. In Krachts *Faserland* landet das Ich in Frankfurt und steckt noch im Flughafen seine mit Joghurt durchnässte

15 Susanne Gaschke: Im Durcheinanderland. Deutschland leidet unter einer Zerrüttung der Diskussionskultur und der Verschärfung des Umgangstons. https://www.nzz.ch/feuilleton/im-durcheinanderland-herrscht-schlechte-stimmung-ld.1354871: „‚Neurasthenie' (‚reizbare Schwäche') war ein gefährliches deutsches Gefühl des beginnenden 20. Jahrhunderts. Als Fazit für die Bestandsaufnahme deutscher Verhältnisse eignet sich die letzte Zeile, mit der Benjamin von Stuckrad-Barre seinen autobiographischen Roman *Panikherz* enden lässt. Sie lautet: ‚Man muss aufpassen.'" (aufgerufen am 06.03.2018). Bemerkenswert vor dem Hintergrund der vorliegenden Überlegungen ist auch die Bezeichnung als ‚autobiographischer Roman'.

Barbourjacke in Brand.[16] Als der Roman, der *Faserland* im Unterschied zu *Panikherz* zweifellos ist, vom niedersächsischen Kultusministerium zum Abitur-Stoff gemacht wurde, hat Heike Schmoll in der *Frankfurter Allgemeinen Zeitung* die Entscheidung heftig kritisiert und das mit dieser Szene im Flughafen Frankfurt begründet: „Wie unglaubwürdig die Erzählung in sich ist, zeigt sich daran, wenn er seine Barbour-Jacke im Flughafengebäude entzündet, ohne dass irgendjemand davon Notiz zu nehmen scheint."[17] Dass man eben an dieser Szene die Grenze zwischen Fakt und Fiktion wunderbar aufzeigen kann, sieht Schmoll nicht. Hier zeigt sich der an sich banale Umstand, dass im Roman eine Jacke in Flammen aufgehen kann, während im realen Frankfurter Flughafen die Sprinkleranlage und das Wachpersonal jeden Versuch, eine Wachsjacke zu entzünden, umgehend unterbunden hätten.

Pop-Literatur unterläuft nicht nur die Grenze zwischen Fakt und Fiktion,[18] sie fordert den oder die Rezipient:in permanent dazu heraus, sich die Frage zu stellen, ob das tatsächlich so geschehen sein kann. Michael Multhammer hat über *Panikherz* treffend geurteilt: „Spielt man Dichtung und Wahrheit gegeneinander aus, zielt das geradewegs am Text vorbei."[19] Das bestätigt die Pool-Szene. Zudem macht sie klar, wie sehr dieses Ineinander von ‚Dichtung und Wahrheit' einerseits zwar literarische Strategie ist, wie sehr zugleich aber die Autorinszenierung eben dieses Ineinander nicht nur stützt, sondern gezielt befördert und letztlich wesentlicher Bestandteil von Stuckrad-Barres Werkpolitik[20] ist.[21]

---

16 Vgl. Kracht (Anm. 13), S. 66.

17 Heike Schmoll: Abschreckend, in: Frankfurter Allgemeine Zeitung 177 (02.08.2013), S. 7.

18 Vgl. Schumacher (Anm. 12).

19 Michael Multhammer: Der frühneuzeitliche Popliterat. Benjamin von Stuckrad-Barres Bekenntnis, in: Merkur 70/H. 12 (2016), S. 67-71, hier S. 71.

20 Vgl. Steffen Martus: Werkpolitik. Zur Literaturgeschichte kritischer Kommunikation vom 17. bis zum 20. Jahrhundert. Berlin 2007. Vgl. dazu auch den Beitrag von Anton Bröll im vorliegenden Buch.

21 So auch Markus Tillmann, Jan Forth: Der Pop-Literat als ‚Pappstar'. Selbstbeschreibungen und Selbstinszenierungen bei Benjamin von Stuckrad-Barre, in: Ralph Köhnen (Hg.): Selbstpoetik 1800-2000. Frankfurt/Main usw. 2001, S. 271-282, hier S. 272: „Dies gilt für die Autorfigur Benjamin von Stuckrad-Barre gleichermaßen, denn auch hier kann die sich selbst inszenierende Medienfigur

Stuckrad-Barre hat zu Beginn der Lesung in Göttingen vom ‚Ich-Erzähler' gesprochen, also eine Deutung als Roman nahegelegt. Erst meinte man, dass das ein ironischer Versuch sei, sich über sein Wissen, das er am benachbarten Gymnasium erworben hat, lustig zu machen. Schließlich findet sich eine ähnliche Szene bereits in *Panikherz*, kurz bevor der Erzähler sich eingesteht, dass er es bei der Lesung in Göttingen nicht ‚gebracht' hat:

> Besonders an dem ungelenken Reclamheftchen-Exegese-Terminus Ich-Erzähler hatte ich jetzt hier in Göttingen, direkt neben meinem Abiturgymnasium, die allergrößte Freude, gesteigert von der Möglichkeit, diesen von mir just ersponnenen FRONTALUNTERRICHT durchzuführen, sekundiert vom STUDIERTEN Gymnasiallehrer und als KRITISCH SICH EINMISCHENDER Liedermacher jahrelang mit dem völlig unlustigen Spottbegriff Oberlehrer belegten Heinz Rudolf Kunze. (PH, S. 338f.)

Im Unterschied zu dieser Szene setzte sich bei der Lesung 2016 allmählich der Eindruck fest, dass Stuckrad-Barre eine Grenze zwischen dem Erzähler und sich selbst gezogen hat. Später freilich, als er das Publikum mitriss, hielt er das nicht mehr durch. Der ‚Ich-Erzähler' reduzierte sich zum ‚Ich'.

Wie sehr diese Verwirrung zwischen Roman und Autobiographie in *Panikherz* Konzept ist,[22] zeigt sich schon auf der ersten Seite des Buchs: An sich untypisch für einen potentiellen Bestseller findet sich dort nämlich kein Hinweis auf das Genre. Allerdings muss man einschränken, dass Genre-Hinweise bei den Büchern Stuckrad-Barres nicht selbstverständlich sind. *Soloalbum* ist zwar trotz des entschieden autobiographischen Hintergrunds dezidiert als „Roman"[23] ausgewiesen. In anderen Büchern finden sich hingegen keine konkretisierenden, rezeptionssteuernden Angaben zur Textsorte. Das gilt für Bücher, die in erster Linie Zeitungstexte oder zeitdiagnostische Essays enthalten (*Deutsches Theater*; *Auch Deutsche unter den Opfern*; *Ich glaub, mir geht's nicht so gut. Ich muss mich mal irgendwo hinlegen*).[24] In ihnen spricht in der Regel zwar ein ‚Ich',

---

nicht getrennt von Stuckrad-Barres Büchern (*Soloalbum*, *Remix*, *Livealbum*, *Blackbox*) und CDs (*Liverecording* und *Bootleg*) betrachtet werden."

22 Grundlegend dazu der Beitrag von Ricarda Julia Vodermair im vorliegenden Buch.

23 Stuckrad-Barre: Soloalbum (Anm. 11), Titelblatt.

24 Vgl. Benjamin von Stuckrad-Barre: Deutsches Theater. Köln 2001; ders.: Auch Deutsche unter den Opfern. Köln 2010; ders.: Ich glaub, mir geht's nicht so gut. Ich muss mich mal irgendwo hinlegen. Remix 3. Köln 2018.

das aber aufgrund der paratextuellen Rahmung als publizistischer Text mit der Person Stuckrad-Barre gleichgesetzt wird. Gleichwohl sollte man es sich aber nicht all zu leicht mit dieser Grenzziehung machen, zumal Stuckrad-Barre sie selbst reflektiert – etwa in *Ich glaub, mir geht's nicht so gut. Ich muss mich mal irgendwo hinlegen*, da er zu einem Lob Walter Kempowskis ansetzt:

> Seine Bücher lenken den Blick auf jeden erdenklichen, so bezeichneten NEBENKRIEGSSCHAUPLATZ. „Faction" nannte er es und trieb ein Verfahren auf die Spitze, dessen sich auch Thomas Mann, Karl Kraus, Georg Büchner und natürlich Goethe schon bedient hatten, aber da Dummheit hierzulande keinen direkten Straftatbestand darstellt, kamen natürlich auch gegen Kempowski immer mal wieder Plagiatsvorwürfe auf. Oder er wurde gefragt, wann er denn endlich mal wieder WAS EIGENES schreiben werde.[25]

Wie gezielt dieses Verschmelzen von Realität und Fiktion bei Stuckrad-Barre erfolgt und wie sehr er es als künstlerisches Prinzip begreift, das er wertschätzt, zeigt ebenso seine Beschäftigung mit Jörg Fauser: „Dabei schert er sich einen Dreck um literarische Konventionen, die Genres verschmelzen (Krimi, Tagebuch, Roman, Märchen), und so wird alles eins, ein großartiges Buch nämlich."[26]

---

25 Benjamin von Stuckrad-Barre: Vorruf auf Walter Kempowski, in: ders.: Ich glaub, mir geht's nicht so gut (Anm. 24), S. 273-287, hier S. 275f. Zum Verhältnis der beiden Autoren vgl. Dirk Hempel: Stuckrad-Barre und Kempowski. Eine Annäherung. Positionsbestimmungen im literarischen Feld nach der Wiedervereinigung, in: Christine Künzel, Jörg Schönert (Hg.): Autorinszenierungen. Autorschaft und literarisches Werk im Kontext der Medien. Würzburg 2007, S. 209-221; zu ästhetischen Parallelen Martin Rehfeldt: Archiv und Inszenierung. Zur Bedeutung der Autorinszenierung für Walter Kempowskis *Das Echolot* und Benjamin von Stuckrad-Barres *Soloalbum*, in: Lutz Hagestedt (Hg.): Walter Kempowski. Bürgerliche Repräsentanz – Erinnerungskultur – Gegenwartsbewältigung. Berlin usw. 2010, S. 369-390. Zur Selbstinszenierung Kempowskis Kai Sina: Maskenspieler, Stellvertreter, Märtyrer: Formen und Funktion der Autorinszenierung bei Walter Kempowski, in: Christoph Jürgensen, Gerhard Kaiser (Hg.): Schriftstellerische Inszenierungspraktiken – Typologie und Geschichte. Heidelberg 2011, S. 341-362.

26 Benjamin von Stuckrad-Barre: Jörg Fauser, in: ders.: Ich glaub, mir geht's nicht so gut (Anm. 24), S. 189-193, hier S. 193. Zu Stuckrad-Barres Konstruktionen literarischer Genealogie vgl. den Aufsatz von Bauer im vorliegenden Band.

Das zum Prinzip erhobene Fehlen einer konkreten Genre-Angabe verleitet die Rezipient:innen freilich dazu, von einem faktischen Kern von *Panikherz* auszugehen – analog zu den Essaysammlungen. In Kombination mit den einleitenden Erinnerungen an Reisner konnte so zu Beginn des Abends im Deutschen Theater Göttingen der Eindruck aufkommen, hier lese jemand aus seiner Autobiographie. Die Hinweise auf den ‚Ich-Erzähler' lenkten die Aufmerksamkeit anschließend jedoch darauf, dass dieses Buch nicht den Anspruch erhebt, eine zuverlässige Erinnerung zu erzählen. Indem der Erzähler in *Panikherz* dieses Ich in immer neuen Posen und Anekdoten inszeniert und weil zugleich der Autor auf der Bühne das alles um zusätzliche Schilderungen aus seinem Leben ergänzt, verwirrte sich die Grenze zwischen Erzähler und Autor immer mehr.

In den Kritiken ist die Frage, ob *Panikherz* einem bestimmten Genre zugeordnet werden kann, facettenreich erörtert worden. Vergleichsweise entschieden legt sich Edo Reents in der *FAZ* fest: „Das Buch […] wird man am ehesten als Autobiographie bezeichnen können."[27] Dem entgegen steht die Rezension von Friedrich Küppersbusch, einem der frühen Helden Stuckrad-Barres, im *Spiegel*. Er nennt das Buch konsequent ‚Roman', freilich ohne sich auch nur ansatzweise daran zu stoßen, dass dem die Trennung zwischen Autor und Erzähler typischerweise eigen ist. Das erlaubt Küppersbusch Sätze, die *Panikherz* hervorragend charakterisieren, aber die von Stuckrad-Barre betriebene und paratextuell unterstützte Unterminierung der Grenze zwischen Autobiographie und Fiktion noch verstärken: „Stuckrad-Barre beschreibt die ganze Werkstattpatina seines Langstreckenselbstmordversuchs und schaut sich selbst beim Schreiben zu."[28] Andrian Kreye schließlich versucht das Genre von *Panikherz* mittels eines Vergleichs mit der Pop-Musik zu fassen: „*Panikherz* ist ein

27 Edo Reents: Der Dauerrausch als Haltung. http://www.faz.net/aktuell/feuilleton/buecher/rezensionen/stuckrad-barres-neue-autobiografie-panikherz-14115344.html (aufgerufen am 06.03.2018). Dementsprechend vermeidet Reents auch weitgehend das Verb ‚erzählen' und Genre-Angaben, von ‚Erzählung' spricht er beispielsweise nur einmal.

28 Friedrich Küppersbusch: Stuck in the middle with you. http://www.spiegel.de/kultur/literatur/panikherz-von-benjamin-von-stuckrad-barre-kritik-a-1081935.html (aufgerufen am 06.03.2018).

Krankenbericht. Oder um im Pop-Genre zu bleiben, ein ‚Confessional Album', wie man die musikalischen Offenbarungen nennt, mit denen sich Stars aus den Trockengebieten der Rekonvaleszenz zurückmelden."[29] Es ist also offenkundig nicht leicht, den Balanceakt zwischen Fiktion und Autobiographie zu beschreiben, den *Panikherz* vollzieht. Das wiederum führt zu sich widersprechenden Einordnungen, wie die drei Beispiele aus dem Feuilleton zeigen. Aber woran liegt das konkret?

Zunächst daran, dass in *Panikherz* wesentliche Momente von Stuckrad-Barres Leben nicht erzählt werden. Wohl fast jeder oder jede Leser:in wartet auf weibliche Namen, auf Affären und längere Beziehungen. Aber die Namen fallen nicht bzw. nur indirekt. Von der Beziehung mit Anke Engelke wird nur selten ausdrücklich gesprochen – bezeichnenderweise aber nicht in Gestalt der konkreten erzählten Erinnerung, die *Panikherz* üblicherweise prägt, sondern metadiegetisch, indem der Erzähler aus der Perspektive von anwesenden Journalisten von einem Udo-Event erzählt: „Als ironischer Drüberstehjournalist [...] hatte man hier leichtes Spiel", da ‚man' sich nicht nur über Udo habe lustig machen können, sondern auch über „Nina Hagen, Ben Becker, Die Prinzen, Olivia Jones, Nena und diese[n] Dingsda, de[n] Ex von Anke Engelke" (PH, S. 321).

Während wichtige weibliche Persönlichkeiten weitgehend verschwiegen werden, wird von Freundschaften zu besonderen Männern – allen voran zu Lindenberg – und von der Familie, die ohne Wenn und Aber zum Ich während seines Junkielebens steht, ausführlich erzählt. Aber eben dieses entschiedene Verschweigen der Frauen in den Jahren von Stuckrad-Barres *Panikherz*-Zeit führt vor, dass die Deutung des Buchs als Reue-Bekenntnis eines verloren Sohnes (‚Confessional Album') zu kurz greift.[30] Zwar lädt Stuckrad-Barres Herkunft aus einem lutherischen Pastorenhaushalt dazu

29 Andrian Kreye: Die Spießigkeit der Drogensucht. http://www.sueddeutsche.de/kultur/panikherz-von-benjamin-von-stuckrad-barre-die-spiessigkeit-der-drogensucht-1.2899431 (aufgerufen am 06.03.2018). Inhaltlich eine ähnliche Stoßrichtung – freilich mit überzeugender literaturhistorischer Tiefe – Multhammer (Anm. 19). Seine Überlegungen überzeugen vielfach, funktionieren aber letztlich nur durch Analogien zur theologischen Bekenntnis- und Bußpraxis. Zudem ist die Konversionsliteratur in der Regel durch Bekehrungsmomente gekennzeichnet, die *Panikherz* m. E. abgehen.

30 Zu Frauen in *Panikherz* vgl. den Beitrag von Dawidowski im vorliegenden Buch.

ein, auch schildert das Ich seine Verfehlungen. Aber seine Buße ist nicht radikal und sie schützt nicht vor dem Rückfall in den Exzess, wie das offene Ende zeigt. Alle Entschuldigungen bleiben vorläufig. Stuckrad-Barre beherrscht als Pastorensohn den bekenntnishaften Gestus der öffentlichen Reue.[31] Eine katholische Ohrenbeichte, in der rücksichtslos alles offenbart werden muss, hat er hingegen nicht verfasst.

Die Feuilleton-Kritiken wie die bisherigen literaturwissenschaftlichen Äußerungen zu *Panikherz* zeigen, wie offen die Frage nach der Gattung ist. Letztlich kann das Nebeneinander der unterschiedlichen Positionen sogar als Triumph von Stuckrad-Barres metapoetischen Äußerungen begriffen werden. Unterstützt wird das in *Panikherz* zudem durch die erzählte Zeit. *Panikherz* ist durch das spätere Erzählen, also durch den bilanzierenden Rückblick vom Chateau Marmont aus auf das bisherige Leben, viel episodischer und weniger chronologisch-linear als *Soloalbum*. Es geht in *Panikherz* nie um die Frage, ob das Ich seinen selbstzerstörerischen Lebenswandel überlebt, sondern lediglich wie ihm das gelingt. *Panikherz* wählt damit einen Zeitpunkt des Erzählens, der für autobiographische Texte sehr typisch ist, während *Soloalbum* mit seinem gleichzeitigen Erzählen auf die in Pop-Literatur so typische Präsenz zielt. Präsenzeffekte provozierendes Erzählen findet sich in *Panikherz* hingegen gerade dort, wo generalisierend berichtet wird, wie in der vorgestellten Szene über die Dynamik der Essstörung.

Konventionelle Entwicklungsmuster etwa des Bildungsromans oder überraschende Dramaturgien gehen *Panikherz* weitgehend ab. Auch setzt Stuckrad-Barre die zitierten Lindenberg-Songs bzw. -Texte nicht so sehr als Gliederungshilfe ein, wie er das mit den Song-Zitaten in *Soloalbum* getan hat.[32] Sie werden vielmehr als Kommentare zur jeweiligen Situation oder als Spiegel des momentanen Gemütszustands des Ich eingesetzt. *Panikherz* arbeitet auf über 500 Seiten permanent gegen die klare Zuordnung als

---

31 Vgl. dazu grundlegend den Beitrag von Czolbe im vorliegenden Buch.

32 Vgl. Thomas Jung: Die Geburt der Popliteratur aus dem Geiste von Mozart und MTV. Anmerkungen zu Benjamin von Stuckrad-Barres Roman *Soloalbum*, in: ders. (Hg.): Alles nur Pop? Anmerkungen zur populären und Pop-Literatur seit 1990. Frankfurt/Main usw. 2002, S. 137-156, bes. S. 149. Vgl. dazu auch den Beitrag von Dawidowski im vorliegenden Buch.

Roman oder als Autobiographie. Das geschieht mithilfe von Verfahren, die in der Pop-Literatur üblich sind. Im Unterschied zu vielen anderen ihrer Werke setzt Stuckrad-Barre dabei auf gezielte Destabilisierung, indem von Kapitel zu Kapitel, ja von Ereignis zu Ereignis, erst ein Gattungsrahmen aufgerufen wird, in dem dann erzählerische Verfahren der je anderen Gattung genutzt werden, so dass die je evozierte Gattung ihrerseits wiederum den Gattungsrahmen zerstört. Bis zum Ende kann der Rezipient sicher sein, dass eine einmal gebildete Haltung zum Realitäts- bzw. Fiktionsgehalt von *Panikherz* durch eine weitere Schilderung destabilisiert wird und damit das Verhältnis von Roman und Autobiographie vorläufig bleibt. Das ist das autopoetische Kernprinzip von *Panikherz*.

4. Von der Schwierigkeit, *Panikherz* zu inszenieren

Panikherz ist eine Liebeserklärung an heterotopische Räume,[33] an das Hotelzimmer und an die Hinterbühne. Freilich ist dieser Liebeserklärung ein Paradox eigen: Indem *Panikherz* von diesen Räumen erzählt, werden sie öffentlich gemacht und verlieren ihre Intimität. Das Buch setzt dabei gestisch auf die theatralen Konventionen und die des Rock.[34] Die Hauptfigur in diesen heterotopischen Räumen ist immer Ich. *Panikherz* ist damit ein extrovertiertes und derart verstanden ein theatrales Buch. So wie das Theater der Ort ist, an dem es permanent, Abend für Abend darum geht, Räume zu schaffen, die etwas zeigen, das den Blicken des Publikums außerhalb des Theaters verborgen bleibt, so schildert Stuckrad-Barres Bestseller

33 Im Sinne von Michel Foucault: Von anderen Räumen (1967), in: Jörg Dünne, Stephan Dünzel (Hg.): Raumtheorie. Grundlagentexte aus Philosophie und Kulturwissenschaften. Frankfurt/Main 2006, S. 317-329.

34 Das ist kein neues Verfahren in Stuckrad-Barres Werk: „Die Geste des Rock ist in ihrer Theatralität ein konventioneller Code, auf den man immer wieder zurückgreifen kann. Ein solches Regelsystem ermöglicht es erst, dass Stuckrad-Barres Rezipienten den beschriebenen Drogenkonsum vor einem Live-Auftritt als ästhetischen Code bzw. als Rockgeste identifizieren und entsprechend einordnen können. Die Autorfigur erkennt allerdings auch, dass es zum Problem werden kann, wenn die Öffentlichkeit zur Interpretation seiner Gesten gewohnheitsmäßig auf die Codes des Rock zurückgreift" (Tillmann, Forth (Anm. 21), S. 281).

Räume, in denen die an sich privaten und in der Regel verborgenen Handlungen stattfinden.

Ähnlich wie in der klassischen Tragödie geht es in *Panikherz* von Beginn weniger um die Frage, ob es zur Katastrophe kommt, sondern darum, wie die Inszenierung endet. Durch die Engführung von empirischem Autor und autodiegetischem Erzähler wird noch vor der Lektüre des ersten Satzes von *Panikherz* durch die peritextuelle Nennung des Autors angekündigt, dass dieser nicht an Drogensucht und/oder Bulimie sterben wird. Diese Gewissheit bestätigt *Panikherz* durch die spätere, vom Chateau Marmont aus auf die Erlebnisse des Ich rückblickende Erzählung. Durch die Engführung von empirischem Autor und Ich können sich die Rezipierenden von Beginn an viel stärker auf die Fragen einlassen, wie sich alles entwickelt und wie es erzählt wird.

Vor diesem Hintergrund überraschte es nicht, dass zu Beginn der Spielzeit 2017/ 18 mehrere Theater ankündigten, *Panikherz* auf die Bühne zu bringen: das Berliner Ensemble, das Thalia Theater in Hamburg, das Junge Theater in Göttingen und das Theater Neumarkt in Zürich. Doch so nahe diese Entscheidung auch lag, muss zugleich bedacht werden, wie sehr sie eine künstlerische Herausforderung ist:[35] Wie würden die Inszenierungen mit der offenen Frage nach dem permanenten und zirkulären Ineinander von Autobiographie und Roman umgehen? Wie damit, dass *Panikherz* ein Erzählwerk ist, in dem dermaßen oft ‚ich' gesagt wird, dass es an sich aufgrund seiner monologischen Form denkbar ungeeignet für die Bühne ist? Immerhin ist der Monolog, so tragisch er auch sein mag, an sich eine äußerst undramatische Form der menschlichen Rede.[36]

---

35 Ausgeschlossen werden kann selbstredend nicht das Kalkül, mit der Dramatisierung eines Bestsellers breite Zuschauerschichten anzusprechen.

36 Vgl. Kai Bremer: Postskriptum Peter Szondi. Theorie des Dramas seit 1956. Bielefeld 2017, S. 69-72. Ergänzend stellt sich die Frage, wie die Musikalität des Buches und der Udo-Sound realisiert würden. Bei der Lektüre haben die Rezipienten je nach Kenntnisstand die Songs im Ohr, bei Lesungen überzeugt Stuckrad-Barre nicht zuletzt, weil er Lindenberg beeindruckend gut nachahmen kann. Wie aber Lindenberg inszenieren, ohne ihn zu parodieren? Dass diese Frage im Rahmen der vorliegenden Überlegungen nicht beantwortet werden kann, liegt auf der Hand.

Beantwortet werden sollen diese Fragen, indem die ersten beiden Inszenierungen von *Panikherz* abschließend verglichen werden. Sie bieten sich auch deswegen an, weil sie zeitlich dermaßen nahe nacheinander Premiere feierten, dass nicht zu erwarten steht, dass die spätere Inszenierung in Hamburg (Premiere war am 17.03.2018) von der Uraufführung in Berlin (mit der Premiere einen Monat zuvor am 17.02.) maßgeblich beeinflusst wurde.

Räumlicher Fluchtpunkt von Reeses Uraufführung am Berliner Ensemble ist eine Bar am hinteren Bühnenrand, wie man sie auch im Chateau Marmont vermutet (Bühne: Hansjörg Hartung). Sie liegt altarmäßig leicht erhöht, die Stufen, die zu ihr führen, sind mit dickem Teppich ausgelegt. Zu beiden Seiten der Stufen spielt eine Band in Bar-Jazz-Besetzung Lindenbergs Klassiker, zu denen die vier Schauspieler:innen singen. Die vier teilen sich die Hauptfigur, Nebenfiguren gibt es nicht. Da die suchtbedingten Exzesse versprechen, effektreich zu sein, und da die Erzählung über weite Strecken davon dominiert wird, überrascht es nicht, dass sie Gegenstand der Aufführung sind und dass ihnen durch die Schauspieler:innen Ausdruck gegeben wird:

> Nico Holonics [einer der vier Darsteller, Anm. KB] schließlich gibt den lebensmüden Dandy, der die immer schlimmer werdenden Ess-Störungen in Klinken kurieren soll, sie dann aber lieber mit Ecstasy bekämpft, bis er als elendes Häuflein in der verwahrlosten Wohnung liegt, ganz allein. In diesem Zustand singt er mit weltentrücktem Blick „Don't Look Back in Anger" von Oasis, als wäre er nicht vierzig, sondern achtzig Jahre alt.[37]

Bemerkenswert ist dabei zunächst, wie konventionell der Exzess dargestellt wird. Hannah Schmidt hat das in *Die Zeit* überzeugend auf den Punkt gebracht: „Die Darsteller singen – Stücke von ‚Udo' natürlich, aber auch von Oasis, Nirvana und Rammstein –, zappeln, im Flackern des Stroboskops, verstreuen tütenweise weißes Pulver auf der Bühne, klettern die Ränge hoch, fressen, zittern, heulen, schreien. Eine Orgie des Wahnsinns."[38] Regisseur Reese hat versucht, vergleichsweise naturalistische

37 Jan Wiele: Geh aus und such Stoff. Koks-Koketterie: Oliver Reese inszeniert am Berliner Ensemble Benjamin von Stuckrad-Barres *Panikherz* als vertracktes Musical, in: Frankfurter Allgemeine Zeitung 42 (20.02.2018), S. 9.

38 Hannah Schmidt: Eine Orgie des Wahnsinns. Benjamin von Stuckrad-Barres ganzes Leben an einem Abend. *Panikherz* auf der Bühne des Berliner Ensembles,

Darstellungsweisen (‚fressen') zu finden oder aber die Exzesse konventionell symbolisch darzustellen, indem er die Schauspieler weißes Pulver in die Luft werfen und sie sich darin wälzen ließ. Die einzige überraschende ästhetische Entscheidung Reeses war vielleicht die Aufteilung der Hauptfigur in vier Darsteller:innen. Trotzdem fiel die Inszenierung in der Kritik mehrheitlich durch.[39] Dirk Pilz etwa hat sie in der *Berliner Zeitung* als „kunsthandwerklich"[40] geschmäht. Das lag nicht zuletzt daran, dass die vier letztlich verschiedene Lebensphasen bzw. zentrale Stationen der Biographie (Jugend und Kindheit, Aufbruch in die Pop-Welt, exzessiver Star und gezeichnet im Chateau Marmont lebender Rekonvaleszent) repräsentierten und so einer banalen Psychologisierung Vorschub leisteten.

Ein Beispiel, wie die Hauptfigur eines Romans auf vier Darsteller verteilt werden kann, um gerade verschiedene Dynamiken eines Romans ins Bild zu setzen – konkret das Ineinander von Autobiographie und Romanhandlung –, hat 2011 Rüping am Schauspiel Frankfurt vorgeführt, als er F. Scott Fitzgeralds *Der große Gatsby* facettenreich und mit einer eigenen Bühnensprache inszenierte.[41] Intendant seinerzeit in Frankfurt war übrigens Reese, so dass dessen Aufteilung in vier Darsteller auch vor dem Hintergrund dieser Aufführung einen faden Beigeschmack erhielt – und

in: Die Zeit, 9 (2018), 22.02.2018 (https://www.zeit.de/2018/09/panikherz-berliner-ensemble-benjamin-stuckrad-barre; aufgerufen am 02.10.2018).

39 Vgl. die Presseschau im Anschluss an: Christian Rakow: Easy-Listening-Exzess, in: nachtkritik.de (17.02.2018, https://nachtkritik.de/index.php?option=com_content&view=article&id=15020:panikherz-am-berliner-ensemble-verpasst-oliver-reese-dem-autobiographischen-roman-von-benjamin-von-stuckrad-barre-einen-betulichen-anstrich&catid=50:berliner-ensemble&Itemid=1004u76, aufgerufen am 02.10.2018).

40 Dirk Pilz: Aus sicherer Distanz am fremden Elend wärmen, in: Berliner Zeitung (18.02.2018, https://www.berliner-zeitung.de/kultur/theater/-panikherz--am-be-aus-sicherer-distanz-am-fremden-elend-waermen--29721822, aufgerufen am 02.10.2018).

41 Vgl. Kai Bremer: Die große Boygroup, in: nachtkritik.de (10.11.2011, https://www.nachtkritik.de/index.php?option=com_content&view=article&id=6264:der-grosse-gatsby-christopher-rueping-laesst-f-scott-fitzgeralds-roman-aus-dem-jazz-age-funkeln&catid=83&Itemid=100190, aufgerufen am 02.10.2018).

zugleich Hoffnung machte auf die Inszenierung am Thalia-Theater Hamburg einen Monat später. Denn hier führte eben Rüping Regie.

Der lässt in seiner *Panikherz*-Inszenierung ebenfalls verschiedene Schauspieler:innen auftreten und den Text sprechen, doch repräsentieren sie nicht derart eindeutig bestimmte Konstellationen oder Lebensabschnitte. Ergänzend tauchen weitere Figuren auf, etwa ein Udo-Double (alternierend Wenyen You und Cheng Ding) oder Peter Maertens im Cowboy-Outfit, der vor allem den zweiten väterlichen Freund von Stuckrad-Barre repräsentiert – Helmut Dietl. Allein die Besetzung signalisiert also, dass Rüping sich eigenständiger als Reese mit *Panikherz* auseinandersetzt. Entscheidend dafür sind zunächst einige Entscheidungen und Schwerpunktsetzungen. So widerspricht die Inszenierung dem emphatischen Bekenntnis zur Familie in *Panikherz*. Auf der Bühne zu sehen ist im Vergleich zur Berliner Inszenierung ein weit abstrakterer und leererer Raum (Bühne: Jonathan Mertz), der allerdings ebenfalls einen Fluchtpunkt hat, nämlich eine Doppeltür am hinteren Bühnenrand, die wie für einen Auftritt bei einer Fernsehshow hell erleuchtet und aufgefahren werden kann. Doch da die Bühne des Thalia-Theaters im Vergleich zum Berliner Ensemble viel tiefer ist und am Rand nicht durch eine Band o. ä. begrenzt wird, ist die Spielfläche für die Schauspieler ungemein größer. Das ermöglicht ihnen schlicht mehr Bewegung. Nach der Pause wird die Handlung auf die Vorderbühne konzentriert, indem mittels weniger Requisiten das Appartement im Hotel Marmont angedeutet wird.

Rüping sucht eine Bildsprache, die Impulse des Romans aufnimmt, ohne sie schlicht nacherzählen zu lassen. In *Panikherz* findet sich beispielsweise ein Kapitel, das ‚Nebelschwadenbilder' heißt. Rüping lässt seine Schauspieler:innen mit Nebelmaschinen über die Bühne laufen und projektiert in die Nebelschwaden Bilder aus dem *Zimmer-frei*-Interview von Christine Westermann und Götz Alsmann mit Stuckrad-Barre. Ergänzend spielt Rüping akustische Ausschnitte aus *Panikherz* ein, die der Pop-Literat selbst liest. Gerahmt sind diese Referenzen auf den empirischen Autor wiederum durch literarisch-theatrale Zitate, indem der Regisseur seine Inszenierung mit einigen *Faust*-Anspielungen eröffnet. Rüping findet damit Bilder, die nicht nur das permanenten Ineinander von Autobiographie und Roman visualisieren. Er überführt das künstlerische Prinzip von *Panikherz* in eine eigene Bühnensprache, die nun, da die Bühne an sich immer ein Kunstraum ist und da das durch die *Faust*-Zitate zudem betont wird, wiederum die Frage aufwirft, was hier eigentlich dargestellt wird: das Leben eines Stars oder die Geschichte einer literarischen Figur. Aber indem die konkreten Bezüge auf den empirischen Autor erst im Laufe der Inszenierung stark gemacht werden – und das zumal etwa in Gestalt von in sich selbst zusammenfallenden Projektionen in den Nebel –, wird die Dynamik des permanenten Ineinander von Fiktion und Realität augenfällig. Rüpings Inszenierung hat also eine Annäherung an *Panikherz* geschaffen, die gerade auf außersprachliche Weise die erzählerischen Prinzipien vor- und sogar noch fortführt. Angesichts der in diesem Inszenierungsverfahren zum Ausdruck kommenden literarischen Sensibilität verwundert es auch nicht, dass Rüping für den Drogenkonsum und die Essstörungen selbst nicht mehr nur auf plakative Bilder wie Reese gesetzt hat, sondern versuchte, die damit einhergehende Verzweiflung anzudeuten, wenn er einen Schauspieler:innen sich im Gegenlicht erbrechen ließ und seine gebeugte Körperhaltung immer mehr zu der eines Leidenden wurde.

In der Göttinger Lesung von *Panikherz* versuchte Stuckrad-Barre, eine Distanz zwischen dem empirischen Autor und dem Ich in *Panikherz* anzudeuten, als er vom ‚Ich-Erzähler' sprach. Da er im weiteren Verlauf aber zwischen Schilderungen eigener Erlebnisse (die freilich ihrerseits im Hinblick auf ihren faktischen Kern nicht überprüfbar sind) und der Lesung aus *Panikherz* wechselte, wäre ein konsequentes Beibehalten dieser Distanz vermutlich auf Kosten der Natürlichkeit und der vermeintlichen Spontaneität gegangen.

Im Fall der beiden Aufführungen zeigt sich, dass die theatrale Auseinandersetzung mit einem literarischen Werk durchaus überzeugen kann, wenn sich die Regie nicht darauf beschränkt, die Handlung mehr oder minder gut wiederzugeben, sondern eine eigene Bildsprache zu finden. Reese ist das in Berlin nach Meinung der Theaterkritik nicht gelungen (dass die Inszenierung beim Publikum höchst beliebt war, tut diesem Urteil keinen Abbruch). Anders ist Rüping verfahren. Seine Hamburger Inszenierung zeigt, dass er sich die Frage gestellt hat, wie für die Erzählweisen von *Panikherz* eine Bildsprache gefunden werden kann. Er hat anders als Reese die Schauspieler:innen nicht nur Körperhaltungen einnehmen lassen, die die Aufnahme von Kokain oder das Erbrechen nach der Fressorgie repräsentieren. Ergänzend hat er den Raum genutzt, um Bilder zu erzeugen und gerade nicht chronologisch zu erzählen. Dadurch ist es ihm gelungen, die Frage nach der gegenwärtigen psychischen Stabilität des empirischen Autors zu marginalisieren. Während Stuckrad-Barre sich auf der Bühne des Göttinger Deutschen Theaters als einer inszenierte, der davongekommen ist und nun darüber recht locker sprechen kann, hat Rüping nicht den Autor, sondern *Panikherz* selbst in den Mittelpunkt gestellt und die Frage aufgeworfen, wie dessen künstlerische Produktionsprinzipien adäquat inszeniert werden können. Angesichts dessen hat es zwar nicht wenige im Zuschauerraum des Thalia Theaters überrascht, als der letzte Satz aus *Panikherz* – ‚Man muss aufpassen.' – nicht fiel. Aber Rüpings Streichung war nur konsequent, da er eben dadurch noch einmal zeigte, wie sehr ihn *Panikherz* und dessen künstlerische Prinzipien interessierten, aber eben nicht der Autor und der weitere Lebenslauf von Stuckrad-Barre.

Jasmin Plewka

Die performative Dimension von Literatur am Beispiel einer Lesung von Benjamin von Stuckrad-Barres *Panikherz*[1]

Abstract: This article deals with the author's performance in Benjamin von Stuckrad-Barre's readings. The particular staging of the author is examined using the example of a reading he gave on the cruise ship 'Mein Schiff 3' in 2016. The performance is divided into three focal points that complement each other: The reading arrangement, the verbal performance and the non-verbal performance. These are analyzed in terms of their impact and function. It becomes apparent that these areas interact in their entertaining dimension. For example, the props, facial expressions and gestures of the author, as well as his interactions with the audience, present a humorous and impulsive reading process that stages the author as a member of pop culture. Furthermore, a strong congruence between the author's staging external to the work and the first-person narrator's conception internal to the work becomes evident. In addition to the chosen clothing, Stuckrad-Barre's strong connection to the singer Udo Lindenberg, who promotes a sense of community with the audience during the reading, is also significant in this regard. Overall, the reading is clearly stylized as an event, with commercial interests of the author in marketing himself or his autobiography playing an important role alongside entertainment.

Keywords: author staging, event, performance, pop culture, reading, Udo Lindenberg

Autorlesungen und damit auch Autorperformances finden sich in ihrer ursprünglichsten Form bereits in der Antike.[2] Doch auch gegenwärtig zeigen

1 Die nachfolgenden Ausführungen und Ergebnisse sind meiner Masterarbeit entnommen, die am 24.01.2019 im Rahmen der Masterprüfung für den Studiengang ‚Master Lehramt an Gymnasien' an der Universität Osnabrück vorgelegt wurde.

2 Vgl. Peter Schmidt: Distribution, in: Klaus Weimar (Hg.): Reallexikon der deutschen Literaturwissenschaft. Band I A – G. Berlin usw. 2007, S. 380ff., hier S. 381; Gunther E. Grimm, Christian Schärf: Einleitung, in: Ebd. (Hg.): Schriftsteller-Inszenierungen. Bielefeld 2008, S. 7-11, hier S. 7f.; Gunter E. Grimm: Nichts ist widerlicher als eine sogenannte Dichterlesung. Deutsche

sie sich im gesellschaftlich-kulturellen Leben als omnipräsent.[3] Eine einheitliche Definition dessen, was das Prinzip ‚Lesung' aus heutiger Perspektive ausmacht, existiert vor allem aufgrund forschungsrelevanter Versäumnisse und zum Teil sicherlich auch wegen des postmodernen Pluralismus an Lesungskonzeptionen, der eine vereinheitlichte Zusammenführung erschwert, nicht.[4] Thomas Böhm liefert eine wichtige Annäherung, indem er die ‚Lesung' als „[m]ündliche[n] Vortrag eines literarischen Textes vor Publikum, entweder durch den Verfasser selbst (Autoren-, Dichterlesung) oder durch einen Schauspieler bzw. Sprecher"[5], vorstellt. Mehrfach wird in der Fachliteratur in diesem Zusammenhang auf den finanziellen Faktor verwiesen, den Lesungen sowohl für den jeweiligen Schriftsteller als auch für dessen Verlag beinhalten. Durch öffentliche Präsenz wird nicht nur der Marktwert eines jeden Autors bestimmbar und die Vermarktung seiner literarischen Werke vorangetrieben, sondern auch sein Einkommen gesichert.[6] Die Faszination, die Lesungen auf ein Publikum ausüben, wird dabei schon früh auf den unmittelbaren Charakter einer solchen Veranstaltung zurückgeführt. Schon 1767 setzt sich „Johann Gottfried Herder [...] in seiner frühen Schrift *Ueber die neuere Deutsche Litteratur* [...] [mit] d[en] Herausforderungen des Schriftstellers bei der Herstellung von Unmittelbarkeit"[7] auseinander und liefert dabei wertvolle Ansätze für performative Belange.[8] Carolin John-Wenndorf kommt dabei zu dem Schluss, dass auch Lesungserlebnisse eine „Aura des Unmittelbaren und Authentischen"[9] evozieren

---

Autorenlesungen zwischen Marketing und Selbstpräsentation, in: Ebd., Christian Schärf (Hg.): Schriftsteller-Inszenierungen. Bielefeld 2008, S. 141-167, hier S. 143.

3 Vgl. Grimm (Anm. 2), S. 141.

4 Vgl. ebd., S. 142f.; Thomas Böhm: Lesung, in: Erhard Schütz: Das BuchMarktBuch. Der Literaturbetrieb in Grundbegriffen. 2. Aufl. Reinbek bei Hamburg 2010, S. 203-206, hier S. 203ff.

5 Böhm (Anm. 4), S. 203.

6 Vgl. Grimm (Anm. 2), S. 162f., 166f.; Böhm (Anm. 4), S. 204; Schmidt (Anm. 2), S. 381.

7 Carolin John-Wenndorf: Der öffentliche Autor. Über die Selbstinszenierung von Schriftstellern. Bielefeld 2014, S. 288, Hervorh. i.O.

8 Vgl. ebd., S. 288ff.

9 Ebd., S. 287.

können.[10] Dies liegt zum Teil daran, dass der Autor bei einem solchen hinter seinem Werk hervortritt und für den Zuschauer als Person (an-)greifbar wird.[11] Diese Nähe zwischen Produzent und Rezipient ergibt sich ebenfalls aus dem konkreten Lesungsverlauf, der nach Christoph Bartmann folgendem Schema entspricht: „die An-Moderation[12], die eigentliche Lesung, das Gespräch mit dem Publikum, die Signierstunde und das abschließende gesellige Beisammensein."[13] Gerade die letzten drei Einheiten des Veranstaltungsablaufs weisen eine deutliche Bezugnahme zur Zuhörerschaft auf.[14] Gunther E. Grimm weist zugleich auf die Zweckgebundenheit einer solchen Zusammenkunft hin:

> Im Rahmen des modernen ‚literarischen Feldes' steht die Dichterlesung[15] für einen Ort, an dem sich der Autor seiner sozialen Reputation versichert: Mit literarischer Qualität hat das Event Dichterlesung wenig zu tun, denn in erster Linie wird der Autor dieses Instrument benutzen, um den Kontakt mit seiner Leserschaft herzustellen und die eigene Position zu bestätigen.[16]

Dass Literatur allerdings gerade durch ihre „Eventisierung"[17] in ihrer Qualität für ein medienorientiertes Publikum erschließbar werden kann und aus der Nähe zwischen Autor und Rezipient profitiert, zeigt die popkulturelle Ausweitung des Formats ‚Lesung'.[18]

Seit den 90er-Jahren sind nämlich vor allem Lesungsorte beliebt, die sich durch ihre Besonderheit auszeichnen und sich vom schlichten Standard eines Buchhandlungs- oder Bibliothekarrangements mitsamt Tisch, Stuhl,

10 Vgl. John-Wenndorf (Anm. 7), S. 287f.

11 Vgl. Grimm (Anm. 2), S. 148f., 162. „Der kulturelle Wert der Lesung besteht im Austausch, der direkten Begegnung mit dem Autor (der hier und jetzt für sein Werk einsteht)" (Böhm (Anm. 4), S. 205).

12 Neben dem Autor ist oftmals ein Moderator anwesend, der zwischen ersterem und dem Publikum vermittelt (vgl. Böhm (Anm. 4), S. 205).

13 Grimm (Anm. 2), S. 153. Vgl. auch John-Wenndorf (Anm. 7), S. 291f.

14 Vgl. Grimm (Anm. 2), S. 163; Böhm (Anm. 4), S. 205.

15 Dem Aufbau und der Logik von Grimms Aufsatz entsprechend, wird an dieser Stelle ebenso auf das Begriffspendant ‚Autorlesung' rekurriert bzw. wäre seine Äußerung durchaus darauf übertragbar (vgl. Grimm (Anm. 2), S. 159-167).

16 Ebd., S. 166. Vgl. auch ebd., S. 163, 166f.

17 Frank Degler, Ute Paulokat: Neue Deutsche Popliteratur. Paderborn 2008, S. 15.

18 Vgl. ebd., S. 22ff.

Tischdecke und Wasserglas abgrenzen.[19] Benjamin von Stuckrad-Barre erweist sich in diesem Zusammenhang als Meister des Extrems, der neben Vorstellungen in Konzerthallen oder Clubs sogar eine Lesung beim Festival ‚Rock am Ring' abhält.[20] Auch an Bord des Kreuzfahrtschiffs ‚Mein Schiff 3' hält er eine eindrückliche Lesung ab, die im Zentrum dieses Beitrags steht, da sie die performative Selbstinszenierung des Autors exemplarisch veranschaulicht. Die Analyse dieser Lesung erfolgt in vier Schritten: Zunächst werden das Lesungsarrangement, die verbale Perfomance sowie die nonverbale Performance getrennt voneinander untersucht, um die erhobenen Ergebnisse anschließend wieder zusammenzuführen, wodurch eine gezielte Verschränkung der Ebenen erkennbar wird. Zur Verortung der untersuchten Lesungsinszenierung sei jedoch zuerst auf Stuckrad-Barres Lesungsperfomance im Allgemeinen hingewiesen.

1. Autorperformance in Stuckrad-Barres Lesungen

Seine Qualitäten als „begnadeter Entertainer"[21] lassen Stuckrad-Barres Lesungen „zu einem Literatur-Event werden, das allen Ansprüchen der Erlebnisgesellschaft genügt."[22] Frank Deglers und Ute Paulokats Beschreibungen seiner Lesungsverläufe machen schnell deutlich, inwiefern sich diese Inszenierungen von anderen Buchvorstellungen unterscheiden:

> Bei Stuckrad-Barres witzigen und abwechslungsreichen Performances treten die Texte in den Hintergrund, statt dessen [sic] unterhält der Autor sein Auditorium mit Kommentaren, Metareflexionen, Improvisationen und macht aus jedem Versprecher eine Pointe. Teilweise schweift er gänzlich vom Buch ab, [...] erzählt Geschichten und Anekdoten, [...] spielt Musik, macht sich über Personen des öffentlichen Lebens oder des Publikums lustig, die er in diverse Spielchen mit einbezieht, und findet es angenehm, wenn auch gelacht wird.[23]

19 Vgl. John-Wenndorf (Anm. 7), S. 294f.; Ute Paulokat: Benjamin von Stuckrad-Barre. Literatur und Medien in der Popmoderne. Frankfurt/Main 2006, S. 163, 214f.; Degler, Paulokat (Anm. 17), S. 19.

20 Vgl. Paulokat (Anm. 19), S. 163; Degler, Paulokat (Anm. 17), S. 19.

21 Paulokat (Anm. 19), S. 163.

22 Degler, Paulokat (Anm. 17), S. 23.

23 Ebd., S. 19f. Vgl. auch Paulokat (Anm. 19), S. 163f.

Dabei ist es durchaus üblich, dass er Gastauftritte von bekannten Moderatoren, Fußballern, Schauspielern oder auch befreundeten Schriftstellern, wie beispielsweise Christian Kracht, initiiert, um einen Teil der Lesung gemeinsam zu gestalten.[24]

An diesen Darstellungen wird schnell deutlich, inwiefern sich „Popliterat[en] […] den Status eines Popstars“[25] sichern. Wie berühmte Musikgrößen konzipieren sie ihre Lesungen als Massenevents, die kommerziell ausgeschlachtet werden, und suchen bewusst die mediale Öffentlichkeit – bei Stuckrad-Barres Lesungen ist sogar von Konzertdimensionen die Rede.[26] So bricht er bspw. mit dem von Bartmann angeführten Lesungsschema, indem sich an seine Performance keine Publikumsdiskussion anschließt.[27] Stattdessen folgt darauf meist eine Autogrammstunde, bei der die Zuschauer auch Merchandising-Artikel erwerben können.[28] An dieser Stelle tritt die Verschränkung von „Popliteratur […] und Marketing-Strategien der Film-, Werbe- und Musikbranche“[29] ganz offensichtlich hervor.

Wenngleich diese Kommerzialisierungstendenzen durchaus kritisch zu werten sind – Grimm und Christian Schärf sprechen ganz drastisch von „d[er] Unterwerfung des Autors unter die Gesetze der Warengesellschaft und d[er] Entwicklung der Kunst […] zu einer kommerziell definierbaren Ware“[30] –, müssen auch die positiven Auswirkungen dieser popliterarischen Autorinszenierungsmittel benannt werden: So lässt sich bspw. die Tendenz erkennen, dass Autoren „nicht nur Künstler (Performer), sondern

---

24 Vgl. Degler, Paulokat (Anm. 17), S. 20; Paulokat (Anm. 19), S. 164.
25 Degler, Paulokat (Anm. 17), S. 22.
26 Vgl. ebd., S. 22f.; Dieter Hoffmann: Arbeitsbuch Deutschsprachige Prosa seit 1945. Band 2: Von der Neuen Subjektivität zur Pop-Literatur. Tübingen 2006, S. 345; Markus Tillmann, Jan Forth: Der Pop-Literat als ‚Pappstar‘. Selbstbeschreibungen und Selbstinszenierungen bei Benjamin von Stuckrad-Barre, in: Ralph Köhnen (Hg.): Selbstpoetik 1800-2000. Ich-Identität als literarisches Zeichenrecycling. Frankfurt/Main usw. 2001, S. 271-283, hier S. 278; Paulokat (Anm. 19), S. 83-86, 163ff., 214f.
27 Vgl. Tillmann, Forth (Anm. 26), S. 278; Degler, Paulokat (Anm. 17), S. 20.
28 Vgl. Degler, Paulokat (Anm. 17), S. 20.
29 Ebd., S. 22.
30 Grimm, Schärf (Anm. 2), S. 7.

eben auch Kunstwerk (Performance) sein […] wollen“[31]. Durch ihre popkulturell geprägten Lesungen bewirken sie eine Aufwertung und Neuetablierung des Mediums Buch, da diese an die Gewohnheiten und Ansprüche der medial sozialisierten Gesellschaft angepasst werden.[32] Dabei wird außerdem eine völlig neue Leserschaft bzw. eine völlig neue Zielgruppe angesprochen.[33]

> Neue Deutsche Popliteratur […] hat gezeigt, wie Literatur im Konkurrenzverhältnis einer Eventkultur überleben, sich etablieren und insbesondere junge Leute erreichen kann: Sie hat der Literatur Erlebnisqualitäten eröffnet, indem sie ganz unverhohlen die Erfolgsgesetze der Popmusik und der dazugehörigen Show- und Verkaufspraxis kopiert hat.[34]

Neben der auf Unterhaltung ausgerichteten Dimension seiner Lesungen versucht Stuckrad-Barre darüber hinaus auch kritische Impulse zu setzen.[35] Dass seine Performance die Dimensionen einer ‚herkömmlichen‘ Lesung dabei exzessiv überschreitet, steht außer Frage.[36]

2. Stuckrad-Barres Lesung von *Panikherz* auf dem ‚Rockliner 4‘

Wie bereits erwähnt, zeigt sich eine bestimmte Lesung von *Panikherz* als ein sehr anschauliches Beispiel für diese performativen Umsetzungen Stuckrad-Barres, da der Autor diese im Jahr 2016 an einem ganz besonderen Ort hält. Hierbei handelt es sich um das Kreuzfahrtschiff ‚Mein Schiff 3‘, welches als Event- und Konzertschiff unter dem Titel ‚Rockliner 4‘ mit Udo Lindenberg und 2500 Gästen vom 26.04. bis zum 05.05.2016 von

---

31 Anne Kristin Tietenberg: Der Dandy als Grenzgänger der Moderne. Selbststilisierungen in Literatur und Popkultur. Berlin 2013, S. 83.
32 Vgl. Degler, Paulokat (Anm. 17), S. 23f.
33 Vgl. ebd.; Paulokat (Anm. 19), S. 84ff., 163.
34 Degler, Paulokat (Anm. 17), S. 23.
35 Vgl. Paulokat (Anm. 19), S. 163ff., 215.
36 Stuckrad-Barre erweist sich anhand seiner Lesungskonzeptionen als wichtiger Repräsentant für die Erweiterung und Popularisierung dieses Formats (vgl. Degler, Paulokat (Anm. 17), S. 19f.; Paulokat (Anm. 19), S. 163ff.).

Málaga über Lissabon, Gibraltar und Ibiza nach Mallorca fuhr.[37] An Bord dieses Schiffes fand eine Lesung statt, die auf der Webplattform YouTube veröffentlicht wurde.[38] Dieses Aufzeichnungsmaterial bildet die Grundlage der nachfolgenden Analyse.[39]

3. Das Lesungsarrangement

Bei der konkreten Räumlichkeit handelt es sich um einen kleinen Saal mit Holzfassade, in dem die Zuschauerplätze auf eine ebenso kleine Bühne ausgerichtet sind. Darauf befindet sich mittig zunächst nur ein länglicher Tisch, der mit einer weißen Husse umspannt ist und auf dem ein Glas Wasser steht. Hinter dem Tisch steht ein schwarzer Stuhl, sodass der Autor in sitzender Position direkt auf das Publikum blickt. Im Hintergrund wird auf einer Leinwand – die gesamte Lesungszeit über – das Frontcover von Stuckrad-Barres Autobiographie abgebildet (vgl. LPH, TC: 00:00:27-00:00:35). Der Lesungstisch wird später aus noch zu erörternden Gründen von einem Stehpult ersetzt, das aus Zuschauerperspektive linksseitig positioniert wird (vgl. LPH, TC: 00:42:44-00:43:50). Darüber hinausgehend ist keine Dekoration vorhanden.

---

37 Siehe URL: https://www.mein-schiffsexperte.de/neuigkeiten/ruckblick-der-rockliner-4 (zuletzt abgerufen am: 15.12.2018). Siehe auch URL: https://www.youtube.com/watch?v=l9Rc_xYGp20 (zuletzt abgerufen am: 15.12.2018).

38 Benjamin von Stuckrad-Barre – Turbulente Lesung von PANIKHERZ [Rockliner 4 / Udo Lindenberg], hochgeladen bei YouTube am 10.05.2016, URL: https://www.youtube.com/watch?v=l9Rc_xYGp20 (zuletzt abgerufen am: 15.12.2018). Zitate und Verweise auf diese Lesung werden künftig nach diesem Link unter Angabe des Sigels ‚LPH' sowie der Zeitabschnitte (TC) in Klammern im Fließtext nachgewiesen.

39 Zum Aufzeichnungsmaterial ist festzuhalten, dass es sich um eine Privataufnahme handelt. Über die Urheberschaft der Filmsequenz in Bezug auf die Autorisierung der Publikation durch Stuckrad-Barre selbst liegen keine Informationen vor. Der Betreiber des publizierenden Kanals stellt sich lediglich als ‚Panik-Pit!' vor, welcher Fans „an Udo Lindenbergs Panik-Universum und der Panik-Familie teilhaben läßt" (Siehe URL: https://www. youtube.com/channel/UC90GaOoIMT9ypYG7Hhu9W0A/about (zuletzt abgerufen am: 15.12.2018)). Mittels des im Video dargelegten Inhalts können nur Rückschlüsse auf die Selbstinszenierungsstrategien des Autors, nicht aber auf seine grundsätzlichen medialen Vermarktungsstrategien erfolgen.

Der konkrete Lesungsverlauf[40] ist sehr abwechslungsreich, doch lässt er sich inklusive Auftakt- und Abschlussteil in 14 Phasen gliedern. Dazu zählen neben sechs Leseteilen, in denen Stuckrad-Barre Kapitel aus seiner Autobiographie vorliest, auch sechs Lesungselemente, die fortan als „epitextuelle Performances"[41] betitelt werden. Darunter werden all die Darbietungen des Autors gefasst, die die Vorlesedimension seines Werkes überschreiten, auf dieses Bezug nehmen oder darüber hinausgehen. Konkret gestaltet sich die Lesung demnach folgendermaßen: In der Auftaktsequenz betritt Stuckrad-Barre seitlich – aus der Sicht der Zuschauer von rechts – die Bühne und springt dabei unmittelbar auf den Lesungstisch. In der Hand hält er neben seiner Autobiographie auch eine weiße Plastiktüte, deren Inhalt er anschließend auf dem Tisch ausbreitet, nachdem er sich an selbigen gesetzt hat. Mit dem Ausklingen seiner Auftrittsmusik – es handelt sich um die instrumentale Version des Liedes *Suburbia* von den Pet Shop Boys – endet die Eröffnungssequenz (vgl. LPH, TC: 00:00:27-00:01:14). Daran schließt sich unmittelbar die ‚epitextuelle Performance I' an. Stuckrad-Barre begrüßt das Publikum, wählt einleitende Worte zur gegenwärtigen Reise, zum geplanten Lesungsablauf, zu seiner Autobiographie und beginnt erste Konversationen mit dem Publikum (vgl. LPH, TC: 00:01:15-00:04:41). Besonders anschaulich werden nun die Requisiten, die auf dem Tisch ausgebreitet wurden, da sie von ihm teilweise vorgestellt werden. Es handelt sich zum einen um zwei Bücher: Hubert Seipels Werk *Putin. Innenansichten der Macht* und Peter Scholl-Latours *Der Fluch der bösen Tat* (vgl. LPH, TC: 00:01:16-00:01:40). Zum anderen sind ein brauner Pullover und mehrere Blätter Papier erkennbar, von denen er eines explizit als „Setlist" (LPH, TC: 00:01:42)[42] hervorhebt, auf der der geplante Lesungsverlauf vermerkt zu sein scheint (vgl. LPH,

40 Das vorliegende Videomaterial weist insgesamt ohne die einleitende Vorschau 85 Minuten und 28 Sekunden auf.

41 In diesem Zusammenhang ist auf Grimm zu verweisen, der Autorlesungen ebenfalls als Epitext versteht (vgl. Grimm (Anm. 2), S. 149).

42 Siehe auch: TC: 00:19:36. Alle nachfolgenden Transkriptionen folgen dem ‚einfachen Transkriptionssystem' nach Thorsten Dresing und Thorsten Pehl (vgl. Thorsten Dresing, Thorsten Pehl: Praxisbuch Interview, Transkription & Analyse. Anleitungen und Regelsysteme für qualitativ Forschende. 5. Aufl. Marburg 2013, S. 20-25).

TC: 00:01:41-00:01:50). Darüber hinaus verweist er noch auf ein Türschild[43], welches die Aufschrift „Ich brauche noch Zeit für mich" (LPH, TC: 00:01:52-00:01:56) trägt. Besonders betont er ebenso seine tiefe Verbundenheit zu Lindenberg, die er als große Gemeinsamkeit zwischen dem Publikum und sich herausstellt (vgl. LPH, TC: 00:02:44-00:03:32). Nach diesen einführenden Worten schließt sich der erste Leseteil an (vgl. LPH, TC: 00:04:42-00:18:57), welcher durch zwei Unterbrechungen gekennzeichnet ist. Bereits vier Sekunden nach Lesebeginn unterbricht sich der Autor selbst, indem er das Publikum dazu auffordert, ein Handyfoto von ihm zu machen (vgl. LPH, TC: 00:04:46-00:05:01). Außerdem folgt ein unverhoffter Kleidungswechsel Stuckrad-Barres, der folglich zeitweise oberkörperfrei am Lesungstisch moderiert (vgl. LPH, TC: 00:05:38-00:07:06). In diesem Leseteil, der anschließend fortgeführt wird (vgl. LPH, TC: 00:07:43-00:18:57), ereignet sich ein weiterer Bruch, den Stuckrad-Barre erneut selbst erzeugt. Er bittet das Publikum, einen im Werk zitierten Liedtext Lindenbergs fortzuführen (vgl. LPH, TC: 00:16:26-00:17:15). Der insgesamt 14-minütige Leseteil I ist somit durch eine Gesamtunterbrechung von ca. vier Minuten gekennzeichnet.

In der ‚epitextuellen Performance II' erfolgt anschließend die Kontextualisierung des im ersten Leseteil geschilderten Geschehens aus *Panikherz*, sodass eine Überleitung zum nächsten Leseteil geschaffen wird. Erneut nimmt Stuckrad-Barre dabei Bezug auf seine persönliche Anbindung an Lindenberg (vgl. LPH, TC: 00:18:58-00:28:51). Der Leseteil II erfährt dabei ebenfalls eine Unterbrechung, da der Autor sein Werk plötzlich gegen Seipels *Putin* austauscht, jedoch kurz darauf wieder zur Lesung aus *Panikherz* zurückwechselt.[44]

Die ‚epitextuelle Performance III' hebt sich besonders vom vorausgehenden Geschehen ab. Stuckrad-Barre performt gemeinsam mit Pascal Kravetz,

43 Dass selbiges einem Hotelzimmer des Schiffs entnommen sein muss, wird in der ‚epitextuellen Performance III' sowie im Leseteil IV besonders deutlich. Stuckrad-Barre befestigt das Schild an einem Mikrofonständer, wodurch dessen rückseitige Aufschrift „*Mein Schiff* / Jetzt ist Zeit für meine Kabine" (vgl. LPH, TC: 00:50:55-00:51:08; 00:57:55-01:01:45, Hervorh. i.O.) lesbar wird.

44 Vgl. Leseteil II: LPH, TC: 00:28:52-00:40:26. Unterbrechung: TC: 00:36:14-00:36:29.

einem Bandmitglied Lindenbergs, und dem Publikum das Lied *Wozu sind Kriege da?*[45]. Dabei springen sie gemeinsam so lange auf dem Lesungstisch auf und ab, bis dieser demoliert ist und durch das bereits erwähnte Stehpult ersetzt werden muss (vgl. LPH, TC: 00:41:03-00:42:24). Kurz darauf verlässt Kravetz die Bühne, das neue Bühnenarrangement wird aufgebaut und Stuckrad-Barre unterhält unterdessen das Publikum durch diverse Interaktionen, die im weiteren Untersuchungsverlauf herausgestellt werden (vgl. LPH, TC: 00:42:25-00:45:16).

Der dritte Leseteil ist hingegen von keinen Auffälligkeiten gekennzeichnet, sondern thematisiert einzig die Unterstützung, die der Ich-Erzähler durch die literarische Figur Lindenbergs bei seiner Suchterkrankung erfährt (vgl. LPH, TC: 00:45:16-00:48:56). Auch die ‚epitextuelle Performance IV' bleibt an letzterem orientiert, indem Stuckrad-Barre gemeinsam sowohl mit einzelnen Publikumsteilnehmern als auch mit allen Anwesenden verschiedene Lieder des Sängers anstimmt (vgl. LPH, TC: 00:48:57-00:59:13). Der vierte Leseteil greift diese thematische Anbindung ebenfalls auf (vgl. LPH, TC: 00:59:13-01:01:29). Erst die ‚epitextuelle Performance V' richtet den Fokus durch zwei anekdotische Erzählungen Stuckrad-Barres auf sein Privatleben. Er berichtet von seinem Sohn und Erlebnissen aus dem gemeinsamen Alltag unter Berücksichtigung seiner ADHS-Symptomatik (vgl. LPH, TC: 01:01:30-01:10:20).

Der fünfte Leseteil zeichnet sich ebenfalls durch keine nennenswerten Störungen aus, sondern weist eine einzige Fokussierung auf die Drogenvergangenheit des Ich-Erzählers auf (vgl. LPH, TC: 01:10:21-01:18:10). Die ‚epitextuelle Performance VI' leitet bereits den Abschluss der Lesung ein. Der Autor animiert das Auditorium zu einer Zugabe bzw. führt den Leseteil VI in seiner Funktion als literarische Zugabe selbst herbei (vgl. LPH, TC: 01:18:11-01:21:04). Diese beinhaltet hingegen wieder eine Anekdote des Ich-Erzählers, die ein Gespräch mit Lindenberg zum Thema hat (vgl. LPH, TC: 01:21:05-01:24:44). Den tatsächlichen Abschluss findet die Lesung im finalen Applaus des Publikums sowie in einer erneuten Gemeinschaftsbekundung, die Stuckrad-Barre zwischen sich und dem

45 Siehe URL: http://www.udo-lindenberg.de/wozu_sind_kriege_da.57049.html (zuletzt abgerufen am: 15.12.2018).

Publikum mit dem Fantum gegenüber Udo Lindberg begründet (vgl. LPH, TC: 01:24:45-01:25:55). Dies wird besonders an seinen die Lesung beendenden Worten deutlich: „Vielen Dank, dass ihr alle so einen guten Musikgeschmack habt. Udo ist der Größte und schön, dass ihr alle das genauso seht. Vielen, vielen Dank. Bis bald. Tschüss." (LPH, TC: 01:25:28-01:25:38). Wie und ob er die Bühne anschließend verlässt, wird anhand des Videomaterials nicht mehr deutlich. Was hingegen am Lesungsarrangement deutlich wurde, ist die starke und prägnante Anbindung, die Lindenberg durch Stuckrad-Barre erfährt. Dieser Sachverhalt stellt sich auch in der konkreten verbalen Performance dar, wobei auch weiteren Requisiten eine wichtige Rolle zukommt.

4. Die verbale Perfomance

Hierbei ist anzumerken, dass sich die konkrete Wahl der Lesungstexte an der Verbindung Stuckrad-Barres sowie seines Ich-Erzählers zum Sänger Lindenberg orientiert. Von Interesse bleiben in diesem Zusammenhang die Rezitationsweise des Autors sowie seine textinternen Auslassungen. Bereits im ersten Leseteil, in dem sich Stuckrad-Barre auf die Seiten 9 bis 14 seiner Autobiographie[46] bezieht, wird deutlich, dass er die wörtliche Rede Lindenbergs beständig durch die Imitation seiner Stimme und seines Sprechrhythmus wiedergibt (vgl. LPH, TC: 00:09:00-00:09:01).[47] Darüber hinaus setzt er bewusst Pausen, um dem Gelächter des Publikums Raum zu geben (vgl. LPH, TC: 00:09:13-00:09:23).[48] Weitere Auslassungen innerhalb des Kapitels erscheinen für dessen Wirkung und inhaltliches Verständnis nicht relevant, da ausschließlich die Einreise des Ich-Erzählers in die Vereinigten Staaten anekdotisch geschildert wird, wobei die

46 Benjamin von Stuckrad-Barre: Panikherz. Köln 2017. Zitate aus diesem Text werden künftig nach dieser Ausgabe unter Angabe des Sigels ‚PH' sowie der Seitenzahl in Klammern im Fließtext nachgewiesen.

47 Siehe auch: LPH, TC 00:10:51-00:10:56; 00:11:18-00:11:21; 00:12:06-00:12:12; 00:12:24-00:12:27; 00:12:51-00:12:57; 00:13:22-00:13:25; 00:13:38-00:13:52; 00:14:50-00:14:56; 00:15:04-00:15:18; 00:15:25-00:15:33; 00:15:41-00:15:44; 00:15:49-00:15:57; 00:16:07-00:16:08; 00:17:29-00:17:32; 00:17:39-00:18:07; 00:18:51-00:18:54.

48 Siehe auch: LPH, TC: 00:11:30-00:11:40; 00:13:06-00:13:10.

Zugehörigkeit desselben zu seinem Idol im Fokus steht: „Ich gehöre zu Udo, so viel ist sicher." (LPH, TC: 00:18:54-00:18:57; PH, S. 14). Der auf Seite 13 aufgeführte Liedtext dient dem Autor dabei als zusätzliche Animation, das Publikum in die Performance miteinzubinden (vgl. LPH, TC: 00:16:26-00:16:54).

Auch der zweite Leseteil, der sich auf die Seiten 317 bis 326 fokussiert, beinhaltet die Nachahmung der Sprechweise Lindenbergs (vgl. LPH, TC: 00:30:27-00:30:28).[49] Erneut dient ein Liedtext als Impuls für die Aktivierung des Auditoriums, das selbigen ergänzen soll (vgl. LPH, TC: 00:40:26-00:40:56). In diesem Kapitel enthaltene Pointen werden dabei ebenfalls durch entsprechende Pausen und mit Gelächter gewürdigt (vgl. LPH, TC: 00:32:35-00:32:37).[50] Eine Fortführung findet das angebrochene Kapitel im dritten Leseteil, bei dem sich der inhaltliche Fokus von der Zuflucht, welche der Ich-Erzähler bei Lindenberg und seiner ‚Panikfamily' findet, auf dessen Suchtproblematik verschiebt (vgl. PH, S. 326ff.). Auffallend ist in diesem Zusammenhang weniger die stimmliche Imitation Lindenbergs (vgl. LPH, TC: 00:45:35-00:45:47),[51] als vielmehr der bewusst humoristisch dargebotene sächsische Akzent, mit dem Stuckrad-Barre die wörtliche Rede des Sängers Sebastian Krumbiegel vorträgt (vgl. LPH, TC: 00:47:39-00:47:41).

Der vierte Leseteil weist eine ebenso komödiantische, auf Gelächter und Unterhaltung ausgerichtete Rezitationsweise auf. Im vorgetragenen Kapitelausschnitt, der die Seiten 365 und 366 umfasst, wird das Zusammentreffen zwischen Lindenberg und einem Bruder des Ich-Erzählers beschrieben, die sich bei einem Konzert des Sängers begegnen. Über eine auffallend lange Passage hinweg ahmt Stuckrad-Barre erneut die Sprechweise des ersteren nach und erweitert die schriftlich fixierte wörtliche Rede durch eigene Zusätze (vgl. LPH, TC: 00:59:48-01:00:18). Der letzte Satz der vorgelesenen Passage wird durch eine intensive Betonung dabei besonders humoristisch aufgeladen und führt zum Gelächter des Publikums: „Und

---

49 Siehe auch: LPH, TC: 00:31:48-00:31:50; 00:34:06-00:34:25; 00:34:54-00:34:58; 00:36:56-00:37:00; 00:38:04-00:38:05; 00:39:52-00:39:56; 00:40:03-00:40:06.

50 Siehe auch: LPH, TC: 00:34:24-00:34:27.

51 Siehe auch: LPH, TC: 00:46:52-00:46:54.

als Inkarnation meiner eigenen Mutter stand ich da jetzt also interimsmäßig kinderchorleitend, (.) obendrein in einer Art ADHS-Wettbewerb mit der Kinderschar, (.) den ich aber LOCKER für mich entschied." (LPH, TC: 01:01:15-01:01:30).

Wie bereits erwähnt, handelt es sich beim Textauszug des Leseteils V (vgl. PH, S. 479-484) um die erste Erzählepisode, in der keine inhaltliche Anbindung an Lindenberg vorliegt. Stattdessen sieht sich der Ich-Erzähler in Hollywood mit einer erneuten Versuchung konfrontiert, Kokain zu konsumieren. Bezeichnenderweise werden jedoch die damit einhergehenden inneren Monologe des Erzählers, die seine diesbezügliche Zerrissenheit und seine Sehnsucht nach dem Rausch der Nacht bekunden, ausgelassen (vgl. PH, S. 482ff.). Vorgelesen werden hingegen wieder hauptsächlich unterhaltsame Aspekte, die das Publikum zum Lachen anregen. Dafür räumt der Autor erneut drei auffallende Pausen ein (vgl. LPH, TC: 01:11:13-01:11:15).[52]

Der sechste und damit letzte Leseteil, dem in *Panikherz* die Seiten 485, 487 und 488 entsprechen, bildet mit einer weiteren anekdotenhaften Erzählung, die im Zusammenhang mit der Figur Lindenbergs steht, eine Rahmung zum ebenfalls anekdotischen Leseteil I. Da der Ich-Erzähler in dieser abschließenden Anekdote den Lebensstil des Rockmusikers kommentiert, besteht Stuckrad-Barres Vortrag wiederholt zu großen Teilen aus der stimmlichen Nachahmung von Lindenbergs Sprechweise, die er erneut über den Text hinaus erweitert. Auch diese Imitation führt zu Gelächter beim Publikum (vgl. LPH, TC: 01:21:31-01:21:43).[53]

Lindenberg – ganz gleich ob als literarische Figur oder reales Idol verstanden – wird somit von Stuckrad-Barre zum zentralen gemeinschaftsstiftenden Moment instrumentalisiert, was er in den ‚epitextuellen Performances' ganz deutlich macht. An vielen Stellen betont er ausdrücklich, wie sehr er sich dem Auditorium verbunden fühlt, indem er ihre gemeinsame Fanliebe zu Lindenberg hervorhebt (vgl. LPH, TC: 00:02:49-00:03:37).[54] Als

52 Siehe auch: LPH, TC: 01:11:27-01:11:30; 01:17:34-01:17:37.

53 Siehe auch: LPH, TC: 01:22:23-01:22:36; 01:22:52-01:22:58; 01:23:10-01:23:14; 01:23:23-01:23:49; 01:24:18-01:24:20; 01:24:25-01:24:28; 01:24:40-01:24:43.

54 Siehe auch: LPH, TC: 00:22:16-00:22:23; 00:54:33-05:54:45; 01:25:10-01:25:38.

exemplarisch dafür kann nicht nur der bereits zitierte Lesungsabschluss gelten, sondern auch folgende Äußerung, die er direkt zu Beginn tätigt: „Ich bin sehr, sehr glücklich, dass ich mit der Panikfamily hier bin. Ihr seid einfach alle, WEIL ihr hier seid, meine Freunde, weil wir alle so wahnsinnig Lindenberg lieben." (LPH, TC: 00:03:17-00:03:29). Darüber hinaus nutzt er die stimmliche Imitation des Sängers auch außerhalb der Leseteile, was einen großen Teil des Unterhaltungspotentials seiner ‚epitextuellen Performances' ausmacht – er muss dabei teilweise sogar selbst lachen (vgl. LPH, TC: 00:25:33-00:25:42).[55] Interaktionen mit dem Publikum ergeben sich in diesem Zusammenhang besonders über das bereits erwähnte gemeinsame Singen oder über den Austausch gemeinsamer (Konzert-)Erfahrungen mit und bei Lindenberg, wobei sich Einzeldialoge zwischen dem Autor und einzelnen Teilnehmern entwickeln (vgl. LPH, TC: 00:20:40-00:21:49).[56] Während der ‚epitextuellen Performance IV' dürfen sich die Teilnehmer bspw. ein Lied des Musikers wünschen und dies gemeinsam mit Stuckrad-Barre und mit Unterstützung der anderen Anwesenden vortragen (vgl. LPH, TC: 00:51:04-00:56:19).[57] Der Autor ist dabei stets auf die Nähe zu seinem Auditorium bedacht. Damit ist in diesem Zusammenhang weniger eine körperliche Nähe gemeint, als vielmehr eine emotionale Verbindung. Diese wird bereits mit Beginn der Lesung erzeugt, indem er das Publikum vertraut duzt: „Schön, dass ihr alle da seid." (LPH, TC: 00:01:03-00:01:04).[58] Mehrfach erkundigt er sich nach dem Wohlbefinden der Anwesenden (vgl. LPH, TC: 00:01:58)[59] und äußert sich ihnen gegenüber nur wohlwollend: „Ihr seid so geil." (LPH, TC: 00:40:46), „Komm wir wohnen alle zusammen." (LPH, TC: 00:40:58-00:41:00) und „Das macht ja Spaß. Nur geile Leute da." (LPH, TC: 00:58:20-00:58:24). Sehr unterhaltsam erscheint zusätzlich der Aspekt, dass Stuckrad-Barre auf nahezu jedes Geräusch, das ungeplant im Publikum zu vernehmen ist, wie bspw. das Zischen einer Dose oder ein Handyklingeln, spontan reagiert, indem

55 Siehe auch: LPH, TC: 00:56:03-00:56:14.
56 Siehe auch: LPH, TC: 00:27:39-00:27:54.
57 Siehe auch: LPH, TC: 00:56:49-00:58:09.
58 Siehe auch: LPH, TC: 00:01:13-00:01:14.
59 Siehe auch: LPH, TC: 00:20:04; 00:51:02-00:51:03; 01:09:22-01:09:36.

er das Geschehen kommentiert und ein unmittelbares Gespräch mit der betreffenden Person beginnt (vgl. LPH, TC: 00:05:28-00:05:37).[60]

Konstitutiv für die unterhaltende Dimension seiner Lesung ist außerdem seine hervorstechende (Selbst-)Ironie. Dies wird zum einen an der Thematisierung seiner Suchterkrankung deutlich. Bei der Beschreibung seiner Vergangenheit stellt er seine Drogensucht eher als eine Nebensächlichkeit dar: „Irgendwann habe ich dann, bin ich drogenabhängig geworden. Ich kürz das jetzt ein bisschen ab." (LPH, TC: 00:23:58-00:24:02). Darüber hinaus spielt er mit dem Thema Alkohol, da er einerseits bewusst darauf verweist, dass er selbst nur Wasser trinkt (vgl. LPH, TC: 00:02:30-00:02:32), andererseits aber sein Unverständnis gegenüber einem Publikumsteilnehmer bekundet, „warum man Cola trinkt, wenn es Becks umsonst gibt." (LPH, TC: 00:20:24-00:20:27). Zum anderen wird auch seine Autobiographie ironisch hervorgehoben. So nennt er bspw. mehrfach einen falschen Titel für sein Werk (vgl. LPH, TC: 01:01:45-01:01:47), um das Publikum zum Lachen zu bringen: „Ich habe ein Buch geschrieben, das heißt ‚Mein Kampf'" (LPH, TC: 00:02:36-00:02:39), „Ich kehr nochmal kurz zurück in mein Buch ‚Das geheime Leben der Bäume'." (LPH, TC: 00:58:27-00:58:30). Die Kapitel zu seiner Kindheit überspringt er derweil mit der Feststellung: „Hatten wir ja alle. Können wir uns vorstellen." (LPH, TC: 00:21:59-00:22:01). Auch dient ihm das Thema Rauchen als ergiebiger Unterhaltungsgarant, da dies an Bord des Schiffs verboten zu sein scheint und bei dem Auditorium besonderen Anklang findet (vgl. LPH, TC: 00:05:03-00:05:21).[61] Darüber hinaus untermauert er den unkonventionellen Verlauf seiner Performance durch die ernste und zugleich ironische Aussage: „Ich beginne mit der literarischen Lesung." (LPH, TC: 00:05:24-00:05:26). Als er sich während der Unterbrechung des ersten Leseteils öffentlich entblößt und damit einer gewissen Lächerlichkeit preisgibt (vgl. LPH, TC: 00:05:38-00:05:46), beweist er zugleich das bewusst konzipierte Potential derartiger Darbietungen, indem er konstatiert: „Jetzt sind fünf Minuten vergangen. Ich habe schon alles

60 Siehe auch: LPH, TC: 00:20:14-00:20:34; 00:25:58-00:27:38; 00:28:02-00:28:36; 01:09:37-01:10:09.

61 Siehe auch: LPH, TC: 00:43:37-00:43:45.

gegeben." (LPH, TC: 00:06:09-00:06:11). Wenngleich er beständig darauf verweist, dass seine Lesung keinem festen Ablauf folge und demnach auch die Demolierung des Lesungstisches nicht geplant gewesen sei (vgl. LPH, TC: 00:01:29-00:01:57),[62] belegen die zitierte Aussage sowie der Umstand, dass er bereits einen Wechselpullover als Requisit mitführt, und der schnelle, reibungslose Austausch des Lesungstisches durch das Lesepult (vgl. LPH, TC: 00:42:43-00:43:27) das Gegenteil.

Ebenso ambivalent betreibt Stuckrad-Barre seine eigene Selbstvermarktung bzw. die Selbstvermarktung seiner Autobiographie. An vielen Stellen betont er bspw. die Signiermöglichkeit seines Buches im Anschluss an die Lesung (vgl. LPH, TC: 00:03:42-00:03:46).[63] Diese wird von ihm dabei jedoch zugleich ironisiert (vgl. LPH, TC: 01:09:09-01:09:18) und wirkt damit unverfänglicher und weniger aufdringlich: „Ich lese jetzt noch eineinhalb Texte würde ich sagen und dann (.) gehe ich runter und signiere Parfumflaschen (.) in der Shoppingmall. (.) Eau de Stucki." (LPH, TC: 00:49:46-00:49:58). Dabei betont er auch kommerzielle Dimensionen derart beiläufig: „Das ist ein tierisches Buch. Ich glaube, das gibt es unten auch zu kaufen." (LPH, TC: 01:09:06-01:09:08).

Weniger subtil hingegen zeigt sich der Autor in Bezug auf politische Äußerungen. Zwar stellt er, wie bereits angeführt, zunächst ganz unkritisch die beiden Werke Seipels und Scholl-Latours vor (vgl. LPH, TC: 00:01:17-00:01:57), doch wird er am Ende seiner ‚epitextuellen Performance III' in Bezug auf seine Haltung gegenüber dem Politiker Wladimir Putin sehr deutlich. Zunächst stellt er seine Abneigung gegen selbigen noch auf ironische Weise heraus: „Das Buch von Putin liegt in Scherben. (..) Schade. Dabei ist das so ein friedlicher Typ." (LPH, TC: 00:44:01-00:44:08). Doch kurz darauf wendet er sein Wort direkt an ihn: „Fick dich, Schwulenhasser." (LPH, TC: 00:44:13-00:44:14). Gleichsam politisch orientiert, wenn auch weniger direkt, weist er darüber hinaus auf seine Wahrnehmung hin, dass abgesehen von ihm viele Nazis auf der gegenwärtigen Bestsellerliste stünden. Neben Adolf Hitler führt er in diesem Zusammenhang den Autor

---

62 Siehe auch: LPH, TC: 00:03:38-01:04:22; 00:19:19-00:19:21; 00:19:57-00:20:03; 00:43:00-00:43:03.

63 Siehe auch: LPH, TC: 01:09:09-01:09:18; 01:20:06-01:20:11; 01:25:42-01:25:46.

Thilo Sarrazin an (vgl. LPH, TC: 00:58:36-00:58:43) und belegt mit diesen Äußerungen eine klare gesellschaftskritische, politische Haltung.

Weitaus weniger kritisch präsentiert sich Stuckrad-Barre in seiner Lesung allerdings in Bezug auf die ‚Neuen Medien'[64]. So macht er sich zwar über die schlechte Internetverbindung an Bord des Schiffs lustig und deutet den Vorteil an, den CDs gegenüber dem Online-Streaming beim Zugriff auf Musik haben (vgl. LPH, TC: 00:16:42-00:17:05), doch ist es ihm scheinbar trotzdem recht, fast die gesamte Lesung über vielfach fotografiert und gefilmt zu werden (vgl. LPH, TC: 00:05:58-00:07:36).[65] Ein ähnlicher Widerspruch findet sich bei seinen Äußerungen zu sozialen Netzwerken. Als eine Publikumsteilnehmerin eine Benachrichtigung über Facebook erhält (vgl. LPH, TC: 00:25:55-00:26:38), fragt Stuckrad-Barre spöttisch und die Wichtigkeit derartiger Nachrichten in Frage stellend: „Was war die Mitteilung? Ich habe gerade Pizza gegessen?" (LPH, TC: 00:26:43-00:26:45). Gleichzeitig unterbricht er seinen ersten Leseteil jedoch mit der Intention, einen Publikumsteilnehmer zu finden, der ein Beweisfoto von ihm und allen Anwesenden macht (vgl. LPH, TC: 00:04:46-00:05:01), weshalb ihm ein ähnlicher medialer Mitteilungsdrang zugesprochen werden kann. Dass er diese medienerprobte und medienaffine Seite hat, untermauert ebenso seine Wortwahl während der ‚epitextuellen Performance V'. Eine Anekdote aus seinem Privatleben einleitend – „Da kann man vielleicht auch zwischendurch mal kurz auch was Persönliches erzählen, nachdem ich jetzt euch so mit Statistiken vollgeballert habe" (LPH, TC: 01:01:48-01:01:54) – setzt er sich mit dem Kommentar „Da setz ich mich mal kurz auf so einen Maischberger-Stuhl." (LPH, TC: 01:01:56-01:01:58) auf dem Lesungsstuhl nieder. In diesem Zusammenhang ist eine eindeutige Anspielung auf die Talkshow Sandra Maischbergers erkennbar, die beim Sender ARD ausgestrahlt wird und den Nachnamen der

64 Siehe dazu auch Gerd Hallenberger: Medien. In: Harald Fricke (Hg.): Reallexikon der deutschen Literaturwissenschaft. Band II H – O. Berlin usw. 2007, S. 551-554, hier S. 552; Sabine Heuser, Martin Zierold: Medien, digitale. In: Ansgar Nünning (Hg.): Metzler Lexikon Literatur- und Kulturtheorie. Ansätze – Personen – Grundbegriffe. 5. Aufl. Stuttgart usw. 2013, S. 493f., hier S. 493.

65 Siehe auch: LPH, TC: 00:19:12-00:19:14; 00:41:03-00:45:15; 00:49:13-00:58:18; 01:02:07-01:09:56; 01:25:39-01:25:49.

Moderatorin zum Titel hat.[66] Stuckrad-Barre zeigt sich damit indirekt mit gewissen Gegebenheiten der Fernseh- und Talkshowbranche vertraut (vgl. LPH, TC: 01:01:59-01:02:06).

Abschließend ist allgemein auf die teils sehr umgangssprachliche Wortwahl des Autors zu verweisen, die neben dem Unterhaltungseffekt sicherlich auch auf die Vermittlung einer größtmöglichen Nahbarkeit seiner selbst gegenüber dem Publikum abzielt. Sein informeller, unkonventioneller Ausdruck verringert die Distanz zwischen Schriftsteller- und Rezipientenposition. So präsentiert er sich bspw. absichtlich des Englischen unkundig – „Be my guest heißt übrigens (..) kein Plan." (LPH, TC: 00:04:25-00:04:29) – oder verweigert einem Zuschauer ein Getränk, weil dieser eine Sonnenbrille trägt: „Ey, mit Sonnenbrille. Da schütte ich doch kein Bier mehr rein, Alter." (LPH, TC: 00:43:12-00:43:15). Auch in seiner ‚epitextuellen Performance V' gibt er sich sehr nahbar. Sein Bericht über seinen Alltag als Vater beim gemeinsamen Spielen mit seinem Sohn und über Erlebnisse auf dem Spielplatz unter besonderer Berücksichtigung und gleichzeitiger Ironisierung seiner Hyperaktivität, die sogar sein Kleinkind überfordere, erinnert in seiner humoristischen Strukturierung und Vermittlung stark an Stand-up-Comedy (vgl. LPH, TC: 01:01:48-01:08:48).[67] Selbst die Namensgebung sowie die Imitation der Stimmlage seines Sohnes nutzt der Autor als Instrument zur Erzeugung von Gelächter und Unterhaltung (vgl. LPH, TC: 01:02:08-01:02:58).[68]

5. Die nonverbale Perfomance

Der verbale Verweis auf die Aufgewecktheit und Impulsivität des Autors, den Stuckrad-Barre mit seiner privaten Anekdote in der ‚epitextuellen

66 Siehe URL: https://www.daserste.de/information/talk/maischberger/index.html (zuletzt abgerufen am: 18.12.2018).

67 Vgl. hinsichtlich der Herstellung von Nahbarkeit und Sympathie durch private Erzählungen auch John-Wenndorf (Anm. 7), S. 232, 265f.; Jörg Pottbeckers: Der Autor als Held. Autofiktionale Inszenierungsstrategien in der deutschsprachigen Gegenwartsliteratur. Würzburg 2017, S. 84.

68 Siehe auch: LPH, TC: 01:03:09-01:03:12; 01:03:18-01:03:20; 01:03:27-01:03:29; 01:03:42-01:03:45; 01:04:34-01:04:36; 01:04:48-01:04:52; 01:05:09-01:05:12; 01:18:31-01:18:37.

Performance V' liefert (vgl. LPH, TC: 01:01:39-01:02:12),[69] wird durch seine nonverbale Selbstdarstellung untermauert. Dies wird u. a. an kleineren performativen Darbietungen ersichtlich, aber auch an der Gesamtkomposition der Lesung. Zu ersteren lassen sich bspw. Situationen zählen, in denen der Autor ganz unvermittelt und ohne ersichtlichen Grund Kleidungsaccessoires an- und kurze Zeit später plötzlich wieder auszieht – dies geschieht mit seiner Sonnenbrille, seinem Hut oder seinem Jackett (vgl. LPH, TC: 00:28:17-00:28:23).[70] Auch das vollkommen kontextlose Entblößen seines Oberkörpers kann als derartig impulsiver Vorgang gewertet werden (vgl. LPH, TC: 00:05:38-00:05:45).

An der Gesamtkomposition der Lesung konnte bereits gezeigt werden, wie sprunghaft und unbeständig der Lesungsablauf erscheint. Dieser Eindruck entsteht ebenso durch diverse impulsive, exzessive Ausbrüche: Wie bereits benannt, springt Stuckrad-Barre mit Kravetz so lange auf dem Lesungstisch auf und ab, bis dieser nachgibt (vgl. LPH, TC: 00:41:54-00:41:59). Mit ausgestreckten Armen und aufgerissenem Mund steht der Autor anschließend neben dem Tisch und freut sich sichtlich über dessen Beschädigung (vgl. LPH, TC: 00:42:00). Zugleich tanzt, springt und hüpft er oftmals auf der Bühne umher, während er gemeinsam mit dem Publikum einen Song performt (vgl. LPH, TC: 00:57:18-00:58:10).[71] Dabei greift er bemerkenswerterweise auf eine Geste zurück, die an Musikerauftritte erinnert: Er streckt eine Hand gen Himmel und schließt währenddessen die Augen. Des Weiteren animiert er das Publikum genau wie bei einem Konzert zum Mitsingen, indem er sein Mikrofon in die Menge hält (vgl. LPH, TC: 00:40:30-00:40:49). Zum Abschluss seiner Lesung wird dieses Motiv ebenso aufgegriffen, da er sein Mikrofon hochwirft, es nach mehreren Umdrehungen wieder auffängt, sich anschließend vor seinem Auditorium verbeugt und diesem zuwinkt (vgl. LPH, TC: 00:24:45-00:24:58).[72]

Ergänzend zur emotionalen Nähe, die auf verbaler Ebene zwischen Autor und Rezipienten erzeugt wurde, lässt sich aus nonverbaler Perspektive

---

69 Siehe auch: LPH, TC: 01:02:54-01:08:55.

70 Siehe auch: LPH, TC: 00:19:04-00:22:38; 00:18:28-00:18:57.

71 Siehe auch: LPH, TC: 01:02:39-01:02:50.

72 Siehe auch: LPH, TC: 01:25:57-01:25:48. Derartige Anspielungen sind durchaus typisch für Stuckrad-Barre (vgl. Paulokat (Anm. 19), S. 82f., 163ff., 215).

eine entsprechende körperliche Bezugnahme ausmachen. Nicht nur, dass Stuckrad-Barre mit seinem Publikum singt, er geht im Zuge dessen sogar in die Zuschauermenge hinein, steigt über Stühle hinweg und scheut keinen engen Körperkontakt mit den Anwesenden (vgl. LPH, TC: 00:16:29-00:16:42).[73] So setzt er sich bspw. neben die besagte Teilnehmerin, welche eine Handynachricht erhält, um sich mit ihr darüber auszutauschen (vgl. LPH, TC: 00:26:04-00:27:00), nimmt eine andere Frau beim Singen in den Arm (vgl. LPH, TC: 00:54:42) oder gibt ihr einen Kuss auf die Wange (vgl. LPH, TC: 00:55:49). Insgesamt ist die Interaktion mit dem Publikum aus nonverbaler Sicht ein wichtiger Bestandteil der Lesung. Da der Autor beständig Blickkontakt mit selbigem sucht und sogar explizit auf einzelne Anwesende zeigt, werden sie in ihrer Präsenz eindeutig wahrgenommen (vgl. LPH, TC: 00:05:29-00:05:36).[74] Der Umstand, dass er sogar Bier an selbige verteilt, weist neben einer damit suggerierten Wertschätzung jedoch hauptsächlich eine humoristische Komponente auf (vgl. LPH, TC: 00:42:49-00:43:26).

Im Allgemeinen ist eine bewusste Tendenz Stuckrad-Barres erkennbar, seinen Körper zum Zwecke der Unterhaltung und des Gelächters zur Schau zu stellen. Nicht nur das gezielte Betrachten seines nackten Oberkörpers (vgl. LPH, TC: 00:06:22-00:06:24), sondern auch die deutliche Übertreibung von Bewegungsabläufen dienen diesem Ziel. Als er bspw. seine zu Boden gefallene Autobiographie aufheben möchte, wird dieser Vorgang durch eine übertriebene Mimik und Gestik ins Lächerliche gezogen. Auch die gestische Veranschaulichung von Erzählungen aus *Panikherz* wird auffallend in die Länge gezogen, um eine belustigende Wirkung zu entfalten (vgl. LPH, TC: 00:13:38-00:13:51). In Bezug auf die bereits benannten Stimmimitationen lässt sich in diesem Zusammenhang festhalten, dass auch diese mimisch wie gestisch unterstützt werden, wodurch deren humoristische Wirkung verstärkt wird. Besonders häufig wird dies bei Versuchen ersichtlich, Lindenberg zu imitieren: Stuckrad-Barre bewegt in diesen Fällen seine linke Hand sowie seine Finger in einer Art und Weise auf und ab, als würde er Klavier spielen. Im Zuge dieser Nachahmung

73 Siehe auch: LPH, TC: 00:24:36-00:24:54; 00:51:08-00:56:23; 00:57:01-00:57:16.
74 Siehe auch: LPH, TC: 00:05:47-00:05:51; 01:02:19-01:02:35; 01:09:39-01:09:41.

spitzt er zudem seine Lippen, runzelt die Stirn oder lässt seinen Mund auffallend lange geöffnet (vgl. LPH, TC: 00:10:50-00:10:56).[75] Bei der Imitation seines Sohnes kneift er vermehrt die Augen zusammen, rümpft die Nase und wählt einen gequälten, skeptischen Gesichtsausdruck (vgl. LPH, TC: 01:03:10-01:04:52).[76]

Für Stuckrad-Barre selbst lässt sich diesbezüglich festhalten, dass er grundsätzlich ein breites Repertoire an mimischen Darbietungen aufweist. Bereits zu Beginn seiner Lesung wird dies deutlich, als er dem Publikum zunächst überrascht und danach sehr glücklich entgegensieht (vgl. LPH, TC: 00:00:46-00:00:47). In einer Situation, in der das Auditorium erst nur sehr zurückhaltend klatscht, weiß der Autor das Geschehen mit einem gezielt dramatischen, beleidigten Gesichtsausdruck zu kommentieren (vgl. LPH, TC: 00:50:06-00:50:12). Ansonsten sind sein offenes Lachen und Grinsen auffallend (vgl. LPH, TC: 00:05:32-00:05:37),[77] die seiner ebenso offenen Körperhaltung entsprechen. Direkt zu Beginn der Lesung stellt sich Stuckrad-Barre bspw. aufrecht auf den Lesungstisch und begrüßt das Publikum mit einem erhobenen Arm, sodass es ihn in seiner Gänze betrachten kann (vgl. LPH, TC: 00:00:27-00:00:30). Nachdem er seine Verbundenheit zum Publikum konstatiert hat, streckt er darüber hinaus beide Arme von sich, als wolle er die Anwesenden umarmen (vgl. LPH, TC: 00:03:12-00:03:32).

Ernstere Themen wie die bereits herausgestellten verbalen Schwerpunkte Politik und Drogensucht werden in diesem Zusammenhang hingegen ambivalent behandelt. Während seine Abhängigkeit erneut eine ironische Aufladung erhält, indem der Autor dem Publikum vermehrt mit seinem Wasserglas zuprostet (vgl. LPH, TC: 00:02:30-00:02:33),[78] erfährt Seipels Werk grobe Aggression. So springt Stuckrad-Barre nicht nur auf das am Boden liegende Buch, sondern schießt es anschließend wie

75 Siehe auch: LPH, TC: 00:11:18-00:11:20; 00:12:07-00:12:14; 00:12:24-00:12:27; 00:12:51-00:12:57; 00:13:23-00:13:25; 00:13:38-00:13:51; 00:17:20-00:17:23; 00:31:44-00:31:51; 00:34:06-00:34:21; 00:34:53-00:34:54; 00:36:47-00:37:00; 00:38:04-00:38:05; 00:39:52-00:39:53; 00:40:03-00:40:06.

76 Siehe auch: LPH, TC: 01:05:09-01:05:12.

77 Siehe auch: LPH, TC: 00:40:49-00:41:00; 01:10:10-01:10:11.

78 Siehe auch: LPH, TC: 00:11:34-00:11:36; 00:36:09-00:36:11; 00:48:56-00:48:57.

einen Fußball von sich (vgl. LPH, TC: 00:44:09-00:44:20). Dieses Geschehen kommentiert er mit den Worten: „So, (.) soviel zur Politik." (LPH, TC: 00:44:21-00:44:23).

Stuckrad-Barres äußerlicher Habitus hingegen entbehrt derartiger Ernsthaftigkeit gänzlich. Bereits in der Eingangssequenz wird der außergewöhnlich bunte und skurrile Kleidungsstil des Autors deutlich. Er trägt lilafarbene Socken in weißen Schuhen, eine blaue Badehose mit pinken Flamingomotiven darauf, dazu einen weißen Pullover, darüber ein hellgraues Jackett mit einem karierten Schal, eine schwarze Sonnenbrille und einen schwarzen Hut mit Ananasabbildungen (vgl. LPH, TC: 00:00:27-00:00:43). Auf letzteren nimmt er im Zuge seines ersten Leseteils zweimal Bezug – zum einen als er die Eingangsworte „Wir haben beide einen Hut auf" (LPH, TC: 00:07:42-00:07:44; vgl. PH, S. 10) aus *Panikherz* vorliest und zum anderen als er vorträgt, welche Kleidung der Ich-Erzähler bei seiner Reise mit Lindenberg trägt: „Ich mit Matrosenhemd und Jogginghose, Udos Zweithut auf dem Kopf, einem Tropenhut." (LPH, TC: 00:09:42-00:09:48; vgl. PH, S. 10). Interessant ist an dieser Stelle, dass Stuckrad-Barre seinen Hut bei ersterer Bemerkung direkt berührt (vgl. LPH, TC: 00:07:42-00:07:46) und ihn bei dessen zweiter Erwähnung unmittelbar abnimmt (vgl. LPH, TC: 00:09:47-00:09:49). Es lässt sich demnach eine eindeutige Bezugnahme seiner realen Kleidung auf die Kleidung seines Ich-Erzählers ausmachen. Eine derartige Übertragbarkeit lässt sich auch für weitere seiner Kleidungsstücke finden: So erinnert sein karierter Schal an den mehrfach in *Panikherz* erwähnten Kaschmirschal der Marke Hermès, den der Erzähler für sich und Helmut Dietl kauft (vgl. PH, S. 193, 466, 514, 547f., 564). Auch sein helles Jackett und sein weißer Pullover erinnern an den viel benannten weißen Anzug, der das Leben des Erzählers begleitet (vgl. PH, S. 95, 368, 406-409, 414), oder an die Kleidung, welche der Ich-Erzähler beim Konzertbesuch mit Thomas Gottschalk trägt (vgl. PH, S. 522). Seine Badehose und die Sonnenbrille hingegen weisen vielmehr einen Gegenwartsbezug auf, da sie auf ironische Weise das vermeintliche Erscheinungsbild eines Touristen auf einem Kreuzfahrschiff zu adaptieren scheinen und damit zugleich den seriösen Anspruch einer konventionellen Lesung unterminieren.

An der nonverbalen Performance des Autors lässt sich demnach zum einen erneut eine ironisch-kritische, zum anderen aber auch eine auf

Unterhaltung ausgerichtete und die Wirkung seiner verbalen Darstellungen unterstützende Tendenz erkennen. Dass zwischen der habituellen Autorvorstellung und der Protagonistenkonzeption in *Panikherz* eine eindeutige Kongruenz besteht, lässt sich dabei als ein wichtiges Charakteristikum für Stuckrad-Barres Selbstinszenierungstendenzen herausstellen.

6. Fazit

Wie bereits erwähnt, wird im Zuge der Lesung ersichtlich, dass Stuckrad-Barre sich automatisch mit der Erzählerfigur seiner Autobiographie gleichsetzt und somit gegenüber dem Publikum den Anspruch erhebt, dass die darin dargebotenen Erzählungen seinem realen Leben entsprechen. Dies wird jedoch nicht nur an seiner Kleidung deutlich, sondern auch an dem Umstand, dass er die Biographie seines Protagonisten mit entsprechenden Aussagen über sich selbst synchronisiert: So berichtet er ebenfalls von seiner Vergangenheit als Musikjournalist und darüber, dass er sich im frühen Erwachsenenalter durchaus kritisch gegenüber Lindenberg und dessen Musik geäußert hat, keineswegs ein Spießerleben führen wollte und drogensüchtig wurde (vgl. LPH, TC: 00:22:28-00:24:10). Zugleich betont er mehrfach seine Kompetenz, alle Lieder des Sängers zu kennen (vgl. LPH, TC: 00:22:14-00:22:27),[79] welche auch vom Ich-Erzähler beteuert wird (vgl. PH, S. 276, 318, 339, 352, 417, 453, 473, 495, 515). Auch die Eröffnungsmusik der Lesung bestätigt die Nähe zwischen Autor und Erzählerfigur: Nicht nur, dass es sich bei den Pet Shop Boys um eine vom Protagonisten aus *Panikherz* favorisierte Band handelt (vgl. PH, S. 262, 268, 288), auch die Botschaft ihres Liedes *Suburbia* entspricht dem Lebensgefühl desselben (vgl. PH, S. 38f., 101, 334f., 399f.): Es handelt von dem Wunsch, aus einer „Vorstadthölle" (PH, S. 334) auszubrechen.[80] Indem Stuckrad-Barre diese Musik für den Beginn seiner Lesung wählt, schafft er nicht nur eine thematische Anbindung an seine Autobiographie, sondern zeigt zugleich, dass ihm selbst diese ‚Flucht' gelungen ist, da er nun an außergewöhnlichen Orten und in den verschiedensten Städten auftreten

79 Siehe auch: LPH, TC: 00:24:06-00:24:30.

80 Siehe URL: https://www.songtexte.com/songtext/pet-shop-boys/suburbia-63d516ff.html (zuletzt abgerufen am: 20.12.2018).

kann. Ein weiterer Beleg für den suggerierten Authentizitätsanspruch des Autors findet sich am Ende der ‚epitextuellen Performance II': Bevor er mit dem zweiten Leseteil beginnt, stellt er die darin thematisierte Unterstützung, welche der Ich-Erzähler durch Lindenberg erhält, sogar explizit als seine wahrhaftige persönliche Erfahrung dar (vgl. LPH, TC: 00:28:39-00:28:47). Gleichzeitig nimmt er auch die Perspektive des Ich-Erzählers ein, als er während der ‚epitextuellen Performance IV' selbst vom „Held seiner Autobiographie" (LPH, TC: 00:59:02-00:59:03) spricht. Indem er auch diese Erzähldimension aufgreift, unterstützt er die suggerierte Kongruenz zwischen werkinterner und werkexterner Selbstvorstellung.

Entsprechend dieser Feststellungen wird deutlich, dass sich Stuckrad-Barre auch auf performativer Ebene als Angehöriger der Popkultur inszeniert. Wie seine werkinterne Hauptfigur erweist er sich als medienerfahrener, musikalisch sozialisierter und hyperaktiv auffallender Lebenskünstler. Dabei wird das Motiv des Scheiterns an der Popkultur jedoch keineswegs aufgegriffen, vielmehr geht es um die performative Umsetzung derselben. Dies zeigt sich bspw. an der Art und Weise, wie Stuckrad-Barre seine Lesung gestaltet. Gleich einem Musikkonzert interagiert er mit dem Publikum, singt mit ihm gemeinsam und hüpft und tanzt auf der Bühne. Über diese bereits benannten nonverbalen Performances hinaus spricht der Autor außerdem explizit von der Möglichkeit des Stagedivings (vgl. LPH, TC: 00:50:14-00:51:01), verabschiedet Kravetz wie einen Musiker, der einen Gastauftritt bei einer Musiksession hatte (vgl. LPH, TC: 00:42:34-00:42:36) oder stilisiert seinen sechsten Leseteil als Zugabe (vgl. LPH, TC: 01:18:56-01:19:59).

Dabei ist stets auf die kommerziellen Zwecke zu verweisen, die dieses Lesungsarrangement zugleich verfolgt. Der Autor vermarktet sich und sein Buch nicht nur durch subtile Hinweise auf Erwerbs- oder Signiermöglichkeiten des letzteren, sondern auch durch (selbst-)ironische, anekdotische Schilderungen. Durch die damit evozierte Nähe zum Publikum wird eine Vertrautheit geschaffen, die den Autor nicht nur sympathisch, sondern auch unterhaltsam erscheinen lässt.[81] Der vermeintlich unstrukturierte, spontane Charakter der Lesung konnte dabei seines versteckten,

81 Vgl. John-Wenndorf (Anm. 7), S. 232, 265f.; Pottbeckers (Anm. 67), S. 84.

zweckgebundenen Impetus überführt werden. Jegliche Handlungen innerhalb der Lesung – seien sie verbaler oder nonverbaler Art – haben sich als Impulse erwiesen, die Eventisierung von Literatur voranzutreiben, indem das Publikum auf anspruchslose Art und Weise unterhalten wird. Aus diesem Grund lassen sich in der Lesung auch nur wenige ernsthafte, kritische Darbietungen ausmachen, die ausschließlich im Kontext von politischen Stellungnahmen hervortraten. Die ebenfalls grundsätzlich ernstzunehmende Suchtthematik von Erzählerfigur und Autor wird hingehen bewusst ironisiert und Entertainmentzwecken unterworfen. Dafür präsentiert sich Stuckrad-Barre sogleich äußerlich – vor allem durch die Entblößung seines Oberkörpers und durch seine Badehose – und auch (non-)verbal performativ – er kaut während der Lesung offensichtlich Kaugummi (vgl. LPH, TC: 00:00:32-00:00:45)[82] und artikuliert sich umgangssprachlich – als unkonventioneller Lesungsautor. Seinem Verhalten ist damit eine gewisse Rebellion inne, die jedoch von popkulturellen (Selbst-)Vermarktungszwecken überlagert wird.

82 Siehe auch: LPH, TC: 00:07:05-00:07:06; 00:07:36-00:07:40; 00:15:19-00:15:20; 00:15:48-00:15:49; 00:19:30-00:19:31; 00:20:00-00:20:04; 00:20:09-00:20:11; 00:20:35-00:20:37; 00:21:37-00:21:47; 00:22:10-00:22:11; 00:23:08-00:23:13; 00:24:03-00:24:04; 00:43:32-00:43:37; 01:09:35-01:09:38; 01:10:08-01:10:17; 01:17:35-01:17-36; 01:18:10-01:18:13; 01:25:49-01:25:52.

Alexandra Schütte

„Dieser Junge ist doch eigentlich ein prima Typ." – Benjamin von Stuckrad-Barres *Panikherz* zwischen Selbstinszenierung und Selbsterkenntnis auf Instagram

Abstracts: The following article deals with Benjamin von Stuckrad-Barre's self-staging and the work staging of his novel *Panikherz* on Instagram. In addition to the staging, it will also be investigated to what extent he thus places himself in current disruptions of author and work stagings in the social media. For this purpose, a thematic classification of Instagram and the Bookstagram community in particular will be made, followed by an analysis of social media staging.

Keywords: Instagram, self-staging, social media, work-staging

„Instagram ist ein toller, utopischer Ort. Ich schau mir gerne an, was die Leute da so machen. Das erhöht in grauer Zeit die Freude am Tag und an den Menschen."[1] Das entgegnete der Popliterat Benjamin von Stuckrad-Barre in einem Interview der Aussage, dass Social Media als Kunstventil selten sei. Und eines ist klar: Social Media ist lange keine Randerscheinung mehr und auch der deutsche Autor hat den Weg in die Welt aus Beiträgen, Likes, Kommentaren und Storys gefunden. Längst nutzt er seinen Kanal als Werbetrommel für sich und seine Texte und das, obwohl er sich lange von den sozialen Medien ferngehalten hat. Trotz der Tatsache, dass ihm erst der Ton, der von „im Pizzakarton eingeschlafene[n] Menschen vor[gegeben]"[2]

1 Sebastian Fasthuber: Jetzt ein Buch zur Krise zu verfassen, ist Müll. Der deutsche Autor Benjamin von Stuckrad-Barre über das Leben im Hotel, den Reiz von Instagram, Liebe – und sein neuen Gesprächsbuch mit Martin Suter, in: Falter 51/H. 20 (2020), online unter: https://www.falter.at/zeitung/20201215/jetzt-ein-buch-zur-krise-zu-verfassen-ist-muell [zuletzt aufgerufen am 15.08.2022].

2 Ebd.

sei, die dort den Menschen alles mit ihrem „deutschen Hausmeistergeist“[3] vermiesen wollen würden, zuwider war, hat es ihn letztlich doch in die sozialen Netzwerke getrieben. Instagram, das er liebevoll als „Kalifornien als App“[4] bezeichnet, scheint dabei einen ganz besonderen Platz in seinem medialen Leben eingenommen zu haben.[5]

Der hohe Stellenwert von sozialen Medien lässt sich nicht mehr bestreiten und auch immer mehr Autor:innen stehen unter dem Druck, dort Präsenz zu zeigen, sich von anderen Kolleg:innen und ihren Werken abzuheben und in den Kontakt mit Leser:innen zu treten.[6] Aber hat Stuckrad-Barre diese Inszenierung überhaupt nötig? Nach Lena Steeg spielt er schon von Beginn an damit, dass er sich eben nicht im „Der-Autor-trägt-schwarze-Rollkragenpullover-und-guckt-ernst-Style“[7] darstellt, sondern als Popstar inszeniert. Er lade Sänger:innen und Schauspieler:innen ein, trete auf der Bühne auf, sei Gast in Fernsehshows und habe schließlich sogar seine eigene Show bei MTV bekommen. Er habe sich wie ein Rockstar benommen und sei wie ein Rockstar abgestürzt, so Steeg.[8] Bekanntheitsprobleme sollte Stuckrad-Barre damit also nicht haben und doch vermarktet er sich und seine Bücher fleißig im Internet. Wer durch seinen Feed scrollt, stößt auch auf Beiträge, die sich mit seinem Buch *Panikherz* befassen, das 2016 veröffentlicht wurde; und das, obwohl er seinen Account erst im August 2017 erstellt hat.[9]

In welcher Form widmet er sich aber der Selbst- und Werkdarstellung auf seinem Profil, die er doch angesichts seiner Popularität vermutlich gar nicht nötig hätte, und inwiefern ordnet er sich damit auch in aktuelle Strömungen von Autor:innen- und Werkinszenierung auf Instagram ein?

---

3 Ebd.
4 Ebd.
5 Vgl. ebd.
6 Vgl. Elisabeth Sporer: Der Autor auf Facebook. Inszenierung im Sozialen Netzwerk, in: Sabine Kyora (Hg.): Subjektform. Autor. Autorschaftsinszenierungen als Praktiken der Subjektivierung. Bielefeld 2014, S.281-303, hier S. 281.
7 Lena Steeg: Der letzte Fan. Benjamin von Stuckrad-Barre im Interview, in: Stern online, 06.04.2016, online unter: https://www.stern.de/neon/feierabend/freizeit-der-fan-7175598.html [zuletzt abgerufen am 07.12.2022].
8 Vgl. Steeg (Anm. 7).
9 Vgl. Benjamin von Stuckrad-Barres Instagram-Account.

Dieser Beitrag soll sich mit diesen Fragen befassen und dabei den Blick auch auf das Phänomen Bookstagram lenken, das Hand in Hand mit Literaturdarstellungen auf Instagram geht. Dafür erfolgt zunächst eine kurze Einführung in die Thematik, woran anschließend Stuckrad-Barres Inszenierung seiner Person und seine Interaktion im Bookstagram-Kontext in den Fokus genommen wird, um damit abzuschließen, welche Rolle *Panikherz* in dieser medialen Darbietung einnimmt.

1. Instagram und die Bookstagram-Community

Bei Instagram handelt es sich um eine für Smartphones entwickelte Foto- und Video-Sharing-App, mit der User:innen Fotos und Videos (in Form von nach 24 Stunden verschwindenden Storys oder im Profilraster sichtbaren Reels) erstellen, bearbeiten und im Internet teilen können. Es handelt sich aber nicht allein um eine App zum Bearbeiten von Fotos und Videos, sondern Instagram rangiert mittlerweile unter den größten sozialen Netzwerken weltweit, in dem Millionen Menschen über Likes, Kommentare und DMs (direct messages) miteinander kommunizieren können. Die 2010 entwickelte App nutzen über 1,21 Milliarden Menschen (Stand 2021), Zahl steigend[10]; vor allem für viele bekannte Persönlichkeiten ist Instagram ein unverzichtbarer Kanal, um mit den Fans in Kontakt zu treten und über Content im Gespräch zu bleiben.[11] Denn der produzierte Content ist auf Instagram eine eigene Währung. Der Wert des Bildes oder des Videos hängt stark davon ab, welcher Aufmerksamkeitswert erreicht wird, messbar durch die Anzahl der Likes, aber auch durch die Follower-Zahlen.[12] Dies sieht man unter anderem auch an dem immer größer werdenden Bereich von sogenanntem Influencer:innen-Marketing. Influencer:innen sind Personen, die mittels Empfehlungen für Produkte Werbung machen und die User:innen nachweislich zu Käufen anregen. Laut einer Umfrage

---

10 Vgl. S. Dixon: Instagram. Number of global users 2020-2025, in: statista, online unter: https://www.statista.com/statistics/183585/instagram-number-of-global-users/ [zuletzt abgerufen am 08.12.2022].

11 Vgl. Kristina Kobilke: Erfolgreich mit Instagram. Mehr Aufmerksamkeit mit Fotos & Videos. Rheinbreitbach 2014, S. 14-31.

12 Vgl. Katja Gunkel: Der Instagram-Effekt. Wie ikonische Kommunikation in den Social Media unsere visuelle Kultur prägt. Bielefeld 2018, S. 34.

von Marco Nirschl und Laurina Steinberg haben 40% der Befragten schon einmal auf Empfehlung eines oder einer Influencer:in ein Produkt erworben und jede oder jeder Zweite lässt sich durch diese Empfehlungen zumindest bei seinen bzw. ihren Kaufentscheidungen beeinflussen.[13]

Dass Instagram und die darauf stattfindenden Empfehlungen also durchaus Auswirkungen auf die User:innen haben, lässt sich damit nicht bestreiten. Auch Bookstagram kann mittlerweile zu einigen Teilen in der Sparte des Influencer:innen-Marketings verortet werden, da auch dort immer mehr Blogger:innen, die beträchtliche Follower:innenzahlen besitzen, Aufwandsentschädigungen in Form von finanziellen Mitteln nehmen. Die Autorin dieses Beitrags hat selbst eine Zeitlang im Buchmarketing, und dort insbesondere im Influencer:innen-Marketing, gearbeitet und daher einige Einblicke in die Vorgänge hinter den Beiträgen gewinnen können. Kritisieren darf man durchaus, ob bezahlte Rezensionen bei Büchern, also letztlich vielleicht auch gekaufte Meinungen, wirklich wahre Empfehlungen widerspiegeln oder nicht doch die Konsument:innen hinter das Licht führen. Der weitaus größte Teil der Community besteht jedoch aus unbezahlten Blogger:innen, Verlagen und Autor:innen, die dort ihre Leidenschaft für Bücher und ihre ehrlichen Meinungen dazu teilen. Dafür haben sie der literarischen Seite Instagrams den Namen Bookstagram verpasst. Das englische Wort ‚books' wurde dabei von den Leser:innen mit dem Begriff ‚Instagram' verschmolzen, sodass der Neologismus Bookstagram entstand, unter dessen Hashtag[14] mittlerweile 83,6 Millionen Beiträge (Stand Dezember 2022)[15] zu finden sind. Die Community zeichnet sich nicht allein durch ihre Liebe und Beiträge zu Büchern aus, sondern auch durch einen extrem (positiven) kommunikativen Charakter untereinander. Personen jedes Alters und Berufs kommen dort zusammen, um

13 Vgl. Marco Nirschl, Laurina Steinberg: Einstieg in das Influencer Marketing. Grundlagen, Strategien und Erfolgsfaktoren. Wiesbaden 2018, S. 1.

14 Bei einem Hashtag handelt es sich um eine Markierung eines Wortes, die als Link generiert wird und darüber zu allen anderen Beiträgen führt, die unter dieser Verlinkung hochgeladen wurden. User:innen können darüber leichter Inhalte suchen und finden. Vgl. Kobilke (Anm. 11), S. 33.

15 Siehe #bookstagram auf Instagram.

ihre Eindrücke zu schildern, Lesegruppen zu eröffnen und Aktionen mit Verlagen und Autor:innen zu inszenieren.[16]

2. Benjamin von Stuckrad-Barre auf Instagram

Autor:innen sind in dieser wie auch genereller Hinsicht heutzutage dem öffentlichen Leben ebenso wie der ‚Medienmaschinerie' unterworfen, was nach Anke Biendarra häufig sogar einem regelrechten ‚Starkult' gleiche, der die Meinungen der Leser:innen maßgeblich beeinflusse. Für Autor:innen bedeutet dies, dass sie im Internet präsent sein müssen, um ihre Werke und sich selbst in Szene zu setzen, wenn sie an der Meinungsbildung teilhaben wollen.[17] Apps wie Instagram ermöglichen es ihnen dabei, viele Menschen zu erreichen und verschiedenste Formen der Selbstdarstellung auszuprobieren; diese Inszenierung kann häufig aber auch negativ konnotiert sein, wenn sie sich nicht glaubwürdig verkaufen. Das Publikum fühle sich betrogen, wenn es die Person nicht als authentisch wahrnehme, vor allem dann, wenn es in den Werken um eher ernstere Themen gehe. Hinzu kommt, dass man in Zeiten eines ‚Informationoverloads' umso mehr herausstechen muss, wenn man wahrgenommen werden möchte.[18] Stuckrad-Barres generelle Popularität ist damit zwar eine gute Basis, aber auch er ist durchaus im Zugzwang, sich und seine Werke im Netz zu präsentieren, wenn ihm an einer grundsätzlichen und gesteuerten Wahrnehmung bei den (jüngeren) Rezipient:innen liegt.

Dass Stuckrad-Barre sich auf Instagram bewegt und die verschiedenen Möglichkeiten dort nutzt, zeigt, dass er sich in eine generelle Bewegung von Autor:innen einordnet, die ihre Wahrnehmung, aber auch ihr Marketing über Instagram steuern wollen. Autor:innen sind eben nicht mehr auf Verlage angewiesen, sondern können das Internet als eigene Spielwiese nutzen.[19] Mit einem Verlag wie Kiepenheuer und Witsch, der Stuckrad-Barres

---

16 Vgl. Rima Hammoudi: The Bookstagram Effect. Adolescents' Voluntary Literarcy Engagement on Instagram. Montreal 2018, S. 1f.

17 Vgl. Anke S. Biendarra: Autorschaft 2.0: Mediale Selbstinszenierung im Internet, in: Wilhelm Amann, Georg Mein, Rolf Parr (Hg.): Globalisierung und Gegenwartsliteratur. Konstellationen. Konzepte. Perspektiven. Heidelberg 2010, S. 259-280, hier S. 262-264.

18 Vgl. Sporer (Anm. 6), S. 284f.

19 Vgl. ebd., S. 285.

Werke vielfach bewirbt, wird dessen öffentliche Rezeption zwar auch fremdbestimmt gesteuert, aber Instagram ermöglicht kreative Selbstentfaltung vor allem aber Selbstbestimmtheit im Netz wie kaum eine andere mediale Plattform.[20] Die soziale Plattform dient so einerseits als Quelle des Selbstwertes, andererseits als Möglichkeit, sich global über Grenzen hinweg auszutauschen und sich als meinungsführende Persönlichkeit zu etablieren. Rezipierende setzen sich in eine Beziehung zu der erlebten Person hinter dem Account, wodurch ihre Wahrnehmung auf emotionaler Ebene in Form von Gefühlen gegenüber der Person gesteuert werden und auch auf der Verhaltensebene manifestiert werden kann, indem z. B. zu Käufen, also einer konkreten Handlung, angeregt wird.[21]

Stuckrad-Barre bedient sich dabei mithilfe von Instagram sowohl Formen der Selbstinszenierung als auch dem Vermarkten seiner Werke. So lässt er 2018 seinen neuen Titel *Ich glaube mir geht´s nicht gut, ich muss mich mal irgendwo hinlegen. Remix 3* (2018) wochenlang von lauter „hippen, ungemein prominenten Buddys bewerben“[22], während er selbst außer Landes im berühmten Hotel Chateau Marmont in Hollywood verweilt, wie man der Inszenierung auf seinem Profil entnehmen kann. Sein Buch wird damit nicht nur zeitlich sehr intensiv beworben, sondern von äußerst bekannten Persönlichkeiten wie Moderator Klaas Heufer-Umlauf, Sänger Udo Lindenberg oder Schauspieler Jan Josef Liefers. Damit nutzt er, dass auf Instagram Personen, aber auch Emotionen im Vordergrund stehen. Beiträge werden so inszeniert, dass diese auf Herz und Hirn der Konsument:innen zielen und werden durch die emotionale Beziehung, die viele Menschen zu ihren Idolen entwickeln, maßgeblich geprägt.[23] Fans

---

20 Vgl. Biendarra (Anm. 17), S. 261-266.

21 Vgl. Melanie Lachmann: Instagram durch die Augen der Rezipierenden. Die Rolle digitaler Inszenierung von Influencerinnen und Influencern auf Instagram für das Selbstkonzept von jungen Frauen. Passau 2021, S. 6-18.

22 Vgl. Gesa Ufer: Benjamin von Stuckrad-Barre. Ich glaube mir geht's nicht so gut… Protokolle eines hyperaktiven Romantikers, in: Deutschlandfunk Kultur, 04.04.2018, online unter: https://www.deutschlandfunkkultur.de/benjamin-von-stuckrad-barre-ich-glaub-mir-geht-s-nicht-so-100.html [zuletzt aufgerufen am 27.12.2022].

23 Vgl. Manuel Faßmann/ Christoph Moss (Hg.): Instagram als Marketing-Kanal. Die Positionierung ausgewählter Social-Media-Plattformen. Wiesbaden 2016, S. 3-15.

sehen ihre Idole, nehmen gleichzeitig auch wahr, dass dutzende weitere Prominente zur Bewerbung des Buches zusammenkommen und können angesichts dieser Ballung von Prominenz gar nicht anders, als sich mit dem Werk näher zu befassen. Vielleich kaufen sie das Buch sogar, das da von allen Seiten angepriesen wird. Kritisiert werden darf dabei eins: Hier ist nicht nur allein gutes Marketing am Start, sondern bis zu einem gewissen Grad kann man mit Sicherheit auch von gezielter Rezipient:innen-Manipulation sprechen. Ob im Fall Stuckrad-Barre alle Mitwirkenden das Buch tatsächlich gelesen haben, lässt sich nicht nachweisen, erst recht nicht, wie sie wirklich darüber denken. Offensichtlich ist aber, dass sie hier einem Freund den Gefallen tun, unabhängig von der Qualität seines Werkes, seine Marke, ihn selbst, zu promoten. Dass das funktioniert, zeigen die zahlreichen Reposts, die Stuckrad-Barre von Leser:innen auf seinem Profil postet, die sein Buch lesen oder gelesen haben. Es entwickelt sich zudem die Bezeichnung ‚Guccigang Remix 3', unter deren Hashtag sich all seine Fans in einer Art großer Instagram-Familie zusammenfinden. Ein weiterer Schachzug, der Leser:innen emotional bindet, indem sie Teil dieser Familie sein wollen. Es zeigt sich: Stuckrad-Barre ist sich der Wirkung der sozialen Medien durchaus bewusst und weiß, diese gezielt und ausgesprochen erfolgreich für sich und seine Werke einzusetzen.

Eine ähnliche Vorgehensweise zeigt sich im Dezember 2020 auf seinem Profil, als Stuckrad-Barre erneut eine Schar von Menschen das neue Buch *Alle sind so ernst geworden*, das er mit dem schweizerischen Autor Martin Suter geschrieben hat, bewerben lässt. Von bereits altbekannten Gesichtern, einem nackten Wilson Gonzalez Ochsenknecht oder von Moderator Oliver Welke wird dem Publikum allerlei rund um das neue Werk gezeigt, vor allem aber, dass „alle es zuhause haben sollen"[24]. Erneut wird den User:innen vermittelt, dass sie genau diesen Titel zwingend kaufen sollten, gerade weil scheinbar ganz Instagram ihn bereits besitzt.

Neben dem Marketing zu bestimmten Titeln nutzt Struckrad-Barre Instagram aber auch als Mittel der Kunst. Während des ersten

24 Das Zitat von Comedian Hazel Brugger stammt aus einem der Videos auf Stuckrad-Barres Instagram-Feed und wurde am 10. Dezember 2020 dort veröffentlicht, online unter: https://www.instagram.com/p/CIoS2pTInaV/ [zuletzt abgerufen am 30.12.2022].

Corona-Lockdowns lässt er zum Beispiel erneut von vielen berühmten Bekannten Songtexte der Rockband Selig rezitieren und montiert dies mit eigenen Rezitationen ineinander. Aus seiner Lieblingszeile („die Luft riecht nach Entscheidung, nach Arbeit und Hotel“[25]) habe er „mit ungefähr 400 Beiträgen eine 26-minütige Oper gemacht“[26]. Instagram-Beiträge dienen so nicht nur als künstlerisches Expressionsmittel, um einen Teil seiner Persönlichkeit zu veröffentlichen, sondern zeigen gleichermaßen, welch gewaltige Masse an Menschen Stuckrad-Barre hinter sich versammeln kann, die ihn bei einem solchen Projekt unterstützen. Nicht nur, dass er sich umgeben von dutzenden anderen Berühmtheiten als bekannte, vielleicht sogar beliebte, Person inszeniert, soziale Interaktionen, auch in Form von Kommunikation auf Instagram, konstituieren überdies das Selbst und erhalten es aufrecht.[27] Sie geben einem vor, wo man sich als Teil der Gesellschaft verorten kann, aber auch, wie die Gesellschaft auf die eigene Persönlichkeit und ihre Handlungen reagiert. Und das bei Instagram so mittelbar und häufig auch unverblümt wie sonst kaum in der Realität.

Auf den Aspekt der sozialen Interaktion ist auch ein großer Teil von Stuckrad-Barres gesamter Selbstinszenierung angelegt. Immer wieder zeigt der Autor sich mit anderen bekannten Personen, häufig sehr vertraut, Arm in Arm.[28] Ein starker Kontrast zu dem Leben, das er bisher geführt hat und in *Panikherz* erzählt: Die Geschichte eines Mannes, der über sich sagen kann, dass er trotz Drogen, Essstörungen und Depressionen überlebt hat. Es wirkt, als wolle er der Welt da draußen zeigen, dass er doch nicht allein ist und eine große, liebevolle Community um sich herum aufgebaut hat, die ihn unterstützt. Neben all den berühmten Gesichtern gehören aber auch ebenjene Leser:innen, die ihn und seine Bücher unterstützen in der medialen Wahrnehmung dazu. Nicht nur, dass er immer wieder Beiträge der Bookstagram-Community in seinem Feed teilt, er antwortet auf Kommentare unter seinen Posts, likt Bilder und Videos der Menschen, die seine

25 Fasthuber (Anm. 1).

26 Ebd.

27 Vgl. Lachmann (Anm. 21), S. 8.

28 Da gibt es Bilder, die ihn vertraut mit Bundesgesundheitsminister Karl Lauterbach, Schauspielerin Emilia Schüle und immer wieder auch Sänger Clueso zeigen.

Bücher lesen. Seine soziale Interaktion beschränkt sich eben nicht nur auf die reale Welt und das Ablichten dieser Situationen, sondern er geht auch digital stark auf seine Fans ein. Damit inszeniert er sich nicht allein als literarischen Popstar, der in Hotels wie dem Chateau Marmont residiert und mit lauter berühmten Personen befreundet ist, sondern auch als den nahbaren Kumpel von nebenan, der dir auf deine Rezension antwortet, obwohl du kaum 200 Follower:innen hast. Dass das den Menschen gefällt, zeigen sowohl seine mittlerweile 100.000 Abonennt:innen (Stand Dezember 2022) als auch seine Views sowie Likes und Reposts auf anderen Kanälen.

3. *Panikherz* auf Instagram

Das im März 2016 erstmals erschienene Buch *Panikherz* befasst sich mit dem Leben Stuckrad-Barres als eine Art Popstar, seinem Absturz in Form von Essstörung, Drogenabhängigkeit und Depressionen, aber auch mit seinem Idol sowie späteren Freund und Retter Udo Lindenberg, der ihn im Chateau Marmont schließlich zum Selbsterkenntnisprozess anregt, woraufhin *Panikherz* entsteht.[29] Stuckrad-Barre bringt selbst an, dass viele Eckdaten des Buches zwar identisch mit seinem eigenen Leben seien, er das Buch aber „keinesfalls als Autobiografie, sondern als Roman“ empfinde, in dem es um die Frage gehe: „‚Was will die Geschichte?‘“[30]

Was will nun aber *Panikherz* auf dem ein Jahr nach seinem Erscheinen entstandenen Instagram-Account des Popliteraten und warum taucht es dort immer wieder auf? Zunächst lässt sich festhalten, dass *Panikherz* gerade in den ersten Monaten häufig in Beiträgen auftaucht, die sich um (Ur-)Aufführungen z. B. am Berliner Ensemble oder auch am Thalia Theater in Hamburg drehen[31] – ganz offensichtlich als Werbung für Fans seines Buches, die nun auch die Inszenierung auf der Bühne sehen können/konnten, aber auch als Sammelstelle für Rückmeldungen zur Aufführung,

29 Vgl. Kiepenheuer und Witsch: Panikherz, online unter: https://www.kiwi-verlag.de/buch/benjamin-von-stuckrad-barre-panikherz-9783462048858 [zuletzt abgerufen am 30.12.2022].

30 Vgl. Steeg (Anm. 7).

31 Zu den Aufführungen siehe den Beitrag von Kai Bremer im vorliegenden Band.

wie die Kommentarspalten zeigen. In einem Post vom 17. Februar 2018 zur Uraufführung am Berliner Ensemble schreibt Stuckrad-Barre zudem:

> Dieser Junge ist morgen auch da [...]. Ich hatte jenen Jungen ein paar Jahrzehnte nicht direkt sprechen oder treffen können, immer bloß seine Vertretungen bzw. Nachfolgemodelle. Umso schöner diese unverhoffte Wiederbegegnung vor einer Woche in Berlin. Er hat mir einiges erklären können, natürlich ohne das zu bemerken, er ist ja noch sehr jung. Allzuoft ist ein solches Treffen gar nicht verkraftbar, aber ich bin sehr froh darüber.[32]

In einer Montage von verschiedenen Fotos und Videos, unterlegt mit dem Song *Windmills of Your Mind* von Noel Harrison, tauchen dabei ein Foto eines kleinen Jungen, vermutlich Stuckrad-Barre, und ein Bild seiner jüngeren Version, gespielt von Paul Zichner,[33] aus der Aufführung auf. Nicht nur, dass Stuckrad-Barre sich also mit der Inszenierung und seinem Buch auseinandersetzt, es findet auch eine Art der Selbsterkenntnis unter diesem Beitrag statt. Er beschreibt, dass er eine jüngere Version von sich getroffen habe, mit der er schon lange nicht mehr kommunizieren konnte, vermutlich aufgrund seiner verschiedenen (mentalen) gesundheitlichen Einschränkungen. Gleichzeitig zeigt er aber auch eine persönliche Entwicklung auf. Nach all der Zeit sei es ihm nun möglich gewesen, Kontakt zu diesem kleinen Jungen aufzunehmen, ja, es habe ihm sogar gutgetan. Diese öffentliche Selbsterkenntnis in Bezug auf seine Entwicklung vom Jungen zum Mann lässt ihn nahbar wirken, zeigt, dass auch der gefeierte Popliterat letztlich nur ein Mensch ist, der mit den Dämonen seiner Vergangenheit zu kämpfen hat. Sein Resümee, „dieser Junge ist doch eigentlich ein prima Typ“[34], teilt er im Anschluss an sein Treffen in der Kantine des Theaters mit anderen Personen, die ihm daraufhin eröffnen, dass sie ebenfalls der Junge gewesen seien, sich in ihn hineinfühlen konnten. Es wird ersichtlich: Benjamin ist nicht allein. Auch andere haben mit Dämonen zu kämpfen, können sich

32 Benjamin von Stuckrad-Barre: Beitrag vom 17. Februar 2018, online unter: https://www.instagram.com/p/BfR6YJflEDd/?igshid=MDJmNzVkMjY%3D [zuletzt abgerufen am 30.12.2022].

33 Vgl. Berliner Ensemble: Panikherz von Benjamin von Stuckrad-Barre, online unter: https://www.berliner-ensemble.de/inszenierung/panikherz [zuletzt abgerufen am 30.12.2022].

34 Vgl. Stuckrad-Barre (Anm. 32).

hineinversetzen, in das, was in ihm vorgeht. Das ehrt und rührt den Autor stark.[35]

Stuckrad-Barre nutzt die Beiträge überdies, um sich bei seinen Fans, aber auch dem Team rund um die Aufführungen zu bedanken.[36] Das macht ihn wiederum sympathischer, weil er nicht nur zu schätzen weiß, dass dort Menschen sind, die sich unfassbar viel Mühe geben, um seinem Werk und seiner Person auf der Bühne gerecht zu werden, sondern weil er seine Fans in eine Art Familie aufnimmt, der sein Buch nun ebenso gehöre, wie ihm selbst.[37] Auch seine Interaktion im Bookstagram-Kontext zeigt dies: So lädt er immer wieder Reposts von Leser:innen hoch, die sich mit *Panikherz* auseinandersetzen. In einem Beitrag vom 17. März 2018 teilt er ein Raster von neun Bildern, die *Panikherz* am Strand inszenieren. Dazu schreibt er: „Jedenfalls war kaum eines meiner Bücher so viel am Strand wie ‚Panikherz'."[38] Nicht nur, dass er damit offenbart, wie stark er die Bookstagram-Community verfolgt und über die Beiträge zu seinem Buch informiert ist, er gibt zudem Credits[39] und somit eine öffentlich wirksame Währung auf Instagram an die Personen heraus. Darüber hinaus ernennt er die neun Personen, die ebenfalls zur ‚Guccigang Remix 3' gehören, zu Ehrenmitgliedern.[40] So festigt er das Bild einer Buchfamilie, einer exklusiven Verbindung, der man angehören möchte. Die Kommentarspalte zeigt,

35 Vgl. ebd.

36 Vgl. Benjamin von Stuckrad-Barre: Beitrag vom 18. Februar 2018, online unter: https://www.instagram.com/p/BfWKTkLlUCh/?igshid=MDJmNzVkMjY%3D [zuletzt abgerufen am 30.12.2022].

37 Vgl. ebd.

38 Benjamin von Stuckrad-Barre: Beitrag vom 17. März 2018, online unter: https://www.instagram.com/p/BgbUzyuApmC/?igshid=MDJmNzVkMjY%3D [zuletzt abgerufen am 30.12.2022].

39 Der Begriff ‚Credits', eigentlich so etwas wie ‚Würdigung', stammt aus dem Entertainment-Bereich und bezeichnet die Nennung von Beteiligten an der Produktion eines Films oder einer Serie im Vor- oder Abspann. Bei Credits auf Instagram handelt es sich um die Verlinkung der Urheber:innen eines Inhalts. Diese sorgen dafür, dass die Anerkennung an die richtige Person gerichtet wird. Vgl. Katharina Müller: Was bedeutet Credits? Bedeutung und Verwendung, 19. Juli 2021, online unter: https://www.netzwelt.de/abkuerzung/191312-bedeutet-credits-bedeutung-verwendung.html [zuletzt aufgerufen am 01.01.2023].

40 Vgl. Stuckrad-Barre (Anm. 38).

dass das funktioniert: Eine Userin fragt sogar konkret, was sie tun kann, um auch ein Ehrenmitglied zu werden.[41]

Neben der Bindung seiner Fans an ihn und sein Werk lässt er *Panikherz* in Teilen von bekannten Persönlichkeiten wie Model und DJ Alyssa Cordes oder Autorenkollege Suter vorlesen, womit er eine ähnliche Wirkung erreicht wie auch schon bei seinen anderen Büchern, die er medial von vielen Personen vorstellen lässt. Menschen sehen, dass ihre Idole *Panikherz* lesen, werden auf das Buch aufmerksam und sind vielleicht sogar geneigt, es käuflich zu erwerben. Auch Bilder mit Personen wie Joko Winterscheidt, die *Panikherz* strahlend in die Kamera halten, provozieren diesen Effekt. Es zeigt sich, dass Stuckrad-Barre neben der Begleitung weiterer Projekte rund um das Buch am Ende einfach Werbung betreibt und sich dafür Marketingstrategien, wie der des Influencer:innen-Marketings, bedient. Gleichzeitig führt sich mit der Inszenierung von *Panikherz* auf Instagram aber auch ein Effekt fort, den Stuckrad-Barre bereits in einem Interview benannt hat: „Das Buch aber zwang mich, lauter schöne Sachen zu erleben. Das fand ich nett von meinem Buch."[42] Im Zusammenhang mit der Interaktion, die er im Umfeld des Textes und der dazugehörenden Inszenierungen auf der realen Bühne und der medialen Bühne erfährt, entstehen weitere positive Momente, die er mit der Community und seinen Freund:innen teilt. Stuckrad-Barre hat sich weiterentwickelt und das zeigt er der Welt da draußen.

Demnach gliedert sich der deutsche Popliterat in eine aktuelle und vor allem immer größer werdende Strömung von Autor:innen ein, die Instagram als Tool nutzen, um sich selbst und ihre Werke zu promoten. Dabei betreibt er gezielte Vermarktung seiner Werke, indem er sie über den eigenen Account, vor allem aber über bekannte Gesichter vorstellen lässt. Allein die Masse an berühmten Personen, die er für diese Zwecke gewinnen kann, hat die Wirkung, dass das Buch auf vielen unterschiedlichen Kanälen auftaucht und man als User:in immer wieder damit konfrontiert ist. Zudem sind viele der Personen regelrechte Idole für einige Menschen, was dazu führt, dass sie wiederum Kaufentscheidungen bewiesenermaßen

41 Vgl. ebd.
42 Steeg (Anm. 7).

beeinflussen können. Gleichzeitig schafft Stuckrad-Barre ein Bild von sich selbst, das ihn als beliebten, von vielen Freund:innen umgebenen Menschen zeigt, der großen Rückhalt in seiner Community genießt. Er inszeniert zudem eine bücherliebende Familie, von der bereits viele Leser:innen und auch Prominente ein Teil sind, und sorgt damit dafür, dass er nicht nur als Wegweiser einer exklusiven Gemeinschaft wahrgenommen wird, sondern auch, dass die Menschen Anteil an dieser Gemeinschaft haben wollen. Neben dieser Inszenierung seiner Person nutzt er Instagram überdies als Kunstventil, welches wiederum seine bunte, differenzierte Persönlichkeit unterstreicht und gleichzeitig als Forum für soziale Interaktion, nicht nur mit den eigenen Leuten, sondern auch mit seinen Fans dient. So verortet er sich selbst in einem riesigen, internationalen Kontext, zeigt sich gleichzeitig aber ganz lokal und kumpelhaft, wenn er in der Bookstagram-Bubble mit Einzelnen, auch den Betreiber:innen kleiner Accounts, interagiert.

Die Darstellung von *Panikherz* auf Instagram hat gleich mehrere Wirkungen. Zum einen sind der Hinweis auf das Werk, aber auch auf Theateraufführungen in erster Linie Werbung. Diese wird teils über eigene Beiträge, teils über das Reposten von Beiträgen aus der Bookstagram-Community gewährleistet. Auch die Bildung einer exklusiven Gemeinschaft durch die Auszeichnung zum ‚Ehrenmitglied' hat diesen Effekt, da man so dazu aufgerufen ist, über den Kauf des Buches Mitglied dieser Gemeinschaft zu werden. Berühmte Personen treten wie schon bei anderen Buchprojekten für den Titel ein und bewerben diesen öffentlichkeitswirksam. Neben der Marketingstrategie, die Stuckrad-Barre verfolgt, nutzt er *Panikherz* auf Instagram aber auch dazu, um sich schlicht zu bedanken. Das hat zur Folge, dass er eine gewisse Sympathie in den User:innen weckt, die durch die soziale Interaktion zwischen ihm und ihnen noch gefördert wird. Er bringt teilweise sogar in Einzelkommentaren Wertschätzung für seine Fans zum Ausdruck, was ihn einerseits sympathisch, andererseits vor allem aber auch nahbar, als den Kumpel von nebenan, kennzeichnet. Er nutzt die App nicht nur, um schöne Momente in Verbindung mit dem Buch zu teilen, sondern auch, um eine Art Selbsterkenntnisprozess darzulegen, der damit zu tun hat. Er erweckt in den Nutzer:innen Verständnis und Mitgefühl, was sich in den Kommentaren unter seinen Beiträgen immer wieder zeigt.

Stuckrad-Barres Selbstinszenierung sowie die Vermarktung seiner Werke gehen demnach offenbar Hand in Hand. Der Auor vermarktet einerseits seine eigene Persönlichkeit wieder und wieder, wie sein Instagram-Account eindrucksvoll zeigt. Er nutzt die Reaktionen auf seine schillernde Person, um Aufmerksamkeit auf seine Bücher zu lenken. Andererseits baut die Vermarktung seiner Bücher sein Selbst weiter aus und auf, kann er sich doch inmitten der Werbung zu seinen Texten umgeben von dutzenden Freund:innen als der beliebte Autor inszenieren, der er nach dieser Flut von Beiträgen offensichtlich sein muss. Über die Werbung und die damit einhergehenden Liebesbekundungen nicht nur prominenter Personen, sondern auch kleiner Bookstagram-Accounts entsteht das Bild des vielfach bewunderten und geliebten Stuckrad-Barres, der alles hat, was er braucht, um erfolgreich durch das Leben zu gehen.

Dass Bookstagram dabei einen wichtigen Aspekt seiner Inszenierung ausmacht, zeigt nicht nur, dass er immer wieder Beiträge aus der Community repostet, sondern auch, dass er viel mit dieser interagiert, ihre Beiträge likt und kommentiert. Bookstagrammer:innen sind schließlich nicht nur eines der Hauptziele seiner Marketingstrategien, da vor allem sie es sind, die regelmäßig und aktuell lesen und entsprechend viele neue Bücher erwerben. Sie sind es auch, die ihren geliebten Autor:innen folgen, sie unterstützen und beinahe eine Art Beziehung zu ihren literarischen Idolen aufbauen. Diese lesende Community ist es, die ihn bei seinen Abstiegen begleitet und seine Aufstiege mit ihm feiert, mit denen er die schönsten Momente rund um sein Leben und seine Werke teilt. Dass *Panikherz* ihn auch weiterhin dazu zwingen möge, schöne Momente zu erleben und teilen zu können, sei ihm gegönnt.

Verzeichnis der Beiträgerinnen und Beiträger

PD Dr. Manuel Bauer, Privatdozent und Wissenschaftlicher Mitarbeiter am Institut für Neuere deutsche Literatur der Philipps-Universität Marburg. Studium der Germanistik, Medienwissenschaft und Philosophie. 2009 Promotion, 2015 Habilitation. Forschungsschwerpunkte: Deutschsprachige Literatur vom späten 18. Jahrhundert bis zur Gegenwart, Literaturtheorie, literarische Anthropologie, Theorie und Praxis der Literaturkritik, der literarische Faust-Mythos, Kriminalliteratur. Monographien: Schlegel und Schleiermacher. Frühromantische Kunstkritik und Hermeneutik (2011); Ökonomische Menschen. Literarische Wirtschaftsanthropologie des 19. Jahrhunderts (2016); Der literarische Faust-Mythos. Geschichte – Grundlagen – Gegenwart (2018). Herausgeberschaften: Texte zur Theorie des Epos (2015); Epen der Weltliteratur. Eine komparatistische Einführung (2023).

Prof. Dr. Kai Bremer, Professor am Institut für Deutsche und Niederländische Philologie der Freien Universität Berlin. Zuvor Professor an den Universitäten Kiel und Osnabrück. Promotion in Göttingen, Habilitation in Gießen. Mitherausgeber der Reihe „Literarisches Leben heute". Forschungsschwerpunkte: Gegenwartsliteratur, Literatur der Frühen Neuzeit und der Aufklärung. Monographien: Religionsstreitigkeiten. Volkssprachliche Kontroversen zwischen altgläubigen und evangelischen Theologen im 16. Jahrhundert (2005); Postskriptum Peter Szondi. Theorie des Dramas seit 1956 (2017). Herausgeberschaften: „Ich gründe eine Akademie für Selbstachtung". Moritz Rinke Arbeitsbuch (Hg., 2010); Arbeitsbuch John von Düffel. Stimmen geben – Stimmen erzählen (Mithg., 2017); Handbuch Versepik. Paradigmen – Poetiken – Geschichte (Mithg., 2023).

Anton Bröll, M.Ed., Doktorand und Wissenschaftlicher Mitarbeiter am Institut für Germanistik der Universität Osnabrück. Bis 2021 Studium der Germanistik und Kunst an den Universitäten Osnabrück und Nantes. Dissertation zur Selbstreflexivität der Gegenwartsdramatik.

Dr. Anke Christensen, seit 2017 Wissenschaftliche Mitarbeiterin am Institut für Neuere Deutsche Literatur und Medien an der Christian-Albrechts-Universität zu Kiel. 2012–2017 ebenda Lehre als abgeordnete Lehrkraft im Bereich Literaturdidaktik. Bis 2017 Oberstudienrätin an verschiedenen Gymnasien in Kiel und New York. 2021 Promotion mit einer Arbeit zur Jugenddramatik von Lutz Hübner und Sarah Nemitz an der Universität Osnabrück. Seit 2022 Jurymitglied des Hebbel-Preises. Seit 2023 Redakteurin für den Bereich Theater der Seite kinderundjugendmedien.de. Forschungsschwerpunkte: Gegenwartsdramatik und Theater, Satire, Kinder- und Jugendliteratur, Gegenwartsliteratur. Monographie: Jugenddramen von Lutz Hübner und Sarah Nemitz: ‚Form follows function' (2021). Herausgeberschaft: (gemeinsam mit O. Koch): Neue Lesarten ausgesuchter Texte der Kinder- und Jugendliteratur. Literaturwissenschaftliche Erkundungen von der *Biene Maja* bis hin zu *Tschick* (2021). Weitere: (gemeinsam mit M. Schmidt): Leben in Heimat und Fremde. Iranisch-deutsche Familiengeschichte in Shida Bazyars Roman *Nachts ist es leise in Teheran*, in: Praxis Deutsch 297 (2023), S. 55-59; Von Zombies in Kombis und anderen schauerlichen Gestalten: Arne Rautenbergs Gedichtband *unterm bett liegt ein skelett* im Literaturunterricht der Unterstufe, in: Der Deutschunterricht, H. 5 (2022), S. 82-87; Erzählen im Nachdenksessel. Felicitas Loewes Drama *Rico, Oskar und die Tieferschatten* als eigenständige Kunstform und Unterrichtslektüre, in: J. Standke, D. Wrobel (Hg.): Andreas Steinhöfel. Texte – Analysen – didaktische Potenziale (2021), S. 127-139.

Lisa Czolbe, M.Ed., Doktorandin am Institut für Germanistik der Universität Osnabrück. Seit 2020 Promotionsstipendiatin des Cusanuswerks. Bis 2022 Wissenschaftliche Hilfskraft, 2019–2020 Wissenschaftliche Mitarbeiterin in der Neueren Deutschen Literaturwissenschaft an der Universität Osnabrück. Ebenda bis 2019 Studium der Germanistik und Katholischen Theologie (Lehramt Gymnasium) mit Förderung durch das Cusanuswerk und das Deutschlandstipendium. Dissertation zur Strafverteidigung in der deutschsprachigen Gegenwartsliteratur. Forschungsschwerpunkte: Recht und Literatur, Erzähltheorie, Gegenwartsliteratur, Kriminalliteratur.

Prof. Dr. Christian Dawidowski, Promotion 1999 an der Ruhr-Universität Bochum. 1999–2004 Oberstudienrat an einem Iserlohner Gymnasium.

2009 Habilitation an die Universität Siegen. Seit 2010 Professur (W3) für Literaturdidaktik an der Universität Osnabrück. Forschungsschwerpunkte: Empirische und historische Literaturdidaktik, interkulturelle Literaturdidaktik, Literatur des 19. und 20. Jahrhunderts. Ausgewählte Buchpublikationen: Literarische Bildung in der heutigen Mediengesellschaft. Eine empirische Studie zur kultursoziologischen Leseforschung (2009); Literaturdidaktik Deutsch. Eine Einführung (2016); (gemeinsam mit A. R. Hoffmann und A. Stolle): Ko-Konstruktion von literarischen Bildungsvorstellungen im Verlauf der gymnasialen Oberstufe (2019); Literarische Bildung in der Schule (2022); (gemeinsam mit F. Eickmeyer): Die Darstellung des Islam im Kaiserreich. Historische Lesebuchforschung mit digitalisierten Quellen (2022).

Dr. Till Huber, Studium der Germanistik und Amerikanistik in Hamburg. Promotion 2015 in Münster. Seit 2021 als Vertretungsprofessor an der Universität Hamburg tätig. Zuvor Wissenschaftlicher Mitarbeiter (Postdoc) an der Carl von Ossietzky Universität Oldenburg (2016–2021). Forschungsschwerpunkte: Autofiktion/Autopathografien, Konsum- und Popkultur, Literarische Moderne, Literaturtheorie, Medizin/Psychologie und Literatur. Ausgewählte Publikationen: Blumfeld und die Hamburger Schule. Sekundarität – Intertextualität – Diskurspop (Dissertation, 2016); Ästhetik des Depressiven (Mithg., 2023); Poetik der Oberfläche. Die deutschsprachige Popliteratur der 1990er Jahre (Mithg., 2011).

Prof. Dr. Michael Multhammer, seit Oktober 2020 Universitätsprofessor für Neuere deutsche Literaturwissenschaft: Poetik und Pragmatik literarischer Kommunikation mit dem Schwerpunkt Frühe Neuzeit an der Universität Siegen. Studium der Germanistik und Philosophie an der Ludwig-Maximilians-Universität München. Im Anschluss Promotion in Erfurt im Rahmen eines Stipendiums am Forschungszentrum Gotha. Fellowship am Center for Advanced Studies der Ludwig-Maximilians-Universität München. Anschließend Stellen als Wissenschaftlicher Mitarbeiter in Gotha und an der Albert-Ludwigs-Universität Freiburg (SFB 1015 ‚Muße'). 2014 Ruf nach Siegen auf eine Juniorprofessur. Arbeitsschwerpunkt im Bereich der Literatur- und Kulturgeschichte der Frühen Neuzeit. Seit 2021 PI im Siegener SFB ‚Transformationen des Populären'.

Publikationen: Lessings Rettungen. Geschichte und Genese eines Denkstils (2013); (gemeinsam mit O. Bach): Historia Pragmatica. Der Roman des 18. Jahrhunderts zwischen Gelehrsamkeitsgeschichte und Autonomieästhetik (2020).

PD Dr. Immanuel Nover, Studium der Germanistik in Bonn. Promotion in Bonn und Florenz. Im Anschluss Wissenschaftlicher Mitarbeiter in Bonn. 2010–2012 Wissenschaftlicher Koordinator des Promotionskollegs ‚Literaturtheorie als Theorie der Gesellschaft' und der Graduate School ‚Practices of Literature' in Münster. Seit 2013 erst Wissenschaftlicher Mitarbeiter, dann Akademischer Rat und Oberrat (auf Zeit) an der Universität Koblenz. Forschungsschwerpunkte: Politische Literatur, Theorien der Avantgarde, Ästhetik des Depressiven, Gegenwartsliteratur und Pop. Publikationen: Die Tat als Aushandlung des Politischen. Zur Logik des Politischen in der deutschsprachigen Literatur von 1773 bis 2014 (2022); „Wieder ein Tag ohne Tat". Zur politischen Logik der Tat in den Texten von Simon Strauß, in: GegenwartsLiteratur. Ein germanistisches Jahrbuch 20 (2021), S. 279-296; (gemeinsam mit K. Wilhelms): The Sound of Germany – Wie politisch ist der deutsche Pop? Sonderausgabe #5 (2.2021). Textpraxis. Digitales Journal für Philologie.

Jasmin Plewka, M.Ed., Studium der Germanistik und Evangelischen Theologie an der Universität Osnabrück (Lehramt an Gymnasien). Währenddessen Hilfskrafttätigkeiten in der Literaturdidaktik und am Lehrstuhl für Altes Testament und Antikes Judentum. Erhalt des Deutschlandstipendiums im Fach Germanistik (2017–2018). Seit 2019 Studienrätin an einem Osnabrücker Gymnasium.

Prof. Dr. Erika Thomalla, Professorin für Buchwissenschaft und Digitale Buchkultur am Zentrum für Buchwissenshaften der Ludwig-Maximilians-Universität München. Studium der Fächer Medienwissenschaft, Gesang/Musiktheater und Deutsche Literatur. Danach seit 2015 Wissenschaftliche Mitarbeiterin am Institut für deutsche Literatur der Humboldt-Universität zu Berlin. Forschungsschwerpunkte: Deutsche Literatur vom 18. Jahrhundert bis zur Gegenwart, literarischer Journalismus, Materialität und Medialität der Literatur, Wissensgeschichte der Literatur, Praxeologie.

Ausgewählte Publikationen: Anwälte des Autors. Zur Geschichte der Herausgeberschaft im 18. und 19. Jahrhundert (2020); Die Erfindung des Dichterbundes. Die Medienpraktiken des Göttinger Hains (2018); Literarischer Journalismus. Deutschsprachiger New Journalism und Gegenwartsliteratur seit 1970, in: Literarischer Journalismus, Text+Kritik-Sonderband (2022), S. 5-23; Der geraubte Räuber. Fan Fiction aus der Romanfabrik um 1800, in: Deutsche Vierteljahresschrift für Literaturwissenschaft und Geistesgeschichte 95, H. 4 (2021).

Alexandra Schütte, B.A., Studium der Germanistik und Geschichte an der Universität Osnabrück. 2020–2023 Hilfskraft am Lehrstuhl für Deutsche Literatur der Frühen Neuzeit. Seit 2023 Hilfskraft im Projekt ‚Aufklärer in Staatsdiensten' (Institut für Kulturgeschichte der Frühen Neuzeit) und in der Mediävistik (Institut für Germanistik).

Dr. Ricarda Julia Vodermair, Studium der Germanistik in München. 2020 Promotion an der Ludwig-Maximilians-Universität München. Danach Wissenschaftliche Mitarbeiterin und Lehraufträge im Bereich Neuere deutsche Literatur und Film- und Medienkultur-Forschung. Forschungsschwerpunkte: Autobiographie, Virtualität und Digitalisierung, Literatur und neue Medien, Gegenwartsliteratur. Monographie: Virtuelle Autobiographien. Konstruktion und Inszenierung in Weblogs und Social Media (2022).

Literarisches Leben heute

Herausgegeben von Kai Bremer, Christian Dawidowski und Olav Krämer

Literarisches Leben heute setzt sich wissenschaftlich mit gegenwärtig publizierenden Autoren auseinander. Zudem sucht die Reihe den Dialog mit diesen Autoren, indem sie in einem überschaubaren Umfang Texte zu einzelnen Persönlichkeiten, Institutionen oder Phänomenen des Literarischen Lebens publiziert. Dabei bemüht sich die Reihe, die Vielfalt der Gegenwartsliteratur exemplarisch zu dokumentieren, indem sie z.B. auch Kinder- und Jugendliteratur und populäre literarische Formate berücksichtigt. Die Reihe ist nicht auf gängige wissenschaftliche Publikationsformate festgelegt, sondern versammelt ebenso auch Interviews mit Schriftstellern und Essays von künstlerischen Wegbegleitern und anderen Persönlichkeiten des Literarischen Lebens.

Band 1 Kai Bremer (Hrsg.): „Ich gründe eine Akademie für Selbstachtung." Moritz-Rinke-Arbeitsbuch. 2010.

Band 2 Stefan Elit (Hrsg.): „... notwendig und schön zu wissen, auf welchem Boden man geht". Arbeitsbuch Uwe Kolbe. 2012.

Band 3 Norman Ächtler / Monika Rox-Helmer (Hrsg.): Zwischen Schweigen und Schreiben. Interdisziplinäre Perspektiven auf zeitgeschichtliche Jugendromane von Kirsten Boie und Gina Mayer. 2013.

Band 4 Thomas Klupp: Literarische Schreibratgeber. Eine typologisierend-vergleichende Untersuchung. 2015.

Band 5 Billy Badger: Bas Böttcher. Text, Bild und Kommunikation. 2015.

Band 6 Kai Bremer / Melanie Grumt Suárez (Hrsg.): Arbeitsbuch John von Düffel. Stimmen geben – Stimmen erzählen. 2017.

Band 7 Anett Krause / Arnd Beise (Hrsg.): Sibylle Berg. Romane. Dramen. Kolumnen und Reportagen. 2017.

Band 8 Anke Christensen: Jugenddramen von Lutz Hübner und Sarah Nemitz – ‚Form follows function'. 2021.

Band 9 Johanna Canaris / Stefan Elit (Hrsg.): Arbeitsbuch Judith Kuckart. Erzählen – Theater – Tanz. 2022.

Band 10 Kai Bremer / Lisa Czolbe / Jasmin Plewka (Hrsg.): Benjamin von Stuckrad-Barres *Panikherz*. Text – Poetik – Inszenierung. 2024.

www.peterlang.de

www.ingramcontent.com/pod-product-compliance
Ingram Content Group UK Ltd.
Pitfield, Milton Keynes, MK11 3LW, UK
UKHW021822290926
8980IPUK00004B/210

9 783631 900178